westermann

Autoren: Gerhard Hufnagl, Martin Schatke, Ursula Steudle

unter Mitarbeit von Franz K. Spengler

Herausgeberin: Ursula Steudle

Sprachpraxis

Allgemeine Ausgabe

9. Auflage

Die in diesem Werk aufgeführten Internetadressen sind auf dem Stand zum Zeitpunkt der Drucklegung. Die ständige Aktualität der Adressen kann vonseiten des Verlages nicht gewährleistet werden. Darüber hinaus übernimmt der Verlag keine Verantwortung für die Inhalte dieser Seiten.

service@westermann.de
www.westermann.de

Bildungsverlag EINS GmbH
Ettore-Bugatti-Straße 6-14, 51149 Köln

ISBN 978-3-427-**00560**-5

westermann GRUPPE

© Copyright 2020: Bildungsverlag EINS GmbH, Köln

Das Werk und seine Teile sind urheberrechtlich geschützt. Jede Nutzung in anderen als den gesetzlich zugelassenen Fällen bedarf der vorherigen schriftlichen Einwilligung des Verlages.

Vorwort

Die **Neuauflage der Sprachpraxis** unterscheidet sich wesentlich von der Vorauflage: Aktuelle Themen der digitalen Bildung werden aufgegriffen, methodische Ergänzungen vorgenommen, die literarischen Texte sind um einige neue bereichert.

Das Lehrbuch dient dem Deutschunterricht in **Berufs- und Berufsfachschulen**; es führt zum mittleren Bildungsabschluss. Die unterschiedliche Begrifflichkeit der Bildungspläne der Bundesländer wird berücksichtigt, z. B. bei den pragmatischen Texten.

Sowohl inhaltlich als auch methodisch steht die **Vorbereitung auf Ausbildung und Beruf** im Mittelpunkt.

Die **Förderung von Kompetenzen** der Schülerinnen und Schüler bedeutet, dass bereits vorhandene Kenntnisse und Fähigkeiten vertieft und praxisnah in beruflichen und privaten Situationen angewandt werden. Es wird Wert darauf gelegt, die **Erfahrungen** der Lernenden einzubeziehen und ihnen Anleitung für eigenständiges Handeln zu geben.

Besonderes Augenmerk wird auf den korrekten **Sprachgebrauch** gerichtet. Einfache Sprache ist einerseits eine Maxime; andererseits ist die Erweiterung des passiven und aktiven Wortschatzes beabsichtigt.

Die **Aufgabenstellungen** ermöglichen der Lehrkraft eine dem Niveau der Lerngruppe angepasste Binnendifferenzierung und individuelle Förderung. Die in den Bildungsplänen vorgesehenen Operatoren werden vielfältig angewandt.

Im Kapitel **Lern- und Arbeitstechniken** sind die Methoden so dargestellt, dass sie auch von Schülerinnen und Schülern selbst erfasst werden können und bei der Erarbeitung unterschiedlicher Bereiche und in anderen Fächern eingesetzt werden können.

Viele Kapitel werden mit dem Element **Überblick** bzw. **Überblick und Schreibplan** abgeschlossen. Hier finden die Schülerinnen und Schüler eine Kurzanleitung für die Bearbeitung der Aufgaben im jeweils vorausgegangenen Kapitel.

Unter dem Element **Tipp** werden weiterführende Hinweise gegeben.

Das **Inhaltsverzeichnis** und das umfassende Sachwortverzeichnis dienen dazu, das Nachschlagen zu erleichtern; zahlreiche **Seitenverweise** stellen inhaltliche Zusammenhänge her.

Aus Gründen der besseren Lesbarkeit wird in manchen Fällen bei geschlechtsspezifischen Bezeichnungen die männliche Form gewählt, z. B. die Leser oder die Schüler. Dennoch sind zu jedem Zeitpunkt alle Geschlechter gemeint.

Die Lehrkraft findet im **Lehrerhandbuch** sowohl Lösungen als auch weitere Hinweise und Kopiervorlagen.

Über Fehlermeldungen und Feedback zum Buch freuen sich die Autoren.

BiBox westermann
inkl. E-Book

Dieses Lehrwerk ist auch als BiBox erhältlich. In unserem Webshop unter www.westermann.de finden Sie hierzu unter der Bestellnummer des Ihnen vorliegenden Bandes weiterführende Informationen zum passenden digitalen Schulbuch.

Inhaltsverzeichnis

Sprachkompetenz

1 Sprachkompetenz im Beruf 7
- 1.1 Berufliche Gesprächssituationen 8
- 1.2 Sich anderen vorstellen 9
- 1.3 Den Ausbildungsbetrieb vorstellen 11
- 1.4 Gespräche führen 12
- 1.5 Fragen stellen 14
- 1.6 Aktiv zuhören 15
- 1.7 Sich höflich ausdrücken 16
- 1.8 Telefonieren 17
- 1.8.1 Telefonieren oder schreiben? 17
- 1.8.2 Ein Kunde ruft an 17
- 1.8.3 Erfolgreich telefonieren 18

2 Kommunikation analysieren und verstehen 19
- 2.1 Einfache Kommunikationsmodelle 19
- 2.2 Vier Botschaften einer Nachricht 21
- 2.3 Hören und Verstehen 22
- 2.4 Sprachebenen 23
- 2.5 Fachsprachen verwenden 25
- 2.6 Die Fachsprache meines Berufs 26
- 2.7 Nonverbale Formen der Kommunikation ... 27
- 2.7.1 Mimik 27
- 2.7.2 Körpersprache 28
- 2.8 Mit Konflikten umgehen 29
- 2.8.1 Innere Konflikte (intrapersonale Konflikte) .. 29
- 2.8.2 Konflikte zwischen einzelnen Personen (interpersonale Konflikte) 30
- 2.8.3 Konflikte zwischen Gruppen 30
- 2.8.4 Konflikte zwischen Personen verschiedener Kulturen (interkulturelle Konflikte) 31
- 2.8.5 Konflikte konstruktiv lösen 32

3 Informationen gewinnen und beurteilen 33
- 3.1 Informationsquellen auswählen 34
- 3.2 Bedeutung von Suchmaschinen 35
- 3.3 Informationen aus „Wikipedia" 35
- 3.4 Wörterbücher benutzen 36
- 3.5 Eine Bibliothek besuchen 38
- 3.6 YouTube – ein Kanal für Karriere, Information und Werbung 39
- 3.7 „Fake" oder „News"? 41
- 3.7.1 Wie die Wahrheit manipuliert wird 41
- 3.7.2 Meinungsfreiheit im digitalen Zeitalter ... 41
- 3.7.3 Faktencheck – aber wie? 42
- 3.8 Diagramme erläutern 43
- 3.8.1 Diagrammformen unterscheiden 43
- 3.8.2 Über ein Diagramm informieren 44
- 3.8.3 Den Inhalt eines Diagramms erschließen .. 45
- 3.8.4 Ein Schaubild beschreiben 47
- 3.8.5 Überblick: Diagramme erläutern 48
- 3.9 Zitieren und Quellen angeben 49

4 Medien verantwortungsvoll nutzen 50
- 4.1 Medienbeschäftigung in der Freizeit 50
- 4.2 Realität und Fiktion 51
- 4.3 Die Community als fiktives Spiel 52
- 4.4 Illegale Downloads über Tauschbörsen ... 53
- 4.5 Das Urheberrecht in Deutschland 54
- 4.6 Mein Image im Netz 55
- 4.7 Persönliche Daten im Internet 56
- 4.8 Cybermobbing 57
- 4.9 Cybergrooming 57
- 4.10 Persönlichkeitsrechte und Datensicherheit ... 58
- 4.11 Always on? 59
- 4.12 Das Smartphone – ein Beziehungskiller? ... 60
- 4.13 Digitale Medien – Licht- und Schattenseiten ... 61
- 4.13.1 Das Internet – ein Reich unendlicher Möglichkeiten 61
- 4.13.2 Mediensucht – ein Problem 61
- 4.13.3 Computerspielsucht – Internet Gaming Disorder 62
- 4.13.4 Bingewatching 62
- 4.14 Gewalt in den Medien 63
- 4.15 Jugendmedienschutz 64

5 Berichten – Beschreiben – Dokumentieren 66
- 5.1 Mündlich und schriftlich berichten 66
- 5.1.1 Mündliche Tätigkeits- und Lageberichte ... 66
- 5.1.2 Über eine Arbeit berichten 67
- 5.1.3 Über einen Unfall berichten 68
- 5.1.4 Über eine Veranstaltung berichten 70
- 5.1.5 Überblick: Bericht 71
- 5.2 Gespräche protokollieren 72
- 5.2.1 Funktionen des Protokolls 72
- 5.2.2 Verlaufsprotokoll 73
- 5.2.3 Ergebnisprotokoll 74
- 5.2.4 Gesprächsnotiz 75
- 5.2.5 Gedächtnisprotokoll 75
- 5.2.6 Direkte Rede in indirekte Rede umwandeln .. 76
- 5.2.7 Überblick: Protokoll 76
- 5.3 Gegenstände beschreiben 77
- 5.3.1 Erschließungsmerkmale zur Gegenstandsbeschreibung 78
- 5.3.2 Überblick: Gegenstandsbeschreibung ... 80
- 5.4 Vorgänge beschreiben 81
- 5.4.1 Stoffsammlung und Gliederung 82
- 5.4.2 Beispiel: Kaffeemaschine 83
- 5.4.3 Beispiel aus einem Fachbuch 84
- 5.4.4 Überblick: Vorgangsbeschreibung 85
- 5.5 Sachverhalte im Betrieb dokumentieren ... 86
- 5.5.1 Bedeutung der Dokumentation im Betrieb ... 86
- 5.5.2 Eine Dokumentation erstellen 87
- 5.5.3 Überblick: Dokumentation 87
- 5.6 Treffender Ausdruck und guter Stil 88
- 5.6.1 Sich abwechslungsreich ausdrücken 88
- 5.6.2 Wortfeld/Wortfamilie 89
- 5.6.3 Wortfeld „gehen" 90
- 5.6.4 Thesaurus 91
- 5.6.5 Satzanfänge abwechslungsreich formulieren 92
- 5.7 Fremdwörter gebrauchen 93

6 Private und geschäftliche Briefe schreiben 95
- 6.1 Aus privaten Anlässen schreiben 95
- 6.2 Aus geschäftlichen Anlässen schreiben ... 96
- 6.3 Die DIN 5008 98
- 6.4 Einen Vertrag kündigen 99
- 6.5 Eine Mängelrüge schreiben 100
- 6.6 Anredepronomen (Anredefürwörter) in Briefen und E-Mails 101

6.7	An eine Behörde schreiben	101
6.8	Geschäftsbriefe als E-Mail versenden	103
6.9	Überblick: Geschäftsbrief	104

7 Argumentieren – Diskutieren – Moderieren ... 105
7.1	Argumentieren	105
7.1.1	Aufbau von Argumenten	105
7.1.2	Argumente prüfen	107
7.1.3	Mündlich Stellung nehmen	108
7.1.4	Stellung nehmen zu einer betrieblichen Maßnahme	109
7.1.5	Missstände benennen – Verbesserungen vorschlagen	111
7.1.6	Mit Argumenten für (m)einen Beruf werben	112
7.2	Diskutieren	113
7.2.1	Diskussionsformen	113
7.2.2	Diskussionsregeln	114
7.2.3	Diskussionsstrategien	115
7.3	Eine Debatte führen	116
7.4	Gespräche moderieren	118
7.4.1	Aufgaben der Moderatorin/des Moderators	118
7.4.2	Moderationsmethoden im Überblick	119
7.4.3	Übungen zur Moderation	120

8 Schriftlich Stellung nehmen ... 121
8.1	Zu einem Problem oder einer Behauptung Stellung nehmen	121
8.2	Beispiel: Stellungnahme eines Schülers zu einem Problem	126
8.3	Zu einem Text Stellung nehmen	127
8.4	Beispiel: Stellungnahme einer Schülerin zu einem Text	128
8.5	Differenzierende Stellungnahme – dialektische Erörterung	129
8.6	Überblick: Schriftlich Stellung nehmen	130

9 Pragmatische Texte analysieren und beurteilen ... 131
9.1	Übersicht über pragmatische Texte	131
9.2	Die Nachricht	132
9.3	Der Kommentar	134
9.4	Inhaltsangabe von pragmatischen Texten	136
9.4.1	Mündliche Inhaltsangabe	136
9.4.2	Schriftliche Inhaltsangabe	137
9.4.3	Schritt für Schritt zu einer Inhaltsangabe	138
9.4.4	Übungstext	140
9.4.5	Überblick: Inhaltsangabe von pragmatischen Texten	140
9.5	Texte visualisieren	141
9.5.1	Die äußere Form eines Textes visualisieren	141
9.5.2	Strukturbilder von Texten	142
9.5.3	Frei gestaltete Strukturbilder	143
9.5.4	Einen Text mit einer Mindmap visualisieren	144
9.5.5	Mit einem Diagramm Informationen visualisieren	145
9.6	Beispiel der Textanalyse	146
9.6.1	Gliederung und Arbeitsschritte	146
9.6.2	Ausführung der Arbeitsschritte	147
9.6.3	Beispiel: Analyse und Beurteilung eines pragmatischen Textes	151
9.6.4	Überblick: Analyse eines pragmatischen Textes	153
9.7	Menschen durch Sprache beeinflussen	154
9.7.1	Werbung analysieren	154
9.7.2	Sprachliche Manipulation erkennen	156
9.7.3	Angebliche Gewinnmitteilung	157

10 Sich bewerben und vorstellen ... 158
10.1	Stellenanzeigen analysieren	158
10.2	Stellenangebote im Internet	159
10.3	Stellengesuche	160
10.4	Stellenanfrage (Initiativbewerbung)	160
10.5	Telefonische Kontaktaufnahme	161
10.6	Mündliche Bewerbung	161
10.7	Bewerbungsmappe	162
10.8	Beispiel: Bewerbungsschreiben	163
10.9	Beispiel: Tabellarischer Lebenslauf	164
10.10	Bewerbung als E-Mail versenden	165
10.11	Sich online bewerben	166
10.12	Bewerbungsportfolio	166
10.13	Überblick: Bewerbung	167
10.14	Vorstellungsgespräch	168
10.15	Arbeitszeugnisse verstehen	170
10.15.1	Arbeitszeugnisse analysieren	171
10.15.2	„Geheimsprache" in Arbeitszeugnissen	174

11 Bilder erzählen Geschichten ... 175
11.1	Ein Gemälde beschreiben und deuten	175
11.2	Eine Karikatur erschließen	176
11.2.1	W-Fragen zur Erschließung von Karikaturen	176
11.2.2	Überblick: Karikaturenanalyse	177
11.3	Fotos animieren zum Erzählen	178
11.4	Eine Fotostory gestalten	179
11.5	Comics interpretieren	180
11.6	Eine Graphic Novel beschreiben und deuten	181

Literarische Texte lesen und interpretieren

12 Formen der Dichtung ... 184
12.1	Epik	185
12.1.1	Eine Kurzgeschichte lesen und verstehen	185
12.1.2	Merkmale der Kurzgeschichte	186
12.2	Lyrik	187
12.2.1	Ein Gedicht lesen und verstehen	187
12.2.2	Einen Songtext lesen und verstehen	188
12.2.3	Einen Rap schreiben	190
12.3	Dramatik	191
12.3.1	Aufbau des traditionellen (klassischen) Dramas	192
12.3.2	Aufbau des modernen Dramas	192
12.3.3	Überlegungen zum Verständnis eines Dramas	192
12.3.4	Einen Dramenauszug lesen und verstehen	193

13 Inhaltsangabe von literarischen Texten ... 195
13.1	Beispiel einer Inhaltsangabe	197
13.2	Überblick: Inhaltsangabe von literarischen Texten	198

14 Interpretation von literarischen Texten ... 199
14.1	Interpretation einer Kurzgeschichte	200
14.1.1	Arbeitsschritte bei der textimmanenten Interpretation	201
14.1.2	Beispiel einer Textinterpretation	203
14.1.3	Überblick: Textinterpretation	204
14.2	Eine literarische Figur charakterisieren	205
14.3	Überblick: Eine literarische Figur charakterisieren	206

15 Kreativ schreiben ... 207
15.1	Einen Erzählkern ausgestalten	207
15.2	Eine literarische Erzählung fortsetzen	208

15.3	Aus einer anderen Perspektive erzählen	209
15.4	Einen Brief oder eine E-Mail schreiben	210
15.5	Einen Tagebucheintrag oder Post verfassen	211
15.6	Einen Dialog gestalten	211

Lern- und Arbeitstechniken

16 Das Lernen lernen ... 212
- 16.1 Einflüsse auf den Lernerfolg ... 212
- 16.2 Stärken und Schwächen der persönlichen Lern- und Arbeitstechniken ... 213
- 16.3 Ein Lerntagebuch führen ... 214
- 16.4 Das Lesen optimieren ... 215
- 16.4.1 Artikuliert sprechen und vorlesen ... 215
- 16.4.2 Lesen – Verstehen – Weitergeben ... 216
- 16.5 Sketchnotes erstellen ... 219
- 16.6 Mindmaps erstellen ... 220
- 16.7 Überblick: Mindmapping ... 221

17 Im Team arbeiten ... 222
- 17.1 Teamarbeit im Betrieb ... 222
- 17.2 Gruppenarbeit in der Berufsschule ... 223
- 17.3 Überblick: Gruppenarbeit ... 224
- 17.4 Kriterien für Teamfähigkeit ... 225
- 17.5 Gemeinsam Ideen entwickeln ... 226
- 17.5.1 Brainstorming ... 226
- 17.5.2 Brainwriting: die 6-3-5-Methode ... 226
- 17.5.3 Placemat-Methode ... 227

18 Texte überarbeiten ... 228
- 18.1 Mit der Textlupe arbeiten ... 228
- 18.2 Schreibkonferenz ... 229
- 18.3 Texte verständlicher machen ... 230

19 In Projekten arbeiten ... 232
- 19.1 Projektauftrag ... 233
- 19.2 Projekte planen ... 234
- 19.3 Projekte ausführen ... 235
- 19.4 Projekte abschließen ... 235
- 19.5 Projektdokumentation erstellen ... 236
- 19.6 Projekte präsentieren ... 236
- 19.7 Überblick: In Projekten arbeiten ... 237

20 Wirkungsvoll präsentieren ... 238
- 20.1 Hilfsmittel zur Visualisierung ... 239
- 20.2 Ablauf einer Präsentation ... 240
- 20.3 Mit Aufregung umgehen ... 242
- 20.4 Folien gestalten ... 243
- 20.5 Plakate entwerfen ... 244
- 20.6 Präsentationen bewerten ... 245
- 20.7 Feedback geben und entgegennehmen ... 246

Sprachliche Grundlagen

21 Grammatik ... 247
- 21.1 Die zehn Wortarten ... 247
- 21.2 Leistung des Substantivs (des Hauptworts) ... 250
- 21.3 Leistung des Verbs (des Zeitworts) ... 252
- 21.4 Die Zeiten (Tempora) ... 256
- 21.5 Die Satzglieder ... 258
- 21.6 Die Satzarten ... 261
- 21.7 Satzverknüpfungen ... 262

22 Rechtschreibung ... 263
- 22.1 Groß- und Kleinschreibung (Grundlagen) ... 263
- 22.2 Groß- und Kleinschreibung (Vertiefung) ... 265
- 22.3 Worttrennung auf einen Blick ... 267
- 22.4 Vokale (Selbstlaute) ... 268
- 22.5 Konsonanten (Mitlaute) ... 271
- 22.6 Getrennt- und Zusammenschreibung ... 275
- 22.7 Straßennamen ... 276

23 Zeichensetzung ... 277
- 23.1 Komma bei Aufzählungen ... 277
- 23.2 Komma zwischen Hauptsätzen ... 279
- 23.3 Komma zwischen Haupt- und Nebensätzen ... 279
- 23.4 Komma bei Anrede, Ausruf und Stellungnahme ... 280
- 23.5 Komma bei Besonderheiten im Satz ... 281
- 23.6 Komma bei Infinitiv- und Partizipialgruppen ... 282
- 23.7 Zeichen der wörtlichen Rede (direkte Rede) ... 282

Literarische Texte

Textquellenverzeichnis ... 307

Sachwortverzeichnis ... 310

Bildquellenverzeichnis ... 313

Sprachkompetenz

1

Sprachkompetenz im Beruf

Es gibt keinen Ausbildungsberuf, der nicht neben dem fachlichen Wissen und Können (Fachkompetenz) auch die Fähigkeit zum richtigen Sprachgebrauch (Sprachkompetenz) verlangt. In Stellenanzeigen werden Eigenschaften wie gutes Ausdrucksvermögen, Sprachgewandtheit und gute Deutschkenntnisse oft in einem Atemzug mit Fachwissen, Selbstständigkeit und fachlichem Können genannt.

Der berufliche Alltag bringt ständig Situationen mit sich, in denen eine Mitarbeiterin/ein Mitarbeiter nicht nur fachlich, sondern auch sprachlich gefordert ist. Man muss sich mit Kolleginnen und Kollegen, mit Vorgesetzten sowie Kundinnen und Kunden sprachlich verständigen. Mit der Sprache werden Informationen erfasst oder eigene Texte gestaltet. Sie ist aber auch ein Mittel, seine Interessen gegenüber anderen zu vertreten und Konflikte zu lösen.

Was Betriebe von angehenden Azubis erwarten

So viel Prozent ausbildungsbereiter Unternehmen in Deutschland fordern in ihren Ausschreibungen:

Anforderung	Prozent
Teamfähigkeit	69 %
Motivation, Engagement	63
Zuverlässigkeit, Pünktlichkeit	63
Schulabschluss, gute Noten	61
Kommunikationsfähigkeit	54

Umfrage unter 2 200 Ausbildungsbetrieben aus zehn Berufsgruppen, Stand Anfang 2016

Quelle: Bundesinstitut für Berufsbildung
© Globus 11388

1 Erläutern Sie die Begriffe Fachkompetenz, Sozialkompetenz, Sprachkompetenz.

2 Überlegen Sie gemeinsam, inwiefern die fünf Anforderungen der Betriebe mit Sprachkompetenz zu tun haben.

1.1 Berufliche Gesprächssituationen

Im Berufsleben gibt es vielfältige Gesprächssituationen, in denen die Fähigkeit verlangt wird, sich mündlich gewandt auszudrücken. Diese Redefähigkeit können Sie sich durch regelmäßige Übung aneignen. Anfängliche Hemmungen werden Sie bald überwinden, wenn Sie sich mutig neuen Situationen stellen. Wer sich im Gespräch mit Vorgesetzten, mit Kolleginnen und Kollegen sowie mit Kundinnen oder Kunden gut ausdrücken kann, findet schnell Anerkennung im Betrieb.

---

1 Berichten Sie über eine Situation, die Sie bereits gemeistert haben.

2 Wie schätzen Sie Ihre sprachlichen Fähigkeiten ein? Wo sehen Sie Ihre Stärken und Schwächen? Was möchten Sie gerne verbessern?

3 Suchen Sie in der folgenden Aufstellung berufliche Redesituationen, denen auch Sie gewachsen sein sollten.

- Telefongespräch
- Gratulation/Glückwunsch
- Kundenberatung
- Verbesserungsvorschlag
- Stellungnahme
- Persönliche Vorstellung
- Unfallmeldung
- Erklärung eines Arbeitsvorgangs
- Tätigkeitsbericht
- Erteilen von Auskunft
- Vorgangsbeschreibung
- Arbeitsunterweisung
- Reklamation
- Beschreibung des Arbeitsplatzes
- Beschwerde
- Bitte um Gehaltserhöhung
- Präsentation eines Produkts
- Bitte um unbezahlten Urlaub
- Verkaufsgespräch

---

4 Den ersten Arbeitstag in der Ausbildung oder im Praktikum vergisst man nicht so schnell. Berichten Sie vor der Klasse darüber. Notieren Sie sich vorher Stichworte zu folgenden Situationen:
- Ablauf des Tages
- Begegnungen im Betrieb
- besonders Bemerkenswertes
- erste Schwierigkeiten

Achten Sie auf gute Artikulation, Blickkontakt und Freundlichkeit.

5 Eine neue Mitarbeiterin tritt ihren ersten Arbeitstag an. Drei Auszubildende haben die Aufgabe, sie zu begrüßen und sie den anderen Mitarbeiterinnen und Mitarbeitern vorzustellen. Durchdenken Sie in Kleingruppen die einzelnen Schritte und machen Sie sich Notizen dazu. Verteilen Sie die Aufgaben und führen Sie ein Rollenspiel durch.

1.2 Sich anderen vorstellen

Nehmen Sie folgende Situation an: Eine mittelständische Firma in Albstadt-Ebingen hat vier Wochen nach Beginn der Ausbildung alle Auszubildenden des ersten Jahres zu einem dreitägigen Seminar eingeladen. Ein Ziel des Seminars ist es, dass sich die Auszubildenden aus den unterschiedlichen Ausbildungsbereichen kennenlernen. Die Ausbildungsleiterin, Frau Schaible, hat daher alle aufgefordert, sich vorzustellen. Die Auszubildenden sollen sich einige Notizen machen und dann möglichst frei sprechen.

Alexander beginnt mit der Vorstellung.

> Also! Ich bin der Alexander Haag, ich lern Mechatroniker und bin froh, dass die Schul' endlich rum ist und jetzt die Praxis kommt. Mein Vater ist auch Mechatroniker und schafft auch bei unserer Firma. Meine Mutter ist Näherin in einer kleineren Firma in unserem Dorf. Weil sie in Teilzeit arbeitet, ist sie auch viel daheim und deshalb macht sie auch den Haushalt ganz allein, obwohl ich noch zwei ältere Schwestern hab; die geh'n ja auch den ganzen Tag ins Geschäft. Ich bin vor vier Wochen 17 Jahre alt geworden. Nächsten Monat kann ich die Prüfung für den Führerschein mit 17 machen. Da ich mit meinem Vater immer mit dem Auto ins Geschäft fahr, wird er in der Prüfbescheinigung als Begleitperson eingetragen. Dann bekomm ich Fahrpraxis, vor allem im Berufsverkehr. Ansonsten bin ich mit meiner Achtziger unterwegs; da muss ich jetzt langsamer fahren, denn einen Strafzettel kann ich mir jetzt nicht leisten. Ach so, ich war auf der Hauptschul' und der Werkrealschul', meine Zeugnisse sind zwar nicht schlecht, aber viel Spaß hat mir die Schul' in der letzten Zeit nicht gemacht, nur der Unterricht in den Werkstätten hat mir gefallen. Meine ältere Schwester ist auf dem Büro und die zweite lernt Speditionsverkäuferin, ich glaub, es heißt anders, aber das weiß ich nicht genau. Meine Lieblingsfächer, wenn man überhaupt so sagen kann, waren Technik und Sport. Neben Biken und mich mit meinen Freunden treffen, gehe ich auch noch ins Fußballtraining in der A-Jugend, dort spiel ich meistens in der Verteidigung. Ach ja, wohnen tue ich in Lautlingen und fahr mit dem Bike oder mit meinem Vater im Auto ins Geschäft. Ja, das wär eigentlich alles – halt, da fällt mir noch ein, ich hör gern Musik und möcht eigentlich gern Gitarre spielen, aber dazu hat's halt noch nicht gelangt. So, das wär aber wirklich alles.

1 Wie hat Alexander seine Vorstellung gegliedert? Beurteilen Sie die Reihenfolge.

2 Warum wirkt seine Sprache so natürlich? Ist sie der Situation angemessen?

3 Welche Fragen würden Sie ihm stellen, um ihn noch besser kennenzulernen?

Neben Alexander sitzt Julia, nun ist sie an der Reihe:

> Ich heiße Julia Wagner, bin sechzehneinhalb Jahre alt und habe die Realschule hier in Ebingen besucht. Jetzt habe ich einen Ausbildungsplatz als Industriekauffrau und freue mich sehr darüber, weil ich diesen Beruf schon lange erlernen wollte. Gleichzeitig habe ich ein wenig Angst, ob ich die vielen Aufgaben auch erfüllen kann. Ich wohne nur eineinhalb Kilometer vom Büro entfernt und kann bequem zu Fuß gehen, für die Berufsschule werde ich wohl den Bus nehmen müssen. Wir sind erst vor vier Jahren von Hannover hierher gezogen, aber es gefällt mir sehr gut hier. Meine Eltern sind auch beide berufstätig, mein Vater arbeitet als Sachbearbeiter bei der Sparkasse, meine Mutter ist wieder, seit wir uns hier niedergelassen haben, im Krankenhaus als Physiotherapeutin tätig. Meine Lieblingsfächer in der Schule waren Mathematik und Deutsch, dazu besuchte ich freiwillig einen Kurs in Informationstechnik. Ich hoffe, dass ich auch die schwierigen Aufgaben während der Ausbildung bewältigen werde. Mehr gibt es über mich nicht zu sagen.

4 Vergleichen Sie den Inhalt, den Aufbau und die Sprache der beiden Vorstellungen.

5 Was würden Sie Julia noch fragen?

6 Bereiten Sie Ihre eigene Vorstellung in der Klasse vor (Notizen).

7 Sprechen Sie mit Ihren Mitschülerinnen und Mitschülern darüber, was an Ihrer Vorstellung zu verbessern ist.

8 Erfragen Sie alle wichtigen Informationen von einer Mitschülerin/einem Mitschüler. Stellen Sie diese/diesen der Klasse vor.

Tipp Wenn Sie Ihre Vorstellung mit dem Handy auf Video aufnehmen, hören Sie selbst, an welchen Stellen Sie noch Schwierigkeiten haben. Sie können auch Ihre nonverbale Kommunikation beobachten und die Wirkung beurteilen. Sprechen Sie mit einer vertrauten Person über Verbesserungsmöglichkeiten.

1.3 Den Ausbildungsbetrieb vorstellen

Es gibt verschiedene Anlässe, den eigenen Ausbildungsbetrieb vorzustellen.

Interesse in der Klasse

Meistens befinden sich in einer Berufsschulklasse Auszubildende verschiedener Unternehmen. In jedem Betrieb gibt es Besonderheiten, die den Ablauf und die Organisation der Ausbildung beeinflussen. Daher ist es für die Mitschülerinnen und Mitschüler interessant, einen Einblick in andere Ausbildungsbetriebe zu erhalten.

Informationen bei einer Bildungsmesse

Wenn sich Ihr Ausbildungsbetrieb an einer Bildungsmesse beteiligt, werden auch Sie den Stand des Betriebs betreuen. Sie repräsentieren die Firma und informieren die Besucherinnen und Besucher über die Geschäftsbereiche und die Ausbildung.

Tag der offenen Tür

Viele Unternehmen laden zu einem Tag der offenen Tür ein. Jeder kann den Betrieb besichtigen und sich informieren, wobei Betriebsangehörige die Besucherinnen und Besucher betreuen. Die Größe des Betriebs spielt dabei keine Rolle. Kleinbetriebe, wie eine Schreinerei oder ein Friseursalon, nehmen oft ein besonderes Ereignis wie z. B. die Umgestaltung der Geschäftsräume zum Anlass. In Großbetrieben kann der Tag der offenen Tür auch auf eine bestimmte Abteilung begrenzt werden, z. B. auf die Ausbildungsabteilung oder auf die Lehrwerkstatt.

---

1 Berichten Sie von einer Veranstaltung (z. B. Bildungsmesse oder Tag der offenen Tür), an der Sie als Besucherin/Besucher oder als Mitwirkende teilgenommen haben.

2 Welche Ziele verfolgt ein Betrieb mit solchen Veranstaltungen?

3 Stellen Sie Ihren Ausbildungsbetrieb der Klasse vor. Die nachstehende Gliederung kann Ihnen helfen.

Vorstellen des Ausbildungsbetriebs

Gliederungspunkte	Ausarbeitung
1 Begrüßung der Besucher/-innen und der Mitschüler/-innen	Reihenfolge und Titel beachten
2 Kurze Vorstellung der eigenen Person	Name, Stellung/Aufgaben im Betrieb
3 Vorstellung des Betriebs: • Größe, Bedeutung, Stellung am Markt, Gründung und Entwicklung der Firma • Information über die Produkte bzw. die Art der Dienstleistung • Zahl der Mitarbeiter/-innen und der Auszubildenden	Bei den einzelnen Gliederungspunkten genügt es, wenn Sie einen einzigen Satz formulieren. Heben Sie die besonderen Qualitäten und Leistungen Ihres Betriebs hervor.
4 Ausbildungssituation des Betriebs: • Welche Berufe werden ausgebildet? • Verlauf der Ausbildung • Besonderheiten der Ausbildung • Übernahmesituation nach der Ausbildung	Stellen Sie nach Möglichkeit Ihre positiven Erfahrungen dar. Recherchieren Sie genau, bevor Sie Informationen weitergeben.
5 Information über Bewerbungsverfahren: • Voraussetzungen • Termine • Auswahlverfahren • zuständiger Ansprechpartner	Ihre Auskunft muss für die Besucher/-innen verlässlich sein. Bereiten Sie ggf. einen Flyer vor.
6 Zusammenfassung und Ausblick	

1.4 Gespräche führen

Im privaten und beruflichen Alltag findet ein vielfältiger Austausch von Informationen, Überlegungen und Ideen statt. Es gibt unterschiedlichste Gesprächsanlässe und -situationen. Dementsprechend werden mehrere Gesprächsformen unterschieden.

> **1** Sortieren Sie die nachstehenden Gesprächsformen in drei Gruppen, private, berufliche und öffentliche Gespräche: Unterredung – Arbeitsgespräch – Aussprache – Unterhaltung – Besprechung – Auseinandersetzung – Diskussion – Kaffeeklatsch – Interview – Vorstellungsgespräch – Streitgespräch – Verkaufsgespräch – Stammtischrunde – Talkshow – Mitarbeitergespräch – Personalentwicklungsgespräch – Kundengespräch – Jahresgespräch – Plauderei – Teamsitzung

Bei **formellen Gesprächen** stehen die Gesprächsteilnehmer/-innen in einer sachlichen/geschäftlichen Beziehung. Gesprächsort, -zeit und Beteiligte sind genau bestimmt. Die Gesprächsform wird von der Leiterin/vom Leiter des Gesprächs festgelegt.

Informelle Gespräche finden meist ungeplant statt und dienen dem persönlichen Informationsaustausch und der Unterhaltung. Die Gesprächsteilnehmer/-innen stehen in einer lockeren, persönlicheren Beziehung.

> **2** Welche der in Aufgabe 1 genannten beruflichen Gesprächsformen sind formeller Art, welche sind informell?
>
> **3** Untersuchen Sie in Partnerarbeit fünf Gesprächsformen genauer. Legen Sie eine Tabelle an:

Gesprächsform	Teilnehmer/-in	Inhalt/Thema	Ziel/Absicht
Beispiel: **Mitarbeitergespräch**	Vorgesetzte/Vorgesetzter; Mitarbeiter/-in	Arbeitsleistung	Aufstieg/ Lohnerhöhung

So haben Sie gute Karten im Gespräch:

10 ♣ Aufmerksamkeit signalisieren
- nicken
- Blickkontakt halten
- „Aha", „Mh"
- aktives Zuhören

10 ♥ Respekt zeigen
- mit Namen anreden
- zuhören
- keine abwertenden Gesten und Blicke
- ausreden lassen

10 ♠ Fragen stellen
- sicherstellen, dass Sie den anderen wirklich richtig verstanden haben
- zusätzliche Informationen erfragen

10 ♦ Auf den anderen eingehen
- in der Antwort Bezug auf den anderen nehmen
- auf seine Aussagen eingehen
- keine langen Vorträge halten

A ♣ Angemessene Sprache
- Verständlichkeit
- situationsgerechte Sprachebene
- Fach- und Fremdwörter erklären
- kurze Sätze

A ♥ Guten Ton pflegen
- angemessene Lautstärke
- freundlich bleiben
- den anderen zu Wort kommen lassen
- höfliche Ausdrucksweise

A ♠ Zugewandte Körpersprache
- keine „kalte Schulter" zeigen
- nicht mit dem Finger auf den anderen zeigen
- nicht weit zurücklehnen

A ♦ Entspannte Mimik
- freundlicher Gesichtsausdruck
- aufmunternd zulächeln
- nicht: „Er verzieht keine Miene."

Sprachkompetenz im Beruf — 13

4 Beschreiben Sie die auf den Bildern dargestellten Gesprächssituationen: Wer ist am Gespräch beteiligt? – Wo findet es statt? – Worüber könnten die Beteiligten sprechen? – Welche nichtsprachlichen Verständigungsmittel sind erkennbar?

5 Beurteilen Sie, in welcher der dargestellten Rollen Sie sich wohlfühlen könnten und welche Ihnen unsympathisch wären. Begründen Sie Ihre Wahl.

6 Gestalten Sie mit einer Partnerin/einem Partner eines der dargestellten Gespräche als Rollenspiel. Besprechen Sie dann in der Klasse den Gesprächsverlauf, die Sprache und die verwendeten nonverbalen Mittel (s. S. 27).

7 Ein Gesprächsanlass kann auch diese Karikatur sein (s. S. 8).
Bilden Sie in der Klasse Gesprächskreise mit drei oder vier Teilnehmern/Teilnehmerinnen und sprechen Sie darüber, wie Auszubildende in Betrieben behandelt werden und wie Sie behandelt werden möchten.

»Hier rein! Lehrjahre sind keine Herrenjahre!«

8 Besprechen Sie in der Klasse, inwiefern die Hinweise auf S. 27 bei beruflichen Gesprächen wichtig sind und hilfreich sein können.

9 Können Sie sich eine Situation vorstellen, in der Sie – gegen die Regeln – einer Gesprächspartnerin/einem Gesprächspartner ins Wort fallen? Suchen Sie unter den unten stehenden Einwürfen die heraus, die in einer solchen Situation angemessen sind, und diejenigen, die als unhöflich gelten.

10 Formulieren Sie die unhöflichen Einwürfe in höfliche um (s. S. 16).

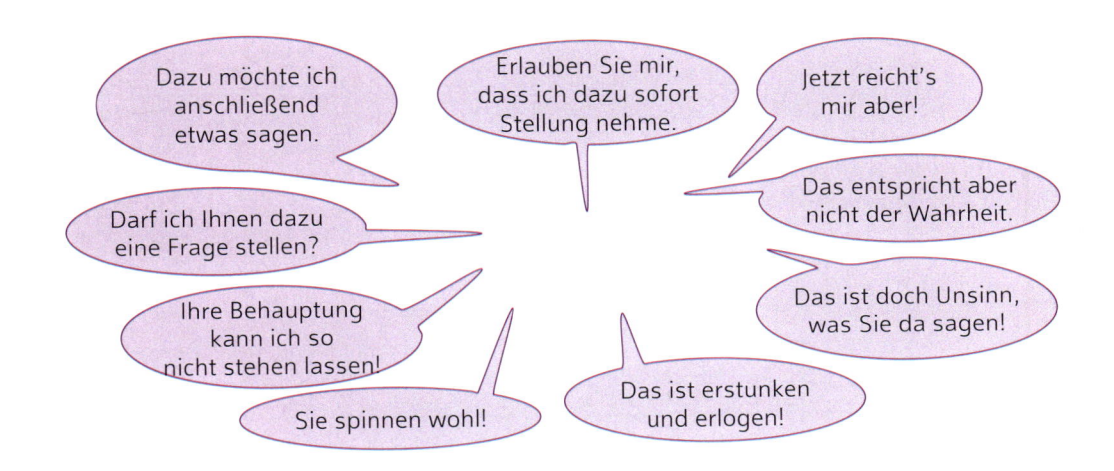

- Dazu möchte ich anschließend etwas sagen.
- Erlauben Sie mir, dass ich dazu sofort Stellung nehme.
- Jetzt reicht's mir aber!
- Darf ich Ihnen dazu eine Frage stellen?
- Das entspricht aber nicht der Wahrheit.
- Ihre Behauptung kann ich so nicht stehen lassen!
- Das ist doch Unsinn, was Sie da sagen!
- Sie spinnen wohl!
- Das ist erstunken und erlogen!

1.5 Fragen stellen

Wer in einem Gespräch Fragen stellt, kann es beleben, vertiefen und lenken.

Frageform	Beispiel
• **Die offene Frage (Ergänzungsfrage)** beginnt mit einem W (Welche? Wer? Wie? Warum? …) Die/Der Befragte entscheidet selbst, was sie/er antwortet und wie ausführlich die Antwort ist.	„Was waren die Höhepunkte der Betriebsbesichtigung?"
• **Die geschlossene Frage** lässt der/dem Befragten kaum Spielraum, verlangt meist eine knappe Antwort mit Ja oder Nein.	„Hat Ihnen die Betriebsbesichtigung gefallen?"
• **Die Alternativfrage** engt die befragte Person auf zwei Antworten ein. Mit „weder – noch" kann man ausweichen.	„Hätten Sie lieber einen Fernsehsender oder eine Brauerei besichtigt?"
• **Die Suggestivfrage** ist so formuliert, dass die/der Befragte merkt, welche Antwort die Fragen stellende Person erwartet. Dahinter verbirgt sich die Absicht, andere zu beeinflussen.	„Die Besichtigung hat Ihnen doch sicher auch gefallen?"
• **Die Unterstellungsfrage** enthält bereits eine Behauptung, die der befragten Person einfach unterstellt wird. Diese Frageform gilt als unfair und man sollte sich dagegen wehren.	„Bei wem werden Sie sich über die mangelhafte Organisation der Besichtigung beschweren?"

1 Um welche Frageformen handelt es sich in den folgenden Beispielen?
  a Warum haben Sie diesen Beruf gewählt?
  b Gefällt Ihnen Ihr Beruf?
  c Hätten Sie lieber einen anderen Beruf ergriffen?
  d Ihr Beruf hat doch manche Schattenseiten, nicht wahr?
  e Welchen Beruf hätten Sie lieber ergriffen?
  f Welche Aufstiegsmöglichkeiten gibt es in Ihrem Beruf?
  g Macht Ihnen der Ärger mit dem neuen Chef etwas aus?
  h Glauben Sie auch, dass es ohne Überstunden nicht geht?

Tipp Die **rhetorische Frage** wird oft in Reden oder Vorträgen verwendet. Sie wird nicht gestellt, um eine Antwort zu bekommen, sondern sie soll die Zuhörer/-innen neugierig machen. „Was ist beim Einsatz dieses Geräts besonders zu beachten?" Der Vortrag wird nun darauf eingehen, was besonders zu beachten ist. Die rhetorische Frage kann auch der Gliederung dienen: „Was war der Ausgangspunkt dieser Entwicklung?" – „Wo könnte die Lösung liegen?"

2 Formulieren Sie zu jeder Frageform eine Frage. Stellen Sie Ihrer Sitznachbarin/Ihrem Sitznachbarn Ihre Fragen und prüfen Sie, ob Sie richtig gefragt haben.

1.6 Aktiv zuhören

„Du hörst mir ja gar nicht richtig zu!" oder „Du hast mich falsch verstanden!" sind Vorwürfe, die man im Berufs- und Privatleben oft hört. Sogar Manager/-innen werden auf Seminare geschickt, damit sie lernen, ihrer Belegschaft richtig zuzuhören und sie zu verstehen.

> **1** Notieren Sie sich Ihre Gedanken auf einem Blatt:
> – Wenn ich merke, dass mir jemand nicht zuhört, fühle ich mich …
> – Wenn mir jemand richtig/aufmerksam zuhört, dann habe ich das Gefühl …
>
> **2** Vergleichen Sie Ihre Antworten mit denen einer Mitschülerin/eines Mitschülers und ergänzen Sie Ihre Überlegungen. Diskutieren Sie, wie wichtig Zuhören ist.

Wenn die Gesprächspartner/-innen ernsthaft gute Lösungen für Probleme anstreben, müssen sie einander ausreden lassen und aufmerksam zuhören. Das ist die Voraussetzung für gegenseitiges Verstehen. Die Methode „**Aktives Zuhören**" ist ein gutes Hilfsmittel.

Sie zeigen der Gesprächspartnerin/dem Gesprächspartner, dass Sie sie/ihn ernst nehmen und sich alle Mühe geben, sie/ihn richtig zu verstehen.

Dazu gehören folgende Verhaltensweisen:
- guten Blickkontakt halten
- sich dem Gegenüber zuwenden (Körpersprache wirkt!)
- das Gegenüber ausreden lassen
- Interesse am Thema und an der Person zeigen, d.h. nichts nebenher machen
- beim Thema bleiben und ggf. nachfragen, d.h. nicht Neues erfragen, sondern um Erläuterungen des Gesagten bitten
- Reaktionen zeigen, die Aufmerksamkeit signalisieren, z.B. nicken, verbale Äußerungen wie „aha", „ach so", „hm"

Die **Zuhörerin**/Der **Zuhörer** formuliert in eigenen Worten, was sie/er aufgenommen hat: „Sie denken also, …"; „Ich höre, dass Sie sich darüber ärgern, dass …", und zeigt: „So habe ich dich verstanden."

Die **Rednerin**/Der **Redner** kann bestätigen: „Ja, so habe ich es gemeint." Sie/Er kann aber auch korrigieren: „Nein, so habe ich es nicht gemeint. Ich habe es anders gemeint: …"

> **3** Üben Sie diese Form des aktiven Zuhörens in der Klasse: Werfen Sie sich einen kleinen Ball zu. Der Werfende sagt einen Satz, z. B. „Das Wetter ist miserabel." Die Fängerin/Der Fänger formuliert, was sie/er verstanden hat: „Du meinst also, …"; „Ich habe verstanden, dass …"
>
> **4** Bilden Sie Gruppen zu dritt. Einigen Sie sich auf ein aktuelles Thema. Sie nehmen drei verschiedene Rollen ein: Redner, Zuhörer und Beobachter. Ein Gruppenmitglied nimmt zwei Minuten lang Stellung. Die oder der Zweite wiederholt in eigenen Worten, was die oder der Vorangehende gesagt hat. Die oder der Dritte prüft, ob die zweite Person in jeder Hinsicht ein aufmerksamer Zuhörer war. Jeder übernimmt jede Rolle einmal.
>
> **5** Berichten Sie in der Klasse über Ihre Erfahrungen. Welche Schlussfolgerungen ziehen Sie?
>
> **6** Welche Auswirkungen kann „aktives Zuhören" im Unterricht und bei der Arbeit haben?
>
> **7** Wie erklären Sie sich, dass gutes Zuhören manchen so schwerfällt?

1.7 Sich höflich ausdrücken

Bei Gesprächen im Betrieb, in der Schule oder im Privatleben gilt: Achten Sie darauf, dass Sie Ihre Gesprächspartner/-innen nicht durch falsch gewählte Worte oder einen unfreundlichen Ton verärgern. Versuchen Sie, sich anderen gegenüber immer respektvoll auszudrücken.

Eine barsch wirkende Aufforderung wie „Sei jetzt endlich still!" sollte man vermeiden. Formulieren Sie Ihr Anliegen stattdessen höflicher: „Könntest du bitte einen Moment still sein?" „Ich möchte gern ausreden."

---

1 Beschreiben Sie möglichst genau, wie Unhöflichkeit und wie Höflichkeit auf die Gesprächspartnerin/den Gesprächspartner wirken.

2 Betrachten Sie die folgenden Beispiele und überlegen Sie sich höflichere Sätze.

(A) „Quatsch, das läuft nicht so!"

(B) „Da liegst du voll daneben!"

(C) „Hau ab, du störst!"

(D) „Musst du mich jetzt so nerven?"

(E) „Ist mir völlig wurscht, was du machst!"

(F) „Hey Alter, überleg', was du da sagst!"

(G) „Denk mal nach, was du gerade gelabert hast!"

(H) „Sie wollen mich nicht verstehen, was?"

(I) „Lass es, du kapierst es sowieso nicht!"

(J) „Nein, so einen Käse machen wir nicht!"

3 Ihre Vorgesetzte/Ihr Vorgesetzter hat die Auszubildenden des ersten Ausbildungsjahres nicht zum Betriebsausflug eingeladen. Sie sind enttäuscht. Sie wollen sie/ihn anrufen und nach dem Grund fragen. Überlegen Sie sich respektvolle Worte für das Gespräch.

4 Führen Sie das Telefongespräch mit Ihrer Tischnachbarin oder Ihrem Tischnachbarn als Rollenspiel.

5 Formulieren Sie Tipps für das höfliche Sprechen auf „Gesprächskarten". Orientieren Sie sich dabei an den Beispielen von S. 12.

Bei Onlinegesprächen, z. B. im Chat, ist **Netiquette** ein Muss. Das Wort setzt sich zusammen aus den Begriffen „Network" (Netzwerk) und „Etiquette" (höfliche Umgangsformen) und bezeichnet eine Reihe respektvoller Benimmregeln, die man bei der Kommunikation im Internet beachten sollte.

---

6 Führen Sie eine Onlinerecherche durch: Suchen Sie nach Netiquette-Regeln und legen Sie eine Liste mit fünf für Sie wichtigen Regeln an.

7 Bilden Sie Kleingruppen (fünf Schüler/-innen): Stellen Sie ein Ranking der fünf wichtigsten Netiquette-Regeln innerhalb Ihrer Gruppen auf. Begründen Sie Ihre Wahl.

1.8 Telefonieren

1.8.1 Telefonieren oder schreiben?

Telefon und E-Mail sind zwei wichtige Kommunikationsmittel im beruflichen und im privaten Bereich. Sie müssen immer wieder entscheiden, ob Sie mit jemandem telefonisch in Kontakt treten wollen oder ob es besser wäre, eine E-Mail bzw. einen Brief zu schicken.

> *1* Diskutieren Sie mit Ihren Mitschülerinnen und Mitschülern über die richtige Entscheidung in folgenden Situationen:
> - Sie müssen sich im Betrieb oder in der Schule krankmelden.
> - Sie laden Ihre Freunde zu Ihrer Geburtstagsparty ein.
> - Sie erkundigen sich bei der Agentur für Arbeit nach einer freien Stelle.
> - Sie beschweren sich bei der Deutschen Bahn über die Verspätung eines Zuges und fordern eine Entschädigung.
> - Sie bestellen bei einem Versandhaus eine Ware.
> - Sie mahnen eine Firma, weil sich die Lieferung verzögert hat.
> - Sie fragen Informationsmaterial bei einem Fremdenverkehrsamt nach.
> - Sie wollen Ihre ehemaligen Mitschülerinnen und Mitschüler zum Klassentreffen einladen.

1.8.2 Ein Kunde ruft an

> *1* Lesen Sie das folgende Telefongespräch mit verteilten Rollen.

Mitarbeiter: „Autohaus König, Bender, guten Tag."
Kunde: „Hier Jäger, guten Tag, ist Herr Keller da?"
Mitarbeiter: „Herr Keller, unser Verkaufsleiter, ist heute noch krank. Kann ich etwas für Sie tun?"
Kunde: „Ja, ich weiß nicht – ich habe doch seit vier Wochen den neuen GTI und jetzt will ich in drei Tagen in Urlaub fahren. Das erste Mal seit einem Jahr, und meine Tochter hat auch deswegen …"
Mitarbeiter: „Gibt es ein Problem mit dem Fahrzeug?"
Kunde: „Das ist es doch, warum ich anrufe. Stellen Sie sich vor, jetzt klappert jedes Mal, wenn ich anfahre, etwas im Motorraum."
Mitarbeiter: „Das kommt vor, deswegen können Sie doch in Urlaub fahren. Bei einem neuen Auto brauchen Sie doch nicht so ängstlich zu sein."
Kunde: „Was heißt ängstlich, sitze ich dann mit einem defekten Motor in Italien oder Sie?"
Mitarbeiter: „Sie müssten mal in die Werkstatt kommen, aber diese Woche geht es nicht mehr."
Kunde: „Ihr Verkaufsleiter hat gesagt, wenn irgendetwas sei, solle ich mich direkt an ihn wenden. Ist er morgen wieder da?"
Mitarbeiter: „Woher soll ich das wissen, kann schon sein."
Kunde: „Dann soll er mich anrufen, sagen Sie es ihm."
Mitarbeiter: „Auf Wiederhören!"
Kunde: „Guten Tag!"

> *2* An welchen Stellen müsste sich der Mitarbeiter Bender kundenfreundlicher verhalten? Verbessern Sie seine Formulierungen.
>
> *3* Lesen Sie das verbesserte Gespräch noch einmal mit verteilten Rollen.

1.8.3 Erfolgreich telefonieren

Für Berufsanfängerinnen und Berufsanfänger sind Telefongespräche oft nicht einfach. Wenn Sie die folgenden Hinweise beachten, wird es Ihnen leichter fallen, erfolgreich zu telefonieren:
- Notieren Sie sich vor jedem Gespräch die Punkte, die angesprochen werden sollten.
- Notieren Sie sich den Namen Ihrer Gesprächspartnerin/Ihres Gesprächspartners. Wenn Sie den Namen nicht sofort verstanden haben, fragen Sie nochmals nach.
- Sprechen Sie Ihr Gegenüber im Gespräch möglichst mit dem Namen an.
- Achten Sie am Schluss des Gesprächs darauf, dass Sie beim Verabschieden noch einmal den Namen nennen.
- Notieren Sie sich Termine und Absprachen schon während des Gesprächs.
- Bei wichtigen Telefonaten sollten Sie nach dem Gespräch eine Notiz anfertigen, in der wichtige Vereinbarungen festgehalten werden (s. S. 75).

1 Ein Telefongespräch vorbereiten

Sie wollen mit Ihrer Clique das Konzert einer bekannten Band besuchen. Im Radio haben Sie gehört, dass der Vorverkauf der Karten schon begonnen hat und dass die Nachfrage groß ist. Ihre Freunde haben Sie beauftragt, die Karten telefonisch zu bestellen. Franz und Laura werden diese dann bei der Vorverkaufsstelle abholen. Notieren Sie sich auf einem Stichwortzettel, was Sie bei dem Gespräch ansprechen müssen. Vergleichen Sie Ihre Notizen mit denen Ihrer Mitschülerinnen und Mitschüler.

2 Telefonisch Termine vereinbaren

Sophie Hirsch hat vor zwei Jahren eine umfangreiche Zahnregulierung machen lassen. Ihre Mutter ermahnt sie, dass sie dringend zum Zahnarzt gehen müsse. Die Kontrolluntersuchung, die die Krankenkasse verlange, habe sie auch noch nicht durchführen lassen. Es ist Ende November. Sophie bleibt nicht mehr viel Zeit. Noch heute will sie einen Termin vereinbaren.
- *Was muss Sophie sich überlegen, bevor sie telefoniert?*
- *Wie sollte Sophie das Gespräch beginnen?*
- *Worauf sollte sie hinweisen?*
- *Welche Empfehlungen geben Sie Sophie für den Schluss des Gesprächs?*

Bereiten Sie in Kleingruppen ein Rollenspiel (s. S. 169) vor:
- *Eine Person übernimmt die Rolle der Sophie, eine andere Person die der Mitarbeiterin in der Zahnarztpraxis.*
- *Zwei oder drei Personen bereiten sich auf die Beobachtung des Gesprächs vor.*
- *Führen Sie das Gespräch.*
- *Sprechen Sie dann in der Gruppe über die Stärken und Schwächen des Gesprächs.*
- *Wiederholen Sie das Gespräch mit vertauschten Rollen.*

2

Kommunikation analysieren und verstehen

Der Mensch ist ein soziales Wesen und auf die Verständigung mit anderen angewiesen. Wer wenige soziale Kontakte hat, verarmt nicht nur seelisch und geistig, sondern auch sprachlich. Im Zusammenleben und bei der Arbeit tauschen wir Informationen aus, äußern Wünsche, fordern etwas, ermahnen jemanden, werden gelobt und getadelt. Wir nutzen dabei unterschiedliche Kommunikationsmittel: Sprechen, Schreiben, Zeichnen, Mimik, Gestik. Meistens gelingen diese alltäglichen Kommunikationsprozesse ganz reibungslos und selbstverständlich. Erst wenn Missverständnisse auftreten oder Konflikte zu lösen sind, denken wir über unser Sprachverhalten nach.

Im Beruf ist ein professioneller Sprachgebrauch wichtig: Kolleginnen und Kollegen sind schnell verärgert, wenn Auszubildende sich nicht präzise in der Fachsprache ausdrücken. Einen Kunden oder eine Kundin hat man schnell verloren, wenn man sich nicht situationsgerecht ausdrückt.

1 Sammeln Sie in Kleingruppen Gründe dafür, dass die Verständigung im Alltag normalerweise recht gut funktioniert.

2 Tauschen Sie sich über Situationen aus Ihrem privaten oder beruflichen Alltag aus, in denen Schwierigkeiten in der Kommunikation aufgetreten sind.

3 Wählen Sie eine besonders typische Situation aus und spielen Sie sie nach. Überlegen Sie gemeinsam, wie diese Situation besser bewältigt werden könnte.

2.1 Einfache Kommunikationsmodelle

Um zu verstehen, wie Kommunikationsprozesse ablaufen, werden diese in Modellen abgebildet. Hier ein einfaches Beispiel:

Sender → **Medium** (Nachricht) → **Empfänger**

1 Inwiefern kann das Modell auf die Kommunikation per E-Mail, Sprach- oder Videobotschaft, Telefon und Brief angewandt werden?

2 Wodurch können bei diesem einfachen Verständigungsprozess dennoch Probleme auftreten? Unterscheiden Sie sprachliche Verständigungsprobleme und technische Probleme.

Wenn Sie mit jemandem sprechen, verfolgen Sie damit in der Regel eine bestimmte Absicht (Intention). Sie wollen z. B. Ihre Gesprächspartnerin/Ihren Gesprächspartner über einen Sachverhalt informieren (eine Sache darstellen), Ihre persönliche Meinung ausdrücken oder ihn zu etwas auffordern (an ihn appellieren). Das im Modell darzustellen, ist etwas schwieriger:

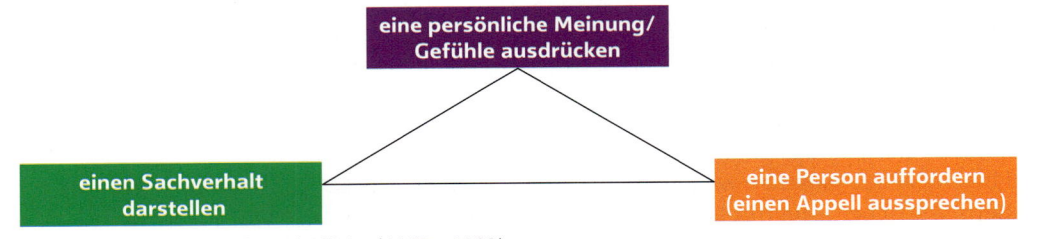

- eine persönliche Meinung/Gefühle ausdrücken
- einen Sachverhalt darstellen
- eine Person auffordern (einen Appell aussprechen)

Eigene Darstellung nach Karl Bühler (1879–1963)

3 Welche Absichten verfolgt Tom, wenn er folgende Äußerungen macht:
 a Saskia, gib mir meinen Kuli wieder!
 b Wenn ich daran denke, wird mir jetzt schon schlecht.
 c Die Entertaste an meinem PC ist kaputt.
 d Du kennst dich da besser aus als ich.

Sachebene und Beziehungsebene

„Hast du mal ein Blatt Papier für mich?", fragt Kim ihre Mitschülerin Sonja. „Geht's noch?", antwortet diese und wirft Kim einen ärgerlichen Blick zu. Da erst wird Kim bewusst, dass sie sich schon mehrfach darauf verlassen hat, dass Sonja sie mit Papier versorgt. „Ich werd' morgen einen neuen Block mitbringen, hab' ja schon oft geschnorrt", antwortet sie und lächelt freundlich. „Na denn!", sagt Sonja und schiebt ihr zwei Blätter zu.

Unsere Kommunikation wird nicht nur von der Sache, sondern sehr stark von Gefühlen beeinflusst: Ärger, Wut, Freude, Enttäuschung, Traurigkeit, Hoffnung und Sorge, Minderwertigkeits- und Großartigkeitsgefühle spielen hierbei ein Rolle. Oft sind sie uns gar nicht bewusst. Im „Eisbergmodell" wird dies verdeutlicht: Bei einem Eisberg liegen fast 90 % unter der Wasseroberfläche und bleiben dem Betrachter verborgen.

Eisbergmodell der Kommunikation

Sachebene
Daten, Fakten, Sachverhalte, Zahlen, Beschreibungen, Berichte

Gefühls- und Beziehungsebene
Erfahrungen, Gefühle, Wünsche, Werteinstellungen, Verhältnis von Sender und Empfänger, Erwartungen, Enttäuschungen, Verletzungen, Hoffnungen, Träume …

4 Gefühle spielen eine große Rolle. Formulieren Sie die Gefühle, die Sonja und Kim bewegt haben.

2.2 Vier Botschaften einer Nachricht

Mit manchen Menschen versteht man sich auf Anhieb, bei anderen dagegen weiß man gleich: Mit dem werde ich nicht warm. Bei Untersuchungen zur Kommunikation wurde festgestellt, dass sprachliche Äußerungen oft mehrere Bedeutungen haben.

Diese Mehrdeutigkeit wird häufig genutzt, um Witze oder ironische Bemerkungen zu machen. Der Satz „Das hast du mal wieder gut gemacht!" kann je nach Situation auch das Gegenteil bedeuten: „Das gefällt mir nicht, das hast du nicht gut gemacht."

Vier Botschaften lassen sich in der Regel aus einer Aussage „heraushören":
- eine sachliche, die die Information enthält, die **Sachaussage**
- eine darüber, was die Sprecherin/der Sprecher von dem/der Hörer/-in oder dem Gegenüber will, den **Appell**
- eine darüber, wie die Sprecherin/der Sprecher die Beziehung zum/zur Hörer/-in oder zum Gegenüber sieht, die **Beziehungsaussage**
- eine über die Sprecherin/den Sprecher selbst, die **Selbstaussage** (Selbstoffenbarung/Ich-Aussage)

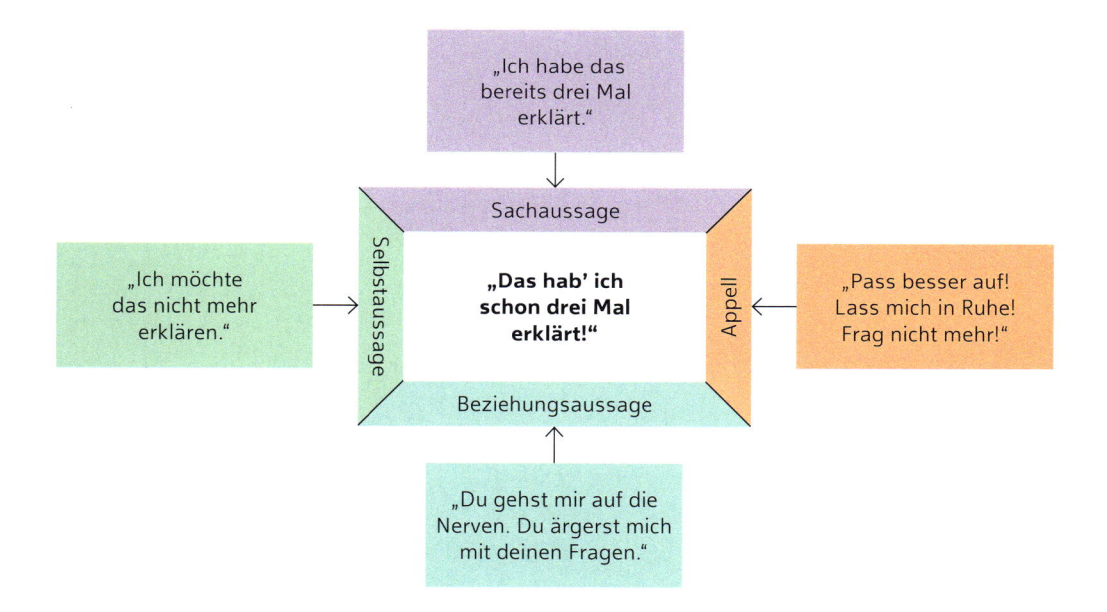

Zentrale Aussage: „Das hab' ich schon drei Mal erklärt!"

- Sachaussage: „Ich habe das bereits drei Mal erklärt."
- Selbstaussage: „Ich möchte das nicht mehr erklären."
- Appell: „Pass besser auf! Lass mich in Ruhe! Frag nicht mehr!"
- Beziehungsaussage: „Du gehst mir auf die Nerven. Du ärgerst mich mit deinen Fragen."

---

1 *Die Mutter sagt beim Mittagessen zu Felix: „Du schreibst morgen eine Mathearbeit."*
- *Zeichnen Sie ein Quadrat (s. oben) und analysieren Sie den Satz der Mutter.*
- *Auf welche Botschaft an Felix kommt es der Mutter an?*
- *Überlegen Sie sich mögliche Antworten, die Felix auf die Bemerkung der Mutter hin machen könnte.*
- *Wie ist es zu verstehen, wenn Felix schweigt?*

2.3 Hören und Verstehen

Kommunikationsmodelle zeigen, wie vielseitig und vielschichtig Verständigung ist. Auf S. 21 wurde erläutert, dass eine Nachricht vier verschiedene Botschaften enthalten kann. So ähnlich verhält es sich auch beim Hören: Wer etwas sagt, weiß nie genau, was beim anderen ankommt, was dieser eigentlich hört. So wie eine Sprecherin/ein Sprecher vier verschiedene Botschaften in einer Nachricht verpacken kann, so kann eine Zuhörerin/ein Zuhörer ebenfalls vier verschiedene Botschaften aus der Nachricht heraushören – je nachdem, „mit welchem Ohr" sie/er gerade aufmerksam zuhört.

Welche der vier Botschaften einer Nachricht die oder der Hörende wahrnimmt, hängt mit dessen Erfahrungen und Erwartungen zusammen. Besonders hellhörig reagieren die meisten Menschen auf Botschaften auf der Beziehungsebene (s. S. 21): Möchte sich die andere Person über mich stellen? Will sie mir sagen, was ich tun oder denken soll? Beschneidet sie meine Freiheit oder Selbstständigkeit?

Mütter reagieren sehr hellhörig auf Appelle ihrer Kinder. Fragt der Sohn die Mutter: „Wo sind meine Socken?", so ist die Antwort oft: „Ich hole sie dir."

Frauen wird allgemein nachgesagt, sie seien besonders empfänglich auf dem Beziehungsohr. Die Botschaft „Ich habe heute Abend keine Zeit" hört sich für viele an wie: „Ich habe heute keine Zeit für dich." Auf die Frage der Tochter „Wo ist meine Jacke?" antwortet die Mutter: „Da, wo du sie hingelegt hast." Wie hört die Tochter diese Antwort? Im Modell wird es deutlich:

Sachaussage-Ohr
Wie ist der Sachverhalt zu verstehen?

Appell-Ohr
Was will diese Person bei mir erreichen?

Selbstaussage-Ohr
Was ist das für eine Person? Was geht in ihr vor?

Beziehungs-Ohr
Was hält sie von mir? Wie steht sie zu mir?

Sachaussage-Ohr: „Die Jacke ist da, wo ich sie hingelegt habe."

Selbstaussage-Ohr: „Sie hat keine Lust. Sie ist ungeduldig. Sie hat viel Arbeit."

„Da, wo du sie hingelegt hast!"

Appell-Ohr: „Ich soll meine Jacke selbst suchen. Ich soll besser aufräumen."

Beziehungs-Ohr: „Du gehst mir auf die Nerven. Du ärgerst mich mit deinen Fragen."

---

1 Welche Botschaften kann der Satz der Lehrkraft enthalten: „Da ist ein Fehler!"?
- Schreiben Sie die Botschaften auf, die eine Schülerin/ein Schüler hören kann.
- Ordnen Sie jeder der von Ihnen formulierten Botschaft eine Aussageebene zu.
- Vergleichen Sie Ihre Lösung mit den Lösungen Ihrer Tischnachbarinnen oder Tischnachbarn.

2.4 Sprachebenen

Zu Hause, beim Abendessen, im Club, im Betrieb, bei der Verwandtschaft, im Kaufhaus – überall nutzen wir Sprache, um uns verständlich zu machen. Der Sprachstil, den wir verwenden, muss der jeweiligen Situation angepasst sein.

Die Begrüßung des Kunden in der Abbildung ist wohl danebengegangen: „So kannst du doch nicht mit einem Kunden sprechen!", mahnt der Ausbilder den Azubi.

Sprechblase: „Hee! Sie dao, da vorne könne se noa sitze, de Chef kummt glei!"

> **1** Spielen Sie die Situation nach. Verwenden Sie Ihre eigenen Worte und einen Dialekt oder Umgangssprache.
>
> **2** Entwerfen Sie Sätze, die der Situation angemessen wären.
> Spielen Sie als Rollenspiel „Die Begrüßung eines Kunden im Betrieb". Achten Sie auch auf Mimik und Gestik.

Folgende Sprachebenen können unterschieden werden:

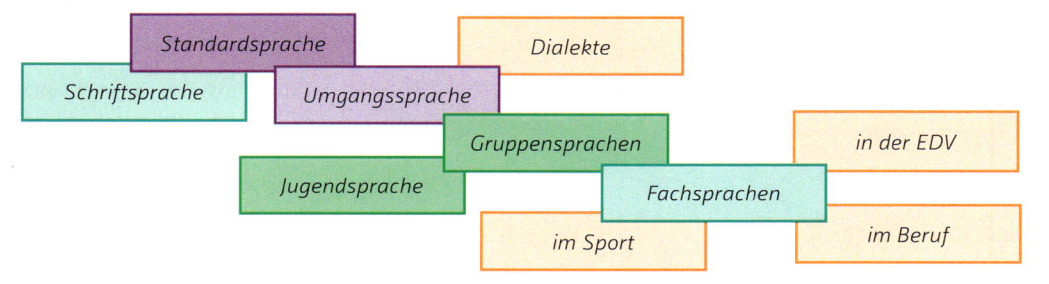

- Schriftsprache
- Standardsprache
- Umgangssprache
- Dialekte
- Jugendsprache
- Gruppensprachen
- Fachsprachen
  - im Sport
  - in der EDV
  - im Beruf

> **3** Ordnen Sie jeder der angeführten Sprechsituationen die Sprachebene zu, die Sie für angemessen halten. Diskutieren Sie verschiedene Vorschläge Ihrer Mitschülerinnen und Mitschüler.
> a Ein Telefonat mit einem Gesprächspartner aus Hamburg führen.
> b Mit einer Kundin einen Besuchstermin absprechen.
> c Sich bei der Mutter dafür bedanken, dass sie die Lieblingshose bereits gewaschen hat.
> d Bei der Ausbildungsleiterin um einen Tag Sonderurlaub bitten.
> e Mit Freunden über einen Fernsehfilm reden.
> f Mit der Kollegin oder dem Kollegen über ein Problem bei der Arbeit sprechen.
> g Die Beschwerde eines Kunden oder Zulieferbetriebes entgegennehmen.
>
> **4** In welcher dieser Sprechsituationen würde es Ihnen schwerfallen, sich zu äußern?
> Proben Sie diese in der Klasse als Rollenspiele und nehmen Sie sie auf (Handy).
> Vergleichen Sie das Gesprächsverhalten, die Ausdrucksweise und ihre Wirkung.
>
> **5** Reflektieren Sie Ihr eigenes Sprachverhalten. Welche verschiedenen Sprachebenen beherrschen Sie? In welchen Situationen verwenden Sie welche Sprachebene?
>
> **6** Welche Vor- und Nachteile der unterschiedlichen Sprachebenen sehen Sie?
>
> **7** Lesen und vergleichen Sie die Beispiele (S. 24) und bestimmen Sie die Sprachebenen. Zu welchen Sprechsituationen passen sie?

Beispiele für verschiedene Sprachebenen

1

> Leute, vergesst eure Poster von Lady Gaga. So ne geile Schnecke wie die Mona Lisa kann da locker mithalten – saustark!
>
> Ha? — Meint der uns? — Der spinnt. — Ganz ruhig bleiben.

2

CARRERA All-Terrain-Bike

Rahmen
- ATB ROLAN Fullsuspension 11/8″
- SUNTOUR SF-XCM mit Dämpfer-Einstellung und Lock-out-Federgabel
- Alu-Downhill-Lenker mit verstellbarer Neigung und Barends

27-Gang-Kettenschaltung
- SHIMANO® DEORE LX Schaltwerk
- SHIMANO® DEORE Rapid Fire-Schalteinheit
- SHIMANO® DEORE Umwerfer

Bremsen
- RST-Scheibenbremsen vorne und hinten

Felgen
- Alu-Hohlkammerfelgen mit Reflexstreifen und KENDA-Bereifung

Nabe
- Alu-Naben mit Schnellspannverschlüssen

Sattel
- WITTKOP Gel-Sattel mit Patent-Sattelstütze

Sicherheitsausstattung/Zubehör
- Halogen-Scheinwerfer
- Dioden-Rücklicht mit Standlicht-Funktion
- Dynamo mit Easy-Clip
- Kunststoff-Steck-Schutzbleche
- Hinterbau-Fahrradständer

2 Jahre Herstellergarantie inklusive kostenloser Hotline und Vor-Ort-Reparatur-Service

3 Helmut Pfisterer (1931–2010)   BAP (Kölsch-Rockgruppe)

Wenne gugg	Jede Minsch mäht schon ens Fähler,
wiase guggd	selvs dä Einstein hätt sich ens verdonn.
wannr guggd	Nur eins darf mer nit verjesse:
wennse guggd	Et jeht wigger hinger'm Horizont, hinger'm Horizont.
wennr oms nomgugga	Aff un zo steht mer vüür'm Spejel un denk: „Du kriss nix jeregelt!"
sich vrguggd	Aff un zo sieht mer rundömm kei Land.
no isch mr glaar	
daß der so schwer dranaguggd	Aff un zo ess mer ahm schänge,
on liabr nochera andera guggd	aff un zo sing eij 'ne Zweifel ahm verdränge,
wenn dui so guggd	aff un zo ess mer total entspannt.
wennr guggd wiase guggd	Aff un zo läuf alles super,
dui Gugg	aff un zo ess mer dä Loser,
	aff un zo steht mer sich selvs em Wäasch.
Quelle: Pfisterer: Komm, gang mer weg, 1983, o. S.	Aff un zo deit dir ding Seel wieh.
	Aff un zo hätt mer janz einfach keine Plan mieh,
	aff un zo jeht et uns janit schlääsch.
	Quelle: Niedecken: Aff un zo. Song von der CD Aff un zo, 2001.

---

8 Suchen Sie weitere Beispiele für verschiedene Sprachebenen. Stellen Sie diese in der Klasse vor und besprechen Sie die Vor- und Nachteile der jeweiligen Sprachebene.

2.5 Fachsprachen verwenden

Wer in einem Beruf Fachmann oder Fachfrau werden will, muss Fachtexte lesen und verstehen können. Wenn wir in einem bestimmten Bereich die entsprechenden **Fachausdrücke** verwenden, werden Missverständnisse vermieden. Der andere weiß genau, was gemeint ist.

Viele Fachausdrücke gehören zur Allgemeinbildung. Sie begegnen uns auch im Alltag. Untersuchungen haben ergeben, dass sehr viele Menschen einer Nachrichtensendung kaum folgen können, weil sie die darin verwendeten Fachausdrücke nicht verstehen.

„So eine Sache, bei der eine Firma kein Geld mehr hat und schließt."

„So ein Ding, das sich dreht und mit dem man Löcher macht."

„So ein Band, das der Doktor um meinen Arm legt und Luft hineinpumpt."

„So Frauen und Männer, die gewählt werden und Gesetze machen."

„So ein Kasten mit Knöpfen links und rechts, den man ständig auf- und zudrückt, damit Töne herauskommen."

WERKZEUGAUSGABE

Ich brauche so ein langes, spitzes Metalldings mit Rillen – wie heißt das bloß?

---

1 Wie wirkt es auf eine Zuhörerin oder einen Zuhörer, wenn sich jemand so unbeholfen ausdrückt wie in den oben stehenden Beispielen?

2 Jeder Fachbereich hat seine eigene Fachsprache. Die oben gesuchten fünf Fachbegriffe haben Sie sicher sofort gefunden. Sie gehören zu den Bereichen:

Technik    Wirtschaft    Politik    Medizin    Musik

Legen Sie auf einem Blatt eine Tabelle an und ordnen Sie die folgenden Wörter dem entsprechenden Fachbereich zu:
Gesetz – Beat – Massage – Börse – Powerbank – Opposition – Dialyse – Katarrh – Drehzahl – Misstrauensvotum – Ventil – Sozialprodukt – Takt – Virus – Schlager – Korrosion – Girokonto – Parlament – Infekt – Hochofen – Minister – Sinfonie – Katalysator – AG – Buchung – Rapper

3 Suchen Sie noch andere Fachbegriffe zu diesen Bereichen und erweitern Sie die Tabelle.

2.6 Die Fachsprache meines Berufs

1 Sammeln Sie in Partner- oder Gruppenarbeit möglichst viele Fachausdrücke Ihres Ausbildungsberufs und legen Sie dazu eine Tabelle an. Wählen Sie die für Ihren Beruf passenden Oberbegriffe.

Fachsprache des Berufs:	
Arbeitsgeräte Werkzeuge	
Maschinen Anlagen Einrichtungen	
Tätigkeiten Arbeitsverfahren	
Werkstoffe Materialien	

2 Wählen Sie einen Fachbegriff aus und lesen Sie in einem Fachbuch oder Lexikon nach, wie dieser Fachbegriff erläutert wird.

3 Erklären Sie diesen Fachbegriff Ihren Mitschülerinnen und Mitschülern mit eigenen Worten. Lassen Sie sich nach Ihrem Kurzvortrag von Ihren Mitschülern und Mitschülerinnen ein Feedback (s. S. 246) über die Verständlichkeit Ihrer Erläuterung geben.

4 Notieren Sie sich den Begriff auf einer Karteikarte, auf der Sie das Wichtigste eintragen können.
Sammeln Sie die Karteikarten mit den Erläuterungen, damit alle nachschlagen und nachlesen können.
Vervollständigen Sie die Sammlung der Erläuterungen während des Schuljahres.

5 Entwickeln Sie mithilfe Ihrer Fachlehrerin/Ihres Fachlehrers eine elektronische Sammlung der Fachbegriffe zu Ihrem Ausbildungsberuf, die für alle zugänglich ist.

2.7 Nonverbale Formen der Kommunikation

Wenn wir von Kommunikation reden, denken wir vor allem an die Sprache: telefonieren, Briefe oder E-Mails schreiben, chatten, am Kaffeetisch plaudern. Die Sprache ist unser wichtigstes Verständigungsmittel. Doch auch ohne Worte können wir Informationen weitergeben und verstehen, Gefühle und Beziehungsbotschaften ausdrücken.

Formen der nonverbalen Kommunikation sind:
- Mimik
- Zeichen
- Gestik
- Symbole
- Körpersprache
- Zeichnungen

---

1 Beschreiben Sie, welche Informationen die einzelnen Formen der nonverbalen Kommunikation vermitteln können.

2 In welchen Situationen können die verschiedenen Formen angemessen und erfolgreich eingesetzt werden?

3 Wählen Sie einen alltäglichen Vorgang und stellen Sie ihn zusammen mit einer Mitschülerin/einem Mitschüler ohne Worte dar (Pantomime). Einige Beispiele: die Verabredung zum gemeinsamen Mittagessen; die Bitte, beim Sitznachbarn etwas abschreiben zu dürfen; den Wunsch an die Lehrerin, sie möge ihre Erklärung nochmals wiederholen; die Kritik, dass der Salat viel zu viel Essig enthält und nicht essbar ist.

4 Gehörlose Menschen möchten auch am sozialen Leben teilnehmen. Machen Sie sich im Internet über die Gebärdensprache kundig. Üben Sie eine Szene ein, z. B. „Beim Frühstück", „Beim Fußballspiel" oder „Beim Friseur", und stellen Sie die Szene der Klasse vor. Worin sehen Sie die Stärken und Schwächen dieser Form der Verständigung?

2.7.1 Mimik

Gesichter sprechen Bände. Unsere Empfindungen spiegeln sich in unserem Gesicht: Ein großer Teil unserer Kommunikation funktioniert über unseren Gesichtsausdruck: Hochgezogene Augenbrauen zum Beispiel bringen erhöhte Aufmerksamkeit zum Ausdruck. Jemand, der mit traurigem Gesicht durch die Gegend schleicht, erzeugt keine Begeisterung, wer dagegen viel lacht, hat eine positive Ausstrahlung. Wer andere keines Blickes würdigt, wird schnell als überheblich eingeschätzt. Ein offener Blick trägt zur Überzeugungskraft bei. Doch Vorsicht: Wer sein Gegenüber zu lange und zu intensiv fixiert, wird schnell als aufdringlich oder angriffslustig angesehen.

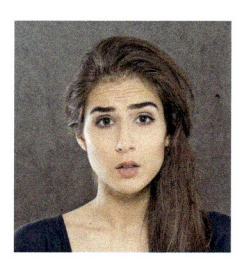

---

1 Beschreiben Sie die Bewegung von Mund, Augen, Augenbrauen und Stirn in den Gesichtern. Welche Gefühle kommen jeweils zum Ausdruck?

2 Bilden Sie Kleingruppen und probieren Sie unterschiedliche Gesichtsausdrücke aus. Sprechen Sie über deren jeweilige Wirkung.

2.7.2 Körpersprache

Unsere Körperhaltung drückt unsere innere Haltung aus: Verschränkte Arme und übereinandergeschlagene Beine wirken distanziert und abwehrend. Auch wenn Sie etwas ganz anderes sagen oder lächeln, Ihre Haltung verrät auch ohne Worte, in welcher Verfassung Sie gerade sind. Körpersprache ist die ursprünglichste Kommunikationsform aller Menschen.

1 Welche Informationen werden durch die Körpersprache erkennbar? Beschreiben Sie die Wirkung der abgebildeten Personen auf Sie.

2 „Was wir sind, sind wir durch unseren Körper. Der Körper ist der Handschuh der Seele, seine Sprache das Wort des Herzens. Jede innere Bewegung, Gefühle, Emotionen, Wünsche drücken sich durch unseren Körper aus" (Molcho: Körpersprache, 1996, S. 52). Prüfen Sie diese Worte des Körpersprache-Experten Samy Molcho. Was halten Sie von seiner Meinung?

3 Das Nicken oder Schütteln des Kopfes wird in verschiedenen Kulturen unterschiedlich verstanden. Recherchieren Sie im Internet und berichten Sie über Ihre Erfahrungen und Erkenntnisse.

4 Welche Botschaften senden die hier Abgebildeten an ihre Gesprächspartner?

5 Sie sind zum Vorstellungsgespräch eingeladen und werden gebeten, sich einen Platz auszusuchen. Wo setzen Sie sich hin? Welche Haltung nehmen Sie ein? Probieren Sie verschiedene Möglichkeiten aus und geben Sie sich gegenseitig ein Feedback (s. S. 246) über die Wirkung Ihrer Körperhaltung.

2.8 Mit Konflikten umgehen

Meinungsverschiedenheiten, Ärgernisse, Streit gehören zu unserem Alltag. In der Familie, im Freundeskreis, unter Mitgliedern von Fußballclubs, Motorradcliquen, Volksgruppen, Parteien etc. sind Meinungsverschiedenheiten an der Tagesordnung.

Die Menschen reagieren in Konfliktsituationen sehr unterschiedlich. Manche weichen gern aus, wenn sie wissen, dass das Gegenüber ihre Meinung nicht teilt. Sie gelten dann oft als konfliktscheu. Andere sind überzeugt, dass Probleme und Missverständnisse „offen auf den Tisch" kommen müssen. Darin sehen sie die Chance, Konflikte zu lösen und wieder gut miteinander auszukommen. Neben der verbalen Auseinandersetzung schrecken manche auch vor körperlichen Attacken nicht zurück.

Im Berufsalltag sind Stress durch Kosten- oder Zeitdruck und individuelle Fehler oft Anlass für Streit. Die Gesprächspartner haben das Gefühl, nicht ernst genommen zu werden, kämpfen zu müssen, um sich durchzusetzen und Recht zu bekommen. Auch unterschiedliche kulturelle Prägungen können zu Missverständnissen führen.

> **1** „Konflikte sind normal." – „Konflikte müssen immer ernst genommen werden." – „Konflikte können zum Psychoterror werden." – „Aus Konflikten kann man lernen."
> Bewerten Sie diese Aussagen: Welche finden Sie zutreffend, welche nicht? Begründen Sie Ihre Meinung.

2.8.1 Innere Konflikte (intrapersonale Konflikte)

Ist es besser, eine Gruppenreise zu buchen oder auf eigene Faust das Land zu erkunden? Kann ich zum Kauf eines Produkts raten, obwohl ich weiß, dass es erhebliche Mängel aufweist? Solche Fragen können einen tagelang beschäftigen. Die Gedanken kreisen und kommen doch zu keinem Ergebnis; man fühlt sich hin- und hergerissen, findet Gründe fürs eine wie fürs andere. Ein innerer Konflikt treibt einen um. Der Kommunikationswissenschaftler Friedemann Schulz von Thun spricht vom „inneren Team", in dem sich verschiedene, zum Teil gegensätzliche Stimmen zu Wort melden. Einige Beispiele:

- „Ich weiß nicht, wie ich mich entscheiden soll. Einerseits möchte ich nicht weit weg von meiner Familie wohnen, andererseits ist es ein langer Traum von mir, nach Amerika zu gehen."
- „Wenn wir zusammen sind, meine Freundin und ich, dann kann ich mir nichts Schöneres vorstellen, als ewig zusammenzubleiben. Wenn ich aber auf meinem Bike sitze, möchte ich am liebsten ganz allein um die Welt fahren."
- „Die praktische Arbeit in der Werkstatt macht mir unheimlich viel Spaß. Abends sehe ich, was ich am Tag geleistet habe. Aber dann ist da wieder der Wunsch, doch noch mal zur Schule zu gehen und das Abi nachzuholen."
- „Ich will meiner Freundin echt helfen, wenn sie in Fachkunde nicht mitkommt. Aber bei der Arbeit alles abschreiben lassen, das möchte ich eigentlich nicht. Aber dann besteht sie vielleicht nicht. Vielleicht lass ich sie doch …"

> **1** Was würden Sie den Betroffenen in den oben beschriebenen Fällen raten? Bilden Sie Kleingruppen und formulieren Sie einige Tipps.
>
> **2** Überlegen Sie, welche Situation bei Ihnen selbst zu einem inneren Konflikt geführt hat.
>
> **3** Wie haben Sie sich verhalten? Wie konnten Sie mit diesem Konflikt umgehen?

2.8.2 Konflikte zwischen einzelnen Personen (interpersonale Konflikte)

Ob in der Familie, im Freundeskreis oder in Schule und Betrieb – überall knirscht es mal. Unterschiedliche Meinungen, Missverständnisse, Unzufriedenheit führen zu Auseinandersetzungen. Gelingt es nicht, sie konstruktiv zu lösen, schwelt die Missstimmung untergründig weiter.

- „Kaum sprech' ich mal mit einem anderen Kerl, ist Carlos sauer auf mich. Aber wenn er einer anderen Frau schöne Augen macht, soll ich cool bleiben."
- „Ich kann meinem Chef nichts recht machen: Putze ich die Werkstatt, fragt er mich, ob ich nichts Besseres zu tun habe. Putze ich sie nicht, sagt er, ich sei mir wohl zu gut zum Putzen."
- „Meine Chefin hat mich kritisiert, weil ich meine Projektarbeit versaut habe. Aber als ich sie um Hilfe gebeten hatte, sagte sie, da sei Selbstständigkeit gefordert, ich würde das schon hinkriegen."
- „Wenn Mario morgens 'ne halbe Stunde zu spät kommt, sagt keiner was. Aber wenn ich mal 'ne Viertelstunde früher gehen will, heißt es, ich hätte kein Pflichtbewusstsein."

1 Welche dieser Konflikte halten Sie für
  a besonders einfach zu lösen? Begründen Sie Ihre Einschätzung.
  b besonders schwierig zu lösen? Begründen Sie Ihre Einschätzung.

2 Erarbeiten Sie in Partnerarbeit für jeden der beschriebenen Fälle einen „ersten Schritt zur Konfliktlösung".

2.8.3 Konflikte zwischen Gruppen

„Die von der Gruppe B sind blöd, wir sind viel besser", so heißt es schon bei Kindern im Kindergarten. Die Abwertung der anderen trägt zur Stärkung des Selbstwertgefühls bei. Auch das Gefühl zur Gruppe der „Besseren" oder vermeintlich Stärkeren zu gehören, ist für manche Menschen wichtig. Die Zusammenarbeit leidet allerdings darunter, wenn Gruppen eher gegeneinander kämpfen, anstatt sich für gemeinsame Ziele einzusetzen.

- „Die Abteilung F ist einfach unfähig, ihre Aufgaben zu erledigen, und wir müssen es dann ausbaden und werden wegen Verspätungen kritisiert", wird im Betrieb geklagt.
- „Kein Wunder, bei den Schiedsrichterentscheidungen ist es kein Kunststück zu gewinnen!", so schimpfen Fans nach dem Fußballspiel, in dem ihre Spieler keinen Ball ins Tor brachten.
- „Mit denen reden wir nicht; das bringt sowieso nichts. Da fehlt jeder Sachverstand", urteilt eine Gruppe über eine andere.
- Ein Team Küchenmonteure kommt zum Kunden, um Mängel zu beseitigen. „Die haben ja nur Murks gemacht. Da stimmt ja fast gar nichts", äußern sie sich über die bisherige Arbeit ihrer Kollegen.

1 Bilden Sie Kleingruppen und erarbeiten Sie, was allen oben genannten Fällen gemeinsam ist.

2 Tauschen Sie sich über Ihre Erfahrungen mit Konflikten zwischen Gruppen aus.

3 Was könnte dazu beitragen, Konflikte zwischen Gruppen zu vermeiden oder zu lösen?

2.8.4 Konflikte zwischen Personen verschiedener Kulturen (interkulturelle Konflikte)

Viele deutsche Firmen haben Filialen in aller Welt. Deutsche Fachkräfte arbeiten z. B. mit französischen, chinesischen, amerikanischen und vielen anderen Nationalitäten zusammen. Die kulturellen Unterschiede sind interessant, führen aber auch oft zu Missverständnissen. Im folgenden Textauszug erfahren Sie beispielhaft etwas über das unterschiedliche Konfliktverhalten von Deutschen und Thailändern.

1 Eine deutsche Mitarbeiterin über die Schwierigkeiten, mit thailändischen Kollegen Konflikte zu klären: „Die Thailänder haben große Sorge, ihr Gesicht zu verlieren, wenn es zu
5 einer Auseinandersetzung kommt. Ihr höchstes Ziel ist, Konflikten aus dem Weg zu gehen, statt sie offen auf den Tisch zu legen, um sie dann zu lösen. Sie sind passiv, versuchen alles auszusitzen. Wenn wir mal klare Worte
10 finden und etwas lauter werden, zucken sie zusammen, echt mimosenhaft[1]. Wir Deutsche versuchen, immer eine klare Vereinbarung zu schließen, damit es in Zukunft besser klappt. Oft gehen wir dann noch ein Bier trinken und
15 alles ist okay."

Ein thailändischer Manager beschreibt die Probleme aus seiner Sicht: „Für uns gilt das Verhaltensprinzip Kreng Jai, die Rücksichtnahme dem Vorgesetzten gegenüber. Diese Rücksichtnahme äußert sich in zuvorkommender Aufmerksamkeit, vorsichtiger Zurücknahme der eigenen Person und Herstellung einer für den Interaktionspartner angenehmen Atmosphäre. Den Deutschen sind Konflikte ganz wichtig. Sie werden dann lauter, sind auch wütend, wollen Besprechungen durchführen, streiten sich und gehen dann ein Bier trinken. Mich verunsichert das, wenn sie so aggressiv werden und dann Sachen für die Zukunft vereinbaren wollen." 30

Vgl. Rathje: Holzhammer und Mimose, 2003.

---

1 Lesen Sie den Text. Sprechen Sie mit einer Partnerin oder einem Partner ab, wer die Rolle der deutschen Mitarbeiterin einnimmt und wer die Rolle eines thailändischen Mitarbeiters.
  a Schreiben Sie dann aus Ihrer Rollenperspektive einige Sätze zu „Wenn ein Problem auftritt, dann möchte ich am liebsten ...".
  b Tragen sie sich gegenseitig Ihre Wünsche im Konfliktfall vor.
  c Überlegen Sie gemeinsam, wo Sie einen guten Weg sehen, um konstruktiv zusammenzuarbeiten

2 Bilden Sie Gruppen zu viert. Haben Sie Konflikte mit Menschen erlebt, die aus anderen Kulturen stammen? Welche Erfahrungen haben Sie dabei gemacht?

3 Sprechen Sie über Ihre eigenen Ideen zum Umgang mit Konflikten. Sammeln Sie Ihre Lösungsideen auf einem Placemat (s. S. 227). Einigen Sie sich auf drei Ideen, die Sie für die besten halten. Schreiben Sie diese Ideen auf Karten und pinnen Sie sie an eine Tafel.

4 Diskutieren Sie in Ihrer Klasse, welche der Ideen besonders gut geeignet sind, Konflikten vorzubeugen oder sie zu lösen.

---

1 sehr empfindsam, verletzlich

2.8.5 Konflikte konstruktiv lösen

> *Urteile nie über einen anderen Indianer, ehe du nicht einen Tag und eine Nacht in seinen Mokassins gelaufen bist.*
> *(Indianische Weisheit)*

1 Manche Menschen nehmen für sich in Anspruch, „objektiv" zu sein, eine „rein sachliche" Meinung zu vertreten. Warum ist ein Gespräch mit solchen Personen schwierig?

2 Erklären Sie die Bedeutung der indianischen Weisheit.

3 Beurteilen Sie folgende Haltung: „Ich möchte morgen auch gut mit meinen Kolleginnen und Kollegen zusammenarbeiten", meint Florence. „Da schluck ich doch meine Kritik lieber runter."

Oft lohnt sich ein Streit über verschiedene Meinungen nicht; sie können nebeneinander stehen bleiben, ohne dass es zum Konflikt kommt. „Du bist anderer Meinung; das ist in Ordnung." So können die Gesprächspartner verbleiben.

Ist jedoch die gegenseitige Wertschätzung und die Zusammenarbeit im Team gefährdet, muss die Missstimmung ausgeräumt, der Konflikt angesprochen werden. Wenn das nicht gelingt, schwelen die Konflikte im Untergrund weiter und hindern eine gute Zusammenarbeit.

Für die konstruktive Konfliktlösung ist es wichtig,
- das gemeinsame Ziel im Auge zu behalten,
- die Verschiedenheit der Charaktere zu akzeptieren und zu integrieren,
- bei Meinungsverschiedenheiten eine respektvolle Haltung zu bewahren.

Es ist wichtig, sich mit Bewertungen und Urteilen über andere zurückzuhalten. Negative Beziehungsaussagen, sogenannte Du-Aussagen, sollten vermieden werden. Stattdessen können „Ich-Aussagen" hilfreich sein. In angespannten Gesprächssituationen sind folgende Grundregeln förderlich:
- Hören Sie aufmerksam zu, um die Anliegen und Gedanken Ihres Gegenübers zu verstehen.
- Sprechen Sie von sich, Ihren Eindrücken und Gefühlen, von Ihrer subjektiven Meinung.
- Verwenden Sie Ich-Aussagen.
- Sprechen Sie von dem konkreten Fall, wärmen Sie keine vergangenen Ereignisse auf.
- Sprechen Sie nicht über Abwesende.

Du-Aussage (Beziehungsaussage) ☹	Ich-Aussage ☺
1 „Sie haben mir nicht zugehört."	1 „Ich fühle mich nicht richtig verstanden."
2 „Sie spielen sich hier als Fachmann auf."	2 „Ich kann Ihre Beurteilung nicht teilen."
3 „Sie reden dauernd zu schnell."	3 „Ich komme nicht mit, für mich ist das zu schnell."
4 „Was Sie sagen, stimmt hinten und vorne nicht."	4 „Ich kann Ihre Meinung nicht teilen."
5 „Ihre Aussage ist völlig unbegründet."	5 „Diese Aussagen halte ich nicht für berechtigt."
6 „Sie haben mich falsch verstanden."	6 „Ich habe mich vielleicht nicht verständlich ausgedrückt."

4 Formulieren Sie die folgenden **Du-Aussagen** so um, dass Ihre Gesprächspartnerin, Ihr Gesprächspartner sich nicht angegriffen fühlt. Sprechen Sie von sich:
- „Sie machen unsere Firma schlecht."
- „Ihnen kann es auch nicht billig genug sein."
- „Regen Sie sich doch nicht so auf."
- „Na, sind Sie heute mal pünktlich?"

5 Tauschen Sie Ihre Lösungen in einer Kleingruppe aus. Nehmen Sie jeden Einwand ernst und prüfen Sie gegenseitig, ob Ihre Antworten vom anderen akzeptiert werden können.

6 Wie gehen Sie mit folgenden Aussagen um? „Ich finde dich blöd." – „Ich halte deine Arbeit für völlig daneben." – „Mir fällt auf, dass du mich ständig unterbrichst."
Prüfen Sie, ob es sich um **Ich-Aussagen** handelt.

3
Informationen gewinnen und beurteilen

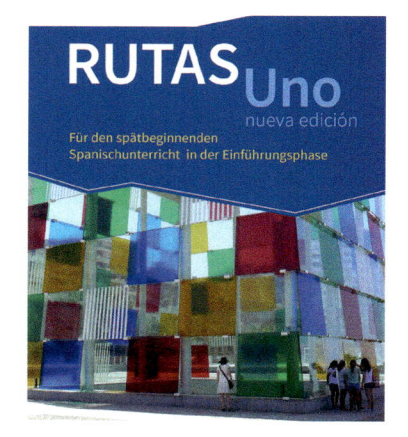

3.1 Informationsquellen auswählen

In Fernsehen, Internet, Zeitschriften und Zeitungen wird Ihnen eine unüberschaubare Fülle von Informationen angeboten. Diese sind sowohl als Printausgabe als auch digital zu erwerben. Bibliotheken bieten längst auch die Ausleihe digitaler Medien und Onlineausleihe an (s. S. 38). Institutionen, Organisationen und Parteien richten eigene Informationskanäle ein, um Sachverhalte auf ihre Art darzustellen. Viele Menschen sind damit beschäftigt, Informationen zu erstellen, zu interpretieren und sogar sie zu erfinden.

Je nach den eigenen Überzeugungen werden bestimmte Quellen bevorzugt und andere gar nicht genutzt. Auch die Gewohnheiten und Meinungen in der Familie und im Freundeskreis sind prägend für das eigene Informationsverhalten. Es ist schwierig, herauszufinden, welche Quellen seriös und verlässlich sind und welche nicht. Welche Informantinnen und Informanten verfolgen im Grunde nur ihre eigenen ökonomischen oder politischen Interessen? Welche Informationen sind vertrauenswürdig, welche nicht? Was kann man noch glauben, was ist unglaubwürdig?

Das sind entscheidende Fragen, auf die alle, die informiert sein möchten, Antworten finden müssen.

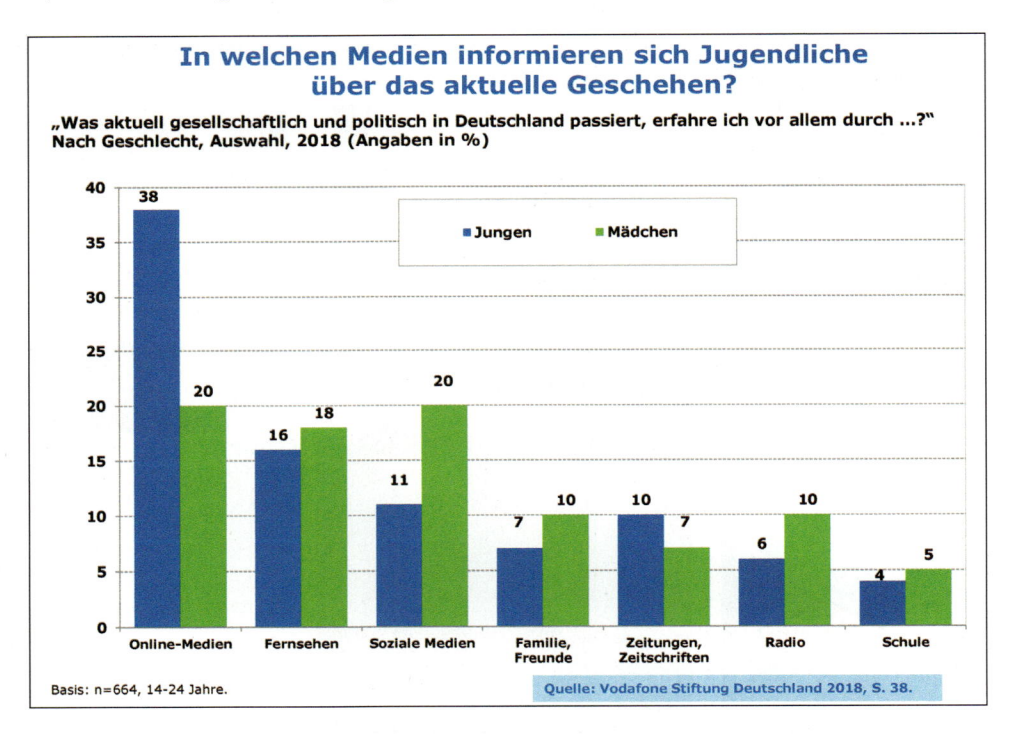

In welchen Medien informieren sich Jugendliche über das aktuelle Geschehen?

„Was aktuell gesellschaftlich und politisch in Deutschland passiert, erfahre ich vor allem durch ...?"
Nach Geschlecht, Auswahl, 2018 (Angaben in %)

Medium	Jungen	Mädchen
Online-Medien	38	20
Fernsehen	16	18
Soziale Medien	11	20
Familie, Freunde	7	10
Zeitungen, Zeitschriften	10	7
Radio	6	10
Schule	4	5

Basis: n=664, 14-24 Jahre.
Quelle: Vodafone Stiftung Deutschland 2018, S. 38.

---

1 Welche Informationen werden von den abgebildeten Medien (s. S. 32) angeboten? Wie beurteilen Sie deren Zuverlässigkeit?

2 Bilden Sie Kleingruppen und versuchen Sie gemeinsam, die wichtigsten Informationen aus dem Diagramm (s. o.) herauszulesen und in kurzen Sätzen zusammenzufassen.
  a Was überrascht Sie auf den ersten Blick am meisten?
  b Welche Vor- und Nachteile sehen Sie bei der Nutzung von Onlinemedien und sozialen Medien als Informationsquellen?

3 Sprechen Sie in Ihrer Gruppe über Ihre eigenen Informationsquellen. Stimmt das Diagramm mit Ihren Gewohnheiten überein?

4 Bei Nachrichten unterscheidet man „harte" und „weiche" Nachrichten (s. S. 132). Wo findet man Ihrer Meinung nach eher „harte", wo eher „weiche" Nachrichten?

Informationen gewinnen und beurteilen

3.2 Bedeutung von Suchmaschinen

Informationen zu finden, ist heute normalerweise kein Problem: Der kürzeste Weg führt ins Internet. Schon die Suchmaschine entscheidet mit, welche Quellen Ihnen angeboten werden. Eine Fülle von Links erscheint und jeder weiß, dass man keineswegs allen trauen kann. Derjenige, der vor dem Gerät sitzt, muss entscheiden, ob die Quelle vertrauenswürdig ist, ob die angebotenen Informationen wichtig und richtig sind.

Google und **Bing** sind nicht nur bekannt für ein vielfältiges Angebot, sondern auch dafür, dass sie persönliche Daten wie z. B. die IP-Adresse und den Suchverlauf speichern. Außerdem werten sie diese Daten aus, um passgenaue Werbung zu zeigen. Beides sind Unternehmen aus den USA. Die Behörden können dort im Rahmen der Terrorbekämpfung alle Daten derjenigen abgreifen, die Google oder Bing benutzen.

---

1 a Geben Sie ein aktuelles Ereignis in Google, Bing, Startpage.com und in DuckDuckGo ein. Vergleichen Sie die Ergebnisse der Suchmaschinen. Welche Unterschiede stellen Sie fest?
  b Die Ergebnisse der Suchmaschine werden immer in einer bestimmten Reihenfolge gelistet. Nach welchen Kriterien könnte sich dieses Ranking richten?

2 Experimentieren Sie, indem Sie einen bestimmten Begriff in zwei von Ihnen bisher nicht benutzten Suchmaschinen eingeben. Vergleichen Sie die Ergebnisse und berichten Sie Ihrer Klasse. Eine Zusammenstellung von Suchmaschinen finden Sie unter www.suchmaschinen-datenbank.de/thema/allgemeine-suchmaschinen/.

3.3 Informationen aus „Wikipedia"

Schülerinnen und Schüler haben eine große Vorliebe für „Wikipedia – die freie Enzyklopädie". Seit 2001 ist Wikipedia online. Die deutschsprachige Ausgabe umfasst ca. zwei Millionen Artikel. Eine für jedermann frei zugängliche Online-Enzyklopädie war das Ziel des Gemeinschaftsprojekts. Inzwischen gibt es Wikipedia in fast 300 Sprachversionen. Derzeit ist die Wikipedia das größte Online-nachschlagewerk weltweit. Durch die Eigenschaft, Inhalte unkompliziert ändern zu können, entstehen zahlreiche Möglichkeiten gemeinsamer Arbeit (sog. kollaboratives Schreiben) – die Gesamtheit dieser Möglichkeiten wird als „Wiki-Prinzip" bezeichnet. Jede Leserin/Jeder Leser bekommt die Möglichkeit, anonym auch als Autor/-in oder Korrektor/-in zu fungieren.

---

1 Bearbeiten Sie die nachstehenden Arbeitsaufträge in Kleingruppen.
  a Überlegen Sie gemeinsam, was Wikipedia von einer klassischen Enzyklopädie unterscheidet.
  b Warum ist Wikipedia so beliebt?
  c Was müssen Sie beachten, wenn Sie Informationen aus Wikipedia für ein Referat verwenden?
  d Wie können Sie sich vor fehlerhaften oder einseitigen Informationen schützen? Entwickeln Sie mindestens drei verschiedene Möglichkeiten.

3.4 Wörterbücher benutzen

Mithilfe von Wörterbüchern können Sie sich vergewissern, ob Ihre Rechtschreibung und Ihre Grammatik stimmen. Im Fremdwörterbuch, Bedeutungswörterbuch und Wörterbuch der Synonyme finden Sie Erläuterungen zur Bedeutung und Verwendung von Wörtern. Das bekannteste Wörterbuch ist der Duden, ein Nachschlagewerk, das den Namen des Mannes trägt, der die deutsche Rechtschreibung entscheidend geprägt hat: Konrad Duden (1829–1911).

Auch im Internet finden Sie Hinweise zur Rechtschreibung und Bedeutung von Wörtern. Beim Nachschlagen eines Wortes treffen Sie auf vielfältige Zeichen und Abkürzungen, die wichtige Informationen enthalten; sie werden in der Regel auf den ersten Seiten eines Wörterbuches erklärt. Im Folgenden ist ein Beispiel für die Erläuterung eines Wortes in einem Wörterbuch abgedruckt:

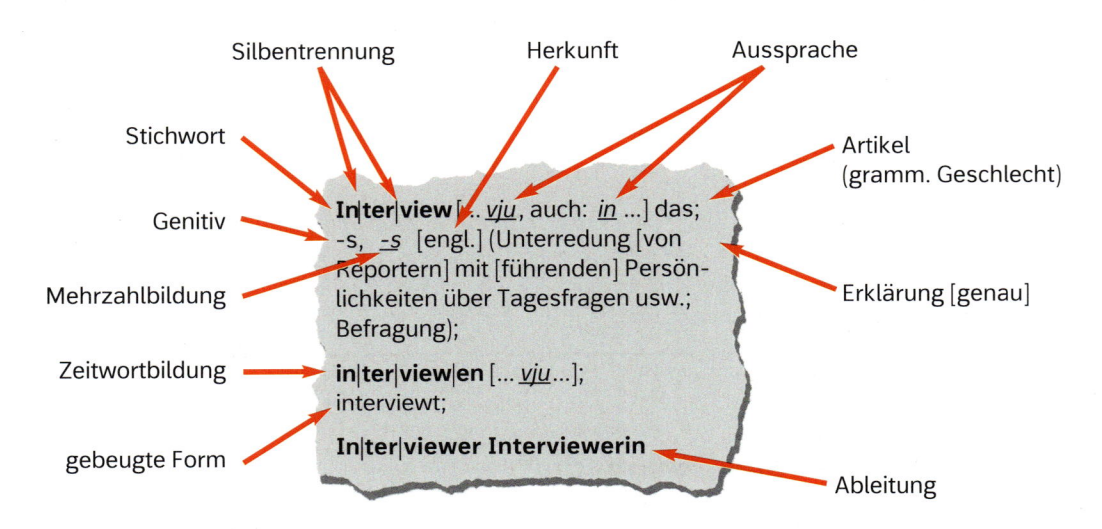

Beschriftungen um einen Wörterbucheintrag:
- Stichwort
- Silbentrennung
- Herkunft
- Aussprache
- Artikel (gramm. Geschlecht)
- Genitiv
- Mehrzahlbildung
- Erklärung [genau]
- Zeitwortbildung
- gebeugte Form
- Ableitung

In|ter|view [... *vju*, auch: *in* ...] das; -s, -s [engl.] (Unterredung [von Reportern] mit [führenden] Persönlichkeiten über Tagesfragen usw.; Befragung);

in|ter|view|en [... *vju*...]; interviewt;

In|ter|viewer Interviewerin

---

1 Suchen Sie auf S. 37 folgende Angaben heraus:
- Herkunft von Saison, Sake, Saite, sakra, Salam
- Aussprache für die englische und französische Form von „Saint"
- Betonung der Silben der Wörter Saite, Salami, Salär
- Geschlecht von Sakko (der oder das Sakko?)

2 Schreiben Sie die folgenden Wörter nach Silben getrennt auf ein Blatt:
Sakko, Saisonwanderung, Saiteninstrument, saisonunabhängig, Salatschüssel.
Prüfen Sie, ob Ihre Trennungen richtig sind.

3 Vergleichen Sie die Informationen zu „Saisonnier" und „Sakrament" auf S. 37 mit denen, die Sie über das Internet, z. B. bei Wikipedia, finden.

4 Wenn Sie mit dem PC schreiben, weist Sie das jeweils installierte Rechtschreibprogramm auf Rechtschreib- und Grammatikfehler und/oder Wortwiederholungen hin. Diskutieren Sie mit Ihren Mitschülerinnen und Mitschülern über die Erfahrungen, die Sie damit gemacht haben.

Salbei

²**Saint** [sɛ̃] ⟨franz., »heilig«⟩; ⟨Abk. St; »Saint« erscheint als Bestandteil von m. franz. Heiligennamen u. darauf zurückgehenden Ortsnamen. Es steht mit einem Bindestrich: Saint-Cyr [sɛ̃ˈsiːɐ̯]; vgl. San, Sankt, São)
Sainte [sɛ̃t]; »Sainte« erscheint als Bestandteil von w. franz. Heiligennamen u. darauf zurückgehenden Ortsnamen. Es steht mit einem Bindestrich: Sainte-Marie [sɛ̃tmaˈriː]; vgl. ²Saint, San, Sankt
Saint-Exu|pé|ry [sɛ̃teksypeˈriː] ⟨franz. Schriftsteller⟩
Saint Geor|ge's [snt ˈdʒɔːdʒɪs] (Hauptstadt Grenadas)
Saint John's [snt ˈdʒɔns] (Hauptstadt von Antigua u. Barbuda)
Saint Lou|is [snt ˈluːɪs] (Stadt in Missouri)
Saint-Saëns [sɛ̃ˈsãːs] ⟨franz. Komponist⟩
Saint-Si|mo|nis|mus [sɛ̃si...], der; - ⟨nach dem franz. Sozialreformer Saint-Simon⟩ (sozialistische Lehre); **Saint-Si|mo|nist**, der; -en, -en; **Saint-Si|mo|nis|tin**
Sa|is (altägyptische Stadt)
Sai|son [zɛˈzɔ̃:, auch, bes. südd., österr., zɛˈzoːn], die; -, Plur. -s, auch, bes. südd., österr., ...onen ⟨franz.⟩ (Hauptbetriebs-, Hauptreise-, Hauptgeschäftszeit, Theaterspielzeit)
sai|son|ab|hän|gig; sai|so|nal
Sai|son|ar|beit; Sai|son|ar|bei|ter; Sai|son|ar|bei|te|rin
Sai|son|auf|takt; Sai|son|aus|klang (geh.); **Sai|son|aus|ver|kauf; sai|son|be|dingt; Sai|son|be|ginn**, der; -[e]s; **sai|son|be|rei|nigt** (Amtsspr.)
Sai|son|be|trieb; Sai|son|en|de; Sai|son|er|geb|nis (Sport); **Sai|son|er|öff|nung; Sai|son|ge|schäft**
Sai|so|ni|er [zɛzɔˈnjeː, ˈsɛ..., ...zo...] usw. vgl. Saisonnier usw.
Sai|son|in|dex (Wirtsch.); **Sai|son|kenn|zei|chen; Sai|son|kre|dit** (Bankw.)
Sai|son|lauf (einzelner Durchgang beim [Auto]rennen)
Sai|son|ni|er, Sai|so|ni|er [zɛzɔˈnjeː, ˈsɛ..., ...zo...], der; -s, -s (österr., schweiz. für Saisonarbeiter); **Sai|son|ni|è|re**, Sai|so|ni|è|re, Sai|so|ni|e|re [...ˈnjeːrə, ...ˈnjeːɐ̯], die; -, -n
Sai|son|schluss; Sai|son|start

sai|son|un|ab|hän|gig
Sai|son|wan|de|rung (saisonbedingte Wanderung von Arbeitskräften)
sai|son|wei|se
Sai|son|ziel (Sport)
Sai|te, die; -n (gedrehter Tierdarm, Metall od. Kunststoff [zur Bespannung von Musikinstrumenten; andere Saiten aufziehen; vgl. aber Seite
Sai|ten|hal|ter (Teil eines Saiteninstrumentes; **Sai|ten|in|s|t|ru|ment; Sai|ten|spiel**, das; -[e]s
...sai|tig (z. B. fünfsaitig)
Sait|ling (Schafdarm)
Sa|ke, der; - ⟨jap.⟩ (aus Reis hergestellter japanischer Wein)
Sąk|ko [österr. ...ˈkoː], das, österr. nur so, auch der; -s, -s (Herrenjackett); **Sak|ko|an|zug**
sa|k|ra! ⟨lat.⟩ (südd. ugs. für verdammt!)
sa|k|ral ⟨lat.⟩ (den Gottesdienst betreffend; Med. zum Kreuzbein gehörend); **Sa|k|ral|bau** Plur. ...bauten (Kunstwiss. kirchl. Bauwerk; Ggs. Profanbau)
Sa|k|ra|ment, das; -[e]s, -e ⟨lat.⟩ (eine gottesdienstliche Handlung); **sa|k|ra|men|tal; Sa|k|ra|men|ta|li|en** Plur. ⟨kath. Kirche sakramentähnliche Zeichen u. Handlungen, z. B. Wasserweihe; auch Bez. für geweihte Dinge, z. B. Weihwasser⟩
Sa|k|ra|men|ter, der; -s, - ⟨landsch. für jmd., über den man sich ärgert; Schimpfwort⟩
sa|k|ra|ment|lich; Sa|k|ra|ments|häus|chen
Sa|k|ri|fi|zi|um, das; -s, ...ien (svw. [Mess]opfer)
Sa|k|ri|leg, das; -s, -e, **Sa|k|ri|le|gi|um**, das; -s, ...ien ⟨lat.⟩ (Vergehen gegen Heiliges); **sa|k|ri|le|gisch; Sa|k|ri|le|gi|um** vgl. Sakrileg
sa|k|risch (südd. für verdammt)
Sa|k|ris|tan, der; -s, -e ⟨lat.⟩ (kath. Küster, Mesner); **Sa|k|ris|ta|nin**
Sa|k|ris|tei ⟨lat.⟩ (Kirchenraum für den Geistlichen u. die gottesdienstlichen Geräte)
sa|k|ro|sankt (unverletzlich)
sä|ku|lar ⟨lat.⟩ (alle hundert Jahre wiederkehrend; weltlich); **Sä|ku|lar|fei|er** (Hundertjahrfeier)
Sä|ku|la|ri|sa|ti|on, die; -, -en ⟨lat.⟩ (Einziehung geistlicher Besitzungen; Verweltlichung); **sä|ku|la|ri|sie|ren** (kirchlichen Besitz

verstaatlichen); **Sä|ku|la|ri|sie|rung** (Verweltlichung; Lösung der Bindungen an die Kirche); **Sä|ku|la|ris|mus**, der; -, ...men (Trennung von Kirche u. Staat); **sä|ku|la|ris|tisch**
Sä|ku|lum, das; -s, ...la ⟨lat.⟩ (Jahrhundert)
Sa|la|din ⟨arab.⟩ (ein Sultan)
Sa|la|fis|mus, der; - ⟨arab.⟩ (ultrakonservative Strömung des Islams); **Sa|la|fist**, der; -en, -en; **Sa|la|fis|tin; sa|la|fis|tisch**
Sa|lam ⟨arab.⟩ (arabisches Grußwort); Salam aleikum! (Heil, Friede mit euch!)
Sa|la|man|ca (spanische Stadt u. Provinz)
Sa|la|man|der, der; -s, - ⟨griech.⟩ (ein Schwanzlurch)
Sa|la|mi, die; -, -[s], schweiz. auch der; -s, - ⟨ital.⟩ (eine Dauerwurst); **Sa|la|mi|bröt|chen**
Sa|la|mi|ni|er; Sa|la|mi|ni|e|rin; Sa|la|mis (griechische Insel; Stadt auf der Insel Salamis)
Sa|la|mi|tak|tik (ugs. für Taktik, bei der man durch mehrere kleinere Übergriffe od. Forderungen ein größeres Ziel zu verwirklichen sucht)
Sa|la|mi|wurst
Sa|lär, das; -s, -e ⟨franz.⟩ (schweiz. für Gehalt, Lohn); **sa|la|rie|ren** (schweiz. für besolden); **Sa|la|rie|rung**
Sa|lat, der; -[e]s, -e; gemischter Salat; **Sa|lat|bar**, die; **Sa|lat|be|steck; Sa|lat|blatt; Sa|lat|bü|fett, Sa|lat|buf|fet; Sa|lat|gur|ke**
Sa|lat|häup|tel, das (österr. für Salatkopf)
Sa|la|tie|re, die; -, -n (veraltet für Salatschüssel)
Sa|lat|kar|tof|fel meist Plur.; **Sa|lat|kopf; Sa|lat|öl; Sa|lat|pflan|ze; Sa|lat|plat|te**
Sa|lat|sau|ce vgl. Salatsoße; **Sa|lat|schleu|der; Sa|lat|schüs|sel; Sa|lat|so|ße, Sa|lat|sau|ce; Sa|lat|tel|ler**
Sal|ba|der (abwertend für langweiliger [frömmelnder] Schwätzer); **Sal|ba|de|rei; Sal|ba|de|rin; sal|ba|dern**; ich salbadere; er/sie hat salbadert
Sal|band, das; Plur. ...bänder (Gewebekante, -leiste; Geol. Berührungsfläche eines Ganges mit dem Nebengestein)
Sal|be, die; -, -n
Sal|bei [österr. nur so, sonst auch ...ˈbai], der; -s, österr. nur so,

S
Salb

Quelle: Duden, Bd. 1, 2017, S. 953.

Gelb unterlegte Wörter: von der Wörterbuch-Redaktion bevorzugte Schreibweise

Im Kapitel „Sprachliche Grundlagen" (S. 247–282) finden Sie Regeln, Beispiele, Übungen und Rechtschreibstrategien, mit deren Hilfe Sie mehr Sicherheit in der Rechtschreibung erlangen können.

Tipp

3.5 Eine Bibliothek besuchen

Moderne Bibliotheken verfügen über ein umfangreiches und interessantes Angebot an Medien aller Art.

Stadtbibliothek in der Mauritius-Mediathek

Die Mauritius-Mediathek vereint die Wiesbadener Stadtbibliothek, die Musikbibliothek sowie das Medienzentrum unter einem Dach. Alle Bürgerinnen und Bürger sind eingeladen, diese kommunale Kultur- und Bildungseinrichtung als sozialen, generationenübergreifenden Treffpunkt, Lernort und gemütliches Kommunikationszentrum zu nutzen – und natürlich zum Ausleihen von Büchern, Filmen, Musik und Medien aller Art! [...]
Fast 200.000 Werke im Bereich Belletristik, Sach- und Jugendliteratur laden zum Lesen ein. Dazu gibt es Tausende von Filmen, Musik-CDs, Hörbücher, Zeitschriften, Noten und vieles mehr.

Blick von Ebene 2 der Mauritius-Mediathek.

Technische Ausstattung

Kostenfreies WLAN, Internetplätze auf drei Gebäudeebenen, Online-Kataloge, ein intelligenter Medienschrank, Selbst- und Außenrückgabe-Automaten sowie vier Gaming-Konsolen gehören zum Angebot der Mauritius-Mediathek.
In der gesamten Mauritius-Mediathek ist kostenfreies WLAN verfügbar. Somit besteht vor Ort die Möglichkeit, an eigenen Endgeräten zu arbeiten. Des Weiteren gibt es zahlreiche, frei zugängliche Internetplätze, die auf den drei Ebenen des Gebäudes verteilt sind.

Ein intelligenter Medienschrank ermöglicht Lesern mit gültigem Bibliotheksausweis die Ausleihe von Laptops zur Nutzung innerhalb der Mauritius-Mediathek. [...]

Ebenso verfügt die Mauritius-Mediathek über vier Konsolen, die ein regelmäßiges Gaming-Angebot für Jugendliche außerhalb der Öffnungszeiten ermöglichen.

Quelle: Landeshauptstadt Wiesbaden (Hg.): Stadtbibliothek in der Mauritius-Mediathek, 2019.

---

1 Lesen Sie den Auszug von der Homepage der Mauritius Bibliothek in Wiesbaden. Welche Medien werden dort angeboten?

2 Informieren Sie sich, wo es in der Nähe zu Ihrer Berufsschule eine Stadtbibliothek gibt, und vereinbaren Sie eine Führung vor Ort.

3 a Stellen Sie vor Ihrem Besuch der Bibliothek eine Liste der Themen zusammen, die für den aktuellen Unterricht wichtig sind. Verteilen Sie die Themen auf verschiedene Gruppen.
   b Prüfen Sie bei Ihrem Besuch, ob Bücher, Zeitschriften und Filme vorrätig sind.

4 Welches Traumreiseziel haben Sie? Suchen Sie in der Bibliothek Anschauungsmaterial und Informationen dazu.

3.6 YouTube – ein Kanal für Karriere, Information und Werbung

YouTube bietet vielfältige Möglichkeiten und wird von 86 % der 12- bis 19-Jährigen regelmäßig genutzt; bei den 19-Jährigen sind es sogar 93 %. Viele träumen davon, auf YouTube Karriere zu machen. Im folgenden Interview verraten zwei YouTuber, Julia Beautx und Jonas Ems, wie ihnen das gelungen ist.

[T-Online führte anlässlich ihres ersten Kinofilms ein Interview mit Julia Beautx und Jonas Ems] [...]

1 **Schauspieler, Künstler, Autor, Unternehmer: Als was würdet ihr euch selbst bezeichnen?**
Julia: In erster Linie sehe ich mich als YouTuber. Eine bessere Beschreibung gibt es einfach nicht, dazu ist unser Beruf zu vielseitig. Ich kann mich jetzt natürlich auch Schauspielerin nennen, aber das kommt mir noch ein bisschen komisch vor. Beim Finanzamt bin ich
10 jedenfalls als Webvideokünstlerin angemeldet.
Jonas: Echt, als Künstlerin? Du Glückliche! Also, ich muss Gewerbesteuer zahlen. Natürlich leisten wir einerseits viel Kreativarbeit auf YouTube. Auf der anderen Seite wird
15 es sehr unternehmerisch, sobald man eine Kooperation eingeht und Produkt-Vermarktungen oder so etwas macht. [...]
Für eure größtenteils sehr jungen Fans seid ihr echte Vorbilder. Das bedeutet für
20 **euch auch eine Menge Verantwortung. Wie geht ihr damit um?**
Julia: Der Content, den ich mache, ist meistens unproblematisch. Aber mir ist durchaus klar, dass ich bestimmte Video-Ideen nicht
25 umsetzen sollte, weil es Leute gibt, die das nachmachen. Man realisiert meistens gar nicht, wie viel Einfluss man hat. [...]
Früher wollten Kinder Rockstar oder Model werden. Heute geben viele „YouTu-
30 **ber" als ihren Traumberuf an. Eltern sind meistens entsetzt, wenn sie das hören. Wie können sie ihre Kinder trotzdem unterstützen?**
Julia: Meine Eltern haben gesagt: Du kannst
35 das gerne machen, solange die Schule nicht drunter leidet. Hätte ich plötzlich wesentlich schlechtere Noten nach Hause gebracht, hätten sie wahrscheinlich gesagt: Jetzt mach mal halblang. Eine YouTube-Karriere ist defi-
40 nitiv nichts, auf das man sich verlassen kann.
Jonas: Dabei ist YouTuber einer dieser Berufswünsche oder Träume, die sehr greifbar sind. YouTuber kannst du ja schon sein, indem du zwei, drei Videos auf deinem Kanal
45 hochlädst. Ich würde als Elternteil das Kind einfach machen lassen. Die meisten merken irgendwann selber, dass es a) sehr anstrengend ist und b) vielleicht auch gar nicht so deren Ding.
Wieso glaubst du das? 50
Jonas: Jeder YouTuber fängt bei null an. Ich zum Beispiel habe für meine ersten Tausend Abonnenten über drei Jahre gebraucht. Irgendwann hatte ich eine Millionen, das
55 war der Wahnsinn. Das Erfolgsgeheimnis auf YouTube ist, dass man regelmäßig Videos produziert. Natürlich gibt es Tage, an denen man keine Lust dazu hat. Trotzdem setzt man sich vor die Kamera und tut so, als hätte man
60 gute Laune. Das gehört dazu. [...]
Und wenn man es endlich „geschafft" hat und berühmt ist ... dann ist alles super?
Jonas: Als YouTuber mit einer gewissen Reichweite ist man eine Person des öffentlichen
65 Lebens, sprich: ein Promi. Das heißt, du hast kein Privatleben mehr. [...]

> **Julia Beautx** begann ihre YouTube-Karriere als Beauty-Vloggerin. Für ihren Hauptkanal, der gut 1,4 Millionen Zuschauer hat, dreht und schneidet sie Mode- und Lifestyle-Videos mit einem Schwerpunkt auf Bastel-, Schmink- und Shopping-Tipps. Im Film „Das schönste Mädchen der Welt" spielt sie „Titti". Julia ist 19 Jahre alt.

Jonas Ems macht schon seit seinem 13. Lebensjahr YouTube-Videos mit einem Fokus auf Unterhaltung und Comedy. Mit seinem Hauptkanal „JONAS" erreicht der heute 21-Jährige fast 2,4 Millionen Abonnenten. Daneben tritt er als TV-Moderator auf und schreibt Bücher. Im Film „Das schönste Mädchen der Welt" spielt Jonas die Rolle des Schürzenjägers „Benno".

Welche Talente muss man mitbringen für eine Karriere auf YouTube?
Jonas: YouTuber sind echte Multi-Talente. Sie skripten, drehen und schneiden ihre Videos selbst. Und selbst das ist nur ein kleiner Teil des Jobs. In so einem Video steckt richtig viel Arbeit. Das wird aber oft unterschätzt im Medienbereich und das finde ich schade. Der ganze Bereich ist immer noch stark vorurteilsbelastet. Das merken wir zum Beispiel, wenn wir erzählen, dass wir in einem Film mitgemacht haben.
Julia: Ja, stimmt. Viele Leute denken, die meisten YouTuber hätten kein Talent. Vielleicht können wir sie [...] ja vom Gegenteil überzeugen.
Dabei wünschen wir euch viel Erfolg! Danke für das Gespräch.

Quelle: Beautx/Ems/Stresing: „Als YouTube-Star hast du kein Privatleben mehr", 2018.

---

1 Warum ist YouTube so beliebt? Sammeln Sie Gründe in einer Mindmap an der Tafel.

2 Bilden Sie Kleingruppen und besprechen Sie das Interview.
- Was bedeutet YouTube für die beiden YouTuber selbst?
- Wie sehen Julia und Jonas die Rolle der Eltern in ihrer Entwicklung?
- Welche Vor- und Nachteile sehen die YouTuber in der Plattform?

3 YouTube ist ein Geschäftsmodell von Google. Die Zahl der Klicks und die Aufenthaltsdauer der Konsumenten sind ausschlaggebend für den ökonomischen Erfolg. Recherchieren Sie, welche Bedingungen man als YouTuber/-in erfüllen muss, um Chancen für Werbeverträge zu bekommen.

4 Influencerinnen und Influencer werben in ihren Videos für verschiedene Produkte. Überlegen Sie: Was können Konsumentinnen und Konsumenten tun, um Werbung und finanzielle Interessen in YouTube-Videos zu durchschauen?

5 Beraten Sie, wodurch sich Werbung auf YouTube von gängiger Fernsehwerbung unterscheidet.

YouTube wird auch gern als Informationsquelle und zur Erklärung von Sachverhalten herangezogen. Schülerinnen und Schüler nutzen gern „Tutorials", um sich Unterrichtsthemen erklären zu lassen.

6 Vergleichen Sie YouTube-Erklärvideos mit dem Schulunterricht. Stellen Sie die jeweiligen Vorteile in einer Tabelle zusammen.

7 Sammeln Sie in Ihrer Klasse fünf bis acht Themenbereiche, zu denen Sie Tutorials in YouTube kennen. Stellen Sie der Klasse ein Video vor, das Ihnen gut gefällt. Erläutern Sie dabei auch, warum Sie dieses Video besonders gut finden.

8 YouTube ist ein kommerzieller Kanal. Welche Probleme könnten damit verbunden sein? Denken Sie besonders an Informationsvideos zu politischen Themen und über Parteien und Verbände.

Informationen gewinnen und beurteilen | 41

3.7 „Fake" oder „News"?

3.7.1 Wie die Wahrheit manipuliert wird

Links das Originalfoto von einer Fridays-For-Future-Demonstration; rechts das von einer politischen Partei manipulierte und im Netz verbreitete Foto (Bericht: MAZ).

> 1 Beschreiben Sie, was die Demonstranten mit ihren Plakaten ausdrücken möchten.
>
> 2 Die Fotomontage setzt die Demonstranten in ein anderes Licht. Beschreiben Sie, welcher Eindruck erzielt wird.
>
> 3 Wie erklären Sie sich, dass jemand so eine Fotomontage erstellt und öffentlich verbreitet?
>
> 4 Versetzen Sie sich in die drei demonstrierenden Personen. Was empfinden diese wohl, wenn sie feststellen, dass das gefälschte Bild über Facebook verbreitet wird?
>
> 5 Unter welchen Umständen sind Menschen bereit, solch eine Darstellung zu glauben?
>
> 6 Untersuchen Sie den Fall „Werbung für Bitcoins im Namen bekannter Persönlichkeiten". Bilden Sie dazu vier bis fünf Gruppen. Jede Gruppe übernimmt eine der betroffenen Persönlichkeiten und beschreibt, was dieser widerfahren ist und wie sie sich zur Wehr gesetzt hat.

3.7.2 Meinungsfreiheit im digitalen Zeitalter

Das Recht auf freie Meinung und die Pressefreiheit sind in Deutschland ein Grundrecht. Für Journalistinnen und Journalisten ist es Ehrensache, so wahrheitsgetreu wie möglich von Ereignissen auf der Welt zu berichten. Sie möchten ehrlich informieren über Ungerechtigkeit, Unfreiheit, Menschenrechtsverletzungen, Betrug bei Wahlen, Kriegsschauplätze, korrupte Politiker. Die Medien verstehen sich oft als vierte Gewalt in der Demokratie, die sicherstellt, dass die Rechte der Bürgerinnen und Bürger gewahrt werden, die Steuergelder nicht in den Taschen von Politikerinnen oder Politikern landen, Ungerechtigkeiten bekannt gemacht werden. Dafür gehen Journalisten immer wieder ein großes Risiko ein, werden verfolgt und kommen ins Gefängnis. Sie wollen uns helfen, die Realität zu erkennen und die Wahrheit zu erfahren.

> **Grundgesetz für die Bundesrepublik Deutschland Artikel 5**
>
> (1) Jeder hat das Recht, seine Meinung in Wort, Schrift und Bild frei zu äußern und zu verbreiten und sich aus allgemein zugänglichen Quellen ungehindert zu unterrichten. Die Pressefreiheit und die Freiheit der Berichterstattung durch Rundfunk und Film werden gewährleistet. Eine Zensur findet nicht statt.

Jede Bürgerin und jeder Bürger kann Ereignisse, Tatsachen, Fakten unterschiedlich bewerten und sich eine persönliche Meinung dazu bilden. Doch was passiert, wenn nicht mehr klar ist, was wahr ist und was nicht? Es wird von „alternativen Fakten" gesprochen. Kann jeder sich aussuchen, was wahr ist?

„Was wir hier machen, hat mit Journalismus nichts zu tun", erklärte z. B. der stellvertretende Chefredakteur von newsweb.pl., einer polnischen Redaktion, die nichts anderes macht, als sich Fake News einfallen zu lassen.

Vgl. Sieradzka: Polnische Trollfabrik, 2019.

---

1 Diskutieren Sie in Kleingruppen darüber, welche Folgen es hat, wenn wir nicht mehr unterscheiden können, was wahr und was falsch ist.

2 Bilden Sie sich ein Urteil darüber, wie Informanten mit anderen Menschen umgehen, wenn sie Lügen verbreiten. Welche Haltung gegenüber der Leserin/dem Leser steckt dahinter?

3 Überlegen Sie, warum die Pressefreiheit für einen demokratischen Staat so bedeutsam ist.

3.7.3 Faktencheck – aber wie?

Fernseh-, Radiosender und private Initiativen bemühen sich intensiv darum, Falschmeldungen aufzudecken.

---

1 Führen Sie das folgende Experiment in Partnerarbeit durch.
- *Rufen Sie die Seite des Vereins* mimikama.at *oder* hoaxmap.org *auf. Wählen Sie eine aktuelle Nachricht bzw. eine Nachricht aus Ihrer Region aus.*
- *Notieren Sie sich, wie geprüft und begründet wird, ob die Nachricht wahr oder falsch ist.*
- *Versuchen Sie, diese Nachricht selbst durch eine Internetrecherche zu prüfen.*
- *Informieren Sie Ihre Klasse über Ihre Ergebnisse.*

2 Erinnern Sie sich an eine besonders auffällige oder ungewöhnliche Meldung der letzten Wochen? Recherchieren Sie, ob sie sich als wahr oder als falsch entpuppt hat.

Tipp
- Prüfen Sie, wer Absender/-in oder Verfasser/-in ist! Gibt es genaue Angaben dazu? Gibt es andere Artikel von der Person im Internet? Welcher Art sind sie?
- Checken Sie die Überschrift! Enthält sie Panikmache, Warnungen vor einer akuten Gefahr?
- Geben Sie z. B. eine Stelle der Nachricht in eine Suchmaschine ein. Gibt es weitere Nachrichten dazu? Vergleichen Sie mit anderen Nachrichtenquellen.
- Prüfen Sie die Adresse der Website genau (= URL = „Link")! Sie enthält u. U. Hinweise, dass es sich nicht um eine seriöse Firma handelt.
- Welche Angaben werden zu den Ereignissen gemacht? Prüfen Sie die Angaben. Oft sind z. B. Ort und Zeit nicht nachvollziehbar. Vergleichen Sie die Meldung mit den Informationen der Polizei aus derselben Region.
- Woher kommen die Bilder? Suchen Sie z. B. in einer Suchmaschine nach der Bildquelle.
- Wird zum Teilen aufgefordert? Das ist ein Zweck der Meldung. Teilen Sie Nachrichten nicht ungeprüft!
- Melden Sie Fake News z. B. an *mimikama* oder einen der bekannten Fernsehsender zur Prüfung.

3.8 Diagramme erläutern

Mit Diagrammen und Grafiken können größere Datenmengen kompakt dargestellt werden. Sie kennen sie z. B. von Umfrage- und Wahlergebnissen, aber auch die Umsatz- und Absatzzahlen eines Betriebs werden oft in Form von Diagrammen abgebildet. Bei einem Kurzvortrag oder einer Präsentation dienen sie zu Veranschaulichung von Vergleichen oder um eine Entwicklung deutlich zu machen. Um die Zuhörerinnen und Zuhörer nicht zu ermüden, sollten immer nur die aussagekräftigsten Zahlen hervorgehoben werden. Aufgabe der/des Vortragenden ist es, Zusammenhänge und Schlussfolgerungen gut verständlich (s. S. 45, 48) zu formulieren.

3.8.1 Diagrammformen unterscheiden

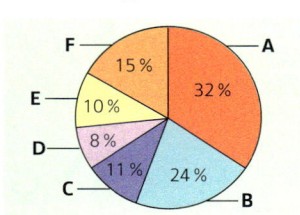

Kreisdiagramm[1] (A 32 %, B 24 %, C 11 %, D 8 %, E 10 %, F 15 %)	Geeignet für die Darstellung von (Prozent-)Anteilen an einer Gesamtheit (100 %). Beispiel: Anteil von Altersgruppen an der Gesamtbevölkerung. (Nicht geeignet für die Darstellung von Zeitreihen.) **Erläutern Sie den Inhalt beispielsweise so:** Der größte Teil der … / der Anteil der … beträgt / ein Viertel der … / die kleinste Gruppe ist … / X Prozent entfallen auf … / A, B und C zusammen umfassen … / Über die Hälfte der …
Balkendiagramm Produkt A, B, C; Umsatz 10–90 Mio. EUR	Geeignet für die Darstellung von Rangfolgen und Vergleichen, weniger geeignet für Zeitreihen wegen der übereinanderliegenden Anordnung. **Erläutern Sie den Inhalt beispielsweise so:** An dritter Stelle folgt … / an der Spitze liegen … / am besten haben … abgeschnitten / größer / kleiner als … / am niedrigsten / am höchsten … / deutlich größer … / mehr als alle anderen / Schlusslicht …
Säulendiagramm	Geeignet für die Darstellung von Häufigkeit und Anteilen, ebenso geeignet für Zeitreihen (dann mit einem von links nach rechts verlaufenden „Zeitstrahl"). **Erläutern Sie den Inhalt beispielsweise so:** In der Zeit von … bis … / in der ersten Jahreshälfte / gegenüber dem Vorjahr / … ist gewachsen / … ist gesunken / … geht zurück / nimmt zu / hat sich verdoppelt …
Kurvendiagramm[2] Schwankungen der menschlichen Leistung während des Tages (6, 10, 14, 18, 22, 2, 6 Uhr)	Geeignet für die Darstellung von Veränderungen in einem Zeitraum (z. B. Absatzschwankungen, Entwicklung der Arbeitslosenzahlen). **Erläutern Sie den Inhalt beispielsweise so:** In dem Zeitraum von … bis … / seit dem Jahr … / in der zweiten Jahreshälfte / gegenüber dem Vormonat / sinkt / fällt ab / nimmt ab / schwankt / stagniert / … bleibt konstant / steigt an / Höhepunkt / Tiefpunkt …

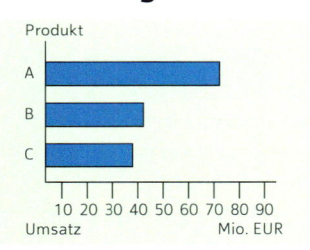

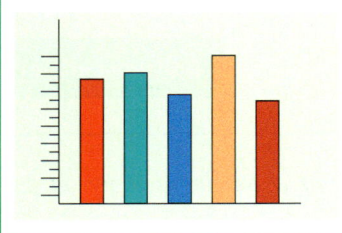

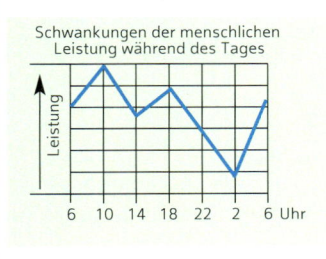

1 Auch: Kuchen- oder Tortendiagramm
2 Auch: Verlaufsdiagramm

3.8.2 Über ein Diagramm informieren

So können Sie den Inhalt dieses Diagramms in Worte fassen:
- Bei den Bundesbürgerinnen und -bürgern sind mehrere Städte für Kurzurlaube sehr beliebt.
- Die Grafik zeigt die Rangfolge von sechs Städten im Inland und sechs Städten im europäischen Ausland für das Jahr 2018.
- Im Inland war Berlin 2018 das beliebteste Reiseziel für Städtereisen. 7 % der Kurzurlauber/-innen haben diese Stadt besucht.
- Mit 6,8 % liegt Hamburg knapp dahinter. München liegt mit 3,7 % der verbrachten Kurzurlaube auf dem dritten Platz.
- Hinter Dresden und Köln ist Lübeck das Schlusslicht der aufgeführten Städte.
- Im europäischen Ausland führt Paris mit 1,3 % die Liste an, dicht gefolgt von London, Amsterdam und Prag, die jeweils 1,2 % der Kurzurlaube erreichen.
- Hinter Wien belegt Barcelona mit 0,5 % bei den europäischen Städten den letzten Platz.

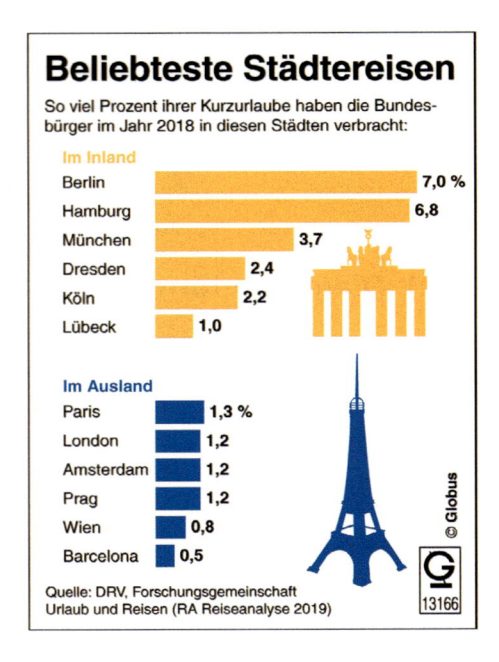

Beliebteste Städtereisen
So viel Prozent ihrer Kurzurlaube haben die Bundesbürger im Jahr 2018 in diesen Städten verbracht:

Im Inland
- Berlin 7,0 %
- Hamburg 6,8
- München 3,7
- Dresden 2,4
- Köln 2,2
- Lübeck 1,0

Im Ausland
- Paris 1,3 %
- London 1,2
- Amsterdam 1,2
- Prag 1,2
- Wien 0,8
- Barcelona 0,5

Quelle: DRV, Forschungsgemeinschaft Urlaub und Reisen (RA Reiseanalyse 2019)

1 Fassen Sie die Aussagen des Schaubildes in einem Text zusammen, z. B. als Kurzvortrag vor der Klasse. Beginnen Sie mit der folgenden Einleitung:
Die 2019 veröffentlichte Globus-Grafik mit dem Thema „Beliebteste Städtereisen" zeigt die jeweils sechs beliebtesten innerdeutschen und europäischen Städte für Kurzurlauberinnen und -urlauber. Als Quelle werden der „Deutsche Reiseverband" (DRV) und die „Forschungsgemeinschaft Urlaub und Reisen" angegeben. Die Grafik ist in dem Deutschbuch „Sprachpraxis" auf der S. 44 abgedruckt. Die Angaben sind als Balkendiagramm dargestellt und zeigen Folgendes: …"

Einleitende Sätze bei der Erläuterung eines Diagramms

| A Fundstelle | B Zeitangabe | C Thema | D Diagrammform |

2 Prüfen Sie das Beispiel für eine Einleitung in Aufgabe 1. Suchen Sie heraus, welche Angaben zu A, B, C, D gemacht werden.

3 Formulieren Sie eine Einleitung zum Schaubild auf S. 48 unten.

Abschließende Sätze bei der Erläuterung eines Diagramms
Als Schluss können Sie zu dem angesprochenen Problem persönlich Stellung nehmen:
Ist das Problem Ihrer Meinung nach ernst zu nehmen? Aus welchen Gründen? Welche Folgen, welche Auswirkungen sind zu bedenken? Ergibt sich aus der Auswertung des Schaubildes eine Forderung? Sind bestimmte Maßnahmen zu treffen?

3.8.3 Den Inhalt eines Diagramms erschließen

Zur Vorbereitung einer schriftlichen Beschreibung und Auswertung eines Diagramms empfiehlt es sich, mithilfe der unten stehenden **Erschließungsfragen** stichwortartig Gedanken zum Thema aufzuschreiben.

> 1 Prüfen Sie, ob die Antworten auf die Erschließungsfragen mit den Informationen des Diagramms übereinstimmen.
>
> 2 Wandeln Sie die Antworten in einen flüssigen Text um.
>
> 3 Nehmen Sie anschließend persönlich Stellung zu dem im Diagramm angesprochenen Problem (s. S. 44 unten).

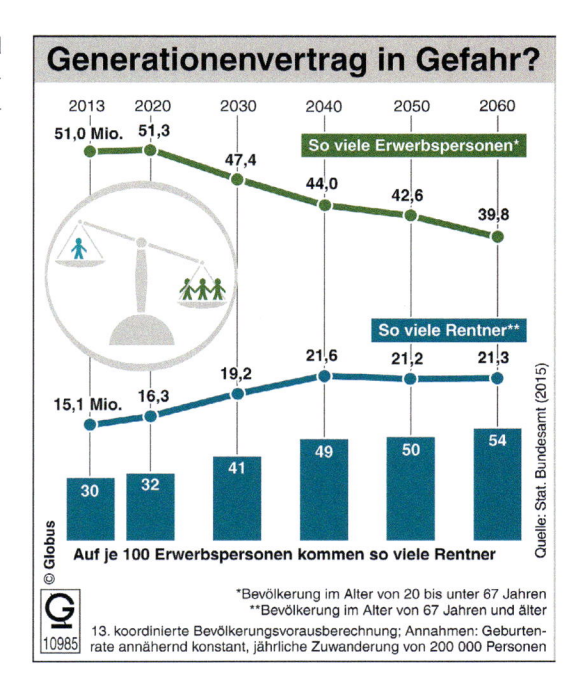

Erschließungsfragen	Überschrift/Titel des Diagramms: Generationenvertrag in Gefahr
1 **Einleitungssatz:** Überschrift/Titel? Form der Darstellung? Quelle? Gesamtproblem	Generationenvertrag in Gefahr – Kurven- und Balkendiagramm – „Statistisches Bundesamt" – Rentenproblem in der Zukunft
2 Über welche Bereiche informiert das Diagramm? Was wird dargestellt? Was wird verglichen? Was fällt besonders auf? Welche Entwicklung ist zu erkennen?	Entwicklung der Zahl der Erwerbspersonen und der Zahl der Rentner/-innen bis zum Jahre 2060 – mit zwei Kurven gegenübergestellt – in Abständen von sieben und dann zehn Jahren: die Abnahme der Zahl der Erwerbspersonen und die Zunahme der Rentner/-innen – starke Veränderung zwischen 2020 und 2060 – in einem Balkendiagramm wird das Verhältnis Erwerbspersonen–Rentner/-innen dargestellt – durch diese Entwicklung immer weniger Beitragszahler und immer mehr Rentenempfänger (Missverhältnis) – dazu Angabe im Balkendiagramm: Auf 100 Erwerbspersonen kommen 2020 32 Rentner/-innen, d. h., drei Beitragszahler müssen für eine Rentnerin/einen Rentner aufkommen, 2060 müssen zwei mehr als eine Rentnerin/einen Rentner finanzieren.
3 Welche Folgerungen ergeben sich aus der Untersuchung des Diagramms? Welche Maßnahmen sind erforderlich?	Folgerung: Die Rentenbeiträge steigen immer mehr oder die Renten müssen gekürzt werden – Maßnahme: Rentenreform, denn die Last darf nicht allein auf die zukünftigen Generationen abgewälzt werden.
4 **Schluss:** Wie ist der Informationsgehalt zu beurteilen? Wie ist die Wirkung auf die Betrachterin/den Betrachter zu beurteilen?	Das Diagramm öffnet mit seiner übersichtlich gestalteten Grafik die Augen für eines der wichtigsten Probleme der Gegenwart – es ist allerdings nur eine Prognose.

Sprachkompetenz

Beteiligte Fahrer von Personenkraftwagen bei Unfällen mit Personenschaden 2018 nach Altersgruppen und Geschlecht

männlich — weiblich

Absolut Werte / Anteile der Hauptverursacher in %

Von ... bis unter ... Jahren

© Statistisches Bundesamt (Destatis), 2020

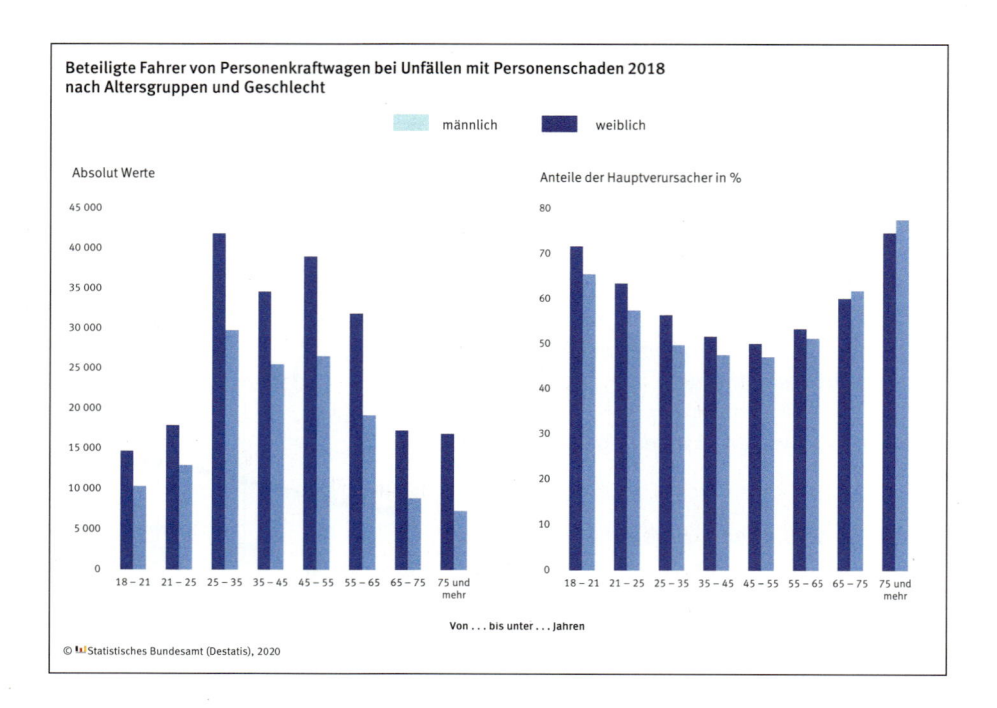

Erschließungsfragen zu diesem Diagramm

1 Welches Thema wird in welcher Form von wem abgebildet?
2 Um was geht es im ersten, um was im zweiten Diagramm?
3 Was lässt sich aufgrund des Diagramms grundsätzlich über die Verteilung auf Männer und Frauen sagen?
4 Welche Erkenntnis gewinnen Sie aus dem ersten Diagramm?
5 Welche Erkenntnis gewinnen Sie aus dem zweiten Diagramm?
6 Welches der beiden Diagramme halten Sie für informativer und aussagekräftiger? Begründen Sie Ihre Ansicht.
7 Welches könnten Ursachen für die Unterschiede zwischen Männern und Frauen sein? Welche Maßnahmen könnten Abhilfe schaffen?
8 Worin könnten die Ursachen für die Unterschiede in den Lebensaltern sein? Welche Maßnahmen könnten Verbesserungen bringen?
9 Welche wichtige Schlussfolgerung können Sie aus den beiden Grafiken ziehen?

---

4 Komplizierte Prozentangaben sollten, wenn es möglich ist, zum besseren Verständnis gerundet und in anschauliche Begriffe umformuliert werden, wie in den folgenden Beispielen: 23,56 % = fast ein Viertel, 73,89 % = rund drei Viertel, 35 % = über ein Drittel, 48 % = knapp die Hälfte (oder auch: fast jeder Zweite). Formulieren Sie dafür geeignete Prozentzahlen in einem der Diagramme in anschauliche Begriffe um.

5 Welche Prozentzahlen verbergen sich hinter den folgenden Formulierungen?
etwa jeder Dritte – so gut wie jeder Zehnte – beinahe zwei Drittel – mehr als ein Viertel – circa ein Achtel – ungefähr jeder Fünfte

6 Erläutern Sie schriftlich den Inhalt der beiden Diagramme. Nehmen Sie kurz Stellung zu dem erkennbar gewordenen Problem.

3.8.4 Ein Schaubild beschreiben

Üben Sie, ein Schaubild in einem zusammenhängenden Text zu beschreiben.

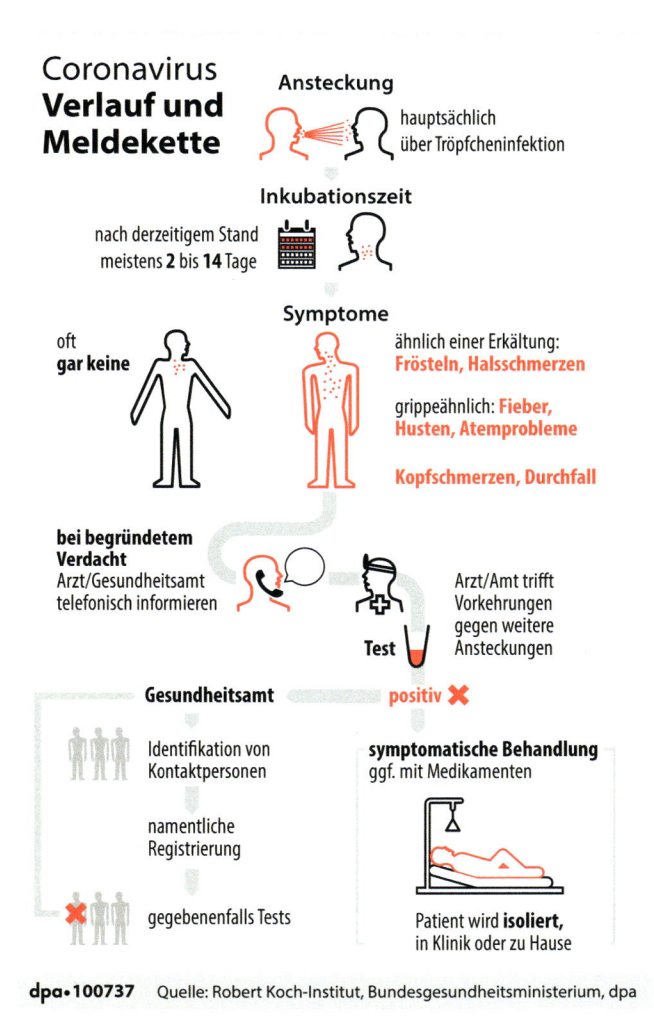

Coronavirus Verlauf und Meldekette

Ansteckung
hauptsächlich über Tröpfcheninfektion

Inkubationszeit
nach derzeitigem Stand meistens **2** bis **14** Tage

Symptome
oft **gar keine**

ähnlich einer Erkältung: **Frösteln, Halsschmerzen**

grippeähnlich: **Fieber, Husten, Atemprobleme**

Kopfschmerzen, Durchfall

bei begründetem Verdacht
Arzt/Gesundheitsamt telefonisch informieren

Arzt/Amt trifft Vorkehrungen gegen weitere Ansteckungen

Test positiv ✘

Gesundheitsamt
Identifikation von Kontaktpersonen
namentliche Registrierung
gegebenenfalls Tests

symptomatische Behandlung ggf. mit Medikamenten

Patient wird **isoliert,** in Klinik oder zu Hause

dpa•100737 Quelle: Robert Koch-Institut, Bundesgesundheitsministerium, dpa

---

1 Der Sars-CoV-2, eine Form des Coronavirus, hat sich 2020 rasant verbreitet. Recherchieren Sie, welche Art der Erkrankungen das Virus verursachen kann.

2 Die Darstellung macht es Ihnen leicht, eine gut strukturierte Beschreibung zu verfassen. Formulieren Sie zu jedem Verlaufsschritt eine Überschrift oder eine Frage, damit ergeben sich auch die Absätze Ihrer Beschreibung.

3 Im Schluss können Sie Empfehlungen dazu geben, wie man sich begrüßen kann, ohne die Hände zu schütteln, und was jeder zu seinem eigenen und zum Schutz anderer beitragen kann.

4 Lesen Sie einige Beispiele vor und prüfen Sie, ob diese ansprechend formuliert und die Informationen vollständig sind.

5 Wie beurteilen Sie den Informationsgehalt des Schaubilds im Vergleich zu Ihrem Text?

3.8.5 Diagramme erläutern — Überblick und Schreibplan

Kompetenzen

Sie können
- ein Schaubild analysieren und ihm Informationen entnehmen,
- dessen Inhalt erläutern,
- ein Schaubild interpretieren, d. h. Ursachen erklären,
- Ausblicke in Bezug auf weitere Entwicklungen der Schaubildthematik geben.

Vorarbeit
- Betrachten Sie aufmerksam das Schaubild.
- Stellen Sie Erschließungsfragen zum Schaubild und beantworten Sie diese stichwortartig.

Schreibplan

1. Gehen Sie in der Einleitung auf Titel, Fundstelle (Quelle), Datum, Herausgeber und Gesamtproblematik des Schaubildes ein.
2. Formulieren Sie im ersten Abschnitt des Hauptteils, wie das Schaubild aufgebaut ist, welcher Diagrammform es sich zuordnen lässt und welche grafischen Gestaltungsmittel verwendet wurden.
3. Fassen Sie anschließend wesentliche Aussagen zusammen; ordnen Sie diese dabei vom Allgemeinen bis zum Besonderen.
4. Stellen Sie in einem dritten Abschnitt Entwicklungen, Veränderungen, Auffälligkeiten und Besonderheiten dar. Veranschaulichen Sie dabei wichtige Zahlen, z. B. durch Vergleiche mit Bekanntem.
5. Schreiben Sie im Schlussteil, welche Bedeutung das dargestellte Thema hat; beurteilen Sie auch Informationsgehalt und Wirkung des Schaubildes auf den Betrachter. Ziehen Sie abschließend Schlussfolgerungen aus Ihren Erläuterungen.
6. Überarbeiten Sie Ihre Schaubildanalyse mithilfe der Textlupe (s. S. 228) oder der Schreibkonferenz (s. S. 229).

Sprache
- sachlicher Stil
- einfache, leicht verständliche Sätze
- anschauliche Vergleiche
- passende Verben und Adjektive
- Zeitform: Präsens

---

1 Erläutern Sie das folgende Schaubild.

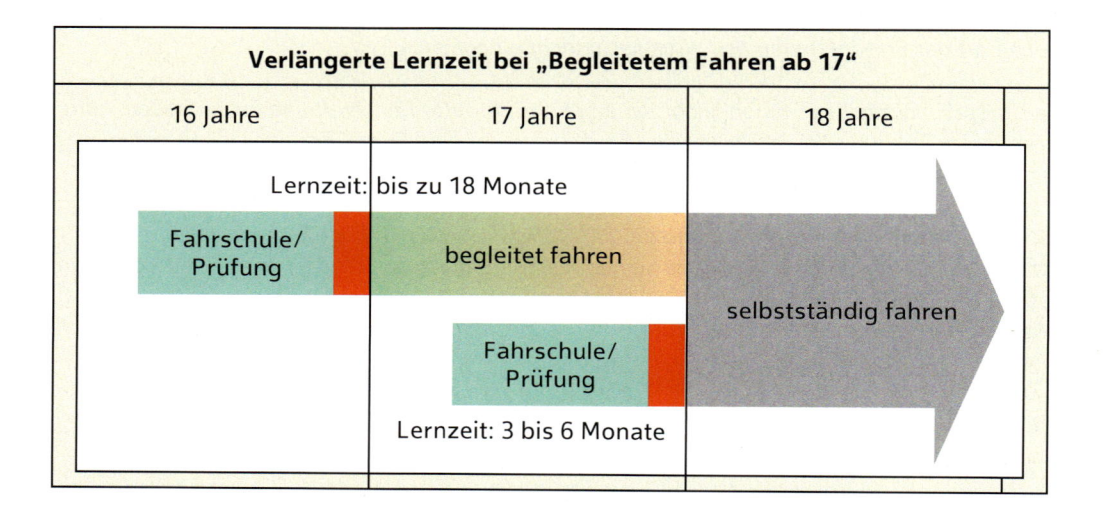

Verlängerte Lernzeit bei „Begleitetem Fahren ab 17"

16 Jahre	17 Jahre	18 Jahre

Lernzeit: bis zu 18 Monate
- Fahrschule/Prüfung
- begleitet fahren
- selbstständig fahren
- Fahrschule/Prüfung
- Lernzeit: 3 bis 6 Monate

3.9 Zitieren und Quellen angeben

Wenn Sie ein Referat oder eine Präsentation vorbereiten, sammeln Sie zunächst Material, d. h. Texte und Bilder aus Büchern und Zeitschriften, Videoclips oder Websites aus dem Internet, die andere erstellt haben. Wenn Sie Textausschnitte, Bilder, Fotos, Zeichnungen, Filmausschnitte anderer original übernehmen, dann müssen Sie das deutlich kennzeichnen. Tun Sie das nicht, so schmücken Sie sich nicht nur mit fremden Federn, sondern Sie stehlen geistiges Eigentum und verletzen das Urheberrecht (s. S. 54).

In einem zusammenhängenden Text oder einer Präsentation werden die Quellen in der Regel in Kurzform notiert. Im Bild- und Textquellenverzeichnis wird dann die Quelle genau angegeben.

Wenn Sie zitieren, beachten Sie vier wichtige Grundsätze:
1. **Erkennbar zitieren:** Das Zitat wird in Anführungszeichen gesetzt.
2. **Sinnvoll zitieren:** Der Zusammenhang muss verständlich und klar sein.
3. **Genau zitieren:** Worte, Wortstellung, Rechtschreibung und Zeichensetzung des Originals müssen übernommen werden.
4. **Unmittelbar zitieren:** Nach Möglichkeit soll der Originaltext zitiert werden, keine Wiedergaben aus anderen Quellen; diese enthalten möglicherweise Fehler.

Wenn Sie bei einem Vortrag oder einer Präsentation aus einem Text mündlich zitieren, machen Sie das deutlich, indem Sie das Zitat einleiten mit: „Ich zitiere".
Beispiel: „Die Stiftung Warentest stellte kürzlich fest, ich zitiere: Bekannte Softdrinks wie Fanta oder Sprite enthalten in der klassischen Variante hierzulande viel mehr Zucker als beispielsweise in Großbritannien und Frankreich."
Bei längeren Zitaten fügt man am Schluss noch hinzu: „Zitatende".

Bei der **Angabe der Quelle** sind folgende Angaben notwendig:
Autor/-in, der Titel des Buches bzw. die Überschrift des Zeitungstextes, das Erscheinungsjahr, der Erscheinungsort, die Seitenzahl. Wenn das Zitat über zwei Seiten geht, wird ein *f.* und bei mehreren Folgeseiten ein *ff.* hinzugefügt. Seiten aus dem Internet müssen immer mit dem Datum versehen werden; sie können ja verändert oder entfernt werden. Beispiele:
- Im Urheberrechtsgesetz heißt es in § 2, Absatz 6, dass auch „Filmwerke einschließlich der Werke, die ähnlich wie Filmwerke geschaffen werden", zu den geschützten Werken gehören. Gesetz über Urheberrecht und verwandte Schutzrechte, abgerufen unter: www.gesetze-im-internet.de/urhg/UrhG.pdf, S. 11, abgerufen am 28.08.2019.
- Kürzlich wurde Folgendes bekannt: „Bekannte Softdrinks wie Fanta oder Sprite enthalten in der klassischen Variante hierzulande viel mehr Zucker als beispielsweise in Großbritannien und Frankreich." In: Stiftung Warentest: Warum der Zuckergehalt von Softdrinks je nach Land variiert, in: Test, Berlin, 6/2019, S. 8.
- Rafik Schami lässt einen Bäckerjungen aus Damaskus ein Tagebuch führen. Darin heißt es zu Beginn: „Das Leben der Erwachsenen findet in den Innenhöfen statt. Die Straße gehört uns Kindern, den Bettlern und fliegenden Händlern." In: Rafik Schami: Eine Hand voller Sterne, 6. Auflage, Weinheim/Basel, 2000, S. 6 f.

---

1 Wählen Sie einen literarischen Text aus dem oben genannten Buch. Zitieren Sie einen Satz aus dem Text und geben Sie die Quelle an.

2 Zitieren Sie aus einem Fachbuch, das Sie im Unterricht verwenden. Geben Sie die genaue Quelle an.

3 Recherchieren Sie den Begriff „Qualifikation" im Internet. Notieren Sie die Erläuterung mit korrekter Quellenangabe.

Sprachkompetenz

4
Medien verantwortungsvoll nutzen

Gleichgültig, ob es um junge oder ältere Menschen geht: Alle gehen regelmäßig mit Medien um. Während für die ältere Generation der Fernseher eine wichtige Rolle spielt, rufen die Jüngeren viele Sendungen mit PC, Tablet oder Smartphone jederzeit an jedem Ort ab.

Während es am Arbeitsplatz vorrangig um Terminvereinbarungen, Informationen und Datenverwaltung geht, so dienen private Geräte vielfältigen Interessen. Wie Jugendliche Medien in ihrer Freizeit nutzen, zeigt das folgende Diagramm.

4.1 Medienbeschäftigung in der Freizeit

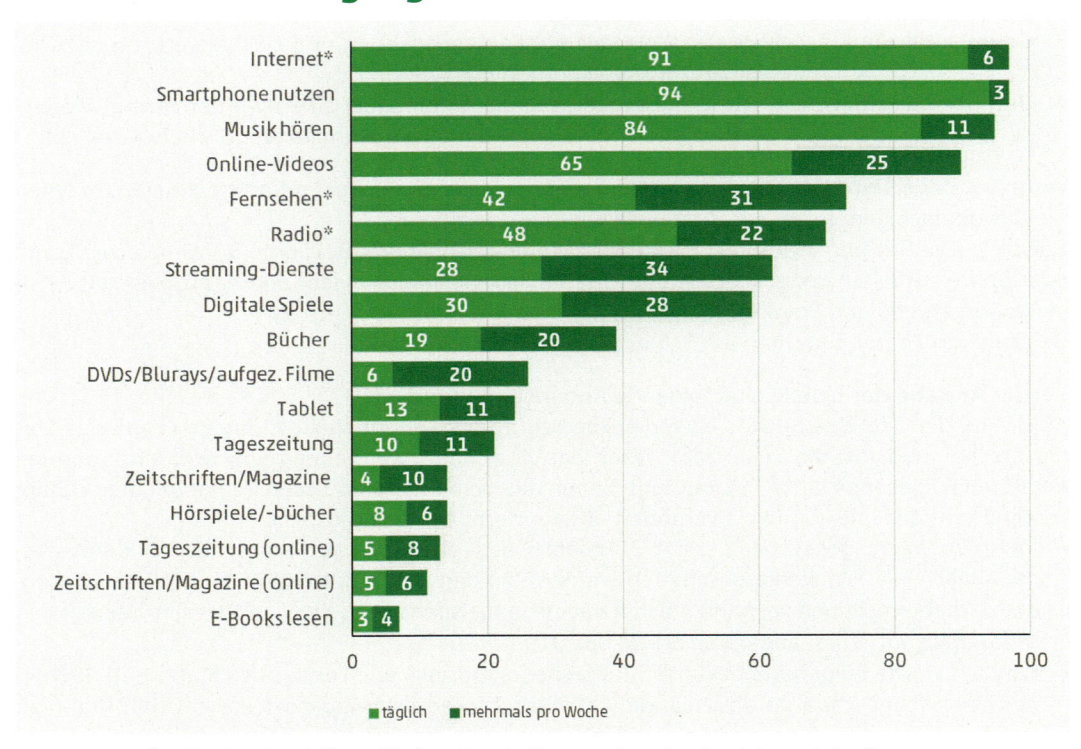

Medium	täglich	mehrmals pro Woche
Internet*	91	6
Smartphone nutzen	94	3
Musik hören	84	11
Online-Videos	65	25
Fernsehen*	42	31
Radio*	48	22
Streaming-Dienste	28	34
Digitale Spiele	30	28
Bücher	19	20
DVDs/Blurays/aufgez. Filme	6	20
Tablet	13	11
Tageszeitung	10	11
Zeitschriften/Magazine	4	10
Hörspiele/-bücher	8	6
Tageszeitung (online)	5	8
Zeitschriften/Magazine (online)	5	6
E-Books lesen	3	4

Quelle: JIM-Studie 2018, S. 13. Angaben in Prozent, *egal auf welchem Verbreitungsweg.

---

1 Inwiefern entsprechen die Umfrageergebnisse Ihren Erwartungen?

2 Formulieren Sie zu folgenden Fragen je mindestens einen Satz:
- Welche Medien hatten 2018 den größten Stellenwert für Jugendliche?
- Welche Medien hatten 2018 die geringste Bedeutung für Jugendliche?
- Welche Rolle spielt der Verbreitungsweg bei der Medienbeschäftigung?
- Wie groß ist der Anteil Jugendlicher, die täglich Zeitung lesen?

3 Welche der oben genannten Medien nutzen Sie selbst täglich oder mehrfach in der Woche? Tauschen Sie sich in einer Kleingruppe über Ihre eigenen Gewohnheiten aus und vergleichen Sie sie mit den Ergebnissen der JIM-Studie.

4.2 Realität und Fiktion

Immer häufiger werden in TV-Formaten Realität und Fiktion vermischt. Das kann ein künstlerisches Mittel sein; problematisch ist, wenn die Zuschauerin oder der Zuschauer beides nicht mehr voneinander unterscheiden kann. Das wird im nachstehenden Text deutlich.

Selbsterwartung

Das TV-Format Scripted Reality vermittelt Heranwachsenden durch eine vereinfachte Darstellung komplexer sozialer Themen, wie einfach es ist, Lösungen zu finden. Die Handlungen erfolgen nach dem „Gut-und-Böse"-Prinzip: Schon zu Beginn einer jeden Sendung ist klar, welcher Protagonist auf welcher Seite steht. Kinder und Jugendliche erfahren das unkomplizierte Problemlösen als Normalität und entwickeln die Anforderung an sich selbst, Probleme ebenso spielend aus der Welt zu schaffen. Jedoch sind die Problemstellungen im echten Leben weitaus komplexer und ein langer Weg zur Beseitigung eines Konflikts wird in den Augen von Kindern und Jugendlichen als Scheitern betrachtet.

Castingshows vermitteln, dass jeder die Chance hat, ein Star zu werden. Auf dem Weg bis zum Finale lernen die Kandidatinnen und Kandidaten, wie man sich selbst perfekt inszeniert, wie man sich vorteilhaft kleidet und auf Bildern und vor der Kamera posiert. Castingshows werden von Heranwachsenden oft als Vorbereitung auf das richtige Leben betrachtet und erzeugen den Wunsch, selbst alles aus sich herauszuholen.

Sicht auf die Welt
Um möglichst authentisch zu wirken, bedienen sich beide Konzepte häufig an Stereotypen, Vorurteilen und Klischees. Dies kann unterbewusst die Sicht der Heranwachsenden auf Themen, Berufsgruppen, Kulturen oder Länder nachhaltig beeinflussen und eine falsche Wertevermittlung zu Folge haben.

Verstärkt wird dies bei Scripted-Reality-Sendungen durch die realitätsnahe und dokumentarische Umsetzung durch Kameraführung, Darsteller/innen und Schnitt. Der Hinweis, dass es sich dabei nur um eine Inszenierung nach Drehbuch handelt, erfolgt nur als kleiner, selten wahrgenommener Hinweis im Abspann. Das erschwert die Abgrenzung von Realität und Medienrealität für Heranwachsende erheblich.

Problematisch ist es vor allem dann, wenn alltägliche Themen Heranwachsender mit negativen Bildern verknüpft werden. So stehen in der Sendung „Die Schulermittler" Mobbing und Streit im Fokus. Kinder und Jugendliche erleben solche Handlungen besonders intensiv, wodurch Unsicherheit und Ängste geweckt werden können.

Während Scripted Reality Konflikte und somit das Imperfekte thematisieren, betonen Castingshows das Perfekte. Klischees werden verdichtet und Heranwachsende dazu aufgefordert, diesen Idealen nachzueifern. Bei Model-Castingshows geschieht dies offensiv: Schön ist, wer über bestimmte körperliche Merkmale verfügt, sich entsprechend kleidet und stylt. Kinder und Jugendliche neigen dazu, Wertevorstellungen wie diese zu übernehmen und sie ins reale Leben zu übertragen.

Quelle: Medienkompetenz-Portal NRW: Problematiken von Castingshows und Scripted Reality, 2016.

---

1 Lesen Sie den oben stehenden Textauszug.

2 Scripted-Reality-Serien und Castingshows haben seit vielen Jahren hohe Einschaltquoten.
  a Erheben Sie in Ihrer Klasse, welche Sendungen am beliebtesten sind.
  b Diskutieren Sie, aus welchen Gründen diese so beliebt sind.

3 Kritiker sprechen von „Publikumsbetrug" und fordern, dass die Sender solche Sendungen klarer als Fiktion kennzeichnen müssen. Welche Meinung vertreten Sie?

4.3 Die Community als fiktives Spiel

Zu manchen Serien gibt es inzwischen gut funktionierende Communitys, in denen der Sender Zuschauerfragen beantwortet, manche Laiendarsteller posten und mit den Zuschauerinnen und Zuschauern kommunizieren. Die Fernsehgeschichten werden weitererzählt, das Spiel mit Realität und Fiktion wird fortgesetzt. Die Zuschauerinnen und Zuschauer sind so tatsächlich Tag und Nacht mit den Hauptdarstellerinnen und Hauptdarstellern verbunden, als würden sie zu ihrem realen Freundeskreis gehören.

Zwar verstehen viele Zuschauerinnen und Zuschauer den inszenierten Charakter der Filme, ein großer Teil aber lebt im Glauben, dass die Protagonisten in ihrem Alltag von einer Kamera begleitet würden. In privaten Wohnräumen und öffentlichen Einkaufszentren spielen Laien nach Drehbuch und exakter Regieanweisung; das ist vielen nicht klar. In sozialen Netzwerken glaubt vor allem die jüngere Zielgruppe, mit Privatpersonen „wie ich und du" zu kommunizieren.

Vgl. Alvarez: Achtung: Alles erfunden, 18.11.2013.

Darsteller der Serie „Köln 50667"

Wählen Sie in Ihrer Klasse zwei bis drei Sendungen aus. Je ein Drittel der Klasse schaut sich eine Sendefolge an. Achten Sie dabei auf folgende Aspekte:

1 *Welche Themenbereiche des Alltags werden angesprochen?*

2 *Welche Anteile des Films halten Sie für real, welche für fiktiv?*
   a *Mit welchen Mitteln wird der Eindruck geweckt, dass es sich um eine Dokumentation des realen Lebens der auftretenden Menschen handelt?*
   b *Ein Trick ist der sogenannte Off-Kommentar. Die Darstellenden berichten scheinbar sehr persönlich vom gerade Erlebten. Welche Wirkung wird so erzielt?*

3 *Wie wird im Verlauf der Sendung Spannung erzeugt? Wo liegen Spannungshöhepunkte?*

4 *Beschreiben Sie typische soziale Klischees, z. B. die lästernde Nachbarin, den alkoholisierten Hartz-IV-Empfänger, den bebrillten Bildungsbürger.*

5 *Welche Vorstellung von Frau, Mann, Ehe und Familie, Lehrern und Polizisten wird vermittelt? Sammeln Sie Charaktereigenschaften und Verhaltensweisen einzelner Figuren.*

6 *Die Vertreter des Genres verwenden aufgrund der Kritik inzwischen gern den Begriff „Scripted Entertainment" statt „Scripted Reality". Versuchen Sie die Begriffe zu definieren. Vergleichen Sie Ihre Definitionen miteinander.*

4.4 Illegale Downloads über Tauschbörsen

Früher wurden kurz nach dem Kinostart oft Blockbusterfilme in Tauschbörsen angeboten. Heute sind die aktuellen Folgen von TV-Serien in Onlinepiraterie-Kreisen sehr gefragt. Über BitTorrent und andere illegale Filesharing-Dienste[1] werden erfolgreiche Serien und Musikdateien millionenfach angeboten. Wenn Sie von diesen Portalen Videos herunterladen, senden Sie diese – ohne es zu merken – innerhalb eines Netzwerks an andere weiter. Dabei werden Rechte Dritter verletzt und das kann richtig teuer werden! Einige Firmen kontrollieren inzwischen systematisch die bekannten Internettauschbörsen und zeichnen den Datenverkehr auf. Über spezialisierte Rechtsanwälte mahnen sie dann den Inhaber des Internetanschlusses ab. Je nach Umfang der Downloads werden 1 000,00 € bis 5 000,00 € als Schadenersatz gefordert.

Vorsicht ist auch geboten, wenn Sie aufgefordert werden, zusätzliche Software zu installieren. So holen Sie sich Schadsoftware auf Ihren Rechner, die Ihre persönlichen Daten ausspäht oder Ihnen ein Abonnement unterjubelt.

Sofia war sehr überrascht, als sie folgenden Brief erhielt:

1 In wessen Auftrag handelt die Rechtsanwältin?

2 Inwiefern hat sich Sofia strafbar gemacht? Suchen Sie die im Brief angesprochenen Paragrafen aus dem Urheberrecht im Internet.

3 Welche Beweise gibt die Rechtsanwältin an?

4 Sofia soll 1 090,00 € Schadenersatz bezahlen. Sie möchte die Rechtsanwältin davon überzeugen, dass sie noch sehr wenig Geld verdient, und hofft auf eine Minderung des Betrags.
Entwerfen Sie den Brief, den Sofia an die Kanzlei schicken könnte (s. privater Geschäftsbrief S. 96 f.).

5 Recherchieren Sie im Internet, welche Möglichkeiten es gibt, sich legal Musik oder Videos herunterzuladen. Stellen Sie eine kleine Präsentation zusammen unter dem Titel „Download – aber legal".

KOCH & CO x Rechtsanwälte

Frau
Sofia May
Rieslingstr.11
7xxxx Unterdenzburg   Datum 27.11.20..

Warner Bros. Entertainment GmbH

Aktennummer 15PP1866532 – Illegales Tauschbörsenangebot über Ihren Internetanschluss

Sehr geehrte Frau May,
wir wenden uns im Auftrag unserer Mandantschaft, der Warner Bros. Entertainment GmbH, an Sie. Anlass ist eine über Ihren Internetanschluss begangene Urheberrechtsverletzung in einer Internettauschbörse. Unsere Mandantschaft ist für die BRD ausschließlich berechtigt, Unterlassungs-, Auskunfts-, Schadenersatz- und Aufwendungsersatzansprüche bei Rechtsverletzungen im Internet für folgende Werke geltend zu machen:
Game of Thrones – The Iron Throne
Bei unseren Ermittlungen wurde festgestellt, dass dieses Werk unter Ihrer IP-Adresse weltweit allen Nutzern der Tauschbörse BiTorent zur angegebenen Zeit zum Herunterladen angeboten wurde.
Das ist nach § 19a UrhG rechtswidrig. Ebenfalls illegal ist die mit dem Download einer Datei verbundene Vervielfältigung nach § 16 UrhG.
Aufgrund der begangenen Urheberrechtsverletzung stehen unserer Mandantschaft Ansprüche auf Unterlassung, Schadenersatz und Aufwendungsersatz zu. Insgesamt beläuft sich die Forderung auf 1 090,00 €.
Die Zahlungsfrist endet am 17.12.20 ...

Mit freundlichen Grüßen
Marina Kaya, KOCH & Co

---

[1] Netzwerke, über die Daten direkt zwischen Nutzerinnen und Nutzern weitergegeben werden

4.5 Das Urheberrecht in Deutschland

Sind wir alle Räuber und Piraten?

Als **Piraterie** wird das Kopieren von urheberrechtlich geschützter Ware bezeichnet. Das können urheberrechtlich geschützte Musik, PC-Programme oder auch Waren (Plagiate[1]) sein. Herstellung und Vertrieb von Kopien sind strafbar. Wer gewerblich, also gegen Bezahlung, solche Produkte verkauft, wird besonders hart bestraft und muss mit hohen Schadenersatzforderungen rechnen. Der Gesetzgeber hat mit dem Urheberrechtsgesetz (UrhG) dafür die gesetzliche Basis geschaffen. Die Grundidee ist: Wer etwas schafft (z. B. Texte, Bilder, Fotos, Filme, Computerprogramme), soll über die Verwendung entscheiden und entlohnt werden.

Das Internet verleitet uns alle, gegen das Urheberrecht zu verstoßen. Allein in Deutschland laden laut GfK[2] knapp zehn Millionen Menschen Musik aus dem Internet herunter; 80 % davon sollen illegale Kopien sein. Über 50 000 User wurden bereits erwischt. Zwischen 3 000,00 € und 10 000,00 € sollen sie zahlen. Nach Schätzungen wird der deutschen Wirtschaft durch illegale Kopien ein Schaden von 2,2 Mrd. € zugefügt.

---

1 Definieren Sie mit eigenen Worten die Begriffe „Urheberrecht" und „Piraterie". Gehen Sie von der ursprünglichen Wortbedeutung aus und übertragen Sie die Bedeutung auf den Umgang mit Bild- und Tonträgern.

Das Urheberrechtsgesetz in Deutschland

§ 1 Die Urheber von Werken der Literatur, Wissenschaft und Kunst genießen für ihre Werke Schutz nach Maßgabe dieses Gesetzes.
§ 2 (1) Zu den geschützten Werken der Literatur, Wissenschaft und Kunst gehören insbesondere:
1. Sprachwerke, wie Schriftwerke, Reden und Computerprogramme;
2. Werke der Musik;
3. pantomimische Werke einschließlich der Werke der Tanzkunst;
4. Werke der bildenden Künste einschließlich der Werke der Baukunst und der angewandten Kunst und Entwürfe solcher Werke;
5. Lichtbildwerke einschließlich der Werke, die ähnlich wie Lichtbildwerke geschaffen werden;
6. Filmwerke einschließlich der Werke, die ähnlich wie Filmwerke geschaffen werden;
7. Darstellungen wissenschaftlicher oder technischer Art wie Zeichnungen, Pläne, Karten, Skizzen, Tabellen und plastische Darstellungen.

(2) Werke im Sinne dieses Gesetzes sind nur persönliche geistige Schöpfungen.

---

2 Warum sah der Gesetzgeber sich veranlasst, das Urheberrecht zu beschließen?

3 Erstellen Sie eine Liste von Merkmalen, an denen man eine Original-CD, -DVD oder -Software erkennen kann.

4 Insbesondere über das Internet werden Raubkopien verkauft. Überlegen Sie in Kleingruppen, was Sie tun können, wenn Ihnen eine illegale Kopie angeboten wurde.

5 Wenn Sie ein Referat verfassen oder eine Präsentation erstellen, müssen Sie Quellen angeben und Zitate kennzeichnen (s. S. 49). Begründen Sie, warum das notwendig ist.

---

1 Aneignung des urheberrechtlich geschützten geistigen Eigentums eines anderen
2 Gesellschaft für Konsumforschung, deutsches Marktforschungsinstitut

4.6 Mein Image im Netz

Informationen im Internet richtig einzuordnen und die Mitteilungen über sich selbst überlegt zu steuern, das ist für jeden sehr wichtig. Wie kommen meine Botschaften bei anderen an? Wer fühlt sich angesprochen? Auf wen reagiere ich? Das sind Fragen, mit denen man sich auseinandersetzen muss, wenn man nicht Betrügern aufsitzen will. Auch Arbeitgeber prüfen gerne, wie sich eine Bewerberin oder ein Bewerber im Netz präsentiert. Die persönlichen Veröffentlichungen können also Folgen haben, ohne dass man es überhaupt mitbekommt.

Ich bin, wie ich bin.

Ich bin cool.

Ich sehe gut aus.

Wir haben Gemeinsamkeiten.

Gefalle ich euch?

Ich bin interessiert an euch.

---

1 Welche Gründe bewegen Jugendliche und Erwachsene, Fotos und Informationen über ihre Person ins Internet zu stellen und damit öffentlich zu machen?

2 „Seid einfach ehrlich und zeigt, wer ihr seid", so wird man oft aufgefordert, wenn man fragt, wie man sich im Netz darstellen soll. Wie würden Sie diese Frage für sich selbst beantworten?

3 Diskutieren Sie in einer Kleingruppe, was der Comic von Geek and Poke bildhaft zum Ausdruck bringt. Fassen Sie die Aussage des Comics in wenigen Sätzen zusammen.

4 Recherchieren Sie, welche Chatforen zwei Messenger-Forscher für sicher halten: www.vice.com/de/article/7xea4z/hacker-erklaren-welche-messenger-app-am-sichersten-ist.

I HAVEN'T SEEN JIM FOR YEARS. I WONDER WHAT HE'S DOING NOW

CURRENTLY HE'S SITTING ON THE TOILET

GOOGLE LATITUDE

4.7 Persönliche Daten im Internet

„Du stehst auf blonde Frauen, oder?"
[...] Ein französisches Magazin googelt sich Porträts [...] zusammen und veröffentlicht sie.

Der Artikel fängt nett an. „Herzlichen Glückwunsch zum Geburtstag", wünschte der Verfasser, aber schon dann wird es gruselig: „Wir dürfen doch du sagen, Michel, nicht wahr? Gewiss, du kennst uns nicht. Aber wir wissen sehr viel über dich. Du bist heterosexuell und Single. Im Frühjahr hattest du eine Geschichte mit Claudia, charmant, kleine Brüste, kurzes Haar, schöne Beine." Dazu druckte das Magazin Bilder: Eine Umarmung am 31. Mai, Händchenhalten am 22. Juni.

Als der 29-jährige Michel aus Mérignac seine Geschichte in „Le Tigre" gelesen hatte, konnte er mehrere Nächte nicht schlafen. Danach entschloss er sich, gegen das Medium, das so ungeniert aus seiner Privatsphäre geplaudert hatte, zu klagen. Doch die Anwälte machten ihm wenig Hoffnung: Denn alles, was „Le Tigre" verbreitet hatte, war zuvor von Michel selbst ins Netz gestellt worden; auf Seiten wie „Youtube", „Facebook" und „Flickr". Aber erst der gedruckte Artikel hatte ihm vor Augen geführt, wie viel er von sich schon preisgegeben hatte. [...]

Freiwillig löschte „Le Tigre" auf seinen Wunsch zumindest in der Online-Ausgabe die persönlichsten Dinge und anonymisierte die Handynummer. Für Michel sei es ein „heilsamer Schock" gewesen, sagt ein Redakteur des Magazins. „Die Naivität und der Exhibitionismus vieler Menschen sind grenzenlos."

Quelle: Wißmann: Du stehst auf blonde Frauen, oder?, 2009.

1. Klären Sie die Begriffe „Naivität" und „Exhibitionismus" und erläutern Sie, was der Redakteur mit dem letzten Satz sagen will.

2. Diskutieren Sie in Kleingruppen, was Menschen dazu bewegt, persönliche Informationen ins Netz zu stellen.

3. Sammeln Sie auf einer Metaplantafel die Gründe, die dafür (pro) und die dagegen sprechen (kontra), in sozialen Netzwerken wie „Instagram", „Facebook" oder „Flickr" auch persönliche Daten und Erlebnisse bekannt zu machen.

4. Welche Risiken sind mit der Bekanntgabe persönlicher Daten verbunden?

5. Wie kann man sich vor dem Missbrauch persönlicher Daten schützen? Tragen Sie Informationen zusammen (s. Tipp) und bitten Sie eine Fachlehrerin oder einen Fachlehrer Ihrer Schule um Rat bezüglich des persönlichen Datenschutzes.

6. Gestalten Sie mit Ihren Erkenntnissen zum persönlichen Datenschutz ein Plakat (s. S. 244).

7. Sie stellen fest, dass die Firma We-Will-WEB Ihre persönlichen Daten oder Bilder verwendet, ohne dass Sie das erlaubt hatten. Verfassen Sie einen Brief an die Firma.

Tipp „Vorsicht mit persönlichen Daten im Internet": Informationen finden Sie bei: klicksafe.de/themen/datenschutz/privatsphaere und auf den Websites der Verbraucherzentralen.

4.8 Cybermobbing

Ein Riesenschock. Der 13-jährige Tom hat ein Sexvideo gepostet. Sein Facebook-Freund schreibt ihm entsetzt: „Spinnst du total? Was für ein ekliges Video". Aber: Tom hat gar nichts gepostet, jemand will ihn reinlegen, fertigmachen. [...]

Cybermobbing gehört zum Alltag vieler Kinder und Jugendlicher in Deutschland. „Mädchen werden gerne in die Schmuddelecke gestellt, als Schlampe diffamiert", sagt Soziologin und Psychologin Catarina Katzer, Mitautorin einer [...] umfassenden Studie zum Thema Mobbing im Netz.

„Jungen werden oft als ‚Homosau' fertiggemacht. Man versucht, ihnen Pornos mit Männern anzuhängen", schildert die Forscherin eines Kölner Instituts für Cyberpsychologie.

[...] „Das Cybermobbing kann viel schlimmer und dramatischer sein, als Mobbing auf dem Schulhof im kleinen Kreis. Früher fühlten sich die Opfer zu Hause sicher. Aber heute gibt es keinen Schutzraum mehr. Die Cybermobber kommen ins Kinderzimmer." Der Terror laufe oft über einen langen Zeitraum. [...]

Quelle: Wahl-Immel: Cybermobbing ist an allen Schulen ein Problem, 16.05.2013.

1 Lesen Sie den Text. Formulieren Sie eine kurze Zusammenfassung.

2 Recherchieren Sie (z. B. unter www.klicksafe.de), wann Beleidigungen und Herabwürdigungen zu „Mobbing" werden. Formulieren Sie eine Definition von Mobbing.

3 Beschreiben Sie aus der Perspektive von Tom, also in Ich-Form, wie Tom sich gefühlt haben muss. Benutzen Sie treffende Adjektive.

4 „Mobbing ist schlimm. Cybermobbing ist noch schlimmer." – Was spricht für diese Behauptung? Schreiben Sie einen kurzen Text und tauschen Sie Argumente mit der Klasse aus.

5 Entwickeln Sie gemeinsam Vorschläge, wie Tom aus der misslichen Lage herauskommen kann.

4.9 Cybergrooming

Wenn jemand gezielt Minderjährige im Internet kontaktiert, um sie sexuell zu belästigen, spricht man von Cybergrooming. Die Täter nutzen z. B. die Kommunikationsfunktionen von Onlinespielen, bauen Vertrauen auf und versuchen ihre Opfer zu sexuellen Handlungen (online, später ggf. auch real) zu bewegen. Diese Erfahrungen sind für Kinder und Jugendliche enorm belastend.

„Bereits über 15 % der Kinder bis 14 Jahren haben im Netz schon sexuelle Belästigung erfahren. Laut aktuellen Zahlen von jugendschutz.net bieten 27 von 100 untersuchten Spiele-Apps eine Interaktionsmöglichkeit, keine davon verfügte jedoch über ein ausreichendes Sicherheitskonzept."

Quelle: Unabhängiger Beauftragter für Fragen des sexuellen Kindesmissbrauchs: Bekämpfung von Cybergrooming, 2017, S. 1.

1 Überlegen Sie mithilfe der 6-3-5-Methode (s. S. 226), welche Gründe Jugendliche bewegen,
  a jemandem blind zu vertrauen, dem sie nie begegnet sind,
  b sich das Vertrauen anderer zu erschleichen und zu missbrauchen.

2 Was raten Sie einem Jugendlichen, der von Cybergrooming betroffen ist? Erstellen Sie eine Liste mit Ratschlägen.

4.10 Persönlichkeitsrechte und Datensicherheit

„Ich habe mich entschieden, euch von meiner niemals endenden Geschichte zu erzählen", so beginnt ein auf YouTube veröffentlichtes Video, das Amanda Todd kurz vor ihrem Tod hochlud. Es war ein Hilferuf, doch jede Hilfe kam zu spät. Vor einigen Jahren nahm sich die damals 15-jährige Amanda Todd in Kanada das Leben. Sie war jahrelang in der Schule und in Chats gehänselt worden. In naivem Vertrauen hatte sie ein intimes Foto verschickt. Es machte die Runde in der ganzen Schule. „Ich kann das Foto nie zurückholen. Es wird immer irgendwo da draußen sein", stellte sie selbst fest. Die Nachricht vom Tod von Amanda Todd ging um die ganze Welt.

---

1 Recherchieren Sie den Fall im Internet. Notieren Sie, welche Rechte Amandas verletzt wurden. Nehmen Sie dazu die unten dokumentierten Paragrafen aus dem Strafgesetzbuch zu Hilfe.

2 Welche Strafen drohen jeweils?

3 Entwerfen Sie ein Plakat zum Thema: Du wirst gemobbt? Dann solltest du … (s. S. 244).

---

§ 185 Strafgesetzbuch: Beleidigung
Die Beleidigung wird mit Freiheitsstrafe bis zu einem Jahr oder mit Geldstrafe und, wenn die Beleidigung mittels einer Tätlichkeit begangen wird, mit Freiheitsstrafe bis zu zwei Jahren oder mit Geldstrafe bestraft.

§ 186 Strafgesetzbuch: Üble Nachrede
Wer in Beziehung auf einen anderen eine Tatsache behauptet oder verbreitet, welche denselben verächtlich zu machen oder in der öffentlichen Meinung herabzuwürdigen geeignet ist, wird, wenn nicht diese Tatsache erweislich wahr ist, mit Freiheitsstrafe bis zu einem Jahr oder mit Geldstrafe und, wenn die Tat öffentlich oder durch Verbreiten von Schriften (§ 11 Abs. 3) begangen ist, mit Freiheitsstrafe bis zu zwei Jahren oder mit Geldstrafe bestraft.

Siehe auch die folgenden Gesetze:
§ 22 KUG/KunstUrhG: Gesetz betreffend das Urheberrecht an Werken der bildenden Künste und der Photographie
Das Recht am eigenen Bild oder Bildnisrecht ist eine besondere Ausprägung des allgemeinen Persönlichkeitsrechts. Es besagt, dass jeder Mensch grundsätzlich selbst darüber bestimmen darf, ob überhaupt und in welchem Zusammenhang Bilder von ihm veröffentlicht werden.

§ 201 Strafgesetzbuch: Verletzung der Vertraulichkeit des Wortes
Laut diesem Gesetz macht sich strafbar, wer von einer anderen Person unerlaubt Tonaufnahmen herstellt, z. B. von einem Vortrag, das nur für einen kleinen Personenkreis – die Klasse – gedacht war, und diese Aufnahme verbreitet.

§ 201a Strafgesetzbuch: Verletzung des höchstpersönlichen Lebensbereichs durch Bildaufnahmen
Hiernach macht sich strafbar, wer eine andere Person in deren Wohnung oder in einer intimen Umgebung heimlich fotografiert oder filmt. Ebenso ist die Verbreitung solcher Aufnahmen strafbar.

4.11 Always on?

Wo beginnt und endet die private und berufliche Nutzung, wie viel Erreichbarkeit wird vom Arbeitgeber erwartet bzw. geduldet? Wie viel Zeit verwende ich privat für die Nutzung digitaler Medien und wie viel „Onlinesein" tut mir gut? Was erwartet das soziale Umfeld? Die mobile Internetnutzung, die beinahe überall und jederzeit Zugriff auf Onlineangebote ermöglicht, eröffnet eine Vielzahl neuer Nutzungsszenarien. Mit einer nahezu vollständigen Ausstattung der 12- bis 19-Jährigen mit Smartphones stehen junge Menschen vor der Frage, welchen Stellenwert sie der Mediennutzung im Alltag geben, wie und wann sie ein Smartphone nutzen wollen und wo es störend oder belastend ist.

Fares, Auszubildender in Lagerlogistik, steht mitten in der Stunde auf, geht zum Lehrer und sagt: „Mein Chef hat angerufen; ich muss mal eben zurückrufen. Kann ich rausgehen?"

1 Diskutieren Sie diese Situation in einer Kleingruppe. Sammeln Sie zunächst Gründe, die für einen Rückruf sprechen könnten, und dann Gründe, die dagegen sprechen.

2 Formulieren Sie gemeinsam eine Antwort der Lehrkraft, die Sie für richtig halten.

3 Hören Sie sich alle „Lehrerantworten" an und besprechen Sie, wie die jeweilige Antwort in der Klasse und auf Fares wirken könnte.

Wie viel Privates ist im Job erlaubt?

Kurz mal die Fotos vom Wochenende posten, der Freundin einen Treffpunkt vorschlagen und den Eltern Bescheid geben, dass sie ein Geburtstagsgeschenk besorgen sollen – die Chefin wird es schon nicht merken. Die private Nutzung des Handys ist zwar schwer nachzuweisen, doch wenn zwei Kollegen als Zeugen auftreten, haben Sie schlechte Karten: Arbeitszeitbetrug lautet dann der Vorwurf und das kann ein Kündigungsgrund sein. Wer während der Arbeit am Computer mal das Wetter in Venedig googelt, mal das Neueste von VIPs nachliest, der muss damit rechnen, dass der Arbeitgeber den Verlauf des Browsers kontrolliert und arbeitsrechtliche Konsequenzen androht.

4 Recherchieren Sie im Internet, inwieweit privates Surfen, Mailen oder Telefonieren während der Arbeitszeit erlaubt oder verboten ist.

5 Tauschen Sie sich in Ihrer Klasse aus, ob es in Ihren Betrieben Verhaltensregeln zur privaten Mediennutzung gibt und wie diese lauten.

6 In der Schule gibt es oft Ärger, weil Schülerinnen und Schüler das Handy im Unterricht nicht ausmachen. Welche Regeln gelten an Ihrer Schule? Warum werden sie oft nicht eingehalten?

7 Formulieren Sie eine kurze Stellungnahme zu der Meinung: Jeder ist selbst dafür verantwortlich, wann und wie oft er sein Smartphone nutzt (s. zur Stellungnahme S. 121 ff.).

4.12 Das Smartphone – ein Beziehungskiller?

Der private Einsatz des Smartphones während der Arbeitszeit ist oft durch Vorschriften oder Vereinbarungen geregelt. Im Privaten ist es dagegen eine Frage des Einfühlungsvermögens (Empathie), der Wertschätzung und der Höflichkeit, ob ich es nutze oder nicht. Lesen Sie dazu den nachstehenden Text.

Jessica Wagener: Warum deine Beziehung wahrscheinlich schlechter ist, wenn du viel am Handy hängst

1 Natürlich ist es unhöflich, während gemeinsamer Paarzeit die Aufmerksamkeit aufs Smartphone zu lenken, anstatt sich aufs Gegenüber zu konzentrieren. Auf Dauer ist es aber mehr als
5 das: Laut einer aktuellen Umfrage gibt zum Beispiel ein Drittel der Brit*innen in Beziehungen an, von Partner*innen wegen des Smartphones ignoriert worden zu sein; demnach soll das Smartphone angeblich sogar Trennungen und
10 Scheidungen verursachen.
Kein Wunder: Wer ständig mit der ganzen Welt um die Aufmerksamkeit des*der Partner*in kämpfen muss, fühlt sich genervt, angestrengt, zurückgewiesen, nicht wichtig genug, unge-
15 liebt – und gibt schließlich irgendwann auf, um anderweitig Nähe zu erleben. Doch dieses grundsätzliche Problem der Aufmerksamkeitskonkurrenz dürfte schon seit der Erfindung von Zeitung, Radio und Fernsehen hinlänglich
20 bekannt und beschrieben worden sein. Was also ist beim Smartphone anders? Im Gegensatz zu TV und Co ist das Handy deshalb so unwiderstehlich, weil es bei uns tief verwurzelte Evolutionsmechanismen bedient [...].
25 In der Geschichte der Menschheit hing unser Überleben demnach davon ab, Teil einer Gruppe zu sein und dieses Netzwerk aus Familie und Freund*innen zu pflegen. Hauptsächlich dadurch, Nähe durch Teilen von Informatio-
30 nen und Emotionen herzustellen. Smartphones und der dauerhafte Zugang zu sozialen Netzwerken imitieren diese Nähe in einem bisher nie da gewesenen Ausmaß. [...]
Das führt unweigerlich zu Konflikten, echte Beziehungen lösen sich langsam auf, wenn wir
35 nicht aufpassen.

© Jessica Wagener für ze.tt (www.ze.tt) vom 13.03.2019: „Warum deine Beziehung wahrscheinlich schlechter ist, wenn du viel am Handy hängst" Link: https://ze.tt/wer-staendig-am-smartphone-haengt-ist-ungluecklicher-in-beziehungen/

---

1 Was versteht Jessica Wagener unter „Aufmerksamkeitskonkurrenz"?

2 Wie erklärt Jessica Wagener, dass für viele das Smartphone unentbehrlich geworden ist?

3 Das erleben Sie sicherlich auch immer wieder: Sie unterhalten sich mit einer Freundin, einem Freund. Ihr Gegenüber bekommt eine Nachricht und unterbricht das Gespräch. Was bedeutet es für Sie und Ihr Gespräch, wenn Ihr Gegenüber immer wieder Nachrichten liest?

4 Wie wünschen Sie sich das Verhalten Ihrer Gesprächspartnerin oder Ihres Gesprächspartners?

5 Wie schätzen Sie Ihren eigenen Umgang mit dem Smartphone während Gesprächen ein?

6 Ein guter Freund erzählt Ihnen, dass er sehen könne, dass seine Freundin im Lauf des Tages ständig online sei. Auf Nachfrage habe sie erklärt, sie sei nur ganz selten online und chatte fast ausschließlich mit ihm. Was raten Sie ihm?

7 Bilden Sie Kleingruppen und beraten Sie miteinander, was dazu betragen kann, dass die Nutzung des Smartphones Beziehungen nicht gefährdet, sondern stärkt.

4.13 Digitale Medien – Licht- und Schattenseiten

4.13.1 Das Internet – ein Reich unendlicher Möglichkeiten

Digitale Medien sind allgegenwärtig. Viel intensiver als früher können wir den Kontakt mit anderen Menschen pflegen und Probleme miteinander lösen. Viele Berufe verlangen gute Kenntnisse im Umgang mit Computerprogrammen und auch die Fähigkeit, z. B. Kunden Produkte und Dienstleistungen per E-Mail anzubieten. Auf der Suche nach einem Fahrzeug oder einer Wohnung erhält man im Internet viele Angebote. Wer in der Schule etwas nicht verstanden hat, lässt es sich auf YouTube erklären. Wer eine Reise plant, findet dazu Informationen im Internet. Für Jung und Alt bieten die digitalen Medien ein abwechslungsreiches Freizeitprogramm.

---

1 Schreiben Sie fünf Vorteile des Internets, die Sie besonders schätzen, auf Karten.

2 Einigen Sie sich in einer Gruppe von vier bis sechs Mitschülerinnen/Mitschülern auf sechs Karten und hängen Sie diese an eine Moderationstafel.

3 Sortieren Sie die Karten gemeinsam nach Themenbereichen. Führen Sie eine Einpunktfrage durch (s. S. 119): „Welche Leistungen des Internets sind heute unverzichtbar?" Besprechen Sie gemeinsam, warum sie unverzichtbar sind.

4.13.2 Mediensucht – ein Problem

Computerspiele, Onlineshopping, Rollenspiele, Glücksspiele, „Bingewatching"[1] – es gibt Bereiche im Internet, die ein hohes Suchtpotenzial haben. Die Zahl der Internetsüchtigen bei den 12- bis 17-Jährigen hat sich zwischen 2013 und 2017 fast verdoppelt. 70 % der Eltern kommen mit dem Medienkonsum ihrer Kinder nicht klar.[2] Problematisch wird die Nutzung von Smartphone und Computer, wenn diese zum Mittelpunkt des Lebens werden.

Jedes Jahr erkranken 20.000 Kinder

1 **Ärzte schlagen beim Jugendmedizinkongress Alarm. Neue Studiendaten zeigen das Ausmaß der Medienabhängigkeit unter Kindern und Jugendlichen.**
5 WEIMAR. Jedes Jahr wird bei 20.000 Kindern neu Mediensucht diagnostiziert. Das sind jährlich sechsmal mehr Neu-Abhängige als beispielsweise beim Konsum illegaler Drogen. Die Mediensucht ist zum Teil derart
10 manifest, dass die Jugendlichen nicht mehr von den Medien loskommen und auch keiner Ausbildung oder Arbeit mehr nachgehen können, berichtete Kongressleiter Dr. Uwe Büsching beim Jugendmedizin-Kongress des Berufsverbands der Kinder- und Jugendärzte (BVKJ) in Weimar. 15

Insgesamt gelten bundesweit heute rund 600.000 junge Menschen als medienabhängig. Und viele weitere bleiben lange Zeit unentdeckt. Der Boden für eine Abhängigkeit wird 20 früh bereitet. Nach Darstellung Büschings nutzen bereits 70 Prozent der Kinder im Krippen- und Kitaalter das Handy ihrer Eltern täglich mehr als eine halbe Stunde lang, um Spiele zu spielen oder Fotos anzuschauen. Im Alter von 25 zwölf Jahren besitzen nach Angaben des Branchenverbands Bitcom bereits 85 Prozent der Jugendlichen ein eigenes Smartphone.

Quelle: Schmid: Mediensucht. Jedes Jahr erkranken 20.000 Kinder, 2017.

1 Auch „Komaglotzen", Serienmarathon.
2 Vgl. Bühring, Petra: Internetabhängigkeit, in: Deutsches Ärzteblatt, Jg.113, H. 49, 09.12.2016.

1 Beschreiben Sie in eigenen Worten, warum die Ärzte Alarm schlagen.

2 Halten Sie die Situation auch für besorgniserregend? Begründen Sie Ihre Meinung.

4.13.3 Computerspielsucht – Internet Gaming Disorder

Die Computerspielsucht ist die am besten untersuchte Form der Internetabhängigkeit. Die Weltgesundheitsorganisation (WHO) erklärte 2018 das gestörte Spielverhalten, die „Internet Gaming Disorder (IGD)", zur Krankheit. Das bedeutet, dass Krankenkassen die ärztliche Behandlung bezahlen. Eine Ärztin oder ein Arzt entscheidet, ob eine Erkrankung vorliegt.

Drei Merkmale unterscheiden normales Spielen von einer Sucht:
- entgleitende Kontrolle etwa bei Häufigkeit und Dauer des Spielens,
- wachsende Priorität des Spielens vor anderen Aktivitäten,
- Weitermachen auch bei negativen Konsequenzen.

1 Bilden Sie Kleingruppen. Überlegen Sie, welche Folgen der Kontrollverlust für Spieler/-innen haben kann. Berücksichtigen Sie die gesundheitlichen, die sozialen und die beruflichen Folgen.

2 Entwerfen Sie zu den drei Merkmalen (s. o.) drei Fragen, die Sie einer oder einem Betroffenen stellen würden, um das Spielverhalten einzuschätzen.

3 Spielen Sie ein Rollenspiel: Situation beim Arzt; eine/einer übernimmt die Rolle des Onlinespielers, der mit Schlafstörungen zum Arzt kommt; die/der andere spielt die Ärztin/den Arzt, der versucht herauszufinden, ob der Patient abhängig ist. Zwei Mitschüler/-innen beobachten den Verlauf des Rollenspiels. Werten Sie das Rollenspiel aus.

4 Besprechen Sie, welche Schwierigkeiten Sie bei der Beurteilung des Spielverhaltens einer Gamerin/eines Gamers sehen.

5 Finden Sie gemeinsam realistische Möglichkeiten, der Onlinespielsucht vorzubeugen.

4.13.4 Bingewatching

Video-on-Demand macht's möglich: Man kann bei Onlinediensten alle Folgen einer Serie jederzeit anschauen oder herunterladen. Das verführt manche Menschen zum Bingewatching, dem „Serienmarathon": Die Zuschauerin/Der Zuschauer erleben fiktive dramatische Situationen und deren Auflösung. Die Produzenten lassen jede Folge mit einem sogenannten Cliffhanger enden: ein Höhepunkt, ein ungelöster Konflikt. Die Handlung bricht ab, bleibt unvollständig, die Antwort wird in der nächsten Serienfolge gegeben.

1 Nennen Sie Beispiele dafür, wie es Produzenten gelingt, die Spannung so aufrechtzuhalten, dass man unbedingt die nächste Folge sehen möchte.

2 Vereinbaren Sie, dass je eine Hälfte der Klasse eine Folge von zwei verschiedenen Serien anschaut. Machen Sie sich Notizen zu folgenden Fragen:
   a Was ist die Haupthandlung der Sendung?
   b Welche Typen von Menschen spielen die wichtigsten Rollen?

c Wie ist der Schluss gestaltet? Welche Fragen bleiben offen?
d Wie fühlen Sie sich nach der Sendung? Was beschäftigt Sie?

3 Bilden Sie Kleingruppen mit zwei bis drei Teilnehmerinnen/Teilnehmern aus jeder Zuschauergruppe. Vergleichen Sie nun Ihre Beobachtungen und tragen Sie sie in eine Tabelle ein:

4 Welche Gemeinsamkeiten stellen Sie bei den beiden Serien fest?

5 Überlegen Sie gemeinsam, was man tun kann, um Serien entspannt zu schauen, ohne seiner Gesundheit zu schaden.

Tipp

Ein neuer Onlinetest hilft, sich auf Computerspielsucht (Gaming Disorder) zu prüfen: Wer sich unter www.gaming-disorder.org anmeldet, bekommt eine Antwort.

4.14 Gewalt in den Medien

Gewalt im Fernsehen

Auf allen Kanälen des öffentlich-rechtlichen und privaten Fernsehens nehmen Gewaltdarstellungen einen großen Raum ein. Etwa 70 % der im Fernsehen gezeigten Todesfälle sind eine Folge von Gewalteinwirkung. Amokläufe Jugendlicher lösen immer wieder Diskussionen darüber aus, ob Kinder und Jugendliche durch Gewaltdarstellungen in den Medien zur Nachahmung angeregt werden.

Unter „Gewalt" wird jede absichtliche Handlung verstanden, die darauf abzielt, einen anderen körperlich oder seelisch zu verletzen.

1 Bilden Sie Dreiergruppen. Reflektieren Sie gemeinsam die letzten drei bis vier Fernsehsendungen, die Sie gesehen haben.
Tragen Sie Beispiele für Gewaltdarstellungen in eine Tabelle nach folgendem Muster ein:

Physische Gewalt	Psychische Gewalt	Verbale Gewalt

2 Suchen Sie nach Erklärungen, warum die Darstellung von Konflikten in den Medien interessant ist.

3 Warum kann die Konfliktlösung durch Gewalt für Zuschauerinnen/Zuschauer faszinierend sein?

„Killerspiele"

In vielen Spielen für PCs und Spielkonsolen spielen gewalttätige Auseinandersetzungen eine große Rolle: Es werden häufig Fantasiewesen gejagt und zur Strecke gebracht.
In Ego-Shooter-Spielen sieht sich der Spieler z. B. als Verlängerung seiner Waffe. Er nimmt ein Ziel ins Visier und löst den „Schuss" aus. Für unter 16-Jährige sind diese Spiele von der USK (Unterhaltungssoftware Selbstkontrolle – eine freiwillige Selbstkontrolle der Medien/Produzenten) verboten. Aber fast 90 % der 12-Jährigen haben solche Spiele schon selbst gespielt.

4 Bilden Sie Kleingruppen zu je drei oder vier Schülerinnen und Schülern.
- Formulieren Sie in der Gruppe so viele Argumente für und gegen Ego-Shooter-Spiele, wie die Gruppe Mitglieder hat.
- Schreiben Sie jedes Argument in großer Schrift auf ein DIN-A4-Blatt.
- Legen Sie alle Blätter mit der Schrift nach unten in die Mitte Ihres Klassenzimmers.
- Dann zieht jede Schülerin/jeder Schüler ein Blatt.
- Lesen Sie einer Partnerin/einem Partner das Argument vor, das Sie gezogen haben, und bitten Sie um eine kurze Stellungnahme hierzu. Dann nehmen Sie zu dem Argument Stellung, das Ihre Partnerin/Ihr Partner gezogen hat.
- Wechseln Sie nach circa drei Minuten die Partnerin/den Partner und wiederholen Sie den Vorgang.
- Pinnen Sie alle Argumente an eine Metaplantafel.
- Ergänzen Sie die Sammlung um die Gesichtspunkte, die bei Ihren Gesprächen neu aufgetaucht sind.

Sie haben nun eine gute Grundlage für eine mündliche oder schriftliche Stellungnahme (s. S. 108, 127 ff.).

4.15 Jugendmedienschutz

Von klein auf sind Medien im Alltag allgegenwärtig. Einerseits bieten sie uns interessante und hilfreiche Informationen, dienen auch unserer Unterhaltung, andererseits bergen sie auch Gefahren und Risiken. So können zum Beispiel Kleinkinder gar nicht unterscheiden, was Film und was Wirklichkeit ist, und erleben Angst und Schrecken, wenn sie zu viel fernsehen.

Mit dem Jugendmedienschutz will der Gesetzgeber sicherstellen, dass Kinder und Jugendliche keine Medieninhalte konsumieren, die ihnen geistigen und seelischen Schaden zufügen. Weitere Informationen zu dem Thema finden Sie auf der Homepage der Bundesprüfstelle für jugendgefährdende Medien (www.bundespruefstelle.de).

1 Lesen Sie den nachstehenden Text. Definieren Sie, welche Medieninhalte als jugendgefährdend eingestuft werden. Notieren Sie Ihre Ergebnisse als Aufzählung.

2 Mit welchen Mitteln versucht der Gesetzgeber sicherzustellen, dass jugendgefährdende Medieninhalte Jugendlichen nicht zugänglich gemacht werden?

3 Diskutieren Sie in Kleingruppen:
   a Was machen Sie, wenn in Ihrem Freundeskreis pornografische Medien in Umlauf gebracht werden?
   b Ein minderjähriges Familienmitglied spielt häufig gewaltverherrlichende Computerspiele. Was raten Sie zu tun?

4 Entwerfen Sie in einer Kleingruppe ein Plakat zum Thema „Jugendmedienschutz" (s. S. 244). Stellen Sie Ihr Plakat der Klasse vor.

1. Strafbare Medieninhalte
Die Verbreitung bestimmter Medieninhalte, zum Beispiel solcher, die pornographisch sind, zum Rassenhass aufstacheln, zu schweren Straftaten anleiten, unmenschliche Gewalttätigkeit verherrlichen bzw. verharmlosen oder volksverhetzend sind, ist durch Strafgesetze beschränkt oder ganz verboten. Bei kinder- und jugendpornographischen Medien ist auch der Besitz verboten.

2. Schwer jugendgefährdende Medieninhalte
Der Gesetzgeber hat festgelegt, dass Medien, die Kriegsverherrlichung, Pornographie,

15 Darstellung von Kindern und Jugendlichen in unnatürlicher, geschlechtsbetonter Körperhaltung sowie die Menschenwürde verletzende Darstellung von Menschen, die sterben oder schweren körperlichen oder seelischen
20 Leiden ausgesetzt sind oder waren, eine schwer jugendgefährdende Wirkung haben.
3. Jugendgefährdende Medieninhalte
Jugendgefährdend sind Medieninhalte, die die Entwicklung von Kindern oder Jugendlichen oder ihre Erziehung zu einer eigenverantwortlichen und gemeinschaftsfähigen Persönlichkeit gefährden. 25
Die Bundesprüfstelle für jugendgefährdende Medien (BPjM) entscheidet, ob eine Jugendgefährdung vorliegt (Indizierung). Indizierte Medien dürfen Minderjährigen nicht zugänglich gemacht werden. 30

Quelle: Bayerisches Landesjugendamt: Jugendmedienschutz, 2019.

FSK ab 16 freigegeben

„FSK: Freigegeben ab sechzehn" – das haben Sie schon bei Filmankündigungen oder auf DVDs gesehen. Dass diese Angaben gemacht werden, entspricht einer Forderung des Jugendmedienschutzes.
Das Bayerische Landesjugendamt erläutert das Jugendmedienschutzgesetz (BLJA) in seinem Mitteilungsblatt:

1 **4. Jugendbeeinträchtigende Medieninhalte**
Bestimmte Medieninhalte sind zwar nicht als jugendgefährdend einzustufen, sie können
5 aber geeignet sein, die Entwicklung von Kindern und Jugendlichen eines bestimmten Alters oder ihre Erziehung zu einer eigenverantwortlichen und gemeinschaftsfähigen Persönlichkeit zu beeinträchtigen. Sie dürfen deshalb nur dann an Kinder und Jugendliche verkauft oder ihnen auf andere Weise zugänglich gemacht werden (z. B. Kino, DVD oder Offline-Computerspiel), wenn sie eine Altersfreigabe erhalten haben. 10

Quelle: Bayerisches Landesjugendamt: Jugendmedienschutz, 2019.

---

5 Überlegen Sie, inwiefern Filme oder Spiele die Entwicklung von Kindern und Jugendlichen gefährden können.

6 Stellen Sie zusammen, welche Voraussetzungen erfüllt sein müssen, damit Medien für Jugendliche zugänglich gemacht werden dürfen.

7 Berichten Sie von Ihren persönlichen Erfahrungen, die Sie mit dem Jugendmedienschutz gemacht haben.

8 Inwiefern halten Sie den Jugendmedienschutz für wirkungsvoll?
Nehmen Sie mündlich oder schriftlich Stellung (s. S. 108, 127 ff.).

9 Wie sieht Ihrer Meinung nach ein verantwortungsbewusster Umgang mit Medien aus?

10 Welche Möglichkeiten sehen Sie, Jugendliche zu einem verantwortungsbewussten Umgang mit Medien anzuleiten?

11 Welche Verantwortung sehen Sie bei den Eltern der Jugendlichen?

5 Berichten – Beschreiben – Dokumentieren

5.1 Mündlich und schriftlich berichten

5.1.1 Mündliche Tätigkeits- und Lageberichte

Im Berufsleben gibt es viele Situationen, in denen Berichte mündlich vorgetragen werden müssen. Oft bleibt für eine Vorbereitung keine Zeit und man muss „aus dem Stegreif" reden.

Diese Aufgabe ist aus zwei Gründen gar nicht so schwierig:
- Der **Inhalt** des Berichts ist durch reale Vorgänge und Ereignisse bereits vorgegeben.
- Die **Gliederung** des Berichts ergibt sich aus der zeitlichen Reihenfolge, in der sich alles abgespielt hat.

Die **Drei-Schritte-Methode** ist eine Redetechnik, mit der man sogar ohne Vorbereitung kurze Berichte mündlich vortragen kann.

Der Trick dabei ist, dass man seine Darstellung in drei Teile gliedert und so die Übersicht nicht verliert.

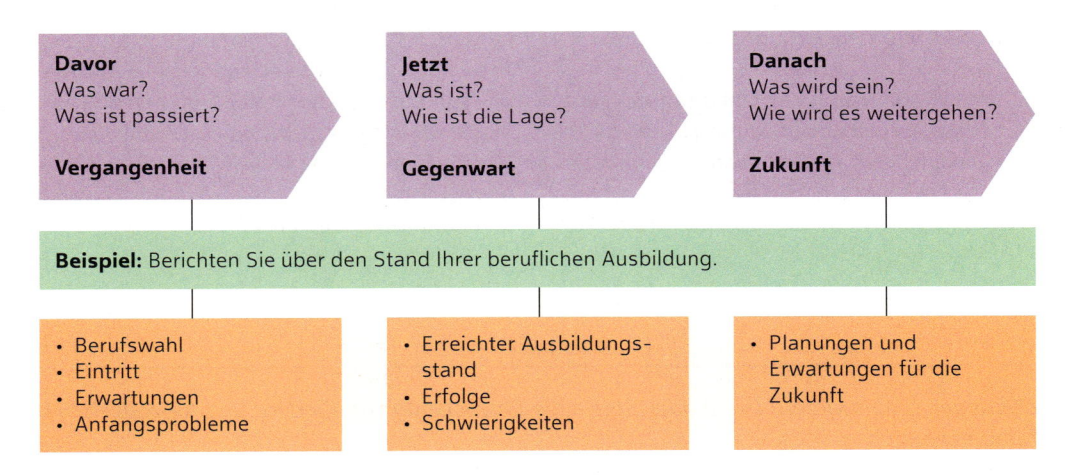

Davor
Was war?
Was ist passiert?
Vergangenheit

Jetzt
Was ist?
Wie ist die Lage?
Gegenwart

Danach
Was wird sein?
Wie wird es weitergehen?
Zukunft

Beispiel: Berichten Sie über den Stand Ihrer beruflichen Ausbildung.

- Berufswahl
- Eintritt
- Erwartungen
- Anfangsprobleme

- Erreichter Ausbildungsstand
- Erfolge
- Schwierigkeiten

- Planungen und Erwartungen für die Zukunft

Anhand der folgenden **Aufgabenstellungen** lässt sich diese Redetechnik gut üben.

1 Gestalten Sie aus den Stichworten des obigen Beispiels eine freie Rede.

2 Berichten Sie über eine berufliche Tätigkeit oder eine anspruchsvollere Arbeit, die Sie übernommen haben **(Tätigkeitsbericht).**

3 Tragen Sie zu einer der folgenden Situationen einen Bericht vor:
  - die momentane Lage eines Sportvereins, den Sie kennen
  - der Stand eines Projekts (z. B. Hausbau, Vorbereitung eines Festes, eine Initiative der Schülermitverantwortung)
  - der Stand eines persönlichen Vorhabens (z. B. Ihre Leistung in einer Sportart, Ihre Urlaubsplanung, Ihre private Weiterbildung)
  - eine Veränderung im Betrieb (z. B. neue Maschine, andere Arbeitsplatzgestaltung, anderes Arbeitsverfahren)

5.1.2 Über eine Arbeit berichten

Im beruflichen Alltag muss man immer wieder anderen Auszubildenden oder der/dem Vorgesetzten über eine Arbeit berichten, die man erfolgreich durchgeführt hat.

In einem ausführlichen Arbeitsbericht sollten Sie in ganzen Sätzen folgende Informationen geben:
- Tag
- Ort
- Beginn/Ende
- Art der Tätigkeit
- die einzelnen Arbeitsschritte
- die verwendeten Arbeitsmittel
- das verwendete Material
- das Arbeitsergebnis

1 Berichten Sie von einer Tätigkeit im Betrieb, die Sie besonders gerne ausgeführt haben.

2 Vergleichen Sie Ihren Bericht mit den Berichten Ihrer Mitschülerinnen und Mitschüler. Beurteilen Sie dabei vor allem die Verständlichkeit und die Genauigkeit.

3 Lesen Sie den Arbeitsbericht von Kai Wagner.
- Welche inhaltlichen und sprachlichen Verbesserungen würden Sie vornehmen?
- Welche Formulierungen sollten gestrichen werden?
- Welche grammatische Zeit verwendet Kai?
- Vergleichen Sie Ihren verbesserten Bericht mit den Berichten Ihrer Mitschülerinnen und Mitschüler.

> Am Montag war es spannend. Ich führte zum ersten Mal selbstständig die Eingangskontrolle bei bestellten Waren durch. Zuerst öffnete ich das Paket und prüfte die Begleitpapiere. Und dann packte ich die gelieferte Ware aus. Danach zählte ich die gelieferte Ware und verglich sie mit dem Lieferschein, dazu hakte ich jeden Posten auf dem Lieferschein ab. Dabei stellte sich heraus, dass alles o. k. war.
> Dann ordnete ich die Ware in den entsprechenden Regalen ein. Dann habe ich die Papiere zu der Sachbearbeiterin gebracht.
> Danach war ich fertig.
>
> K. Wagner

4 Entwerfen Sie den Eintrag, den Kai Wagner ins Berichtsheft schreiben könnte.

5 Schreiben Sie einen Arbeitsbericht über eine in Ihrem Beruf häufig vorkommende Tätigkeit. Tauschen Sie Ihren Bericht mit dem einer Mitschülerin oder eines Mitschülers aus und bringen Sie mit Bleistift Verbesserungen an. Besprechen Sie diese miteinander. Überarbeiten Sie Ihren Bericht.

5.1.3 Über einen Unfall berichten

Aussage Yvonne Stahl:

Jetzt habe ich schon das Pech, dass ich nur alle vier Jahre Geburtstag feiern kann, und ausgerechnet an diesem Tag muss mir das passieren. Ich hatte Blumen an unsere Kunden ausgefahren und konnte dem entgegenkommenden Motorrad gerade noch ausweichen. Doch auf der nassen Straße war das Auto nicht mehr zu lenken und donnerte gegen eine Hauswand. Ein Glück, dass der Transit unserer Gärtnerei, Kennzeichen DU-S 844, so stabil gebaut ist, sonst wäre ich nicht nur mit Prellungen davongekommen. Den Motorradfahrer hat es schlimmer erwischt, vor allem am Kopf.

Aussage Michael Gerstner:

Ich hatte mich links eingeordnet, denn ich wollte an der Kreuzung nach links in die Ebertstraße abbiegen. Da kommt dieser Kamikaze-Fahrer dahergerast und verkratzt mit seiner Fußraste an meinem neuen Golf den vorderen Kotflügel. Ich bin etwa 30 km/h gefahren, der war mindestens doppelt so schnell.

Aussage Ludwig Kramer:

Am Mittwochabend, es begann schon dunkel zu werden, wollte ich die Kronenstraße auf der Höhe des Gasthauses „Adler" überqueren. Ich ließ noch einen Golf vorbei, da kommt von links ein unbeleuchtetes Motorrad mit laut aufheulendem Motor dahergerast und streift den Golf. Ich denke noch, der ist verrückt, das ist doch eine Einbahnstraße, da hat es schon weiter hinten gekracht. Er ist gerade noch an einem Lieferwagen vorbeigekommen, aber dann hat es ihn gedreht und er lag auf der Straße. Die Nummer des Golfs habe ich mir gemerkt, weil sie so lustig war: KUS-S 300.

Aussage Hans Zöllner:

Ich habe nicht gesehen, dass das eine Einbahnstraße ist. Bis vor einem Jahr, da war ich noch 17 Jahre alt, habe ich selbst in Bölkstadt gelebt und da war das noch eine normale Straße. Jetzt wohne ich bei meiner Freundin in Siegburg. Ich hatte es eilig, denn in einer Viertelstunde war Geschäftsschluss, und ich wollte noch in den Computer-Shop am Ende der Straße. Dann habe ich einen Filmriss, ich weiß gar nicht mehr, wie ich ins Krankenhaus gekommen bin. Meine Honda ist jetzt im Eimer. Ein Glück, dass ich vollkaskoversichert bin. Das Kennzeichen will ich aber beibehalten: SU-SI 225.

Berichten – Beschreiben – Dokumentieren | **69**

1 Lesen Sie die Aussagen zum Unfallhergang aufmerksam durch.

2 Gestalten Sie aus den Aussagen der Beteiligten und der Zeugen einen genauen Bericht.

3 Nicht jeder ist der Aufgabe gewachsen, im Berufsleben Berichte zu verfassen. Im folgenden Beispiel ist der Versuch, einen Bericht zu schreiben, missglückt. Stellen Sie die Mängel zusammen.

1 Am Montag der vergangenen Woche arbeiteten unser Geselle Thomas, den wir wegen seiner Größe „Rambo" nennen, und unser Stift Erwin in einem Neubau. Bei Innenputzarbei-
5 ten zogen sie in einem Treppenhaus Eimer mit Mörtel hoch. Thomas, der oben die vollen Eimer abnahm, war schlecht gelaunt, denn er hatte am Sonntag sein Auto zu Schrott gefahren. „Mach doch schneller, du Faulpelz!",
10 rief er zu dem die Winde bedienenden Erwin hinunter. Der war über diesen ungerechtfertigten Tadel verstimmt und dachte: „Dich krieg ich dran!"
Grinsend legte er in den nächsten mit Mörtel
15 gefüllten Eimer einen alten Gummistiefel, der zufällig in der Nähe lag. Kaum hatte Thomas den Stiefel bemerkt, warf er ihn lachend auf Erwin hinunter.
Der schaute gerade in diesem Augenblick nach oben, um zu sehen, wie Thomas auf den Stie- 20
fel reagieren würde. Thomas hatte nur zu gut gezielt. Der Stiefel traf voll ins Ziel und der daran haftende Mörtel spritzte Erwin in beide Augen. Er schreit laut auf und blitzschnell
rast Thomas zu ihm hinunter und leistet Erste 25
Hilfe. Zwei im gleichen Stockwerk arbeitende Elektriker, die den ganzen Vorfall beobachtet hatten, machten Thomas heftige Vorwürfe. Die für so harmlos gehaltene Neckerei kam
Erwin teuer zu stehen. Trotz anschließender 30
Behandlung in einer Augenklinik verlor er die Sehkraft auf einem Auge fast ganz.

4 Vergleichen Sie die Ergebnisse Ihrer Textuntersuchung mit dem **Schreibplan zum Bericht** auf S. 71.

5 Formen Sie obige Darstellung in einen vollständigen Bericht um.
Ergänzen Sie die fehlenden Angaben zu den **sechs W-Fragen** selbst.

6 Schreiben Sie einen Bericht über einen Unfall aus Ihrem Arbeitsbereich.

7 Recherchieren Sie, welche weiteren Informationen im Unfallmeldeformular einer Versicherung verlangt werden.

In einem Bericht werden sechs W-Fragen beantwortet:

wann   wo   was   wer   wie   warum

5.1.4 Über eine Veranstaltung berichten

Spezialitäten zum Billigpreis

Hagsfelder Kerwe[1] in Neustadt erfreut sich steigender Beliebtheit

FK. Wie in den vorausgegangenen Jahren gestalteten viele örtliche Vereine und Institutionen auch in diesem Jahr die Hagsfelder Kerwe[1], die von der Bürgerkommission Hagsfeld am Wochenende veranstaltet wurde. Bedingt durch den eigentlich unnötigen Neubau des Feuerwehrhauses mussten diesmal alle Beteiligten auf dem Festplatz Brückenstraße etwas mehr zusammenrücken. Die schon bekannten Spezialitäten und die günstigen Preise garantierten den Besuchern auch in diesem Jahr einen angenehmen Aufenthalt.
Eröffnet wurde die Kerwe mit dem Fassanstich durch den Oberbürgermeister. Mit dem traditionellen Saueressen[2] am heutigen Tag, das die freiwillige Feuerwehr ausrichtet, endet die Kerwe. Am Sonntag hatten die beiden Ortsgeistlichen einen ökumenischen[3] Gottesdienst gefeiert, der von dem evangelischen Kirchenchor sowie dem Posaunenchor in hervorragender Weise mitgestaltet wurde. Neun Vereine – vom Gesangverein über den Sportverein bis hin zum altmodischen Kleintierzuchtverein – hatten einen eigenen Stand oder ein Zelt aufgestellt, in denen sie ihre Spezialitäten anboten, wie die „Hagsfelder Grumbiereworscht"[4], „Buwespitzle"[5], „Bibbeleskäs"[6] oder original Elsässer Flammkuchen.
Wie der Vorsitzende des Sportfischerclubs betonte, erfreue sich die Hagsfelder Kerwe immer größerer Beliebtheit. Er sagte, durch gute Zusammenarbeit aller Vereine sei es nun gelungen, die Tradition der Kerwe wiederherzustellen.
(FK, Badische Nachrichten)

Der oben abgedruckte Zeitungsbericht über eine „Kerwe" (= Kirchweih-Fest) enthält alle **Merkmale eines Berichts**. In den folgenden Aufgaben sollen diese Merkmale herausgearbeitet werden.

1 Beantworten Sie aus dem Text heraus die sechs W-Fragen.

2 Suchen Sie Verben (Zeitwörter) heraus, die im Präteritum (Vergangenheit) stehen (s. S. 256).

3 Ein Bericht darf keine persönlichen Urteile, Vermutungen oder Gefühle enthalten.
Zur Übung wurden nachträglich in dem Text drei Stellen so verändert, dass sie dieser Forderung nicht mehr entsprechen. Suchen Sie diese unsachlichen Formulierungen heraus.

4 Schreiben Sie über die „Kerwe" in Hagsfeld einen **Kurzbericht**.

5 Schreiben Sie über eine Veranstaltung in Ihrer Heimatgemeinde einen Kurzbericht.

6 Schreiben Sie einen kurzen Bericht über einen Tag der offenen Tür.

---

1 Kirchweih-Fest
2 Gericht aus Leber und Nieren, sauer zubereitet
3 ökumenisch = zwischenkirchlich
4 Kartoffelwurst
5 Schupfnudeln
6 Quark

5.1.5 Bericht — Überblick und Schreibplan

Kompetenzen

Sie können
- W-Fragen zu einem Vorgang oder Ereignis beantworten,
- Wichtiges von Nebensächlichem unterscheiden,
- Informationen in eine logische Reihenfolge einordnen,
- sich kurzfassen und ohne persönliche Wertungen ausdrücken.

Vorarbeit
- Verfolgen Sie das Ereignis oder den Vorgang aufmerksam.
- Notieren Sie sich die Beteiligten, die wichtigen Schritte, den zeitlichen Ablauf und das Ergebnis.
- Verfassen Sie auf Basis Ihrer Notizen einen sachlichen Bericht, dessen Gliederung dem zeitlichen Ablauf folgen sollte.

Schreibplan

1 Formulieren Sie einen einleitenden Satz, der nicht mehr als drei Angaben enthalten sollte, z. B. Zeit, Ort und Art des Geschehens (z. B. „Am 16. Mai 20.., gegen 14:30 Uhr, ereignete sich in der Gärtnerei Huber in Konstanz ein Arbeitsunfall.").
2 Beantworten Sie die sechs W-Fragen und richten Sie dabei den Umfang nach dem Zweck des Berichts aus.
3 Geben Sie Informationen über eine Tätigkeit, ein Ereignis, eine Veranstaltung oder einen einmaligen Vorgang sachlich wieder.
4 Stellen Sie alles korrekt und wahrheitsgetreu dar, ohne persönliche Urteile, Vermutungen und Gefühle einfließen zu lassen.
5 Überarbeiten Sie Ihren Bericht mithilfe der Textlupe (s. S. 228) oder der Schreibkonferenz (s. S. 229).

Sprache
- sachliche Sprache verwenden
- keine wertenden oder schmückenden Adjektive wählen
- klare Aussagesätze oder kurze Satzreihen bilden
- keine Spannung aufbauen oder Gefühle beschreiben
- Fachsprache des betreffenden Sachgebiets verwenden
- Zeitform: Präteritum (Vergangenheit)

Aufgaben für Übungen

a Berichten Sie für die Schülerzeitung von einer Veranstaltung (z. B. Bildungsmesse, Ausbildungsbörse), die Sie besucht haben.
b Berichten Sie von einer Betriebsbesichtigung, dem Besuch eines Museums oder einer Ausstellung.
c Verfassen Sie einen Zeitungsbericht über ein Ereignis an Ihrem Wohnort (z. B. Straßenfest – Umzug – Unglück – Versammlung – Bürgermeisterwahl).
d Berichten Sie über den Verlust eines für Sie wertvollen Objekts (z. B. Geldbörse, Smartphone, Fahrrad).

5.2 Gespräche protokollieren

5.2.1 Funktionen des Protokolls

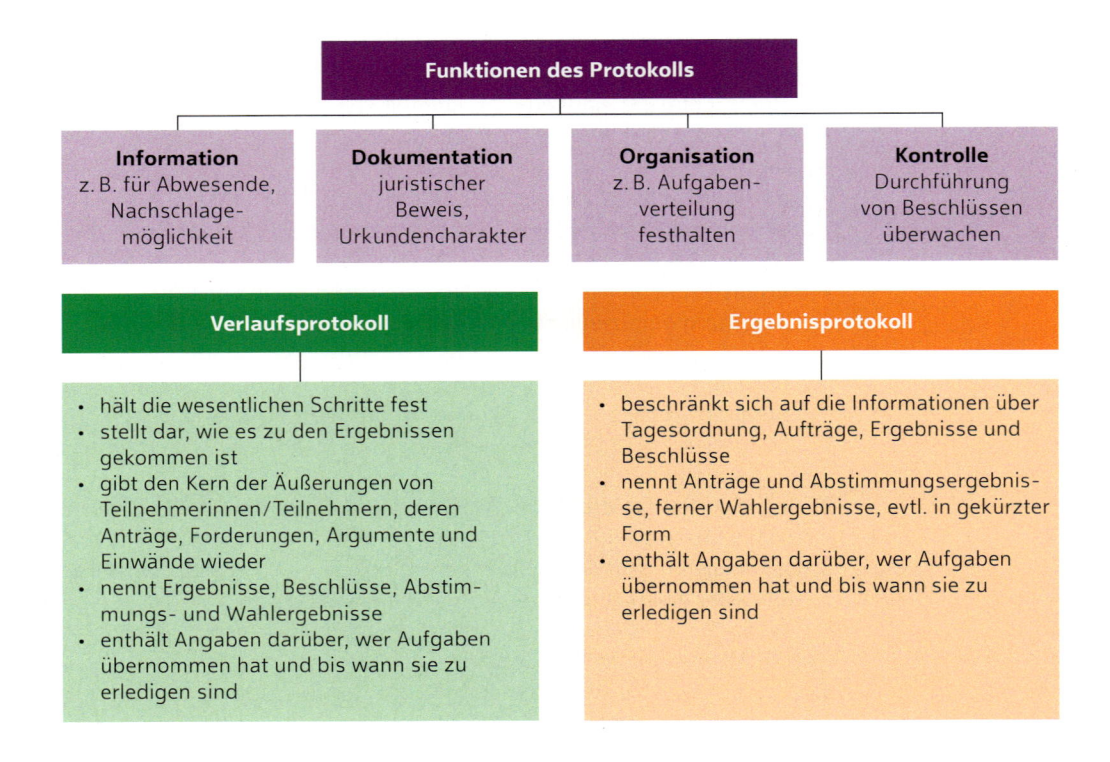

Funktionen des Protokolls

- **Information**
  z. B. für Abwesende, Nachschlagemöglichkeit
- **Dokumentation**
  juristischer Beweis, Urkundencharakter
- **Organisation**
  z. B. Aufgabenverteilung festhalten
- **Kontrolle**
  Durchführung von Beschlüssen überwachen

Verlaufsprotokoll
- hält die wesentlichen Schritte fest
- stellt dar, wie es zu den Ergebnissen gekommen ist
- gibt den Kern der Äußerungen von Teilnehmerinnen/Teilnehmern, deren Anträge, Forderungen, Argumente und Einwände wieder
- nennt Ergebnisse, Beschlüsse, Abstimmungs- und Wahlergebnisse
- enthält Angaben darüber, wer Aufgaben übernommen hat und bis wann sie zu erledigen sind

Ergebnisprotokoll
- beschränkt sich auf die Informationen über Tagesordnung, Aufträge, Ergebnisse und Beschlüsse
- nennt Anträge und Abstimmungsergebnisse, ferner Wahlergebnisse, evtl. in gekürzter Form
- enthält Angaben darüber, wer Aufgaben übernommen hat und bis wann sie zu erledigen sind

---

1 Erläutern Sie die vier Funktionen des Protokolls anhand von Beispielen.

2 Erklären Sie mit Ihren Worten den Unterschied zwischen einem Verlaufsprotokoll und einem Ergebnisprotokoll.

3 Welche Protokollform ist in folgenden Fällen zweckmäßig?
Betriebsratssitzung – Elternabend – Klassenkonferenz (= Notenkonferenz) – Vernehmung – Besprechung der Abteilungsleiter – Unterrichtsstunde – Sitzung der Schülermitverwaltung – Vorstandssitzung eines Vereins

4 Formulieren Sie die folgenden Sätze so um, dass sie keine persönlichen Wertungen enthalten:
Herr Müller fordert mit großer Erregung, den Verkaufsraum anders zu gestalten.
Frau Kunze lehnt dies mit überzeugenden Argumenten ab, kann sich aber leider nicht durchsetzen.

Tipp
- Notieren Sie als Protokollführer/-in bereits während der Veranstaltung das Wichtigste in Stichworten.
- Bitten Sie die Teilnehmer/-innen, die Zahlen und Daten zu schnell genannt haben, Ihnen die vorgetragenen Angaben zu wiederholen oder schriftlich zu geben.
- Verfassen Sie das Protokoll möglichst noch am selben Tag.
- Achten Sie darauf, dass Sie eine neutrale Haltung beibehalten.

5.2.2 Verlaufsprotokoll

Protokoll

über die Wahl des Klassensprechers der Klasse M1MV3

Datum: 28.09.20..
Ort: Carl-Benz-Schule, Ludwigsberg, Saal 114
Vorsitzender: Studienrat Paulsen, Klassenlehrer
Teilnehmer: siehe Anwesenheitsliste
Tagesordnung: Durchführung der Klassensprecherwahl
Beginn: 08:15 Uhr
Ende: 09:00 Uhr

1 Studienrat Paulsen gibt bekannt, dass heute die Wahl des Klassensprechers und seines Vertreters durchgeführt werden solle. Er erklärt sich bereit, das Amt des Vorsitzenden und Wahlleiters zu übernehmen. Die Schüler Amann und Künzler sprechen sich dagegen aus, weil diese Wahl eine Angelegenheit der Schüler sei und die Lehrer gar nichts angehe. Sie werden von der übrigen Klasse überstimmt. Axel Steinmann willigt ein, das Protokoll zu führen.

2 Karl Sommer stellt den Antrag, die Wahl um einige Wochen zu verschieben. Er begründet dies damit, dass sich in dieser ersten Klasse die Schüler noch viel zu wenig kennen würden. Das Schuljahr habe ja erst vor wenigen Wochen begonnen und er halte deshalb den Wahltermin für verfrüht. Studienrat Paulsen spricht sich gegen einen späteren Wahltermin aus, weil er die Namen des Klassensprechers und seines Vertreters unbedingt noch in dieser Woche benötige. Mit 16 zu 9 Stimmen wird der Antrag auf Wahlverlegung abgelehnt.

3 Eine kurze Diskussion entsteht über das Wahlverfahren. Durch Akklamation[1] stimmt die überwiegende Mehrheit dem Vorschlag des Klassenlehrers zu, in zwei Durchgängen zu wählen. Die fünf Schüler, die im ersten Wahlgang die meisten Stimmen erhalten würden, sollten sich einer Stichwahl stellen.

4 Aus dem ersten Wahlgang gehen mit den meisten Stimmen hervor: Conny Engels, Murat Tschelis, Karl Koch, Elke Schuhmacher, Udo Zipf.

5 Die fünf Kandidaten stellen sich der Klasse persönlich vor, nachdem Hagen Amann dies gefordert hat und sein Antrag von mehreren Schülern unterstützt worden ist.

6 Der zweite Wahlgang bringt folgendes Ergebnis:
Conny Engels 4 Stimmen Elke Schuhmacher 10 Stimmen
Murat Tschelis 6 Stimmen Udo Zipf 2 Stimmen
Karl Koch 3 Stimmen

7 Elke Schuhmacher ist damit zur Klassensprecherin gewählt und nimmt die Wahl an. Murat Tschelis, an zweiter Stelle stehend, erklärt sich bereit, das Amt des Vertreters zu übernehmen. Studienrat Paulsen gratuliert den Gewählten und sagt, dass er auf eine gute Zusammenarbeit hoffe.

Datum	Protokollführer	Vorsitzender
29.09.20..	*Axel Steinmann*	*Paulsen*

---

1 Zustimmung durch Klatschen oder Klopfen

5.2.3 Ergebnisprotokoll

Protokoll

über die Wahl des Klassensprechers der Klasse M1MV3

Datum: 28.09.20..
Ort: Carl-Benz-Schule, Ludwigsberg, Saal 114
Vorsitzender: Studienrat Paulsen, Klassenlehrer
Teilnehmer: siehe Anwesenheitsliste
Tagesordnung: 1. Eröffnung, Ernennung des Wahlleiters und des Protokollführers
2. Vereinbarung des Wahlverfahrens
3. Wahl
Beginn: 08:15 Uhr
Ende: 09:00 Uhr

TOP 1: Studienrat Paulsen begrüßt die Klasse und gibt bekannt, dass heute die Wahl des Klassensprechers und seines Vertreters durchgeführt werden solle. Er erklärt sich bereit, das Amt des Vorsitzenden und Wahlleiters zu übernehmen. Axel Steinmann wird zum Protokollführer ernannt.

TOP 2: Nach einer kurzen Diskussion einigt sich die Klasse auf eine Wahl in zwei Durchgängen. Die fünf Schülerinnen oder Schüler, die im ersten Wahlgang die meisten Stimmen erhalten, werden sich einer Stichwahl stellen.

TOP 3: Im ersten Wahlgang erhalten die meisten Stimmen: Conny Engels, Murat Tschelis, Karl Koch, Elke Schuhmacher, Udo Zipf.
Ergebnis des zweiten Wahlgangs:

Conny Engels	4 Stimmen	Elke Schuhmacher	10 Stimmen
Murat Tschelis	6 Stimmen	Udo Zipf	2 Stimmen
Karl Koch	3 Stimmen		

Elke Schuhmacher ist damit zur Klassensprecherin gewählt und nimmt die Wahl an. Murat Tschelis, an zweiter Stelle stehend, erklärt sich bereit, das Amt des Vertreters zu übernehmen.

Protokollführer   Vorsitzender   Datum
                                           29.09.20..

Axel Steinmann   *Paulsen*

---

1 Vergleichen Sie die beiden Protokolle über eine Klassensprecherwahl.
- Welche Protokollform ist für diesen Anlass besser geeignet?
- Gibt es auch Gründe, die für die andere Protokollform sprechen?
- Enthält das vorliegende Ergebnisprotokoll alles Wesentliche oder sollten noch Angaben aus dem Verlaufsprotokoll übernommen werden?

2 Welche Anforderungen werden an die Protokollführerin/den Protokollführer gestellt?

3 Welche Erwartungen hat die Leserin/der Leser eines Protokolls?

Berichten – Beschreiben – Dokumentieren

5.2.4 Gesprächsnotiz

Hat jemand angerufen?
Wer war's denn?
Was wollte er denn?
Wie heißt der Kunde?
Zum Donnerwetter …

Ja, Chef.
Ein Kunde, Chef.
Irgendwas war kaputt, Chef.
Habe ich nicht verstanden, Chef.
Ist was, Chef?

Gesprächsnotiz Datum _____

telefonisch/persönlich mit _____ Telefon-Nr. _____

in der Firma _____

Straße _____

Ort _____

Betreff:
_____
_____
_____
_____
_____
_____

An Herrn/Frau:

---

1 Warum ärgert sich der Chef über seine Mitarbeiterin? Welche Informationen erwartet er von ihr?

2 Prüfen Sie im verkleinert abgebildeten Formular einer Gesprächsnotiz, ob alle wesentlichen Angaben verlangt werden.

3 Lesen Sie das Telefongespräch auf S. 17 und schreiben Sie eine zutreffende Telefonnotiz.

4 Die beste Gesprächsnotiz nützt nichts, wenn man sie bei Bedarf nicht mehr findet. Informieren Sie sich in Ihrem Betrieb darüber, wie Gesprächsnotizen aufbewahrt werden.

5.2.5 Gedächtnisprotokoll

Immer wieder kommt es vor, dass Sie ein Gespräch führen, dessen Inhalte für Sie selbst oder für andere wichtig sind. Sie wollen sicherstellen, dass Sie nichts vergessen. Oft können Sie sich aber während des Gesprächs nur wenige oder gar keine Notizen machen. Dann sollten Sie sich nach dem Gespräch so bald wie möglich Zeit nehmen, um ein Protokoll aus Ihrer noch frischen Erinnerung zu schreiben. Für die Form und die Sprache des Gedächtnisprotokolls gibt es keine Vorschriften, Sie können dazu ebenfalls einen Vordruck verwenden oder sich am Ergebnisprotokoll orientieren.

---

1 Beschreiben Sie zwei Situationen, nach denen Sie ein Gedächtnisprotokoll anfertigen würden.

2 Prüfen Sie, welche der auf S. 72 angesprochenen Funktionen des Protokolls das Gedächtnisprotokoll nicht erfüllt.

3 Was sollten Sie bedenken, wenn Sie ein von Ihnen erstelltes Gedächtnisprotokoll an andere Personen weitergeben?

5.2.6 Direkte Rede in indirekte Rede umwandeln

In einem Protokoll müssen Sie stets die direkte (wörtliche) Rede einer anderen Person in der indirekten Rede wiedergeben. Verwenden Sie dazu den Konjunktiv I bzw. II (s. S. 255).

---

1 Lesen Sie die unten stehende Aussagen des Auszubildenden Jan.

> Der Auszubildende Jan sagt: „Den Beruf des Kfz-Mechatronikers finde ich abwechslungsreich. Das breite Aufgabenfeld reizt mich besonders. Aber man muss berücksichtigen, dass in den drei Jahren der Ausbildung keine Geschenke verteilt werden. Statt am Wochenende Party zu machen, ist eher intensives Lernen angesagt, weil man in der Folgewoche in der Schule mehrere Klassenarbeiten schreibt und praktische Tests anstehen. Dafür habe ich allerdings nach den Prüfungen einen Berufsabschluss, der voll im Trend liegt und viele Möglichkeiten für die Zukunft im Kfz-Bereich eröffnet."

2 Formulieren Sie die Aussagen von Jan in die indirekte Rede um. Leiten Sie den Satz wie folgt ein: Jan erklärt, dass er …

5.2.7 Protokoll — Überblick und Schreibplan

Kompetenzen	
Sie können	• den Verlauf eines Gesprächs verfolgen und Notizen darüber anfertigen, • die wichtigen Inhalte erkennen und zusammenfassen, • sich kurzfassen und ohne persönliche Wertungen ausdrücken.
Vorarbeit	• Notieren Sie sich während eines Gesprächs, einer Besprechung oder einer Konferenz Informationen über den Verlauf und die Ergebnisse.
Schreibplan	1 Gliedern Sie Ihr Protokoll systematisch: Die Reihenfolge ergibt sich aus vorgegebenen Tagesordnungspunkten (TOP 1, 2, 3, …). 2 Formulieren Sie genau und knapp zu jedem TOP die wesentlichen Informationen und lassen Sie Nebensächlichkeiten unberücksichtigt. 3 Überarbeiten Sie Ihr Protokoll mithilfe der Textlupe (s. S. 228) oder der Schreibkonferenz (s. S. 229).
Sprache	• Form des Protokolls einhalten • Sachliche Sprache (neutrale Darstellung) ohne wertende Zusätze • Präzise Angaben (abhängig vom Umfang der Protokollform) • Indirekte Rede: Aussagen einzelner Teilnehmerinnen und Teilnehmer wiedergeben (s. S. 256) • Zeitform: in der Regel Präsens (Gegenwart)

5.3 Gegenstände beschreiben

Gegenstandsbeschreibungen begegnen uns z. B. in **Verkaufsanzeigen,** in **Verlustanzeigen,** in **Katalogen,** aber auch in **Gebrauchs- und Bedienungsanleitungen.** Bei der Vorführung oder der Präsentation eines Produkts wird dieses ebenfalls genau beschrieben.

---

1 Erläutern Sie, in welcher Form und mit welchem Zweck in den oben genannten Fällen Gegenstände beschrieben werden.

2 Beschreiben Sie Ihren Mitschülerinnen und Mitschülern einen Gegenstand, den Sie sofort kaufen werden, wenn Sie gut bei Kasse sind.

3 Prägen Sie sich die Merkmale Ihrer Armbanduhr oder eines anderen persönlichen Gegenstandes genau ein. Anschließend sammelt eine Schülerin oder ein Schüler einige Exemplare ein und gibt sie als „Leiter/-in eines Fundbüros" erst heraus, wenn Sie sich durch eine genaue Beschreibung als Eigentümer oder Eigentümerin erwiesen haben.

5.3.1 Erschließungsmerkmale zur Gegenstandsbeschreibung

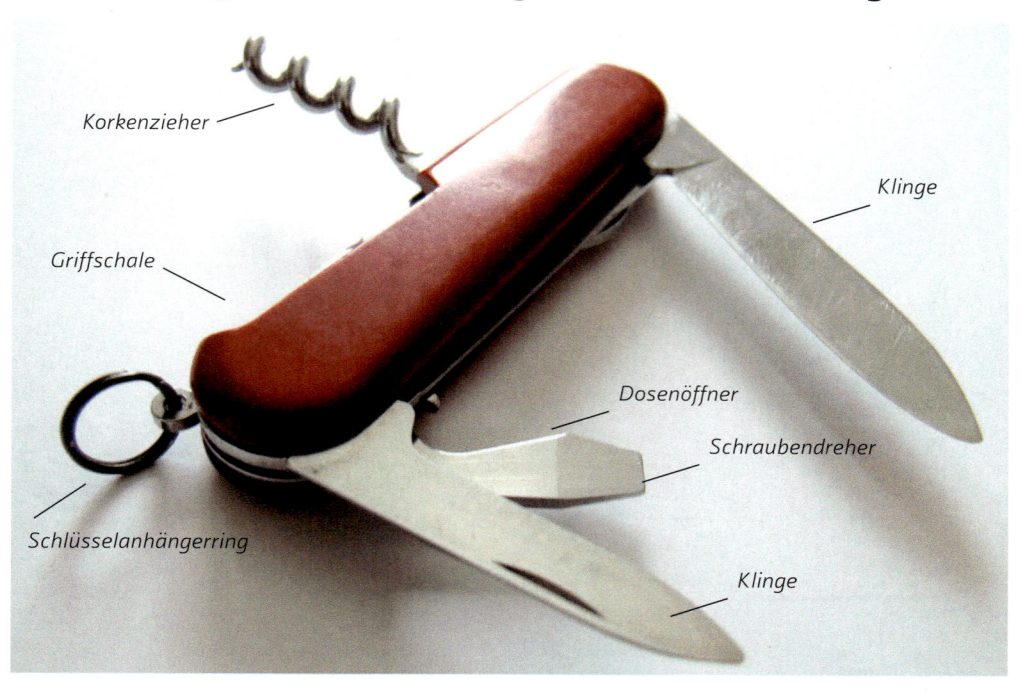

Korkenzieher

Griffschale

Klinge

Dosenöffner

Schraubendreher

Schlüsselanhängerring

Klinge

Erschließungsmerkmale	Beispiel: Schweizer Armeemesser
Oberbegriff:	Taschenmesser
Verwendungszweck:	multifunktionales Werkzeug zum Schneiden, Öffnen von Dosen, Ziehen von Korken, Drehen von Schrauben
Form:	länglich
Farbe:	silber, dunkelrot
Oberfläche:	glatt
Größe:	85 mm lang, 18 mm breit, 14 mm hoch
Material:	Kunststoff und Metall
Einzelteile:	zwei Griffschalen – vier Werkzeug-Metallarme, ausklappbar – zwei Klingen mit Einkerbung – Dosenöffner mit Einkerbung – Schlitzschraubendreher – Korkenzieher – Schlüsselanhängerring zum Befestigen von Schlüsseln
Besondere Merkmale:	keine
Funktionszusammenhang und Arbeitsweise:	mit Daumennagel in die Einkerbungen der Werkzeug-Metallarme gehen und mithilfe von Daumen und Zeigefinger die Metallarme je nach Verwendung heraus- oder einklappen

1 Formen Sie die stichwortartige Beschreibung eines Schweizer Armeemessers in einen zusammenhängenden Text um. Sie können einzelne Punkte auch zusammenfassen und die Reihenfolge ändern.

2 Übertragen Sie die Erschließungsmerkmale auf ein Blatt und beschreiben Sie einen unkomplizierten Gegenstand an Ihrem Arbeitsplatz im Betrieb oder im Klassenzimmer (z. B. Schultasche, Projektionstafel, Büromaschine, Werkzeug).

Berichten – Beschreiben – Dokumentieren

3 Vergleichen Sie die Schultafel Ihres Klassenzimmers mit der folgenden Beschreibung einer Schülerin und legen Sie die Unterschiede dar.
Welche Teile des Textes wirken übergenau und sind entbehrlich?

1 Trotz Beamer und Visualizer ist die Wandtafel in jeder Schule immer noch ein wichtiges Unterrichtsmittel. Wie in jedem Schulsaal hängt auch im Zimmer 309 die Tafel an der Stirnseite des Raumes.

Die Tafel besteht aus einer rechteckigen Fläche und ist in einer Aufhängevorrichtung in Schienen geführt, sodass sie sowohl horizontal als auch vertikal verschoben werden kann. Wird die Tafel ganz nach rechts geschoben, wird
5 dahinter eine weiße, quadratische Projektionsfläche sichtbar.

Die Tafel ist etwa 3 m lang und 2 m hoch. Ihre Schreibfläche besteht aus dunkelgrünem Kunststoff. Die linke Tafelhälfte weist ein Karomuster als Schreibhilfe auf. Die Seitenlänge eines solchen Quadrates beträgt 50 mm. Die rechte Tafelhälfte ist unliniert. Die gesamte Tafel wird an ihrer Außenseite von einem eloxierten Aluminiumrahmen eingefasst, der mit verzinkten Schrauben befestigt ist. An der Unterseite der Tafel
10 erstreckt sich über die gesamte Länge ein 7 cm breites Ablagebrett, dessen Vorderkante von einem grauen Kunststoffumleimer abgedeckt wird. An der linken Seite ist ein korbartiges verzinktes Drahtgestell montiert, in dem Schwamm, Tafellappen und Kreide ihren Platz finden. Ein in der Mitte des Ablagebrettes befestigter Griff aus u-förmig gebogenem und verchromtem Stahlrohr erleichtert das Verschieben der Tafel.

Anna H., 19 Jahre

4 Beschreiben Sie den abgebildeten Locher.

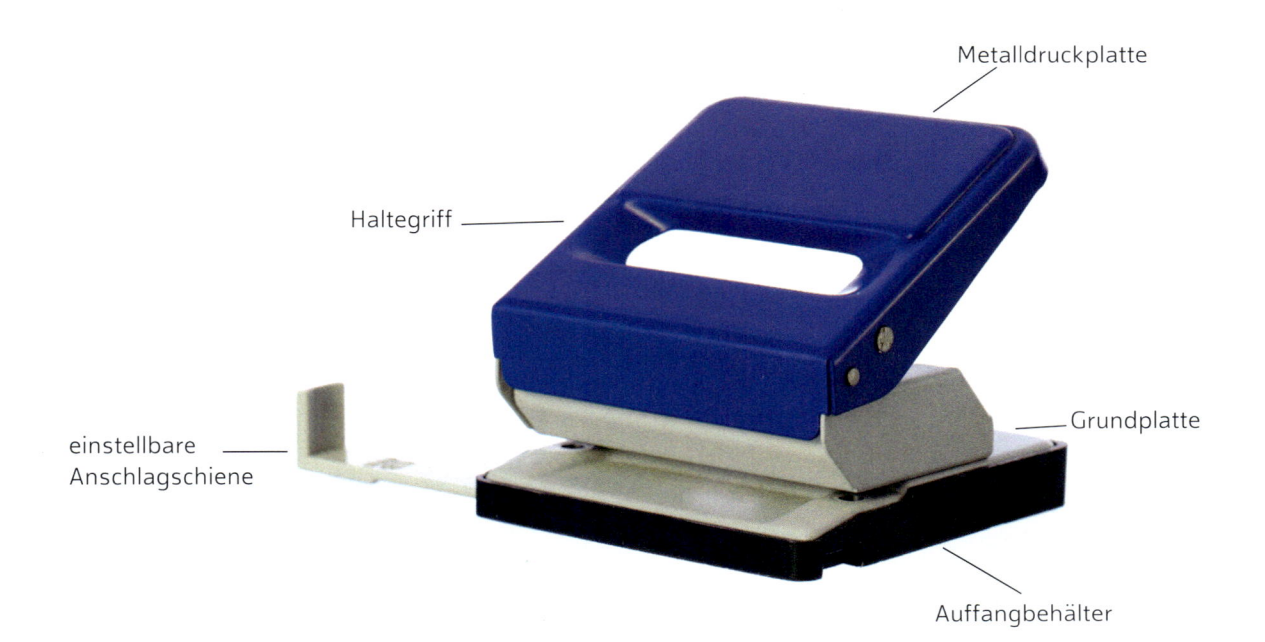

- Metalldruckplatte
- Haltegriff
- Grundplatte
- einstellbare Anschlagschiene
- Auffangbehälter

5.3.2 Gegenstandsbeschreibung — Überblick und Schreibplan

Kompetenzen

Sie können
- den Gesamtaufbau und wesentliche Einzelteile eines Gegenstandes erschließen,
- einen Gegenstand mündlich und schriftlich, sachlich und adressatengerecht beschreiben.

Vorarbeit
- Betrachten Sie den zu beschreibenden Gegenstand und seine Einzelheiten und machen Sie sich stichwortartig Notizen.
- Sortieren/Gliedern Sie anschließend Ihre Stichworte von der Darstellung des Gesamtaufbaus bis zu den wesentlichen Einzelheiten.

Schreibplan
1. Formulieren Sie eine Einleitung mit der präzisen Bezeichnung des Gegenstandes und dessen Verwendungszweck.
2. Beschreiben Sie im Hauptteil der Reihenfolge nach und übersichtlich die Hauptbestandteile.
3. Geben Sie im Schlussteil Hinweise auf Besonderheiten, etwaige Zusatzausstattungen und Wartungs- und Pflegehinweise zum Gegenstand.
4. Überarbeiten Sie Ihre Gegenstandsbeschreibung mithilfe der Textlupe (s. S. 228) oder der Schreibkonferenz (s. S. 229).

Sprache
- Adjektive (Eigenschaftswörter) benennen sachliche Eigenschaften.
- Verben (Zeitwörter) beschreiben treffend Teile in ihrer Funktion.
- Zeitform: Präsens (Gegenwart)
- Klarheit durch Fachausdrücke (wo solche fehlen, muss man selbst eine anschauliche Bezeichnung finden)

Tipp

Guter Ausdruck macht guten Eindruck

ausdrucksschwach:
… **daneben ist** ein Stift.
… **befindet sich** eine Wandtafel.
… **befindet sich** ein Griff.

ausdrucksstark durch Handlungsverben:
… daneben **ragt** ein Stift heraus.
… **hängt** eine Wandtafel.
… ein Griff **erleichtert** das Verschieben …

Aufgaben für Übungen

a Beschreiben Sie nach Ihrer Wahl Ihr Zimmer, eine neu eröffnete Disko, einen empfehlenswerten Urlaubsort, einen Geschäftsraum, eine Werkstatt, Ihren Arbeitsplatz.
b Beschreiben Sie ein Arbeitsgerät, ein Haushaltsgerät oder ein Fahrrad.

5.4 Vorgänge beschreiben

1 Welche Vorgänge werden in den Abbildungen gezeigt?

2 Mit welchen der nachfolgenden Vorgangsbeschreibungen könnten Sie in Ihrem Berufsleben einmal beauftragt werden?
- Arbeitsunterweisung
- Kundeninformation
- Reparaturanleitung
- Unterweisung in Erster Hilfe
- Vorführung eines Arbeitsgerätes oder Produkts
- Gestaltung einer schriftlichen Gebrauchsanweisung bzw. Bedienungsanleitung
- Beschreibung des Unfallhergangs in einem Unfallbericht
- Beschreibung eines Herstellungsverfahrens
- Erklärung eines Versuchsablaufs

3 Beschreiben Sie die Regeln Ihres Lieblingsspiels.

Tipp
Einen Vorgang beschreiben wir auch, wenn wir jemandem **einen Tipp** geben für eine besonders geschickte Handlungsweise.

Beispiele für Vorgangsbeschreibungen
- Wie man eine bestimmte Panne behebt.
- Wie man am besten ein Arbeitsgerät handhabt.
- Wie man mit einer aufgeregten Kundin umgeht, die sich beschwert.
- Wie man erfolgreich ein Mädchen bzw. einen Jungen anspricht.
- Wie man im Haushalt Energie spart und dadurch zum Umweltschutz beiträgt.
- Wie man mit dem Smartphone eine Fahrkarte für die Bahn löst.

5.4.1 Stoffsammlung und Gliederung

Die Leserinnen und Leser bzw. Hörerinnen und Hörer können die Beschreibung eines komplexeren Arbeitsvorgangs nur verstehen, wenn diese klar gegliedert ist.

Das folgende Schema hilft bei der Stoffsammlung und bei der Gliederung von Vorgangsbeschreibungen.

	Vorgang: Radwechsel am Pkw		
	WAS geschieht? (Arbeitsschritte)	**WIE geschieht es?** (Arbeitsweise)	**WARUM geschieht es so?** (Begründung)
1	Handbremse anziehen, Gang einlegen	fest bis Anschlag, erster Gang oder Rückwärtsgang	Sicherung gegen Wegrollen
2	Radkappe abnehmen	mit beiden Händen oder Schraubendreher	Beschädigung vermeiden
3	Radschrauben/Radmuttern etwas lockern	mit Kombi-Schlüssel, nach links drehen – noch nicht abnehmen	Rechtsgewinde
4	Wagenheber ansetzen	bis zum Anschlag in vorgesehene Stelle einschieben – senkrechte Stellung	Wagen könnte abrutschen – Unfallgefahr
5	Fahrzeug hochkurbeln	bis sich Rad vom Boden abhebt	
6	Radschrauben/Radmuttern abschrauben	ganz herausschrauben und in umgedrehte Radkappe legen	vor Schmutz geschützt, leicht wiederzufinden
7	Rad abnehmen	waagerecht halten, nicht verkanten	könnte sonst klemmen
8	Ersatzrad aufsetzen	wie 7.	wie 7.
9	Radschrauben/Radmuttern anschrauben	zuerst von Hand anlegen	Beschädigung des Gewindes vermeiden
10	Wagen ablassen	mit Wagenheber absenken	
11	Radschrauben/Radmuttern fest anziehen	mit Schlüssel nach rechts, über Kreuz	um Spannungen zu vermeiden
12	Radkappe aufsetzen	kräftig andrücken – Ventilsitz beachten	kann sich während der Fahrt nicht lösen
13	defektes Rad, Wagenheber, Werkzeug verstauen		Fahrzeug fahrbereit

1 Formen Sie die stichwortartige Beschreibung eines Radwechsels am Pkw in einen zusammenhängenden Text um.

5.4.2 Beispiel: Kaffeemaschine

Gebrauchs- und Bedienungsanleitungen sind aus verschiedenen Gründen sehr wichtig: Sie helfen den Benutzerinnen und Benutzern bei der problemlosen Inbetriebnahme, sie tragen dazu bei, dass die Geräte nicht durch falsche Bedienung beschädigt werden, und sie bewahren den Produzenten vor Rechtsansprüchen durch den Kunden. Die Firmen gestalten daher die Bedienungsanleitungen sehr sorgfältig. Der Verkauf der Geräte in den verschiedensten Ländern hat zur Folge, dass die Bedienungsanleitung für ein Gerät in viele Sprachen übersetzt werden muss. Übersetzungen sind aber immer wieder problematisch. Viele Produzenten sind daher dazu übergegangen, den Geräten bildliche Anleitungen beizulegen. Diese erleichtern die internationale Nutzung ohne Sprache, bereiten aber vielen Verbraucherinnen oder Verbrauchern andere Probleme.

1 Prüfen Sie, ob die Bilder zur Bedienung der Kaffeemaschine verständlich sind.

2 Schreiben Sie für jedes Bild einen kurzen Text, der das Wesentliche des jeweiligen Vorgangs beschreibt.

3 Verfassen Sie aus den Kurzsätzen eine zusammenhängende unpersönliche Bedienungsanleitung.

4 Lesen Sie den Entwurf einer Mitschülerin/eines Mitschülers, machen Sie ihr/ihm Verbesserungsvorschläge.

5 Prüfen Sie die Vorschläge Ihrer Mitschülerin/Ihres Mitschülers und erarbeiten Sie Ihre Endfassung.

6 Wandeln Sie die unpersönliche Bedienungsanleitung Ihrer Mitschülerin/Ihres Mitschülers in eine persönliche Form um (Heben Sie ..., Füllen Sie ...). Ihre Darstellung wird flüssiger, wenn Sie dabei die einzelnen Schritte miteinander verknüpfen durch Wörter wie: zuerst – anschließend – darauf – als Nächstes – jetzt – nun – dann.

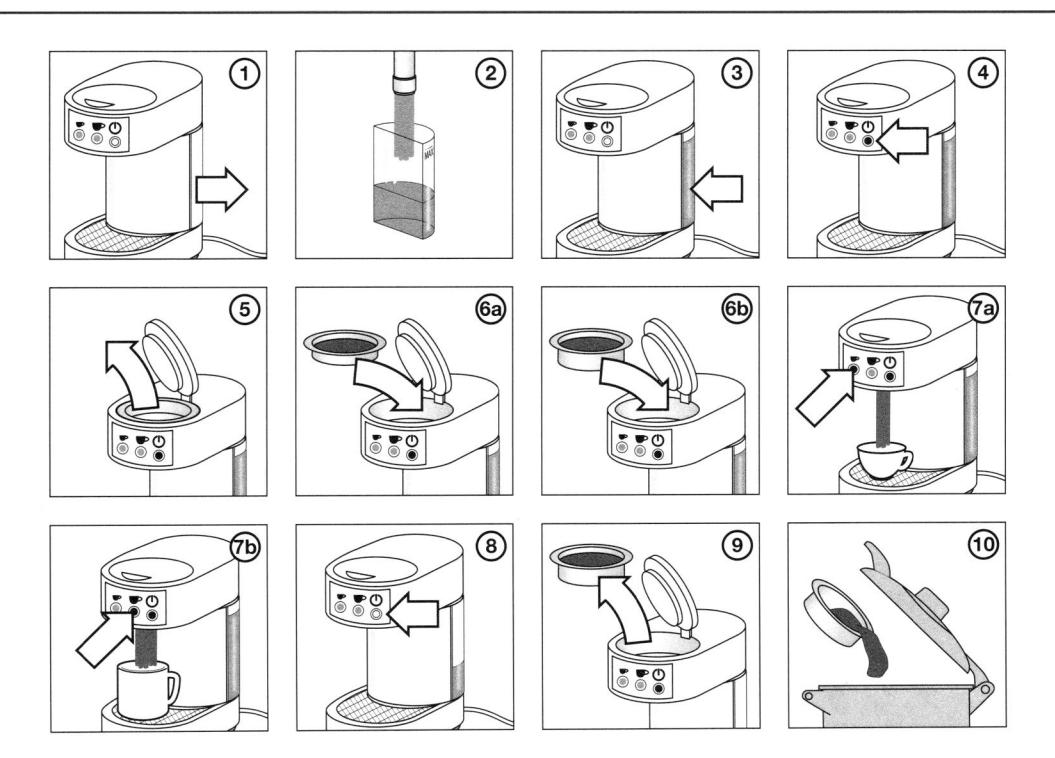

5.4.3 Beispiel aus einem Fachbuch

BIKE 🚲 REPARATUR HANDBUCH

So repariert man einen Platten

1 Sie brauchen ein Reparaturset mit Flicken und einer Tube Gummikleber, dazu etwas Schleifpapier und Kreide.
Der Schlüssel zur erfolgreichen Reparatur sind gründliche Vorbereitung und Sauberkeit. Wenn Ihre Hände schmutzig vom Ausbau des Laufrades sind, sollten Sie sie reinigen, damit kein Öl auf den Schlauch kommt. Um das Loch zu finden, müssen Sie den Schlauch aufblasen. Halten Sie ihn nun nahe vor Ihr Gesicht und drehen Sie ihn. Wenn Sie keine ausströmende Luft hören oder fühlen, überprüfen Sie das Ventil mit etwas Spucke. Können Sie das Loch nicht aufspüren, pumpen Sie den Schlauch voll auf, drücken ihn unter Wasser und beobachten Sie, wo Luftblasen aufsteigen.

Gummikleber, runde Flicken, rechteckiger Flicken

1 Vorbereiten des Schlauches. Wenn Sie das Loch gefunden haben, trocknen Sie den Schlauch und rauen den Bereich rund um die schadhafte Stelle mit Schleifpapier an. Dadurch haftet der Gummikleber später besser. Der angeraute Bereich sollte größer sein als der Flicken. Wenn Sie auf der Tour kein Schleifpapier zur Hand haben, tut es auch ein rauer Stein. Säubern Sie nun den Schlauch noch einmal.

2 Auftragen des Klebers. Reinigen Sie Ihre Hände. Verteilen Sie den Kleber gleichmäßig auf dem angerauten Bereich. Lassen Sie den Kleber so lange trocknen, bis das Lösungsmittel verdunstet ist. Vermeiden Sie jede Berührung mit der bestrichenen Stelle. Während Sie warten, kontrollieren Sie, ob der Reifen beschädigt ist und ob sich Fremdkörper in ihm befinden.

3 Das Auftragen des Flickens. Ziehen Sie die Metallfolie von dem Flicken. Achten Sie dabei darauf, dass Sie die freigelegte Oberfläche nicht berühren. Pressen Sie nun den Flicken fest auf das Loch und reiben Sie dabei von der Mitte nach außen. Schleifen Sie danach mit Sandpapier etwas Kreide ab, und streuen Sie den Staub über die reparierte Stelle und den überzähligen Kleber rundherum.

4 Ein letzter Check. Lassen Sie den Flicken ein paar Minuten aushärten. Dann knicken Sie den Schlauch über der reparierten Stelle zusammen, sodass die Plastikabdeckung des Flickens zerreißt. Ziehen Sie sie von der Mitte weg herunter – allerdings ohne den Flicken mitzunehmen. Pumpen Sie den Schlauch wieder auf und überprüfen Sie, ob der Flicken dicht hält. Montieren Sie nun wieder Schlauch und Reifen.

Quelle (Text): Ballantine/Grant: BIKE Reparaturhandbuch, 1994, S. 37.

---

1 Lesen und erfassen Sie die Informationen dieses Fachtextes. Schreiben Sie dazu die in den vier Abschnitten enthaltenen einzelnen Arbeitsschritte (WAS?) in Stichworten heraus. (Im eigenen Buch können Sie diese auch unterstreichen.)

2 Tragen Sie die **Arbeitsschritte** in ein Schema wie auf S. 82 ein und fügen Sie in Stichworten die **Arbeitsweise** (WIE?) und evtl. die **Begründung** hinzu.

| Berichten – Beschreiben – Dokumentieren | 85 |

5.4.4 Vorgangsbeschreibung — Überblick und Schreibplan

Kompetenzen

Sie können
- wesentliche Elemente eines Vorgangs in ihrem zeitlichen Ablauf erfassen,
- einen Vorgang gliedern und diesen mündlich und schriftlich, sachlich und genau beschreiben.

Vorarbeit
- Notieren Sie mithilfe des WAS-WIE-WARUM-Schemas (s. S. 82) die Abschnitte eines Vorgangs. Vermeiden Sie, Nebensächlichkeiten zu erwähnen.

Schreibplan
1. Formulieren Sie einen Einleitungssatz mit der präzisen Bezeichnung des Vorgangs.
2. Beschreiben Sie anschließend die einzelnen Arbeitsschritte, die Arbeitsweise und eventuell die Begründung des Vorgangs in anschaulicher Weise. Achten Sie darauf, dass die Gliederung dem zeitlichen Ablauf des Vorgangs folgt.
3. Überarbeiten Sie Ihre Vorgangsbeschreibung mithilfe der Textlupe (s. S. 228) oder der Schreibkonferenz (s. S. 229).

Sprache
- Sachliche Sprache ohne persönliche Meinung
- Der Leser- oder Zuhörergruppe angemessene Fachsprache
- Zeitform: Präsens (Gegenwart)

---

1 Die Gestaltung einer Vorgangsbeschreibung ist stark abhängig vom Kenntnisstand der Leser/-innen und Zuhörer/-innen, für die sie gedacht ist (Adressatenbezug).
- Welche der im Beispiel „Radwechsel" auf S. 84 stehenden Angaben würden Sie bei Zuhörern mit Grundkenntnissen weglassen?
- Reichen die Angaben für die Teilnehmer/-innen eines Pannenkurses für Anfänger aus?

2 Halten Sie mithilfe einer Stichwortsammlung ein Kurzreferat zum Thema „Radwechsel" oder „Fahrradschlauch reparieren" (Situation: Pannenkurs eines Fahrrad- oder Automobilclubs).

Tipp

Guter Ausdruck macht guten Eindruck

Nominalstil: Durch **Betätigung** des Hebels erfolgt die **Anhebung** des Gewichts.

Handlungsbetonte Verben (Zeitwörter): Wird der Hebel **umgelegt**, so **bewegt** sich das Gewicht in die Höhe.

Aufgaben für Übungen

a Beschreiben Sie eine Arbeit Ihres Berufs, die Sie besonders gerne verrichten. Benutzen Sie dabei für Stoffsammlung und Gliederung das „WAS-WIE-WARUM-Schema" (s. S. 82).
b Beschreiben Sie einen Arbeitsvorgang, den Ihrer Meinung nach auch ein Laie beherrschen sollte (Beispiele: Tapezieren eines Zimmers – Batteriewechsel bei einem Elektrogerät – Tintenpatronenaustausch bei einem Drucker – Kuchenbacken – Bedienung einer Digitalkamera).
c Beschreiben Sie die Regeln eines einfachen Gesellschaftsspiels (z. B. Dame, Halma) oder eines Wettkampfsports (z. B. Tischtennis).

5.5 Sachverhalte im Betrieb dokumentieren

5.5.1 Bedeutung der Dokumentation im Betrieb

In einem Betrieb werden unterschiedlichste Aufgaben bewältigt: Im Büro, im Einkauf und Verkauf, in der Produktion werden verschiedenste Vorgänge bearbeitet. Damit alle Beteiligten reibungslos zusammenarbeiten können und Störungen vermieden werden, werden viele betriebliche Prozesse kontinuierlich dokumentiert. Auch sollen die Geschäftsleitung und die Controller jederzeit Informationen abrufen können, um vorausschauend planen zu können. Das wird im Folgenden am Beispiel „Gefährdungsbeurteilung" deutlich gemacht.

> **Gesetz über die Durchführung von Maßnahmen des Arbeitsschutzes zur Verbesserung der Sicherheit und des Gesundheitsschutzes der Beschäftigten bei der Arbeit (Arbeitsschutzgesetz – ArbSchG) § 6 Dokumentation**
>
> (1) Der Arbeitgeber muß über die je nach Art der Tätigkeiten und der Zahl der Beschäftigten erforderlichen Unterlagen verfügen, aus denen das Ergebnis der Gefährdungsbeurteilung, die von ihm festgelegten Maßnahmen des Arbeitsschutzes und das Ergebnis ihrer Überprüfung ersichtlich sind. Bei gleichartiger Gefährdungssituation ist es ausreichend, wenn die Unterlagen zusammengefaßte Angaben enthalten.
>
> (2) Unfälle in seinem Betrieb, bei denen ein Beschäftigter getötet oder so verletzt wird, daß er stirbt oder für mehr als drei Tage völlig oder teilweise arbeits- oder dienstunfähig wird, hat der Arbeitgeber zu erfassen.

1 Welche Pflichten hat der Arbeitgeber laut § 6 Arbeitsschutzgesetz?

2 Die „Gefährdungsbeurteilung" ist die entscheidende Grundlage für den Arbeits- und Gesundheitsschutz im Betrieb. Recherchieren Sie, was unter „Gefährdungsbeurteilung" zu verstehen ist.

3 Aus welchen Gründen hat der Gesetzgeber die Arbeitgeberinnen und Arbeitgeber verpflichtet, diese Dokumentation kontinuierlich zu führen?

4 Es gibt vielfältige Vorgänge im Betrieb, die regelmäßig dokumentiert werden müssen. Sammeln Sie in der Klasse mindestens zehn Vorgänge.

5 Welche Vorgänge mussten Sie selbst im Betrieb schon dokumentieren?

6 Ein Vorgang ist dann gut dokumentiert, wenn er …
Ergänzen Sie diesen Satz mit mindestens vier Merkmalen einer guten Dokumentation.

7 Oft wird beklagt, wie aufwändig es ist, betriebliche Vorgänge zu dokumentieren.
Bilden Sie Kleingruppen.
   a Stellen Sie die Vor- und Nachteile des Dokumentierens zusammen.
   b Diskutieren Sie die Möglichkeiten, möglichst wenig Zeit für die Dokumentation aufzuwenden. Notieren Sie drei Vorschläge und diskutieren Sie diese in der Klasse.

Gefährdungsbeurteilung gemäß §5 Arb

Arbeitsbereich /Tätigkeit:

In dieser Checkliste werden die vermuteten Gefährdungsfaktoren markiert, auszuschließende G fehlende Gefährdungen sind bei Bedarf zu ergänzen. Basierend auf dieser Auswahl, erfolgt ein vertiefte Beurteilung am Arbeitsplatz wie untenstehend angedeutet.

1	Organisatorische Mängel	1.1 Arbeitsablauf (Koordination)	1.2 Arbeitsschutzorganisation
		1.4 Unterweisung	1.5 Betriebsanweisung
2	Mechanische Gefährdung	2.1 Ungeschützt bewegte Maschinenteile	2.2 Teile mit gefährlichen Oberflächen
		2.4 Bewegte Transport- oder Arbeitsmittel	2.5 Herabfallende umstürzende Gegenstände
3	Elektrische Gefährdung	3.1 Gefährliche Körperdurchströmung	3.2 Lichtbögen
		3.4 Elektromagnetische Felder	
4	Gefährdung durch Stoffe	4.1 Gefahrstoffe	4.2 Biologische Stoffe
		4.4 Hautbelastungen	
5	Brand- und/oder Explosionsgefährdung	5.1 Brandgefährdung durch Feststoffe, Flüssigkeiten, Gase	5.2 Explosionsgefährdung durch Stäube, Gase Dämpfe
		5.4 Brandfördernde Stoffe	5.5 Sprengstoffe
6	Thermische Gefährdung	6.1 Kontakt mit heißen Medien	6.2 Kontakt mit kalten Medien

5.5.2 Eine Dokumentation erstellen

Auch im Rahmen des Schulunterrichts und der betrieblichen Ausbildung werden oftmals Lern- und Arbeitsprozesse dokumentiert:
Im **Lerntagebuch** halten Sie Ihre persönlichen Lernerfahrungen fest; es dient Ihnen selbst zur Reflexion, kann aber auch Grundlage für ein Gespräch mit der Lehrperson, den Mitschülerinnen und Mitschülern oder der Ausbilderin/dem Ausbilder sein.
Im **Portfolio** (s. S. 166) dokumentieren Sie Ihre persönlichen und fachlichen Kompetenzen. Bei einer Bewerbung gibt Ihr Portfolio den Vertreterinnen und Vertretern der Firma einen Einblick in Ihre persönliche und fachliche Entwicklung und den Stand Ihrer Fähigkeiten.
Die Dokumentation ist selbstverständlicher Bestandteil jedes **Projekts** (s. S. 236). Sie macht den Arbeitsprozess transparent und kann dazu beitragen, Stärken und Schwächen des Projekts ausfindig zu machen.
Auch spezielle Arbeitsaufträge in Schule und Beruf können mit der Anforderung verbunden sein, eine Dokumentation zu erstellen. Sie könnten zum Beispiel beauftragt werden, eine Führung durch Ihren Betrieb oder Ihre Wohngemeinde zu konzipieren oder einen Leitfaden für neue Auszubildende zu entwerfen. Sie werden Ihrem Konzept immer eine Dokumentation hinzufügen.

Je nachdem, was dokumentiert werden soll und für welche Zielgruppe die Dokumentation dienen soll, wird sie anders gestaltet werden. Die Dokumentation der Montage einer Küche beim Kunden ist beispielsweise anders angelegt als das Notfallmanagement im Elektrizitätswerk.

Einige Grundsätze gelten aber für jede Form der Dokumentation:
Sie sollte
- adressatengerecht sein,
- klar gegliedert sein,
- verständlich geschrieben sein,
- leicht zugänglich und gut zu handhaben sein,
- ihren Zweck erfüllen,
- aktuell sein,
- anschaulich gestaltet sein.

5.5.3 Dokumentation — Überblick und Schreibplan

Kompetenzen

Sie können
- die Ziele von Dokumentationen erkennen.
- alle wichtigen Materialien für Ihre Dokumentation in einer sinnvollen Reihenfolge zusammenstellen.
- den dokumentierten Vorgang in einem zusammenhängenden Text verständlich und sachlogisch darstellen.

Vorbereitung
- Sammeln Sie kontinuierlich alle Materialien, die während Ihrer Arbeit benutzt wurden oder neu entstanden sind, z. B. Fragebogen, Ablaufpläne, Produktbeschreibungen.
- Ordnen Sie die Materialien in einer logischen Reihenfolge.
- Versehen Sie alle Materialien mit Datum, Quelle und sonstigen Angaben, die als Nachweis dienen können, z. B. bei Fotos, Statistiken.

Schreibplan
1. Entwerfen Sie das Titelblatt – optisch ansprechend und mit allen Angaben zu Person und Zeit.
2. Stellen Sie das Inhaltsverzeichnis zusammen.
3. Erarbeiten Sie den Hauptteil – Beschreibung und Auswertung.
4. Legen Sie das Quellenverzeichnis für alle verwendeten Unterlagen an (s. S. 49).
5. Fügen Sie im Teil „Anlagen" Ihre durchnummerierten Materialien hinzu.
6. Legen Sie eine unterschriebene Eigenständigkeitserklärung bei.

5.6 Treffender Ausdruck und guter Stil

5.6.1 Sich abwechslungsreich ausdrücken

Wer mündlich oder schriftlich nichtssagende, farblose Wörter benutzt, erweckt schnell den Eindruck, er hätte auch sonst nicht viel zu sagen. Deshalb sollte der persönliche Wortschatz ständig erweitert werden, um sich abwechslungsreich und treffend ausdrücken zu können.

> **1** Der folgende Übungstext übertreibt. Er zeigt, wie einfallslos das ausdrucksarme Verb (Zeitwort) „machen" verwendet werden kann. Machen Sie es besser.
> *(Sollte natürlich heißen: Setzen Sie treffendere Ausdrücke ein!)*

Kuno macht alles

1 Als Kuno die Kellertüre *zumachte*, *machte* er solchen Lärm, dass er den in einer Ecke schlafenden Hund wach *machte*. Dessen lautes Bellen *machte* ihm gar nichts aus,
5 denn das *machte* der immer so, wenn er ein Geräusch vernahm. Als Kuno die Türe zum Verkaufsraum *aufmachte*, *machte* er ein dummes Gesicht, denn die anderen hatten sich schon *davongemacht*. Nur die Chefin
10 *machte* noch die Kasse. Jetzt musste er allein die Plakate an den Fenstern *abmachen* und den Fußboden sauber *machen*. Als die Chefin die Bemerkung *machte*: „*Mach* doch schneller!", dachte er: „Das *mache* ich nicht
15 mehr lange mit!" Verdrossen *machte* er seine Arbeit weiter.

Nachdem er im Lagerraum Ordnung *gemacht* hatte, *machte* er die Ladenbeleuchtung aus, verabschiedete sich und *machte* sich auf den Heimweg. Vor einem Friseur *machte* er Halt, 20 denn er wollte sich Dauerwellen *machen* lassen. Er glaubte, nur so würde er etwas *hermachen* und könne ein Mädchen besser *anmachen*. Leider *machte* die neue Frisur in der Disko auf niemanden einen besonderen 25 Eindruck und er *machte* sich Gedanken, was er noch *machen* könne, um mehr Erfolg zu haben. Er *machte* große Augen, als ihm ein Freund den Vorschlag *machte*, ab jetzt alles anders zu *machen*. „Nicht die Lockenpracht *macht's*", 30 sagte der, „sondern der Kopf, der darunter steckt!"

5.6.2 Wortfeld/Wortfamilie

In einem **Wortfeld** werden alle Wörter mit einer sinnverwandten Bedeutung **(Synonyme)** zusammengestellt. Dabei zeigt sich, wie vielfältig unsere Sprache ist und mit welcher Genauigkeit man sich ausdrücken kann. Außerdem wird im Wortfeld der genaue Sinn jedes einzelnen Wortes deutlich, weil sich beim Vergleich der feine Unterschied zu den übrigen Wörtern erkennen lässt. Eine **Wortfamilie** umfasst alle Wörter mit demselben Wortstamm.

---

1 Stellen Sie das Wortfeld „sprechen" zusammen und ordnen Sie es in folgende fünf Gruppen:

Normales Sprechen	Leises Sprechen	Lautes Sprechen	Gefühlsbetontes Sprechen	Fehlerhaftes Sprechen

Übertragen Sie die Tabelle in Ihr Heft und finden Sie Beispiele für die einzelnen Gruppen des Wortfeldes.

2 Bilden Sie ein anderes Wortfeld, z. B. zu essen – sehen – verbinden.

3 Erklären Sie anhand der Darstellung unten den Unterschied zwischen Wortfeld und Wortfamilie.

4 Geben Sie für jedes Wort des Wortfeldes „bitten" eine Situation an, in der dieser Ausdruck passend wäre.

5 Ordnen Sie die Wörter des Wortfeldes „bitten" in die drei Gruppen gelassenes Bitten – dringliches Bitten – aufdringliches Bitten.

Wortfeld bitten → betteln – erbitten – begehren – verlangen – bestürmen – fordern – anflehen – sich bewerben – ersuchen – beantragen – beknien – schnorren

gleicher Wortsinn

Wortfamilie – bitt – → Bitte – erbitten – Bittschrift – verbitten – Bittsteller – Bittgesuch – Fürbitte – Abbitte (leisten)

derselbe Wortstamm

5.6.3 Wortfeld „gehen"

Ein Besuch im Kaufhaus

Es war mitten im Hochsommer. Meine Freundin Elke und ich kamen pünktlich aus dem Geschäft und so gingen (1) wir noch ein wenig durch die Hauptgeschäftsstraße in unserer Stadt. Wir gingen (2) eine Weile so dahin und standen plötzlich vor dem Eingang unseres größten Kaufhauses. „Wir wollen hineingehen (3)", sagte Elke zu mir, „ich soll meiner Schwester noch ein Heft mit Strickmustern mitbringen." Wir gingen (4) in das Kaufhaus. Viele Menschen drängten sich an den Tischen und betrachteten die angebotenen Waren, andere gingen (5) durch die Gänge zwischen den Verkaufsständen, um schneller zu ihrem Ziel zu kommen. Wir gingen (6) nun zu einer Auskunftstafel, um uns zu orientieren. Aber einen Hinweis, wo es Strickmuster zu kaufen gäbe, fanden wir nicht. Deshalb gingen (7) wir zum Informationsstand und fragten die dort tätige Dame, wo wir Strickmusterhefte finden könnten. Sie sagte uns, wir sollten zur Schreibwarenabteilung im vierten Stock gehen (8). So gingen (9) wir durch eine Menschentraube, die um einen Sondertisch drängte, zur Rolltreppe. Während ich auf die Rolltreppe zuging (10), ging (11) Elke schon ein paar Stufen hoch. Im ersten Stock war die Sportabteilung und wir gingen (12) daher zu den beiden ausgestellten Surfbrettern, um sie zu betrachten; ich wollte im kommenden Urlaub in eine Surfschule gehen (13), um erste Schritte in diesem interessanten Sport zu gehen (14). Als wir auf die nächste Rolltreppe zugingen (15), ging (16) ein junger Verkäufer, der es wohl sehr eilig hatte, so knapp an uns vorbei, dass er um ein Haar mit mir zusammengestoßen wäre. Ich ging (17) ein paar Schritte rückwärts, dabei hätte ich beinahe eine alte Frau zu Fall gebracht, die zögernd und langsam an den Verkaufstischen entlangging (18). Als wir im vierten Stock angekommen waren, gingen (19) wir zur Schreibwarenabteilung. Aber Strickmusterhefte gab es dort nicht und der Verkäufer sagte uns, wir sollten zur Handarbeitsabteilung im Erdgeschoss gehen (20). Wir ärgerten uns ein wenig und gingen (21) dann zum Fahrstuhl, um uns ins Erdgeschoss zurückbringen zu lassen. Dort gingen (22) wir dann zur Handarbeitsabteilung und Elke kaufte ein schönes Heft mit Strickmustern.
Der Gong des Warenhauses hatte den Verkaufsschluss angekündigt und so gingen (23) mit uns noch viele Menschen zum Ausgang. Als wir auf die Straße gingen (24), sahen wir eine Eisdiele und gingen (25) schnell über die Straße und gingen (26) dann in die Eisdiele, um uns ein erfrischendes Eis zu kaufen.

---

1 Das Wort „gehen" kommt in diesem Text 26-mal vor. Ersetzen Sie es durch treffende Verben (Zeitwörter). Bitte achten Sie darauf, dass Sie jedes Wort möglichst nur einmal verwenden.

2 Vergleichen und besprechen Sie Ihre Lösungen. Warum weichen Sie an einigen Stellen recht weit voneinander ab, während Sie an anderen Stellen vielleicht fast alle dieselben Wörter eingesetzt haben?

3 Legen Sie eine Tabelle an, in die Sie alle Lösungen eintragen: langsames Gehen, normales Gehen, schnelles Gehen, Sonderformen. Welche Schwierigkeiten ergeben sich dabei?

5.6.4 Thesaurus

Wenn Sie beim Schreiben eines Geschäftsbriefes nach einem passenden Ausdruck suchen, helfen Ihnen Synonymwörterbücher. Auch Textverarbeitungsprogramme bieten Hilfe an: den Thesaurus. Darunter versteht man eine Sammlung sinnverwandter Wörter (Synonyme). Im Internet finden Sie ebenfalls Thesauren, die Sie kostenlos nutzen können.

So wenden Sie den Thesaurus im Textverarbeitungsprogramm Word an:

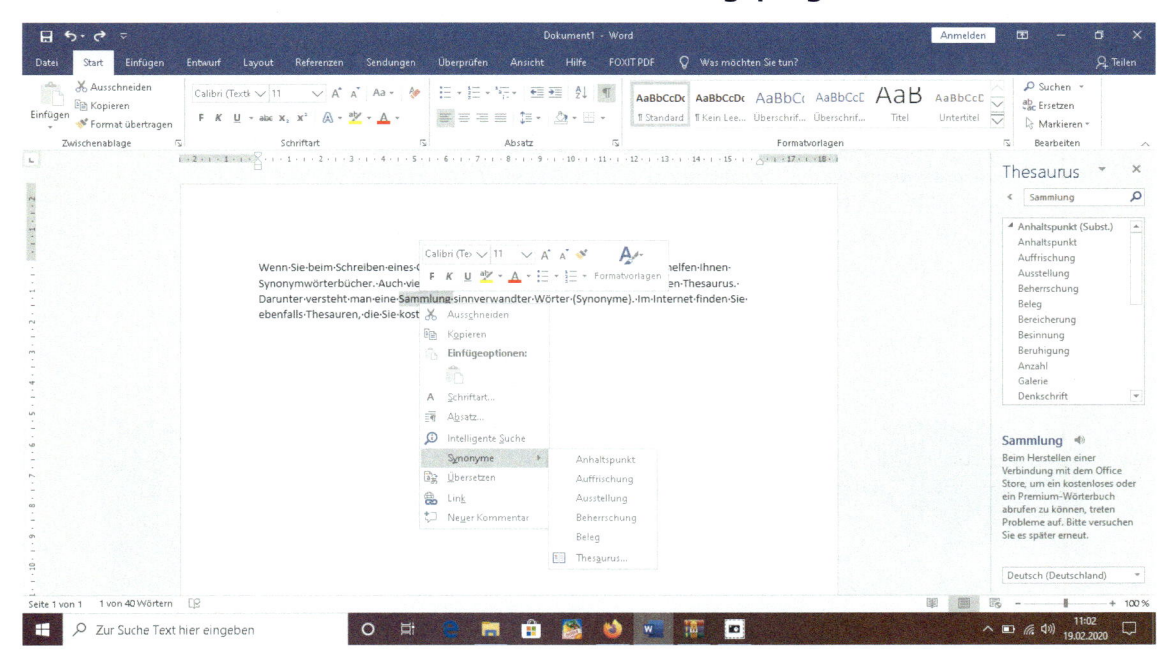

1 Markieren Sie das zu ersetzende Wort im Text mit dem Cursor.

2 Rufen Sie in der Menüleiste des Textverarbeitungsprogramms den Menüpunkt „Überprüfen" auf.

3 Wählen Sie beim Unterpunkt „Dokumentenprüfung" das Symbol für Thesaurus (zwei aufgeschlagene Buchseiten) aus und klicken Sie es an.

4 Wählen Sie aus den vorgeschlagenen Synonymen den Ausdruck, der im jeweiligen Zusammenhang am besten passt.

Für den Begriff „Beruf" schlägt der Thesaurus folgende Synonyme vor:

---

1 Erklären Sie die Bedeutungsunterschiede zwischen dem Suchwort „Beruf" und zwei Synonymen Ihrer Wahl.

2 Überprüfen Sie einen längeren Text, den Sie verfasst haben (z. B. eine Erzählung, einen Geschäftsbrief, eine Stellungnahme). Achten Sie auf Wörter, die sich wiederholen bzw. häufen. Verbessern Sie diese Ausdrücke mithilfe des Thesaurus.

Sprachkompetenz

5.6.5 Satzanfänge abwechslungsreich formulieren

Extreme Rekorde im Tierreich

Das Tierreich bietet sehr interessante Rekorde. Das Mammut zum Beispiel lebte vor über 10 000 Jahren. Das Mammut erreichte eine Höhe von über vier Metern. Die Stoßzähne waren ebenfalls über vier Meter lang. Der Größenunterschied zwischen männlichen und weiblichen Tieren kann manchmal extrem sein. Die Männchen einer bestimmten Krakenart erreichen bloß eine Größe von 1,5 Zentimetern. Die Weibchen dieser Krakenart hingegen kommen auf gute 20 Zentimeter. Der Spinnenläufer ist eine besondere Art des Hundertfüßlers. Das Rekordverdächtige an ihm ist seine große Laufgeschwindigkeit. Der Spinnenläufer schafft 50 Zentimeter in der Sekunde. Die Geschwindigkeit des Geparden ist da wesentlich höher. Die jagende Raubkatze erreicht auf kurzen Strecken 110 km/h. Die leichteste Fledermaus kommt aus Thailand. Das Gewicht dieses Tieres liegt bei knapp zwei Gramm. Das Nashorn dagegen kommt auf über zwei Tonnen Gewicht. Der Elefant wiegt allerdings bis zu sechs Tonnen. Das bedeutet, dass er das schwerste Säugetier an Land ist. Die auf den Galapagosinseln lebende Riesenschildkröte kann über 150 Jahre alt werden. Die Eintagsfliege lebt nur ein bis vier Tage.

---

1 Finden Sie Kriterien für die inhaltliche Gliederung des obigen Textes. Aus welchen Bereichen stammen die angeführten Rekorde?

2 Schreiben Sie den Text über die Tierrekorde neu und formulieren Sie dabei die Satzanfänge abwechslungsreicher (vgl. Tipp unten).

3 Gestalten Sie Ihren Text übersichtlicher, indem Sie Abschnitte bilden. Vergleichen Sie Ihre Lösung mit den Texten Ihrer Mitschülerinnen und Mitschüler.

Tipp

Vermeiden Sie bei Satzanfängen eine Wiederholung von Artikeln bzw. Substantiven. Leiten Sie Sätze besser mit Konjunktionen (z. B. weil, denn, als, aber, nachdem, obwohl, damit, dass) ein oder formulieren Sie Sätze um.
Beispiel: „Der Schiedsrichter pfiff die zweite Halbzeit des Spiels an. Der heftige Regen setzte ausgerechnet sieben Minuten später ein" kann zu „Nachdem der Schiedsrichter die zweite Halbzeit des Spiels angepfiffen hatte, setzte ausgerechnet sieben Minuten später heftiger Regen ein" umformuliert werden.

5.7 Fremdwörter gebrauchen

Fremdwörter sind aus anderen Sprachen ins Deutsche übernommene Wörter, wie aus dem Altgriechischen (z. B. „Biologie"), dem Lateinischen (z. B. „Kommunion") und dem Französischen (z. B. „Portemonnaie"). Derzeit liegt der Anteil der Fremdwörter am deutschen Sprachschatz (ca. 350 000 Wörter) bei rund 140 000 Wörtern; täglich kommen neue – vor allem englisch-amerikanische Begriffe – hinzu.

Sie erkennen Fremdwörter daran, dass sie häufig eine vom Deutschen abweichende Aussprache (z. B. Chance, Niveau, Countdown) haben. Ein typisches Merkmal von Fremdwörtern sind auch fremd klingende **Präfixe** (Vorsilben) wie z. B. „Hyper-" und „Para-" oder **Suffixe** (Nachsilben) wie „-ion" und „-ismus". Viele Fremdwörter setzen sich aus einzelnen Wortbestandteilen zusammen, wie das folgende Beispiel zeigt:

multikulturell

multi-	kultur	-ell
Vorsilbe (Präfix)	*Wortstamm*	*Nachsilbe (Suffix)*
↓	↓	↓
„viel"-	„Lebensart/ Lebensform eines Volkes"	- (Hinweis auf Adjektiv)

= viele Lebensformen umfassend

---

1 Erklären Sie die Bedeutung folgender Fremdwörter mithilfe der Wortbestandteile unten.

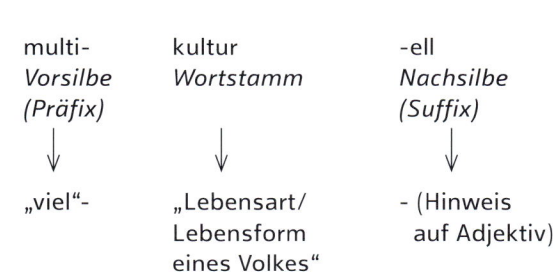

- **a** Chronograf
- **b** Antithese
- **c** Geomorphologie
- **d** Bibliothek
- **e** international
- **f** Theologie
- **g** Orthografie
- **h** synchron
- **i** Psychopath

„chrono" = Zeit „ortho" = richtig „theo" = Gott „psych" = Seele
„natio" = Volk/Stamm „graf/graph" = schreiben „biblio" = Buch „semi" = halb
„theka" = Behältnis/Hülle „thesis" = Behauptung „loge/logie" = Lehre/Wissenschaft
„syn" = gleich „anti" = gegen „geo" = Erde" „morph" = Form
„inter" = zwischen/unter „professio" = Äußerung/Bekenntnis „path" = Krankheit

---

2 Welche anderen Ihnen bekannte Fremdwörter lassen sich mithilfe dieser Wortbestandteile bilden? Erläutern Sie deren Bedeutung.

3 Die folgenden Wörter gehören zum alltäglichen Sprachgebrauch. Suchen Sie die entsprechenden deutschen Wörter dafür:

- **a** Temperament
- **b** Comeback
- **c** Ideologie
- **d** Upload
- **e** Leasing
- **f** Zirkulation
- **g** Devise
- **h** Populismus
- **i** standardisieren
- **j** progressiv
- **k** Euphorie
- **l** Relevanz

Schon seit ca. 200 Jahren fließen Begriffe aus dem Englischen bzw. Amerikanischen (z. B. „Toast", „Start", „Pullover", „Clown") in die deutsche Sprache ein. Diese nennt man Anglizismen (Einzahl: Anglizismus).

> **4** In einem Prospekt für Modewaren tauchen die folgenden Fremdwörter auf. Übersetzen Sie diese Anglizismen.
>
> a Winter-Sale
> b Premium-Squalls
> c Therma-Check-Fleece-Futter
> d Special Offers
> e Fieldweste
> f Sneakers
> g Shopper
> h ein Must-have
>
> **5** Wie beurteilen Sie die Verwendung von Anglizismen in der Werbung?
>
> **6** Recherchieren Sie online fünf deutsche Wörter, die als Fremdwörter Einzug in die angloamerikanische Sprache gehalten haben.

Der Gebrauch von Fremdwörtern in der deutschen Sprache wird kontrovers diskutiert. Manche befürchten, dass die Sprache dadurch „überfremdet" werden und verarmen könnte. In Frankreich beispielsweise wacht eine vom Staat eingesetzte Kommission darüber, dass so wenig Wörter wie möglich aus fremden Sprachen ins Französische übernommen werden. In anderen europäischen Ländern beobachtet man die Entwicklung gelassener, z. B. in den Niederlanden oder in der Schweiz.

> **7** Teilen Sie sich in Kleingruppen auf. Sammeln und übersetzen Sie möglichst viele Fremdwörter, die Ihnen bekannt sind. Welche erscheinen Ihnen sinnvoll und nützlich, welche nicht? Stellen Sie sich anschließend Ihre Ergebnisse der Klasse vor.
>
> **8** Nehmen Sie begründet Stellung zur Frage: „Anglizismen – Überfremdung oder Bereicherung der deutschen Sprache?" (Stellungnahme s. S. 121).
>
> **9** Beschreiben und deuten Sie die folgende Karikatur (s. S.176) zum Thema „Fremdwörter gebrauchen".

6 Private und geschäftliche Briefe schreiben

6.1 Aus privaten Anlässen schreiben

Mit der Postkarte aus dem Urlaub oder einer schön gestalteten Einladungskarte zu einem Fest können Sie Freunden oder Verwandten eine Freude machen. Trotz der vielfältigen Kontakte über soziale Netze kann eine Glückwunschkarte ein nettes Geschenk sein. Zum Tod eines Menschen sein Beileid auszudrücken, ist zwar schwierig, aber für die trauernden Menschen oft eine tröstende Geste.

> Hallo liebe freunde!
>
> Wie ihr ja wisst, werde ich diesen monat noch 18 jahre alt. Da ich auf diesen tag nun schon 6570 lange tage warten musste, möchte ich die letzten stunden davor und die ersten stunden dieses enorm wichtigen ereignisses nicht ohne euch verbringen. Daher seid ihr alle eingeladen zu einer superfete. Für getränke und futter sorge ich, für die unterhaltung seid ihr zuständig. Wer kommt, muss einen beitrag zu einem lustigen programm im kopf und die nötigen teile dazu in seinem gepäck haben. Wir treffen uns am mainufer beim kilometerstein 274. Wer seinen schlafsack mitbringt, kann im gartenhaus schlafen.
>
> euer jens

Quelle: Hanra

Quelle: Hanra

---

1 Wodurch unterscheidet sich die Einladung von Jens von einem üblichen Brief?

2 Welche Informationen enthält die Einladung? Welche Informationen fehlen?

3 Wie beurteilen Sie den Schreibstil und die Kleinschreibung?

4 Beantworten Sie die Einladung   **a** als Absage,   **b** als Zusage.

5 Entwerfen Sie für drei verschiedene Anlässe persönliche Grußworte.

Tipp

Oft werden für Einladungen, Glückwünsche und auch für Beileidsbriefe vorgedruckte und künstlerisch gestaltete Karten verwendet. Wenn sie durch einige persönliche Worte ergänzt werden, wirken sie weniger distanziert.

6.2 Aus geschäftlichen Anlässen schreiben

Schreiben Sie im Betrieb eine Bestellung oder erstellen Sie eine Rechnung, dann sind das „Geschäftsbriefe". Wenn Sie privat ein Abonnement kündigen oder eine neue Jacke bestellen, so handelt es sich ebenfalls um Geschäftsvorgänge.

Beim Schriftverkehr in diesen Zusammenhängen spricht man von „privaten Geschäftsbriefen". Für all diese Fälle bietet Ihnen die folgende Übersicht eine Nachschlagemöglichkeit.

Brief	Anlass	§§	Inhalt (Gliederung)
1 Anfrage	a Allgemein: Bitte um Katalog o. Ä. b Gezielt: Informationen über Ware oder Arbeitsausführung (Werk)	Rechtlich unverbindlich	1. Evtl. Bezug (Anzeige, Messebesuch, Testbericht o. Ä.) 2. Kurze Angabe des Grundes für die Anfrage 3. Nennung der gewünschten Informationen (Preis, Lieferzeit u. a.)
2 Angebot	a Werbebrief (unverlangte Zusendung von Prospekten oder Wiederbelebung einer Geschäftsbeziehung) b Antwort auf eine Anfrage	Verbindlich, wenn nicht die Unverbindlichkeit angegeben wird: • „freibleibend" • „So lange Vorrat reicht" • „Zwischenverkauf vorbehalten" u. Ä.	1. Dank für Anfrage 2. Genaue Angaben über Preis, Lieferzeit, Art und Beschaffenheit u. a. 3. Freude über mögliche Auftragserteilung ausdrücken
3 Bestellung/ Auftrag	Ware/Dienstleistung/ Arbeitsausführung wird benötigt • allgemein • zu festem Termin	Rechtlich verbindlich	1. Bezug auf Angebot, Prospekt, Anzeige o. Ä. 2. Genaue Angaben: Menge, Art, Preis, Beschaffenheit, Ausführung u. a., Liefertermin bei Kauf
4 Auftragsbestätigung	Annahme der Bestellung oder des Auftrags, vor allem bei telefonischer oder mündlicher Bestellung	Verhindert Missverständnisse, sichert den Vertragsabschluss, besonders wenn Bestellung von Angebot abweicht	1. Dank für Bestellung 2. Bestätigung der Auftragsübernahme mit Wiederholung der Einzelheiten der Bestellung 3. Zusicherung gewissenhafter Ausführung o. Ä.
5 Mahnung wegen Lieferungsverzug	Bestellte Ware trifft nicht ein; Arbeitsausführung wird nicht erledigt	a bei allgemeiner Bestellung Mahnung mit Nachfrist b bei Fixkauf sofortiger Rücktritt möglich	1. Hinweis auf Bestellung 2. Feststellung, dass Ware bisher nicht eingetroffen 3. Evtl. Begründung der Dringlichkeit 4. Angemessene Nachfrist setzen 5. Androhung von Konsequenzen

Brief	Anlass	§§	Inhalt (Gliederung)
6 Mahnung wegen Zahlungsverzug	Kunde zahlt Rechnung nicht	Verkäufer kann Verzugszinsen und Ersatz der Mahnkosten fordern (keine Auswirkung auf Verjährung!).	1. Hinweis, dass Rechnung noch nicht bezahlt wurde 2. Bitte um sofortige Zahlung 3. Evtl. Hinweis auf weitere Maßnahmen
7 Mängelrüge	Gelieferte Ware oder ausgeführte Arbeit (Werk) weist Mängel auf in der Güte, der Beschaffenheit, der Menge u. a.	Bei offenen Mängeln muss sofort gemahnt werden, bei versteckten Mängeln nach der Entdeckung.	1. Wareneingang, Prüfung 2. Genaue Beschreibung der Mängel 3. Aufforderung (mit Fristsetzung), den Mangel zu beseitigen (= Nachbesserung) oder mangelfreie Ware zu liefern (= Nachlieferung). Wenn diese Nacherfüllung nicht erfolgt, Rechtsanspruch geltend machen: Rücktritt, Minderung (Preisnachlass), Schadensersatz
8 Kündigung des Arbeitsverhältnisses	a Arbeitsplatzwechsel b Entlassung	Mündlich gültig, doch hat ein Brief mehr Beweiskraft, Kündigungsfrist beachten!	1. Kündigungsformel mit Termin 2. Evtl. Begründung 3. Bitte um Arbeitszeugnis
9 Kündigung eines Vertrags	Kündigung, z. B. eines Handyvertrags, eines Zeitschriftenabonnements, einer Wohnung	Beendigung einer Geschäftsbeziehung zu einem bestimmten Termin. Kündigungsfrist beachten. Immer als „Einschreiben mit Rückantwort" versenden.	1. Genaue Bezeichnung des Vertrags 2. Kündigungsformel mit Termin 3. Evtl. Begründung 4. Bitte um Bestätigung
10 Brief an Behörde oder Leserbrief an Zeitung	Beschwerde über Missstand (z. B. fehlendes Jugendhaus), Kritik an getroffener oder geplanter Maßnahme, auch: Zustimmung	Keine Rufschädigung durch unbeweisbare Behauptungen, keine Beschimpfungen von Personen	1. Situation schildern 2. Folgen, Nachteile nennen 3. Beispiele nennen 4. Eine Forderung stellen 5. Vorschläge machen 6. Um schnelle Durchführung bitten
11 Bewerbungsschreiben	Stellensuche	Rechtlich unverbindlich, aber später Kündigungsgrund bei unwahren Angaben	Siehe die ausführliche Darstellung auf S. 163.

1 Welche Geschäftsbriefe aus der Übersicht können auch in Ihrem Privatleben vorkommen?

2 Erläutern Sie, warum bei solchen Briefen rechtliche Gesichtspunkte (§§) zu beachten sind.

3 Begründen Sie, warum der Absender immer eine Kopie behalten sollte.

6.3 Die DIN 5008

Die Abkürzung DIN steht für das **Deutsche Institut für Normung e. V.,** das die Deutschen Normen oder **DIN-Normen** erarbeitet. Die Normung dient u. a. der Vereinheitlichung, dem leichteren Austausch und der Qualitätssicherung. Die DIN 5008 gibt Empfehlungen, mit denen sich Schriftstücke leserfreundlich, zweckmäßig und übersichtlich gestalten lassen. Diese Norm enthält umfassende Regeln für den Briefverkehr und ist weltweit einmalig. Im Schriftverkehr zwischen Unternehmen und von Unternehmen zu Privatpersonen ist die DIN 5008 von großer Bedeutung. Auf Geschäftsbriefbögen sind die vier Bereiche (Kopfbereich, Anschriftenzone, Briefkörper, Fußbereich) vorgedruckt.

1	
2	
3	**Briefkopf – Absenderfeld:** ⇒ bei Geschäftsbriefen grafisch gestaltet
4	⇒ bei privaten Geschäftspapieren sachlich und klar, ohne Wappen
5	
6	(endet 2,7 cm vom oberen Rand)

7	5		**Informationsblock:**
8	4		Kontaktinformationen, z. B.
9	3 **Rücksendeangabe und Vermerke:** fünf Zeilen in kleinerer		*(Ihr Zeichen/Ihre Nachricht:)*
10	2 Schriftgröße für eigene Anschrift und Versandvermerke, z. B.		*(Unser Zeichen/Unsere Nachricht:)*
11	1 Einschreiben		*(Leerzeile)*
12	1 **Anschrift des Empfängers** z. B. *(Frau)*		*(Name:)*
13	2 *(Monika Lang)*		*(Telefon:)*
14	3 *(Waldstraße 10)*		*(Fax:)*
15	4 *(84347 Pfarrkirchen)*		*(E-Mail:)*
16	5		*(Leerzeile)*
17	6		*(**Datum:** TT.Monat.JJJJ)*

18 *
19 *

20	**Betreff:** Anliegen/Inhalt in Kurzfassung z.B. *(Skateboardanlage in Pfarrkirchen)*

21 *
22 *

23	**Anrede:** immer mit Komma am Schluss *(Sehr geehrte Frau Lang,)*

24 *

25	**Textblock:** ⇒ wenn kein Substantiv am Anfang, dann kleinschreiben
26	⇒ Gliederung in Abschnitte durch je eine Leerzeile
27	⇒ Formulierungen in klarer, guter und anschaulicher Sprache
28	⇒ auf geschwollene, altmodische Ausdrücke verzichten
29	⇒ am Ende des Textblockes vor dem Gruß eine Leerzeile
30	⇒ einfacher Zeilenabstand
31	
32	
33	
34	
35	
36	

37 *

38	**Grußformel:** endet ohne Satzzeichen (Mit freundlichen Grüßen)

39 *

40	**Unterschrift:** ⇒ für die Unterschrift 2–3 Zeilen Platz lassen
41	⇒ bei Geschäftsbriefbögen den Namen unter die Unterschrift schreiben
42	⇒ bei privaten Geschäftsbriefen **keinen** Namen unter die Unterschrift

43
44
45
46

47	**Anlage(n):** ⇒ durch (mindestens) eine Leerzeile von der Unterschrift absetzen
48	⇒ können einzeln aufgezählt werden

49
50 Linker Rand (Fluchtlinie) 2,5 cm
51 Rechter Rand mindestens 1,0 cm
52 Unterer Rand mindestens 2,0 cm

6.4 Einen Vertrag kündigen

Eine Wohnung zu kündigen, ein Zeitschriftenabonnement oder einen Handyvertrag, das ist oftmals gar nicht so einfach: Manche Firmen sind telefonisch kaum erreichbar, ignorieren E-Mails und Briefe und ziehen weiterhin monatlich Geldbeträge ein. In so einer Situation ist eine schriftliche Kündigung erforderlich. Diese sollten Sie sich immer bestätigen lassen. Der nachstehende Brief mahnt eine Reaktion der Firma an.

Fatma Gülkan – Brunnenstr. 17 – 07434 Hagenbeck

Globalcomnet GmbH
Kundenservice
Ostfriesenstr. 208
20149 Hamburg

28.08.20..

Kündigung des Handyvertrags 894567394536

Sehr geehrte Damen und Herren,

am 30.06.20.. habe ich bereits meinen Handyvertrag zum 30.10.20.. gekündigt. Bis heute habe ich keine Bestätigung der Kündigung erhalten.

Ich entziehe Ihnen hiermit die Erlaubnis, nach dem 15.10.20.. weiter Geld von meinem Konto einzuziehen.

Bitte bestätigen Sie mir bis spätestens 15.09.20.. die Kündigung meines Handyvertrags.

Mit freundlichen Grüßen
Fatma Gülkan

Anlage
Kopie meines Kündigungsschreibens

Tipp: Lassen Sie sich immer eine Bestätigung zusenden, damit Sie etwas Schriftliches haben. Setzen Sie möglichst eine Frist, in der Regel 14 Tage, damit Sie den Adressaten ggf. in Verzug setzen können.

6.5 Eine Mängelrüge schreiben

Gerade im Onlinehandel kommt es oft vor, dass eine gekaufte Ware einen Mangel hat: Es ist das falsche Produkt, es fehlt etwas, es ist bereits etwas kaputt. In solch einem Fall gilt es, unverzüglich zu handeln.

Wenn eine Firma auf Anrufe und E-Mails nicht reagiert, ist die schriftliche Mängelrüge der Weg. Achten Sie auf die Rechtschreibung und auf die äußere Form.

① Versandhaus
Globus GmbH
Karlstraße 17
8739 Kempten

② Klaus Schuster
Gartenstr. 2
74076 Heilbronn
Tel. 07131 12345
E-Mail: K.Schuster@web.de

③ 28.04.20..

④ Mängel des gelieferten Zeltes – Lieferschein-Nr. A 346

⑤ Sehr geehrte Damen und Herren,

das von mir am 15. April 20.. bestellte Zelt, Modell Iglu ST 14, habe ich heute erhalten. Bei der Prüfung der Ware stellte ich aber zwei erhebliche Mängel fest.

⑥ An der Vorderseite des Zeltes ist der Reißverschluss falsch angenäht, sodass der Eingang nicht völlig geschlossen werden kann. Außerdem fehlt am Überdach die im Katalog abgebildete und auch im Text beschriebene Lüftungsklappe.

Ich schicke das Zelt auf Ihre Kosten zurück und bitte Sie, die Ware gegen eine einwandfreie Ausführung umzutauschen. Da ich in Urlaub fahren will, ist eine Erledigung bis zum 10. Juni d. J. erforderlich.

⑦ Mit freundlichen Grüßen

⑧ *Klaus Schuster*

⑨ Anlage: Ausriss aus Katalog

Einteilung eines privaten Geschäftsbriefes in Anlehnung an die DIN 5008 (Punkte stehen für Leerzeilen)

1 Vergleichen Sie diese Mängelrüge mit den entsprechenden Angaben in der Übersicht auf S. 97. Zeigen Sie die drei Gliederungspunkte im Brieftext auf.

2 Ein Geschäftsbrief besteht aus neun Teilen. Nennen Sie diese Teile in der Mängelrüge.

6.6 Anredepronomen (Anredefürwörter) in Briefen und E-Mails

Regel
Die Anreden **Sie, Ihnen, Ihr** werden immer großgeschrieben.
Die Anreden **du, dein, dir, dich, euch, euer** können in Briefen wahlweise groß- oder kleingeschrieben werden. Innerhalb eines Schreibens sollten sie einheitlich sein.
(Außerhalb von Briefen nur Kleinschreibung, z. B. in einer Arbeitsanweisung, einer Spielanleitung o. Ä. Beispiele: Danach sollst du dein Werkzeug reinigen. – Ordne deine Karten.)

Übung
Sehr geehrte Frau Schwarz,
endlich können wir • hnen (il) mitteilen, dass • ie (sS) • hre (il) verlorene Tasche abholen können. Zwei Rentner haben • ie (sS) bei • hrem (il) Morgenspaziergang gefunden. Wir haben uns in • hrem (il) Namen bedankt und • hnen (il) eine kleine Belohnung gegeben. Wenn • ie (sS) • ns (uU) wieder besuchen, sollten • ie (sS) • hre (il) Kinder mitbringen, denn auch • ie (sS) sind jederzeit willkommen.

6.7 An eine Behörde schreiben

Das Beispiel auf der folgenden Seite ist eine besondere Form des Geschäftsbriefs, weil darin ein persönliches Interesse durchgesetzt werden soll.

Solche Briefe können in ähnlicher Form auch als **Leserbriefe an Zeitungen** geschickt werden.

1 Nennen Sie einige Anlässe für solche Briefe an Behörden oder Zeitungen.

*2 Lesen Sie das Beispiel auf der nächsten Seite und vergleichen Sie den Inhalt mit den Angaben zu Punkt 10 in der Übersicht auf S. 97.
Entspricht der Brieftext den dort genannten sechs Gliederungspunkten? Wo könnten bei der Briefgestaltung noch Abschnitte gemacht werden?*

3 Welche Vorteile hätte es, wenn dieser Brief als Leserbrief in einer Zeitung erscheinen würde? Wären für diesen Fall der Inhalt und die Ausdrucksweise wirksam genug? Was würden Sie anders formulieren?

4 Schreiben Sie einen Brief an die Gemeindeverwaltung oder einen Leserbrief an die Zeitung Ihres Wohnorts wegen einer der folgenden Situationen:
   a Am Ortsrand haben Sie eine wilde Müllkippe entdeckt.
   b Vor der Schule oder an anderer Stelle fehlt ein Fußgängerüberweg.
   c In Ihrer Gemeinde fehlt ein Bolzplatz.

Beispiel: Brief an eine Behörde

Gemeindeverwaltung
Rathausplatz 2
99001 Altstadt

Monika Lang
Waldstraße 10
99001 Altstadt

15. April 20..

Skateboardanlage beim Fußballplatz

Sehr geehrte Damen und Herren,

immer wieder heißt es, die Gemeinde wolle etwas für die Jugendlichen am Ort tun. Statt fernsehen sollten Jugendliche besser Sport treiben. Wo sollen wir das tun? In unserer Gemeinde gibt es nur den Fußballplatz, und der ist oft nicht benutzbar. Kein Wunder, dass die Jugendlichen mit ihren Skateboards auf der Straße fahren und auf der Rathaustreppe ihre Kunststücke üben. Das ist für alle Verkehrsteilnehmer gefährlich. Müssen erst Unfälle passieren, bis die Gemeinde sich rührt?
Mit dem Bau einer Skateboardanlage würden Sie uns zeigen, dass Ihnen an der Jugend etwas liegt und dass sie Ihnen wichtig ist. Auf dem Gelände neben dem Fußballplatz könnte schnell eine Anlage gebaut werden. Es würde keine Lärmbelästigung für Anwohner entstehen. Auch mit dem Fahrrad wäre sie gut erreichbar.

Bitte setzen Sie sich bei der nächsten Sitzung des Gemeinderats für den Bau einer Skateboardanlage ein. Wie Sie aus der beiliegenden Unterschriftenliste erkennen können, sind viele meiner Nachbarn und Freunde mit mir einer Meinung.

Mit freundlichen Grüßen
Monika Lang

Anlage:
Unterschriftenliste

Brief in Anlehnung an die DIN-Einteilung.

Antwort der Gemeindeverwaltung

Elvira Kurz wird bei der Gemeindeverwaltung in Pfarrkirchen zur Verwaltungsangestellten ausgebildet. Im Zuge ihrer Ausbildung arbeitet sie zurzeit im Vorzimmer des Referenten für Bürgerangelegenheiten, an den der Brief von Frau Lang weitergeleitet wurde. Er informiert Elvira darüber, dass die Gemeinde schon vor drei Jahren den Bau einer Skateboardanlage geprüft hat. Der Umbau der Schulsportanlage sei damals zwar vorgesehen, aber noch nicht geplant gewesen. Jetzt sei ein Architektenwettbewerb für den Umbau der Schulsportanlage ausgeschrieben, dabei sei auch eine Skateboardanlage vorgesehen. Bis zum Abschluss des Wettbewerbes und des Umbaus würden aber noch einmal zwei bis drei Jahre vergehen. Der Referent bittet Elvira, einen Antwortbrief an Monika Lang zu entwerfen.

1 Lesen Sie den Entwurf von Elvira: Welche Informationen enthält der Brief? Sind alle für Frau Lang wichtigen Informationen enthalten?

2 Diskutieren Sie in der Klasse darüber, welche Informationen entfallen sollten.

3 Schreiben Sie den Antwortbrief an Frau Lang, beachten Sie dabei die Vorgaben der DIN 5008 (s. S. 98).

Sehr geehrte, liebe Frau Lang!

Wir danken Ihnen für Ihre Zuschrift vom 15. April dieses Jahres. Die Gemeindeverwaltung freut sich über jede Stellungnahme und über jeden Vorschlag, den unsere Bürger machen. Aber wir schlafen hier nicht und wir kennen sehr wohl auch die Entwicklungen im Freizeitsport. Schon vor einigen Jahren wurde durch den Jugend-Gemeinderat der Bau einer Skateboardanlage diskutiert und angeregt. Die Gemeindeverwaltung prüfte damals diesen Vorschlag, kam aber zu keinem Ergebnis, da über die Platzfrage keine Einigung erzielt wurde. Wie Sie sicher im Mitteilungsblatt der Gemeinde gelesen haben, wurde vor einigen Wochen ein Architektenwettbewerb für den Umbau der Schulsportanlage ausgelobt. Dabei ist auch vorgesehen, eine Skateboardanlage zu bauen. Wenn dieser Wettbewerb abgeschlossen ist, kann mit dem Bau einer solchen Anlage begonnen werden. Da aber die Vorgänge viel Zeit in Anspruch nehmen, wird es noch einige Jahre dauern, bis die Skateboardanlage eingeweiht werden kann. Bitte haben Sie noch etwas Geduld.

Hochachtungsvoll

Ihre Gemeindeverwaltung

6.8 Geschäftsbriefe als E-Mail versenden

Sowohl im privaten als auch im betrieblichen Schriftverkehr werden viele Geschäftsvorgänge per E-Mail erledigt. Manchmal ärgern sich Mitarbeiterinnen und Mitarbeiter darüber, dass ihr Postfach schon am Morgen überquillt, dass E-Mails unklar sind oder gar unhöflich dahingeschrieben wurden. Außerdem erwartet der/die Absender/-in oft eine unmittelbare Reaktion auf sein/ihr Anliegen. Das erhöht den Druck auf die Empfänger/-innen. Größere Firmen haben daher automatische Antworten geschaltet: „Wie haben Ihre E-Mail erhalten und werden uns schnellstmöglich darum kümmern", heißt es darin. Wenn Sie wichtige Geschäftsbriefe als E-Mail schicken, sollten Sie die Ratschläge von Fachleuten befolgen:
- Der Stil von E-Mails entspricht dem von Geschäftsbriefen.
- Antworten Sie zeitnah.

- Äußern Sie Ihr Anliegen gleich zu Beginn und fassen Sie sich kurz.
- Setzen Sie in CC nur Personen, für die die Information wichtig ist.
- Achten Sie darauf, dass keine Texte und Anhänge mitgeschickt werden, die dieser Empfänger nicht erhalten sollte.

---

1 Nennen Sie fünf Beispiele, die im Betrieb gern per E-Mail erledigt werden.

2 Warum schalten Firmen oft automatische Antworten auf die E-Mails ihrer Kunden?

3 Etikettentrainer/-innen empfehlen, Beileidsschreiben, Glückwünsche und förmliche Einladungen als Brief zu schicken. Welche Gründe sprechen dafür?

4 In welchen Fällen sollten Sie unbedingt einen Brief schreiben und diesen eventuell sogar als „Einschreiben mit Rückschein" verschicken?

5 Bilden Sie Gruppen zu vier bis sechs Personen. Formulieren Sie einen „Tipp" aus folgenden Überlegungen:
   a Welche Fehler sind Ihnen schon beim Mailen unterlaufen?
   b Bei welchen Schreibanlässen sind E-Mails ungeeignet?
   c Was können Sie tun, um sicherzugehen, dass Sie einen korrekten Text verschicken und die Formatierung erhalten bleibt?

6.9 Geschäftsbrief — Überblick und Schreibplan

Kompetenzen

Sie können
- verschiedene Arten von Geschäftsbriefen unterscheiden,
- einen Geschäftsbrief zielgerichtet und adressatengerecht entwerfen,
- einen Geschäftsbrief der DIN 5008 entsprechend einteilen und richtig schreiben.

Vorarbeit
- Vergewissern Sie sich, was der Anlass Ihres Geschäftsbriefes (s. S. 96 f.) ist: Er bestimmt den Adressaten, den Betreff sowie Inhalt und Gliederung.
- Wenn Sie den Brief am PC schreiben, können Sie auch eine Formatvorlage Ihres Textprogramms wählen.

Schreibplan
- Orientieren Sie sich bei der Blattaufteilung an der DIN 5008. Das Textbeispiel auf S. 100 ist nach dieser Norm eingeteilt, die Punkte am Rand bedeuten Leerzeilen.
- Formulieren Sie Ihre Gedanken klar und folgerichtig, um der Leserin/dem Leser eine schnelle Übersicht zu ermöglichen (s. die Gliederungspunkte zu den einzelnen Briefen auf S. 100.).
- Beginnen Sie einen neuen Absatz, wenn ein neuer Gliederungspunkt kommt.

Sprache
- Sachliche, zweckdienliche Sprache ohne Ausschmückungen
- Knappe, übersichtlich gebaute Sätze
- Höfliche Ausdrucksweise (selbst bei berechtigter Verärgerung)
- Angemessene Anrede und Grußformel

7

Argumentieren – Diskutieren – Moderieren

Diskussionen und Besprechungen sind im privaten und im beruflichen Alltag an der Tagesordnung. Wer gute **Argumente** bringt und treffende Beispiele nennt, wird andere am ehesten überzeugen. Bei öffentlichen Gesprächsrunden werden verschiedene **Diskussionsformen** angewandt. Insbesondere in Politik und Wirtschaft wenden die Meinungsführer/-innen vielfältige **Strategien** an, um die Zuhörerinnen und Zuhörer auf ihre Seite zu bringen.

In Problemdiskussionen in der Schule und im Betrieb wird gern die **Moderation** eingesetzt. Sie soll sicherstellen, dass alle sich am Meinungsaustausch und an der Entscheidungsfindung beteiligen.

---

1 Welche Erfahrungen haben Sie mit Diskussionen gemacht? Was hat Sie angesprochen? Was hat Sie eher abgestoßen?

7.1 Argumentieren

7.1.1 Aufbau von Argumenten

Wenn Sie durch Argumente überzeugen wollen, sollten Sie die Reihenfolge Ihrer Argumentationsschritte beachten. Eine Argumentation besteht aus mindestens drei Schritten, zur Unterstützung können weitere Argumentationsschritte (s. S. 106) verwendet werden, die Argumentation sollte aber übersichtlich und verständlich bleiben.

---

1 Lesen Sie den folgenden Argumentationsgang so vor, dass Sie durch die Betonung und die Sprechweise die beabsichtigte Wirkung unterstützen.

| **These** (Behauptung)
Ein Smartphone ist heute selbstverständlich. | **+** | **Argument** (Begründung)
... weil viele Menschen jederzeit erreichbar sein wollen. | **+** | **Beweis/Beispiel**
Meine Freunde verabreden sich meist per Handy. |

2 Lesen Sie den Argumentationsgang auf der folgenden Seite zunächst einmal still für sich. Welche Wirkung soll durch die Argumentation erzielt werden? Lesen Sie dann den Argumentationsgang so vor, dass Sie durch die Betonung und die Sprechweise die beabsichtigte Wirkung unterstützen.

3 Welche Vor- bzw. Nachteile ergeben sich durch die Verwendung mehrerer Argumentationsschritte in einem Argumentationsgang?

Beispiel für Argumentationsgang	Argumentationsschritt	Funktion
Ich bin gegen Parkplatzgebühren für Schüler,	**These/Behauptung**	Die These macht den eigenen Standpunkt deutlich.
denn ich fahre nicht aus Bequemlichkeit mit dem Auto zur Schule.	**Argument (Begründung)**	Mit dem Argument wird der eigene Standpunkt begründet.
Mit dem Auto bin ich ungefähr 30 Minuten unterwegs, mit dem Bus würde ich etwa eine Stunde brauchen.	**Beweis/Beispiel**	Das Argument wird durch einen Beweis/ein Beispiel erläutert.
Daher spare ich mit dem Auto sehr viel Zeit.	**Folgerung**	Aus Argument und Beweis/Beispiel wird eine Schlussfolgerung gezogen.
Allerdings trifft dies nicht für alle Parkplatzbenutzer zu.	**Einschränkung**	Ein mögliches Gegenargument wird vorweggenommen.
Schülerinnen und Schüler mit weiten Anfahrtswegen sollten kostenlos parken dürfen.	**Aufforderung (Appell)**	Das Gegenüber wird aufgefordert, etwas zu tun oder zu unterlassen.

4 Martin, Paula und Lena unterhalten sich über die Vor- und Nachteile einer Berufsausbildung. Bestimmen Sie die dabei verwendeten Argumentationsschritte und beurteilen Sie deren Überzeugungskraft.

Martin sagt: „Eine Berufsausbildung ist sinnvoll, `= These` weil sie dazu beiträgt, die eigene Zukunft zu sichern. `= Argument`

Die Arbeitslosenstatistik beweist, dass viel mehr Ungelernte arbeitslos sind als ausgebildete Facharbeiter." `= Beweis`

Paula erwidert: „Aber manche Schulabgänger sind der Meinung, `= ?` dass eine Lehre verlorene Zeit ist, `= ?` da eine Aushilfskraft viel mehr Geld verdient als eine Auszubildende. `= ?` Eine ungelernte Aushilfsverkäuferin verdient zum Beispiel 1 200,00 € im Monat, als Auszubildende im Einzelhandel bekommt man höchsten 600,00 €. `= ?` Deshalb ist es besser, gleich mit dem Geldverdienen anzufangen." `= ?`

Lena meint: „Was ihr gesagt habt, zeigt, `= ?` dass es keine für alle jungen Menschen gültige Aussage gibt, `= ?` denn der eine denkt mehr an die Gegenwart und der andere stärker an die Zukunft. `= ?` Daher muss jeder für sich selbst entscheiden, was er für richtig hält." `= ?`

5 „Das Handy sollte in der Schule ausgeschaltet bleiben" – das ist ein umstrittenes Thema. Sechs Schüler/-innen übernehmen die Rolle der Lehrer/-innen, die diese Forderung unterstützen. Alle anderen bilden sich eine persönliche Meinung. Fertigen Sie Notizen zu Ihren Argumenten an. Diskutieren Sie nun die Positionen und suchen Sie einen Kompromiss.

7.1.2 Argumente prüfen

Wenn ich jemanden überzeugen möchte, brauche ich gute Argumente.

Eine Aussage ist überzeugend, wenn	Beispiel-Argument:
• sie eine nachprüfbare Tatsache wiedergibt.	„Unsere Bevölkerung wird immer älter."
• sie einem Gesetz oder einer Vorschrift entspricht.	„In der Schulordnung wird die Benutzung von Smartphones verboten."
• sie anerkanntes Ergebnis einer Untersuchung/der Forschung ist.	„Das Meinungsforschungsinstitut INFAS hat festgestellt, dass es immer mehr Nichtwähler gibt."
• sie verallgemeinerten Erfahrungen entspricht.	„Lehrjahre sind keine Herrenjahre!"
• die Wahrscheinlichkeit für die Sache spricht.	„Im Team arbeitet man meist effektiver als alleine."
• eine bekannte Persönlichkeit die Aussage gemacht hat.	„Der Bundespräsident hat auch darauf hingewiesen, dass ausländische Mitbürger die deutsche Sprache lernen müssen."

Eine Aussage ist nicht überzeugend, wenn	Beispiel-Argument:
• sie nicht nachprüfbar ist.	„Heute sind junge Menschen unzufriedener als früher."
• sie auf einem Einzelfall beruht, der nicht verallgemeinert werden kann.	„Mein Freund hat mir erzählt, dass er dort während seines Urlaubs unfreundlich behandelt wurde."
• sie eine ganz persönliche Meinung ausdrückt.	„Ich finde, dass Praktikanten ausgenutzt werden."
• sie allgemeinen Erfahrungen widerspricht.	„Junge Leute fahren immer sehr vorsichtig Auto."
• eine unbekannte Quelle für die Aussage genannt wird.	„Ich habe irgendwo gehört, dass die Prüfung einfach sei."

1 Die These, dass Hausaufgaben in der Berufsschule überflüssig sind, soll durch Begründungen an Überzeugungskraft gewinnen. Formulieren Sie drei Argumente, die diese These unterstützen. Vergleichen Sie Ihre Argumente mit denen Ihrer Mitschüler/-innen.

2 Prüfen Sie, ob die folgenden Argumente überzeugend sind. Begründen Sie Ihre Entscheidung.
These: Die Ausbildungszeit sollte um ein halbes Jahr verlängert werden,
  a da immer mehr Inhalte zu lernen sind.
  b weil dann die Prüfungsergebnisse besser wären.
  c denn die Zeit zum Üben ist für viele zu kurz.
  d weil mir das gefallen würde.
  e weil es dadurch weniger Arbeitslose gäbe.
  f weil dann mehr Betriebe ausbilden würden.

3 Formulieren Sie in Kleingruppen Argumente, die gegen eine Verlängerung der Ausbildungszeit sprechen. Schreiben Sie Ihre Argumente auf Karten und sammeln Sie diese auf einer Metaplantafel. Überlegen Sie mit der ganzen Klasse eine Schlussfolgerung aus allen gesammelten Argumenten und halten Sie diese an der Pinnwand fest.

7.1.3 Mündlich Stellung nehmen

Ab und zu wird man in der Stadt angesprochen und zu einem aktuellen Thema befragt. Hier wurden die Passanten um ihre Meinung zu E-Scootern gebeten:

> **Jo, 21, Auszubildender Werkzeugmechaniker**
> Ich hab mir kürzlich einen in Köln ausgeliehen. Das hat echt Spaß gemacht, damit durch die Straßen zu flitzen! Nur halten die Dinger nicht lang. Ein halbes Jahr, hab ich gehört. Darum kauf ich mir jetzt keinen. Aber ausleihen, das mach ich wieder.

> **Maria G., 71, Hauswirtschaftsmeisterin**
> Wenn die Leute dann das Auto stehen lassen, finde ich das gut. Aber für mich ist das nichts mehr. Ich bin zu alt. Ich finde das auch gefährlich, wenn ich damit auf der Straße fahren würde.

> **Carla K., 43, Buchhalterin**
> Also mal kurz zur Post fahren oder zum Spaß, das find ich cool. Außerdem ist es was für eine bessere Umwelt, denk ich. Damit kann man auch mal in der Fußgängerzone fahren. Aber mehrere Kilometer würd ich nicht damit fahren. Aber da kann man sie ja mit in den Bus nehmen. Das ist praktisch.

> **Alaa M. 29, Student**
> Wo sollen denn die Teile fahren? Da wo die Oma läuft, das Kind Dreirad fährt und die Mama mit Fahrradanhänger unterwegs ist? Oder auf der Straße? Wo die Lkw schon die Radfahrer übersehen? Es fehlt an sicheren Radwegen. Erst die Wege, dann die Fahrzeuge!

> **Dragos R., 32, Zweiradmechanikermeister**
> Mit den E-Scootern werden wir die Verkehrswende nicht schaffen und auch unsere Klimaziele nicht erreichen. Am Berg bleiben die meisten hängen. Einkäufe lassen sich auch nicht transportieren, geschweige denn Kinder mitnehmen. Da wird kurz mal Geld mit verdient und dann kommen die Leute zu uns und kaufen sich ein ordentliches Fahrrad.

> **Lissi B., 17, Auszubildende zur Mediengestalterin**
> Ich hab gehört, dass die Leihroller nur drei Monate halten. Außerdem liegen viele irgendwo in der Stadt rum. Ich finde das nicht gerade umweltfreundlich. Und die Batterien sowieso nicht.

> **Doro S., 39, Verkehrspolizistin**
> Die Unfälle im letzten halben Jahr zeigen ja, dass da noch viel geklärt werden muss. Da wurden in der Innenstadt alte Menschen angefahren. Ein Betrunkener ist mit seinem Roller in ein Auto gerast. Ein anderer wurde vom Lkw erwischt. Auf den Straßen in der Innenstadt werden die E-Scooter oft übersehen. Da muss der Gesetzgeber noch einiges klären.

1 Prüfen Sie, ob alle Passanten eine eindeutige Meinung äußern.

2 Bilden Sie Kleingruppen und notieren Sie die Argumente der Passanten auf Karten. Sortieren Sie die Karten nach PRO und KONTRA. Pinnen Sie sie in einer sinnvollen Reihenfolge an eine Metaplantafel.

3 Nehmen Sie in der Klasse mündlich Stellung zum Gebrauch von E-Scootern.

4 Geben Sie sich gegenseitig ein Feedback (s. S. 246) zur Überzeugungskraft Ihrer Argumente.

7.1.4 Stellung nehmen zu einer betrieblichen Maßnahme

Stellungnahme zu einer geplanten Maßnahme

Ich bin der Meinung …

„Sollten wir in unserem Betrieb die gleitende Arbeitszeit einführen?"

Da bin ich ganz anderer Meinung …

„Wie beurteilen Sie den Plan, unsere Geschäftsräume (oder die Werkstatt) anders zu gestalten?"

Stellungnahme zu einer durchgeführten Maßnahme

„Hat sich die Einführung der gleitenden Arbeitszeit in unserem Betrieb Ihrer Meinung nach bewährt?"

„Halten Sie die durchgeführte Umgestaltung unserer Geschäftsräume für gelungen?"

Die vier Fragestellungen sind Beispiele dafür, wie Betriebsangehörige zu einer Stellungnahme aufgefordert werden können. Sicher werden betriebliche Planungen nicht von der Meinung der Auszubildenden abhängig gemacht. Die Gelegenheiten, zu einem Problem kurz Stellung zu nehmen, werden jedoch mit den wachsenden Aufgaben im Beruf zunehmen. Immer mehr Unternehmen beziehen ihre Arbeitnehmerinnen und Arbeitnehmer in innerbetriebliche Entscheidungsprozesse ein und fordern sie zum kreativen und auch kritischen Mitdenken auf (s. S. 222).

Auch außerhalb des Berufs gibt es viele Situationen, in denen eine persönliche Stellungnahme zu einem Problem erforderlich werden kann, z. B. als Mitglied eines Vereins, als Besucher/-in einer Bürgerversammlung oder einer Wahlveranstaltung, als Klassensprecher/-in, als Passant/-in bei einer Meinungsbefragung auf der Straße.

---

1 Berichten Sie kurz über eine Problemstellung am Arbeitsplatz, bei der auch Sie um Ihre Meinung gebeten worden sind oder gern Ihre Meinung gesagt hätten.

2 Welche Vorteile haben Unternehmer/-innen im Auge, wenn sie immer häufiger die Meinungen ihrer Mitarbeiter/-innen erfragen und in betriebliche Entscheidungsprozesse einbeziehen?

3 In welchen Situationen sollte man reden, „wie einem der Schnabel gewachsen ist"? Wann ist eine überlegte und strukturierte Stellungnahme angebracht?

Sprachkompetenz

Halten Sie sich an die folgenden fünf Gliederungspunkte, dann gelingt Ihnen eine kurze Stellungnahme schon beim ersten Versuch. Wenn Sie mit einem Stichwortzettel vor der Klasse frei sprechen, werden Sie von Mal zu Mal selbstsicherer.

Die mündliche Stellungnahme

Gliederung Argumentationsgang	Beispiel: „Wie beurteilen Sie die Einführung der gleitenden Arbeitszeit in unserem Betrieb?"
① **Eigener Standpunkt (These)** (in einem Satz)	Ich halte die Einführung der gleitenden Arbeitszeit in unserem Betrieb nicht für sinnvoll.
② **Begründung, Argument**	In einem Einzelhandelsgeschäft ist gleitende Arbeitszeit nicht durchführbar, weil bereits zu Geschäftsbeginn alle Mitarbeiterinnen und Mitarbeiter anwesend sein müssen, die Teilzeitkräfte ausgenommen. Hier werden schon alle Hände gebraucht.
③ **Beweis/Beispiel**	In unserer Filiale müssen frühmorgens die Ladentheken und Regale eingeräumt werden, die Angebotstische vor dem Geschäft sind aufzustellen und zu dekorieren, angelieferte Waren müssen versorgt werden und vieles andere mehr. Da muss jeder zur Stelle sein und wenn abends die Aufräumarbeiten beginnen, ist es nicht anders.
④ **Folgerung**	Die Beispiele zeigen, dass die gleitende Arbeitszeit für unseren Betrieb nur Nachteile hätte: Einzelne Mitarbeiter/-innen würden überlastet, die Betriebsabläufe wären gestört, die Kunden würden schlechter bedient.
⑤ **Aufforderung**	Ich schlage deshalb vor, die gleitende Arbeitszeit nicht einzuführen.

4 Welchen Vorteil hat es für Sie als Rednerin/Redner und für Ihre Zuhörerinnen und Zuhörer, dass zuerst nur ein einziger Satz formuliert wird?

5 Welche Wirkung haben treffende Beispiele in der Argumentation?

6 Die fünf Gliederungspunkte stellen eine Hilfe für den Anfang dar, sollen Sie aber nicht einengen. Sie können die Reihenfolge auch verändern.
  - Welche Vorteile hätte es z. B., wenn man die Stellungnahme gleich mit Punkt 3, also mit einem konkreten Beispiel beginnt?
  - Lesen Sie die Beispielsätze einmal in der Reihenfolge 3 – 4 – 2 – 1 (und lassen Sie 5 weg). Welche Reihenfolge halten Sie für wirkungsvoller?

7 Halten Sie nach dieser Gliederung eine kurze freie Rede, in der Sie der geplanten Einführung der gleitenden Arbeitszeit in Ihrem Betrieb zustimmen.

Aufgabenstellungen für mündliche Übungen

a Was meinen Sie dazu, dass alle Mitarbeiterinnen und Mitarbeiter einen Erste-Hilfe-Kurs besuchen sollen?
b Sollte ein junger Mann einen Kochkurs besuchen?
c In der Berufsschule/Ihrem Betrieb werden Zusatzqualifikationen angeboten. Die Fortbildungen sollen kostenlos sein und an sechs Samstagen stattfinden. Was halten Sie davon?
d Was halten Sie davon, das Wahlrecht für die Wahlen zum Bundestag auf 16 Jahre herabzusetzen?

7.1.5 Missstände benennen – Verbesserungen vorschlagen

Bei der alltäglichen Arbeit fallen jeder Mitarbeiterin/jedem Mitarbeiter immer wieder Unzulänglichkeiten, Schwierigkeiten oder Missstände auf. Wenn dadurch die Arbeitsabläufe mühsamer sind als nötig, langsamer und umständlicher als möglich, ärgert einen das. Unzufriedenheit und Unlust sind die Folge. Die Geschäftsleitungen haben inzwischen erkannt, dass eine unzufriedene Belegschaft auch schlechtere Leistungen erbringt.

Außerdem hat sich die Erkenntnis durchgesetzt, dass der Mensch, der vor Ort arbeitet, am besten weiß, wo Abläufe optimiert werden können und wie das geschehen kann. In vielen Betrieben werden Mitarbeiterinnen und Mitarbeiter ausdrücklich aufgefordert, Verbesserungsvorschläge einzureichen – vielfach werden diese sogar prämiert (KVP – Kontinuierlicher Verbesserungsprozess).

Die folgende Gliederung zeigt Ihnen, wie Sie einen fundierten Vorschlag schriftlich oder mündlich vorbringen können:

Gliederung	Beispiel: Arbeitsplatzbeleuchtung reicht nicht aus
1 Sachverhalt	In Halle 8 sind nur Deckenlampen – Einzelarbeitsplätze ungenügend ausgeleuchtet – Schattenwirkung …
2 Unmittelbare Folgen	Erschwerte Arbeitsbedingungen – hohe Ausschussrate – Fehler beim Ablesen von Instrumenten – Kopfschmerzen – schnelle Ermüdung …
3 Weitere Auswirkungen	Krankmeldungen steigen – Unfallgefahr – sinkende Arbeitsfreude – unzufriedene Kunden durch Fertigungsmängel …
4 Verbesserungsvorschlag	Anbringung von einzelnen Arbeitslampen vom Typ … an … und an …, statt Deckenleuchten besser Hängeleuchten; eine Alternative wäre …

1 Warum werden die Folgen und Auswirkungen so ausführlich dargestellt?

2 Arbeiten Sie die oben genannten Stichworte zu einer schriftlichen Stellungnahme aus (s. S. 121 ff.).

3 Nehmen Sie einen Missstand in der Schule zum Anlass, einen Verbesserungsvorschlag auszuarbeiten und der Schulleitung vorzutragen. Üben Sie zunächst in einem Rollenspiel das Gespräch mit der Schulleiterin/dem Schulleiter. Laden Sie sie/ihn dann in Ihre Klasse ein und tragen Sie Ihren Verbesserungsvorschlag vor.

4 Üben Sie an einem der folgenden Themen, fundierte Verbesserungsvorschläge zu formulieren und vorzutragen oder schriftlich auszuarbeiten:
   a Es gibt keinen Getränkeautomaten in der Werkhalle.
   b Die Klimatisierung am Arbeitsplatz ist unzureichend.
   c Die Wege zum Kopierer sind unnötig weit.
   d Es gibt zu viele Klassenarbeiten in einer Woche.
   e Die sanitären Anlagen sind regelmäßig verdreckt.
   f Es gibt keinen ruhigen Raum für die Erholung in der Pause.

Tipp

Wenn Sie Kritik üben, sollten Sie darauf achten, dass Sie nicht eine Person kritisieren, sondern dass die Sache im Mittelpunkt steht. Formulieren Sie Ihre Kritik als Ich-Aussage (s. S. 32), z. B. „Für mich ist das Licht in der Halle zu dunkel" statt „Es ist in der Halle zu dunkel".

7.1.6 Mit Argumenten für (m)einen Beruf werben

Ihr Einsatz – Ihr Gewinn

Start
Sie beginnen Ihren Aufstieg in unserem Autohaus mit einer Ausbildung im technischen oder kaufmännischen Bereich. Sie lernen in Praxis und Theorie die Grundlagen Ihres Berufs. Wenn Sie die Abschlussprüfung bestanden haben, erwarten Sie interessante Aufgaben in unserer Firma.
Wir bilden aus – in unserem technischen Betrieb Karosseriefahrzeugmechaniker/-innen, in unserer kaufmännischen Abteilung Kaufmann – Büromanagement, Automobilkaufmann, Informatikkaufmann, jeweils auch als Kauffrau. Ihre Berufstätigkeit umfasst Reparaturen und Wartungsarbeiten, den Umgang mit Kunden oder die Bearbeitung kaufmännischer Geschäftsvorfälle.

Ihr Einsatz lohnt sich, im ersten Ausbildungsjahr vergüten wir Ihnen dafür je nach Ausbildungsberuf um die 500,00 €. Auch die Arbeitszeit wird Ihnen gefallen: 36-Stunden-Woche ist bei uns garantiert. Und die späteren Verdienstmöglichkeiten können sich mit Leistungsprämien und übertariflicher Bezahlung sehen lassen.

Was ist ein „Simmerring"? Wie sieht eine „Buchhalternase" aus? Wie geht man mit einem Kunden um, der sich beschwert? In unserer Firma werden Sie vieles lernen, denn unser Geschäftserfolg hängt von dem Wissen und den Leistungen unserer Mitarbeiter/-innen ab. Durch innerbetriebliche Schulungen sind Sie immer auf dem neuesten Stand.

Am Ende der beruflichen Ausbildung in unserem Haus haben Sie auf jeden Fall gewonnen, aber nicht nur Erfahrungen und Eindrücke, das wäre zu wenig. Ihr persönlicher Gewinn ist die fundierte Berufsausbildung, die Ihnen den Zugang zur Berufswelt öffnet und als Ausgangspunkt zu Weiterbildung und beruflichem Aufstieg zur Führungskraft dient.

„Blauer Anton" oder „Weißer Kragen", das ist in unserem Autohaus überholt. Wir ziehen alle am gleichen Strang und haben gemeinsam den Erfolg unseres Unternehmens im Blick.

Wir wissen, dass wir nur durch Teamgeist im Konkurrenzkampf bestehen können und deshalb lautet unser Prinzip: Das Beste für unsere Kunden, die Besten in unser Team.

Autohaus Bremer & Stoll • Vertragshändler, Niederlassungen in L., S., F.
Wenn Sie anrufen möchten: Verlangen Sie Frau Wohlfahrt von der Personalabteilung.

---

1 Mit welcher Absicht wurde die oben abgedruckte Anzeige veröffentlicht?

2 Notieren Sie stichwortartig die Kernpunkte, um die es in den fünf Textfeldern geht.

3 Halten Sie mithilfe eines Stichwortzettels eine freie Rede, in der Sie für Ihren Beruf werben (Thema: „Ein empfehlenswerter Ausbildungsberuf: …").

7.2 Diskutieren

Werden in einer Gruppe Argumente und Meinungen ausgetauscht, spricht man von einer Diskussion. Ziel der Diskussion ist es, Probleme zu klären und oft auch durch eine abschließende Abstimmung zu einer Entscheidung zu kommen.

> **1** Recherchieren Sie Herkunft und genaue Bedeutung von „Diskussion" (z. B. bei „www.duden.de").
>
> **2** Was ist gemeint, wenn jemand sagt: „Das ist für mich indiskutabel"?
>
> **3** An welche Diskussionen in den Medien oder in Ihrem Alltag erinnern Sie sich? Welche Ziele strebten die Diskutierenden an? Welche Absichten (Intentionen) hatten sie?

7.2.1 Diskussionsformen

Diskussionen finden oft unorganisiert statt, mit dem Ziel, Argumente und Ansichten auszutauschen.

Für die gezielte Entscheidungsfindung, z. B. im Verein oder im Betrieb, gibt es unterschiedliche **Organisationsformen**.

Plenumsdiskussion	Alle Anwesenden können sich an der Diskussion beteiligen. Eine Diskussionsleiterin oder ein Diskussionsleiter achtet auf die Reihenfolge der Wortmeldungen und auf die Einhaltung der Diskussionsregeln (s. S. 114) und gegenseitigen Respekt.
Podiumsdiskussion	Die auf einem erhöhten Podium sitzenden Teilnehmer/-innen der Diskussion sind nach bestimmten Kriterien ausgewählt, z. B. sind es Vertreter/-innen verschiedener Parteien oder gesellschaftlicher Gruppen oder einer Bürgerinitiative auf der einen und Mitglieder des Gemeinderats auf der anderen Seite. Sie stellen ihre Position zu einer Streitfrage dar und möchten die Zuhörerschaft von deren Richtigkeit überzeugen.
Debatte	Zu einer zuvor vereinbarten Frage argumentieren zwei bis drei Personen für eine bestimmte Lösung (PRO) und ebenso viele dagegen (KONTRA). Dazu steht ihnen eine begrenzte Zeit zur Verfügung. Manchmal werden Fragen aus dem Publikum zugelassen. Oft findet danach eine Abstimmung statt (s. S. 116 f.).

> **1** Bilden Sie Kleingruppen und besprechen Sie die nachstehenden Fragen.
> - Welche Diskussionsformen kennen Sie aus Ihrem Schulalltag?
> - Welche Verbesserungsmöglichkeiten für die Diskussionen im Unterricht sehen Sie?
>
> **2** Vereinbaren Sie in Ihrer Klasse, eine bestimmte Diskussionsrunde (Talkshow) im Fernsehen anzuschauen. Machen Sie sich Notizen: Was fällt Ihnen am Verhalten der Teilnehmer/-innen positiv oder negativ auf? Welche Regeln gibt es? Inwieweit werden sie eingehalten?

7.2.2 Diskussionsregeln

Wird diese elementare „Spielregel" bei einer Diskussion nicht beachtet, spricht bald jeder mit jedem und man versteht sein eigenes Wort nicht mehr. In einer Diskussion müssen sich deshalb alle Beteiligten an einige grundlegende Regeln halten, die sich aus den Aufgaben der Diskussionsteilnehmer/-innen und den Aufgaben der Diskussionsleitung ergeben.

Aufgaben der Diskussionsteilnehmer/-innen:
- Die Teilnehmer/-innen bereiten sich auf die Diskussion vor, dazu gehört auch, dass notwendige Unterlagen in ausreichender Zahl vorhanden sind.
- Wer reden möchte, meldet sich erkennbar, aber nicht störend, und redet nur, wenn ihr bzw. ihm von der Diskussionsleitung das Wort erteilt wurde.
- Die Teilnehmer/-innen fassen sich kurz, sie halten sich an eine Redezeitbegrenzung.
- Die Teilnehmer/-innen weichen nicht vom Diskussionsthema ab.
- Die Teilnehmer/-innen hören aktiv zu, d. h., sie zeigen Interesse, machen sich Notizen und beteiligen sich an der Diskussion.
- Die Teilnehmer/-innen bleiben sachlich und greifen andere nicht persönlich an.

Aufgaben der Diskussionsleitung:
- Sie lädt die Teilnehmer/-innen rechtzeitig zu der Diskussion ein und gibt ihnen das Thema und das Diskussionsziel bekannt.
- Die Diskussionsleitung eröffnet die Diskussion, indem sie die Teilnehmer/-innen begrüßt und das Thema sowie das Ziel der Diskussion noch einmal nennt.
- Sie achtet auf die Einhaltung der Regeln.
- Sie fasst die Ergebnisse der Diskussion zusammen und schließt die Diskussion ab.

---

1 Führen Sie in Ihrer Klasse eine Diskussion durch.
- Wählen Sie ein aktuelles Thema und eine Diskussionsleiterin/einen Diskussionsleiter.
- Benennen Sie zwei Personen, die beobachten und die Regelverstöße notieren.
- Klären Sie, welches Ziel Sie mit der Diskussion verfolgen.
- Nehmen Sie Stellung zu dem Thema und gehen Sie auf die Argumente der/des jeweiligen Vorrednerin/Vorredners ein.

2 Reflektieren Sie den Ablauf der Diskussion:
- Wie hat die Diskussionsleitung ihre Aufgabe erfüllt?
- Wie haben sich die Diskussionsteilnehmerinnen und -teilnehmer verhalten?
- Was wäre der Diskussion förderlich gewesen?

3 Reflektieren Sie Ihr eigenes Verhalten in der Diskussion:
- Was ist Ihnen gut gelungen?
- Was fiel Ihnen besonders schwer?
- Welche Veränderungen wünschen Sie sich?
- Wie ließe sich das umsetzen?

7.2.3 Diskussionsstrategien

Ziel einer Diskussion ist es, andere mit Argumenten zu überzeugen. Dabei kommen verschiedenste Strategien zum Einsatz:

Strategie	Beispielsätze
Berufung auf Daten und Fakten	„Die Statistik des Bundesamtes zeigt, dass …" „2014 lag der Anteil noch bei …"
Berufung auf bekannte Autoritäten	„Das haben wir bereits von Barack Obama gelernt: …" „Der ADAC hat festgestellt, dass …"
Berufung auf allgemein anerkannte Normen	„Es heißt nicht umsonst: Ehrlichkeit währt am längsten. Und: Lügen haben kurze Beine."
Berufung auf Erfahrungen	„Bei jeder Urlaubsreise erlebe ich das: Baustelle reiht sich an Baustelle." „In meiner Jugend haben wir Briefe geschrieben."
Ausweichen/Ablenken	„Ihr redet ständig vom Sportangeboten, die gesunde Ernährung unserer Schüler/-innen ist auch wichtig."
Ja–Aber	„Genau, wir brauchen Geld für die Sozialarbeit, aber die Sicherung der Arbeitsplätze ist das Entscheidende."
Vergleichen	„Das war schon zu Zeiten der Pferdekutschen so: Die autonome Fortbewegung war den Menschen am Wichtigsten."; „wie mein Vater"
Bestreiten	„Zahlen, Statistiken, Forschungsergebnisse, was sagt uns das schon? Die Eltern wollen selbst entscheiden, ob ihr Kind geimpft werden soll oder nicht."
Isolieren	„Damit stehen Sie aber ziemlich allein da. Die Mehrzahl der Bürger teilt die Meinung, dass die Steuern zu hoch sind."
Verallgemeinern	„Du mit deinem Umweltschutz. Immer nur Umweltschutz." „Wenn das alle machten, …"
Abwerten	„Das kennen wir ja von Ihnen. Immer dieselbe Leier. Gebracht hat es noch nie was."; „Ach, jetzt kommt unser Öko-Freak wieder …"
Lächerlich machen	„Da kann man jeden Gaul zum Verkehrsteilnehmer erklären." „Das sagt meine Urgroßmutter auch immer."
Persönlich angreifen	„Wegen Ihres Gewichts sind Ihre Argumente noch lange nicht gewichtig!" „Die Erkenntnis ist wohl noch nicht zu deiner Generation durchgedrungen."
Erweitern und übertreiben	„Okay, dann bauen wir für jeden Verein ein Vereinshaus; dann ist am Schluss ist kein Geld mehr da für die wichtigen Dinge in unserer Gemeinde."
Vertagen	„Ich komme später darauf zurück …"; „Darüber ist noch zu sprechen …"
Wiederholen	Wiederholen der bereits vorgebrachten Argumente

1 Reflektieren Sie in Kleingruppen, welche Strategien Ihnen aus Ihrem Familien- und Freundeskreis bekannt sind. Sammeln Sie Beispielsätze zu fünf verschiedenen Strategien.

2 Welche Strategien benutzen Politiker/-innen und andere Personen des öffentlichen Lebens Ihrer Erfahrung nach besonders häufig? Welche halten Sie für legitim, welche nicht?

7.3 Eine Debatte führen

Eine Demokratie braucht Menschen, die kritische Fragen stellen. Menschen, die aufstehen, ihre Meinung sagen und sich mit den Meinungen anderer auseinandersetzen. Menschen, die zuhören und reden können. Menschen, die fair und sachlich debattieren.

Quelle: Jugend debattiert (Hrsg.): Jugend debattiert – weil Kontroversen lohnen, 2019.

In Debatten werden aktuelle Fragen aus Familie, Beruf, Wirtschaft oder Politik diskutiert, die alle angehen. Ein Thema wird vereinbart und als Entscheidungsfrage formuliert (s. S. 140).
Debattieren heißt: Stellung nehmen, zuhören, argumentieren, überzeugen. Für die Debatte gelten feste Regeln und ein bestimmter Ablauf. Wer den Regeln der Debatte folgt, hört andere an und lernt, seinen Standpunkt fair und sachlich zu vertreten. Der gegenseitige Respekt ist oberstes Gebot. Es gibt weder Moderator/-in noch Diskussionsleiter/-in. Jeder spricht frei, die Teilnehmerinnen und Teilnehmer können sich während der Debatte kurze Notizen machen.

2001 wurde Jugend debattiert in Frankfurt am Main an rund 30 Schulen erprobt. Im selben Jahr hat der damalige Bundespräsident Johannes Rau die Ausweitung des Projektes auf Bundesebene unter seiner Schirmherrschaft initiiert.

Heute ist Jugend debattiert der größte bundesweite Schülerwettbewerb zur sprachlich-politischen Bildung. Jährlich nehmen rund 200.000 Schüler an über 1.300 Schulen an Jugend debattiert teil.

Quelle: Jugend debattiert (Hrsg.): Der Schirmherr, 2019.

Regeln der Debatte:

- Ein Team von zwei Personen vertritt die PRO-Seite, ein weiteres die KONTRA-Seite.
- Die Teams werden ausgelost.
- Es gibt eine Vorbereitungszeit von 15 Minuten.
- Die Redezeit wird von einer Zeitnehmerin/einem Zeitnehmer gemessen und signalisiert.
- Eine Jury von drei Personen bewertet die Debattanten nach bestimmten Kriterien.

> **1** Recherchieren Sie die Tradition des „Debating".
>
> **2** Wodurch unterscheidet sich eine Debatte von einer Diskussion? Überlegen Sie gemeinsam die jeweiligen Vor- und Nachteile.

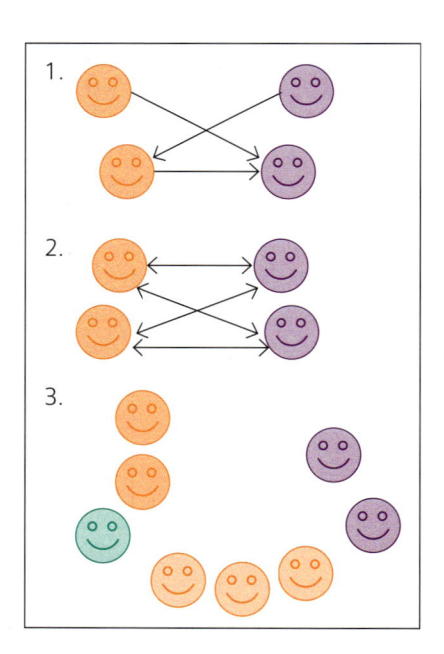

Ablauf der Debatte:

1 Eröffnungsphase: Jeder Teilnehmer beantwortet die Streitfrage in zwei Minuten. Die wichtigsten Argumente werden genannt.

2 Austauschphase (Freie Aussprache): Jede Teilnehmerin/Jeder Teilnehmer hat Zeit, auf die Argumente der anderen Seite einzugehen und seine eigenen Argumente zu erweitern. Die Gesamtzeit beträgt 12 Minuten; die Reihenfolge der Redner ist beliebig. Es ist sehr wichtig, seine Meinung kurz und präzise zu formulieren, andere ausreden zu lassen und aufmerksam zuzuhören.

| Argumentieren – Diskutieren – Moderieren

3 Schlussphase: Jeder Teilnehmer hat eine Minute Zeit, die Streitfrage nochmals zu beantworten unter Berücksichtigung aller Argumente.

Vgl. Jugend debattiert (Hrsg.): Im Mittelpunkt: die Debatte, 2019.

3 Warum ist es klug, sich bei der Vorbereitung immer mit Argumenten beider Seiten, mit PRO und KONTRA, zu beschäftigen?

4 Bilden Sie vier Kleingruppen. Jede Gruppe übernimmt eines der vier Bewertungskriterien. Formulieren Sie nun fünf Bedingungen für optimale Erfüllung des von Ihnen gewählten Bewertungskriteriums. Notieren Sie Ihr Ergebnis auf Karten und hängen Sie sie an eine Metaplantafel. Prüfen Sie die Formulierungen gemeinsam in der Klasse und optimieren Sie die Formulierungen gegebenenfalls.

5 Beraten Sie die Erläuterungen gemeinsam und legen Sie ein Reihenfolge fest: Wofür erhält die Rednerin oder der Redner 1, 2, 3, 4 oder 5 Punkte?

6 Führen Sie nun eine Debatte nach folgendem Plan durch:

Bewertungskriterien
- **Sachkenntnis:** *Wie gut weiß die Rednerin/der Redner, worum es geht?*
- **Ausdrucksvermögen:** *Wie gut sagt sie/er, was sie/er meint?*
- **Gesprächsfähigkeit:** *Wie gut geht sie/er auf die anderen ein?*
- **Überzeugungskraft:** *Wie gut begründet sie/er, was sie/er sagt?*

Projekt „Durchführung einer Debatte"

1 Wählen Sie in Ihrer Klasse eine aktuelle Fragestellung. Formulieren Sie eine Soll-Frage, z. B. „Sollen Fußballvereine die Kosten für den Einsatz der Polizei während des Spiels bezahlen?" oder „Sollen Jungen und Mädchen in der Schule getrennt unterrichtet werden?" oder „Sollen die Steuern für zuckerhaltige Lebensmittel erhöht werden?"
2 Wählen Sie zwei Personen, die Stellung nehmen für „Ja", und zwei, die sich für „Nein" einsetzen.
3 Wählen Sie eine Jury (Bewertungskommission) von drei Personen, die die Bewertungskriterien anwenden und jeweils bis zu fünf Punkte vergeben.
4 Wählen Sie eine Zeitnehmerin/einen Zeitnehmer.
5 Vorbereitung der ganzen Klasse 15 Minuten
6 Eröffnungsphase (4 x 2 Minuten)
7 Austauschphase (12 Minuten)
8 Schlussphase (4 x 1 Minute)
9 Bewertung durch die Jury

7 Nach Ablauf der Debatte überlegen Sie gemeinsam, welche Verbesserungen möglich sind. Führen Sie dann mit neuen Teilnehmerinnen und Teilnehmern eine weitere Runde zu einem aktuellen Thema durch.

8 Blicken Sie auf die durchgeführten Debatten zurück und erfassen Sie an der Tafel:
- Was wurde durch die Debatten erreicht?
- Was wurde durch die Debatten nicht erreicht?

9 Schauen Sie sich gemeinsam die Homepage von „Jugend debattiert" an. Wer ist im vergangenen Jahr zum Sieger gekürt worden? Diskutieren Sie, ob Sie an dem Wettbewerb teilnehmen könnten.

Auf der Homepage von „Jugend debattiert" und bei YouTube finden Sie gute Beispiele für Debatten. **Tipp**

7.4 Gespräche moderieren

Zeitraubende Diskussionen in Sitzungen und Besprechungen sind immer wieder ein Ärgernis. „Moderation" bedeutet, dass Gruppengespräche nach bestimmten Regeln geleitet werden. Sie dient der Meinungsbildung und der Entscheidungsfindung. Dabei werden die Gesprächs- und Arbeitsergebnisse durch Visualisierung für alle Teilnehmer/-innen sichtbar gemacht. Man kann Arbeits-, Projektsitzungen und Problemdiskussionen moderieren.

Ziel einer Moderation ist es, Probleme zu analysieren, Interessen und Konflikte zu bearbeiten, Lösungen zu entwickeln, Arbeits- und Projektziele zu vereinbaren. Dabei sollen alle Betroffenen beteiligt werden. Auch gegensätzliche Meinungen und „verrückte Ideen" werden akzeptiert.

Als neutraler Dritter enthält die Moderatorin bzw. der Moderator sich jeglicher wertenden Aussagen und gibt keine Kommentare über die Beiträge der Teilnehmerinnen und Teilnehmer ab (auch nicht: „Das ist wichtig", „gut" ...). Er oder sie vergewissert sich immer wieder, welchen Weg die Gruppe einschlagen will, und versteht sich als „Diener" der Gruppe. Das wird deutlich an folgenden Formulierungen: „Möchten Sie das diskutieren?"; „Ist das Ihr Thema?"; „Interessiert das alle?"; „Entspricht das Ihrem Wunsch?".

7.4.1 Aufgaben der Moderatorin/des Moderators

Wer erfolgreich moderieren möchte, sollte Folgendes beachten:
- klare Themenformulierung; alle Teilnehmer/-innen beachten; durch Fragen strukturieren; zusammenfassen; Strittiges benennen; keine Bewertungen abgeben; Ergebnisse festhalten und visualisieren (s. „Diskussionsregeln", S. 114)
- Material bereitstellen (vier bis sechs Metaplantafeln, Karten, Stifte)
- Moderationstechniken beherrschen

Die Moderatorin/Der Moderator präsentiert der Gruppe immer wieder den Diskussionsstand. Insofern spielen die Präsentation (S. 238 ff.) und Visualisierung (S. 239) eine Rolle.

Metaplantafeln sind ein geeignetes Arbeitsmittel für die Moderation. Sie benötigen für eine Moderation – je nach Gruppengröße – bis zu sechs Pinnwände, die mit Packpapier bestückt werden. Zum Schreiben verwenden Sie Stifte mit breiter Kante. Die Schrift soll auch von Weitem gut lesbar sein, sie soll Anonymität gewährleisten und als Gesamtbild gut aussehen. In Untersuchungen stellte man fest, dass das Schriftbild diese Bedingungen erfüllt, wenn
- man mit der breiten Seite des Stiftes schreibt,
- Groß- und Kleinschreibung beachtet werden, die kleinen Buchstaben fast so groß sind wie die großen und die Buchstabenlängen nach oben und unten kurz sind (Beispiel S. 244),
- nicht mehr als drei Zeilen auf einer Karte stehen.

7.4.2 Moderationsmethoden im Überblick

Methode	Zweck	Beispiele/Verfahren
1 Einpunktfrage Die Moderatorin/Der Moderator gibt eine Frage und eine Grafik vor; die Teilnehmer/-innen bekommen einen Punkt zum Kleben.	Kurze Erfassung der Meinung; grober Überblick über Stimmung, Interesse, Wichtigkeit zu Beginn oder Schluss einer Veranstaltung oder Besprechung	„Wie waren Ihre bisherigen Erfahrungen mit …?" ++ | + | − | − − „Wie haben Sie die Sitzung erlebt?" Stimmungsbarometer
2 Zuruffrage Sammeln kurzer Statements, diese werden stichwortartig aufgeschrieben.	Möglichkeit der Meinungsäußerung ohne Diskussion	„Was halten Sie davon, dass …?" „Haben Sie dieses Ergebnis erwartet?"
3 Mehrkartenfrage Offene Frage, Teilnehmer/-innen bekommen je nach Gruppengröße drei bis fünf Karten, schreiben nur einen Gedanken auf eine Karte, alle Karten werden angepinnt und mit der Gruppe nach Themen sortiert.	Brainstorming; Erfassen der Vielfalt von Themen, Gründen, Möglichkeiten, Ideen, Gemeinsamkeiten und Unterschieden	Offene Frage: „Wenn ich an … denke, fallen mir folgende Vorschläge, Ideen, Wünsche ein …" ordnen der Karten in Gruppen (clustern), Cluster nummerieren und mit Überschriften versehen
4 Mehrpunktfrage Je nach Zahl der Cluster und Gruppengröße erhält jede Teilnehmerin/jeder Teilnehmer drei bis fünf Punkte. Alle gehen gemeinsam nach vorne und punkten.	Gewichtung, Wertung, Meinungsbild der Gruppe ohne Diskussion, ohne Bloßstellung, anonym	„Was soll zuerst geschehen?" „Welche Themenbereiche sind für Sie besonders wichtig?"
5 Themenfrage Teilnehmer/-innen formulieren in Kleingruppen Themen zu den Kartengruppen, stellen sie vor und pinnen sie an.	Arbeitsschwerpunkte herausfinden, Liste von Themen erstellen	Wie-Fragen: „Wie kann die Zusammenarbeit verbessert werden?" Durch die erneute Mehrpunktfrage können die wichtigsten Themen festgelegt werden. Dann können die Teilnehmer/-innen ihren Namen bei dem Thema eintragen, das sie bearbeiten möchten.
6 Tätigkeitskatalog Festlegen, was bearbeitet werden soll.	Teams zur Bearbeitung bilden, festlegen, wer was bearbeitet; Aufgaben, Verantwortliche, Zeit, Form des Ergebnisses sollen festgelegt werden	Was? | Wer? | Bis wann? | In welcher Form?
7 Blitzlicht Meinungen stichwortartig festhalten.	Rückmeldungen und Bedenken können geäußert werden.	„Zu wenig Zeit!" Einwände zulassen und visualisieren.

7.4.3 Übungen zur Moderation

Die Moderation, z. B. einer Besprechung, ist dann gut gelungen, wenn die Gruppe in der geplanten Zeit das gesetzte Ziel erreicht hat und bereit ist, sich an das Ergebnis zu halten. Zur Dokumentation bzw. als Protokoll können die Metaplantafeln mit einer digitalen Kamera fotografiert und die Bilder an die Teilnehmerinnen und Teilnehmer verteilt werden. Die folgenden Übungen vermitteln Ihnen Sicherheit in der Moderation.

---

1 Führen Sie eine **Einpunktfrage** zum Themenbereich „Ausbildung in Schule und Betrieb" durch.
- Stellen Sie sicher, dass alle Teilnehmer/-innen die Fragestellung verstanden haben.
- Lassen Sie Zeit zum Überlegen.
- Alle stehen gleichzeitig auf und kleben ihren Punkt in die Grafik.
- Stellen Sie das Ergebnis vor (s. S. 43 ff., Interpretation eines Schaubildes, und S. 238 ff., Präsentation).

2 Schließen Sie eine **Zuruffrage** an.
- Fragen Sie die Teilnehmer/-innen, ob das Ergebnis ihren Erwartungen entspricht oder ob sie überrascht sind.
- Fragen Sie auch nach den Gründen dafür.
- Notieren Sie alle Kommentare stichwortartig auf dem Papier unter Ihrer Einpunktfrage. Widerspricht eine Teilnehmerin/ein Teilnehmer der Meinung eines anderen, können Sie ein „Blitz-Zeichen" dazu zeichnen.
- Diskutieren Sie nicht mit den Teilnehmerinnen und Teilnehmern, lassen Sie auch keine Diskussion unter ihnen zu.

3 Formulieren Sie für die **Mehrkartenfrage** eine offene Frage (s. S. 14).
- Pinnen Sie alle Karten an und ordnen Sie diese mithilfe der Gruppe nach Themenbereichen (Cluster bilden, s. S. 119).

4 Stellen Sie den Teilnehmerinnen und Teilnehmern der Diskussion eine **Mehrpunktfrage** (s. S. 119).
- Teilen Sie vier bis fünf Klebepunkte aus und lassen Sie alle Mitmachenden gleichzeitig ankleben.
- Zählen Sie dann die Punkte aus und schreiben Sie das Ergebnis neben die Cluster.

5 In Kleingruppen von drei bis vier Teilnehmerinnen und Teilnehmern lassen Sie nun zwei bis drei **Themenfragen** formulieren, z. B. „Wie können Berufsschule und Betrieb die Inhalte der Ausbildung besser absprechen?".
- Hängen Sie die Themenfragen sortiert untereinander, Doppelungen rücken Sie ein.

6 Vervollständigen Sie mit der Gruppe den bereits angelegten **Tätigkeitskatalog** (s. S. 119), indem Sie gemeinsam festlegen, wer welche Aufgabe übernimmt.

7 Blicken Sie in einem **Blitzlicht** mit der Gruppe auf den Moderationsprozess und das Ergebnis zurück:
- „Sind Sie zufrieden mit der Moderation?"
- „Haben Sie Bedenken?"
- „Wie geht es Ihnen mit dem Ergebnis?"

Tipp Wenn Sie sich mit dem Thema „Moderation" intensiver beschäftigen wollen, finden Sie gute Hinweise im Internet. Geben Sie den Suchbegriff „Moderation" ein.

8 Schriftlich Stellung nehmen

Wenn Sie im Berufsleben oder im privaten Bereich zu einer Stellungnahme aufgefordert werden, so ist das ein Zeichen dafür, dass man Sie ernst nimmt und dass auf Ihr persönliches Urteil Wert gelegt wird. Deshalb sollten Sie Ihre Meinung mit treffenden Argumenten ausdrücken und Ihre Gesprächspartnerin oder Ihren Gesprächspartner nicht mit nichtssagenden Äußerungen enttäuschen.
Umfang und Form einer Stellungnahme sind immer von der Situation abhängig. In bestimmten Fällen kann es genügen, wenn Sie nur mit zwei, drei Sätzen antworten, z. B. bei einer Umfrage (s. S. 118).

Es gibt aber auch Situationen, in denen eine umfangreiche Stellungnahme erwartet wird. Stellungnahmen können sowohl in mündlicher als auch in schriftlicher Form erfolgen.

Die Chance, andere mit einer Stellungnahme zu überzeugen, besteht nur dann, wenn man seine Meinung mit guten Argumenten begründet. Auf S. 105 ff. wird ausführlich dargelegt, wie man Argumente schrittweise entwickelt. Das Beispiel auf S. 106 zeigt, wie dabei vorzugehen ist. An diesen Argumentationsgang können mit entsprechenden Anknüpfungen weitere Argumentationsschritte angehängt werden. Auf diese Weise entsteht ein Text mit einer linearen Struktur, auch **lineare Erörterung** genannt.

8.1 Zu einem Problem oder einer Behauptung Stellung nehmen

Erster Arbeitsschritt: Vom Problem zur Themenstellung

Immer mehr Frauen üben Sportarten aus, die als Männerdomänen gegolten haben. Diese Entwicklung hat jedoch nicht nur Befürworter/-innen, sondern auch Gegner/-innen.
In einer schriftlichen Stellungnahme könnte das Thema der Frauenemanzipation mit unterschiedlichen Themenstellungen bearbeitet werden.
Beispiele finden Sie auf der nächsten Seite.

Themenstellungen für Übungen

a Frauen haben viele Sportarten erobert, die lange den Männern vorbehalten waren. Beschreiben Sie diese Entwicklung und nehmen Sie Stellung.
b Frauen haben sich in vielen Lebensbereichen emanzipiert. Wie ist Ihre persönliche Meinung dazu?
c Nicht in allen Lebensbereichen ist die Emanzipation der Frauen schon erreicht. Beschreiben Sie, wo es noch Probleme gibt, und erörtern Sie Lösungen.

---

1 Erklären Sie bei jedem Thema, was bei seiner Bearbeitung verlangt wird.
Benennen Sie Gemeinsamkeiten und Unterschiede.

2 Bilden Sie in Ihrer Klasse Gruppen mit fünf bis sieben Mitschülerinnen/Mitschülern.
Einigen Sie sich in der Gruppe auf eine Problemstellung. Jetzt formuliert jedes Gruppenmitglied ein Thema zu diesem Problem, stellt sein Thema in der Gruppe vor und erklärt, was bei der Bearbeitung dieses Themas erwartet wird.

3 Fassen Sie die Ergebnisse der Gruppenarbeit zusammen und stellen Sie diese der Klasse vor.

Zweiter Arbeitsschritt: Stoffsammlung

Fertigen Sie eine Stoffsammlung an, in der Sie zunächst all Ihre Ideen erfassen. Dazu sollten Sie sich genügend Zeit lassen und Ihre Gedanken um das Thema „kreisen lassen", damit Sie möglichst viele Argumente finden. Die Mindmap ist dazu ein sehr geeignetes Instrument (s. S. 220).

Thema: Welche Gründe sprechen Ihrer Meinung nach für einen Urlaub im Ausland?

Stoffsammlung für Argumente:
- anderes Klima
- Kostengründe
- landschaftliche Besonderheiten
- Verbesserung der Sprachkenntnisse
- Prestigegründe
- Interesse für fremde Kulturen
- Sport- und Freizeitmöglichkeiten
- andere Sitten und Gebräuche

---

4 Überprüfen und ergänzen Sie die Stoffsammlung. Legen Sie die Stoffsammlung als Mindmap an, ordnen und ergänzen Sie sie dabei.

5 Ergänzen Sie die in der Stoffsammlung gefundenen Argumente mit Beweisen und Beispielen und evtl. auch mit Folgerungen und Einschränkungen (s. S. 106).

6 Erstellen Sie eine geordnete Stoffsammlung zu einem der folgenden Themen:
  a Welche Gründe sprechen für eine Städtereise in Deutschland (s. Schaubild S. 44)?
  b Nehmen Sie Stellung zu der Behauptung, das Auto sei das beste Verkehrsmittel, um in den Urlaub zu fahren.

Dritter Arbeitsschritt: Gliederung

Die Gliederung hilft der oder dem Schreibenden, die Gedanken zu ordnen, und sie hilft der Leserin/dem Leser, die Übersicht zu behalten und dem Gedankengang leicht zu folgen.

Es gibt verschiedene Möglichkeiten, Gedankenschritte so zu ordnen, dass eine wirkungsvolle Steigerung entsteht:
- vom weniger Wichtigen zum Wichtigen
- vom Kleinen zum Großen
- vom allgemein Bekannten zum nicht Bekannten
- vom Nahen zum Fernen
- vom Leichteren zum Schwierigeren
- vom Vergangenen zum Aktuellen
- vom Allgemeinen zum Besonderen (oder umgekehrt)

7 Sind Ihrer Meinung nach die Gedanken in der folgenden Gliederung vollständig und sinnvoll geordnet?

Beispiel für die Gliederung einer Stellungnahme

Thema	Bei den Eltern wohnen oder in eine eigene Wohnung ziehen? Welche Lebensweise bevorzugen Sie?
A Einleitung	Der Wunsch vieler Jugendlicher ist die Selbstständigkeit in den eigenen vier Wänden.
B Hauptteil	These (meine Behauptung): Es ist besser, bei den Eltern zu wohnen. Argumente (Gründe) dafür: 1 geringere finanzielle Belastung 2 weniger Hausarbeit (dadurch mehr Freizeit) 3 kein organisatorischer Aufwand (wie z. B. Ummeldung bei den Behörden o. Ä., Überweisung von Miete und Gebühren, Hausordnung) 4 durch Nähe zu den Eltern Ansprechpartner und Hilfe bei persönlichen Problemen 5 Hilfe bei anfallenden Reparaturen sowie der Anschaffung und Wartung von Haushaltsgeräten
C Schluss	Zusammenfassende Stellungnahme (evtl. mit Mahnung oder Aufforderung, z. B. kein „Hotel Mama")

Auf S. 126 können Sie nachlesen, wie ein Schüler zu diesem Thema ausführlich Stellung genommen hat.

Vierter Arbeitsschritt: Einleitung und Schluss formulieren

Die **Einleitung** hat mehrere Aufgaben:
- Sie sollte das Interesse der Leserin/des Lesers wecken.
- Sie führt zum Thema hin, ohne Gedanken des Hauptteils vorwegzunehmen.
- Sie macht die Aktualität und Wichtigkeit des Themas deutlich.

Möglichkeiten der Einleitung	Ein Tempolimit auf den Autobahnen ist dringend erforderlich. Nehmen Sie Stellung zu dieser Forderung.
1 Eine wichtige **Tatsache**, Beobachtung, statistische Angaben, Zahlen	Wer den Verkehrsfunk hört, weiß, dass sich jeden Tag unzählige Unfälle auf den Autobahnen ereignen. Oft ist überhöhte Geschwindigkeit die Ursache.
2 Eine **aktuelle Begebenheit**, Nachricht, ein Bericht	„Unfallursache war Raserei", meldeten die Nachrichten heute wieder. „Freie Fahrt für freie Bürger", dieses Motto war in der letzten Umfrage wieder zu hören.
3 **Definition eines Begriffs** im Zusammenhang mit dem Thema	Manche verstehen unter „freier Fahrt" das Recht, 220 Stundenkilometer auf der Autobahn zu fahren. Zwar wird an Unfallschwerpunkten oft die Geschwindigkeit begrenzt. Doch gibt es in Deutschland immer noch viele Autobahnkilometer mit „freier Fahrt".
4 Eigenes **Erleben**, eigene **Erfahrung**	Kürzlich versetze mich ein Sportwagenfahrer in Angst und Schrecken: Ich wollte einen Lkw überholen. Im letzten Moment fuhr er mit hoher Geschwindigkeit vorbei. Fast wäre ich auf den Lkw draufgefahren.
5 Geschichtlicher **Rückblick**, Vergleich	Seit 30 Jahren wird in Deutschland über ein generelles Tempolimit diskutiert. Passiert ist nichts, außer vielen Unfällen, oft mit Todesfolge. Alle europäischen Länder haben seit vielen Jahren ein Tempolimit. Das ist dort selbstverständlich. Nur in Deutschland gilt immer noch „freie Fahrt" als erstrebenswert.
6 Ein treffendes **Zitat** bekannter Persönlichkeiten	„Ein Tempolimit von 130 km/h erhöht die Verkehrssicherheit, leistet einen Beitrag zum Umweltschutz und vermindert den Stresspegel während der Fahrt", so äußerte sich der Abgeordnete Mathias Stein kürzlich. (Mathias Stein zum Tempolimit beim Kandidaten-Check zur Bundestagswahl 2017, abgerufen unter: www.abgeordnetenwatch.de/blog/tempolimit [12.11.2019])

8 Welche der Einleitungen sagt Ihnen am ehesten zu? Begründen Sie Ihre Ansicht.

9 Schreiben Sie zur Übung zu zwei der nachstehenden Themen eine Einleitung.
   a Nehmen Sie Stellung zu der Forderung, Werbung für alkoholische Getränke zu verbieten.
   b Alle Kinder sollten in der Schule schwimmen lernen müssen.
   c Die Firmen sollten verpflichtet werden, alle Plastikverpackungen abzuschaffen.
   d Fliegen sollte deutlich teurer werden, damit das Klima geschützt wird.
   e Schülerinnen und Schüler sollten am Unterricht teilnehmen, statt zu demonstrieren.

Auch der **Schluss** hat mehrere Aufgaben:
- Er kann die erarbeiteten Gründe kurz zusammenfassen.
- Er kann auf Gesichtspunkte hinweisen, die in der Stellungnahme nicht berücksichtigt wurden.
- Er kann einen Ausblick in die Zukunft geben und zu weiterem Nachdenken und Umdenken anregen.

Formen des Schlusses	Beispiele zum Thema „Tempolimit"
1 Zusammenfassung	Zusammenfassend stelle ich fest, dass ein Tempolimit auf unseren Autobahnen vielen Familien Leid ersparen würde und ein Beitrag zu einer gesunderen Umwelt wäre.
2 Weitere Gesichtspunkte	Ob schnelleres Fahren wirklich schneller zum Ziel führt, das wäre noch zu untersuchen. Inwieweit ein Tempolimit Staus vermeiden hilft, darauf konnte ich nicht eingehen.
3 Ungelöste Probleme	Tempolimits sind nur dann wirksam, wenn sie auch konsequent überwacht werden.
4 Ausblick	Wegen des Klimawandels wird ein Tempolimit sicherlich bald von der Mehrheit akzeptiert werden.
5 Appell	Jeder muss für sich und unsere Gesellschaft verantwortungsvoll handeln und sich fragen, ob er weiterhin diese Raserei auf den Straßen möchte.

10 Welche Beispiele sind Ihrer Meinung nach am besten geeignet?

11 Erweitern Sie eines der Beispiele zu einem ansprechenden Schluss zum Thema „Tempolimit".

Einleitung und Schluss sollten zusammen nicht länger als ein Drittel des Hauptteils sein.   **Tipp**

Fünfter Arbeitsschritt: Satzanfänge abwechslungsreich gestalten

Einleitung, Argumentationsgang und Schluss können zu einer schlüssigen Stellungnahme ausgearbeitet werden. Die nachstehenden Satzanfänge können Ihnen dabei eine Hilfe sein:

Überleitungen – Gedanken miteinander verbinden	
aneinanderreihend	**gegensätzlich**
Hinzu kommt, dass …	Ganz anders ist es bei …
Weiterhin sind …	Im Gegensatz/Unterschied dazu …
Außerdem …	Auf der anderen Seite aber …
Darüber hinaus …	**einschränkend**
Ebenso nachteilig ist …	Allerdings …
Besonders wichtig ist …	Andererseits jedoch …
Zu beachten ist auch, dass …	Dabei ist jedoch zu bedenken …
Eine weitere Ursache …	Trotz dieser Nachteile …
Vor allem aber …	Es darf nicht vergessen werden, dass …

8.2 Beispiel: Stellungnahme eines Schülers[1] zu einem Problem

Bei den Eltern wohnen oder in eine eigene Wohnung ziehen? Welche Lebensweise bevorzugen Sie?

1 Mit der Volljährigkeit erhält der Jugendliche mehr Rechte, aber auch mehr Pflichten. Kaum 18 Jahre alt geworden, wollen viele junge Menschen, sobald es möglich ist, in eine eigene Wohnung ziehen. Das ist auch meine Wunschvorstellung, denn viele Argumente sprechen dafür, das „Hotel Mama" möglichst bald zu verlassen.

5 Ein Hauptgrund dafür, in den eigenen vier Wänden leben zu wollen, ist für mich der Wegfall der Bevormundung durch die Eltern. Der Jugendliche kann selbst entscheiden, wen er mitbringt. Er bestimmt jetzt selbst, wann er ausgehen will und wann er heimkommt. Darüber hinaus wird das Verhältnis zu einer Freundin bzw. zu einem Freund nicht gestört und wer will, kann mit seinem Partner zusammenleben. Dabei ist es jedoch möglich, dass durch das frühe Zusammenleben die Part-
10 nerschaft auf eine harte Probe gestellt wird. Mancher entdeckt beim Partner Charaktereigenschaften, die ihm bisher verborgen geblieben sind, und ist von ihm enttäuscht. Andererseits kann sich die Partnerschaft auch bewähren und die Liebe zueinander sich vertiefen. Man erkennt die Verantwortung gegenüber seinem Partner und kann prüfen, ob man mit ihm sein ganzes Leben verbringen will. Ein weiteres wichtiges Argument für ein Leben außerhalb des Elternhauses ist, dass der Jugendli-
15 che ein hohes Maß an Selbstständigkeit und Selbstvertrauen gewinnt, weil er jetzt für sich allein verantwortlich ist. Durch die eigene Wohnung lernt er, seine finanziellen Mittel sinnvoll einzuteilen. Diese Fähigkeit kann später von großem Nutzen sein. Ein weiterer Vorteil ist der, dass sich durch den Umzug kürzere Wege zur Arbeitsstelle oder zur Schule ergeben können.
Für diese Selbstständigkeit bin ich auch bereit, manches Opfer zu bringen. Ich bin mir im Klaren darü-
20 ber, dass ich auf einige Annehmlichkeiten verzichten muss, wenn ich von zu Hause ausziehe. Selbstverständlich sollte die Entscheidung, aus der elterlichen Wohnung auszuziehen, gründlich überlegt werden. Ich finde diesen Entschluss immer dann richtig, wenn sichergestellt ist, dass dieser Schritt später auch wieder rückgängig gemacht werden kann. Falsch aber ist es meiner Meinung nach, wenn jemand aus einer augenblicklichen Verärgerung heraus seine Sachen packt und das
25 Elternhaus verlässt. Wer sich dafür entschieden hat, von daheim auszuziehen, sollte die Beziehungen zu seinen Eltern nicht abbrechen, weil unvorhersehbare Schwierigkeiten auftreten könnten, bei denen man auf die Hilfe seiner Eltern angewiesen ist.
Die Lage auf dem Wohnungsmarkt kommt den Wünschen vieler Jugendlicher nach einem unabhängigen Leben nicht entgegen und daran wird sich auch in absehbarer Zukunft nichts ändern. Durch
30 die hohen Wohnungsmieten bleiben die eigenen vier Wände für viele nur ein Traum, leider auch für mich.

---

1 Lesen Sie sich die Stellungnahme aufmerksam durch. Notieren Sie sich auf einem Blatt die Argumente in Kurzform.

2 Prüfen Sie die Argumente auf Vollständigkeit und Stichhaltigkeit. Beziehen Sie dabei den Comic auf S. 123 ein.

3 Mancher von Ihnen wird nicht oder nicht ganz die Meinung des Schülers teilen. Welche Gründe sprechen dafür, dass man auch als junger Erwachsener noch im Elternhaus wohnen bleibt? Wählen Sie drei Gründe aus, die Sie für die wichtigsten halten. Verfassen Sie nun eine Stellungnahme, die für das Verbleiben im Elternhaus Partei ergreift.

---

1 Schülerarbeit, unveränderter, nur auf Rechtschreibung korrigierter Abdruck

8.3 Zu einem Text Stellung nehmen

Sie haben die schriftliche Stellungnahme zu einem Problem kennengelernt. Meinungen werden oftmals in Textform dargelegt, z. B. in Form eines Kommentars (s. S. 134) oder des Leserbriefs. In der schriftlichen Stellungnahme zu einem Text geht es darum, ein fundiertes Urteil über den Ausgangstext zu formulieren. Dabei werden der Inhalt, die Gliederung und die innere Logik der Gedanken beurteilt. Die Aufgabenstellung bei einer Klassen- oder Prüfungsarbeit kann dazu auffordern, die eigene Meinung zu dem Problem darzulegen oder seine Meinung mit der der Autorin oder des Autors zu vergleichen.

Fragen zur Untersuchung und Beurteilung eines Textes

1. Welche Teile einer Gliederung können Sie erkennen?
2. Welche Gesichtspunkte werden im Hauptteil behandelt? Schreiben Sie diese stichwortartig aus dem Text heraus.
3. Reichen die Gesichtspunkte aus, um das Thema vollständig zu behandeln, oder fehlt ein wichtiger Gedanke?
4. Werden die Argumente ausreichend begründet? Wo werden sie mit treffenden Beispielen untermauert?
5. Wird das Thema immer im Auge behalten oder gibt es Abschweifungen?
6. Ist die Einleitung gelungen oder sollte sie noch verbessert werden?
7. Reicht der Schluss in der vorliegenden Form aus?
8. Welchen Sprachstil verwendet die Autorin/der Autor des Textes?
9. Wo ist etwas zu allgemein oder nicht treffend ausgedrückt?

Auf der folgenden Seite (s. S. 128) nimmt eine Schülerin Stellung zu dem Text des Schülers von S. 126.

---

1. Lesen Sie sich die Stellungnahme auf S. 128 aufmerksam durch und beantworten Sie dann die oben stehenden Fragen.
2. Ergänzen Sie diese schriftliche Stellungnahme um zwei Gesichtspunkte, die Sie dem Comic (s. S. 123) entnehmen können.
3. Stellen Sie weitere Argumente zusammen, die dafür sprechen, bei den Eltern zu wohnen.
4. Vergleichen Sie Ihre Argumente mit den Gegenargumenten in der Stellungnahme des Schülers (s. S. 126). Wer hat Ihrer Meinung nach die besseren Argumente?

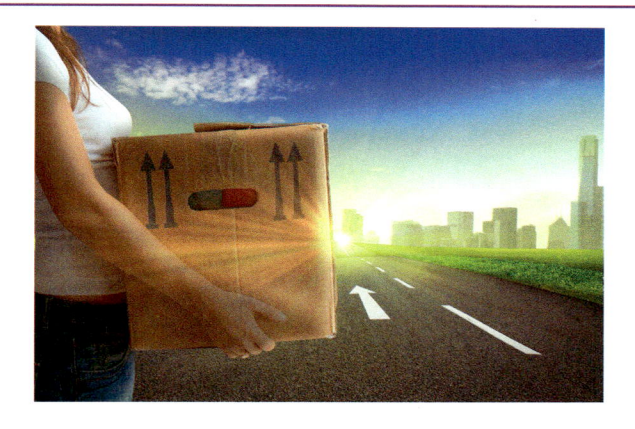

8.4 Beispiel: Stellungnahme einer Schülerin zu einem Text[1]

Gliederung	Stellungnahme zum Text: Bei den Eltern wohnen …
1 Einleitung	Ich wurde aufgefordert, mich mit dem Text „Bei den Eltern wohnen …" zu beschäftigen und eine Stellungnahme abzugeben.
2 Kurze Inhaltsangabe	In dem Text, der im Schulbuch „Sprachpraxis" steht, beschäftigt sich ein nicht genannter Verfasser mit Vorteilen, die eine eigene Wohnung für junge Menschen hat.
3 Aussagen des Textes	Er behauptet, dass die eigenen vier Wände viele Vorzüge hätten. Er stützt diese Aussage mit drei Argumenten: Die Bevormundung durch die Eltern falle weg, das Verhältnis zu einem Partner bleibe ungestört, der Jugendliche gewinne ein hohes Maß an Selbstständigkeit. Diese Aussagen werden durch Beweise und Beispiele belegt. Ein weiteres Argument, eine eigene Wohnung könne kürzere Wege zur Arbeitsstelle zur Folge haben, wird nicht weiter entwickelt. Der Verfasser weist nur kurz darauf hin, dass es auch Nachteile gäbe. Er folgert, dass die Entscheidung gut überlegt sein müsse, und schließt seine Ausführungen mit dem Hinweis, dass die Beziehung zu den Eltern bestehen bleiben solle.
4 Eigene Stellungnahme	Ich stimme den Aussagen des Textes zu,
5 Begründung, Argument	weil die drei wesentlichen Argumente gut begründet sind und mit Beispielen belegt werden. Sie könnten aber teilweise noch vertieft werden. Das vierte Argument wirkt angehängt und wenig überzeugend, zumal der Verfasser keine weiteren Ausführungen macht. Inhaltlich ist auch zu beanstanden, dass der Verfasser bei seinen Aussagen über die Partnerschaft vom Thema abschweift. Meiner Meinung nach fehlt in dem Text ein wichtiger Gedanke: Eine eigene Wohnung kann man nach seinen eigenen Vorstellungen einrichten. Der Hinweis auf Nachteile hätte durch einige Beispiele ergänzt werden können. Der Text ist sprachlich gut verständlich und leicht zu lesen, da die Sätze nicht zu lang sind und keine Fremdwörter verwendet werden.
6 Schluss	Der Text hat mich dazu veranlasst, mir über die Problemstellung selbst Gedanken zu machen, die aufgezeigten Vorteile überzeugen mich. Bevor ich mich selbst entscheiden würde, müsste ich mich noch über die Nachteile informieren.

1 Schreiben Sie eine eigene Stellungnahme zu einem Text des Lehrbuchs, z.B. zu dem Brief auf S. 102, zu dem Kommentar auf S. 135.

---

1 Schülerarbeit, unveränderter, nur auf Rechtschreibung korrigierter Abdruck

8.5 Differenzierende Stellungnahme – dialektische Erörterung

Wenn wir nach unserer Meinung zu einem Problem gefragt werden, fallen uns oftmals sowohl Gründe für die eine als auch für die andere Position ein, sowohl Vor- als auch Nachteile; z. B. zu den **Fragen**, ob man die öffentlichen Verkehrsmittel nutzen soll oder besser mit dem Pkw fährt, ob man erst eine Ausbildung oder gleich einen höheren Schulabschluss anstreben sollte, ob man ein Jahr Auslandspraktikum plant oder die Ausbildung möglichst schnell zu Ende bringt.

Manchmal benötigen wir viel Zeit, um eine klare Meinung zu entwickeln. Das Abwägen verschiedener, auch gegensätzlicher Argumente ist ein wichtiger Prozess, um eine gute Entscheidung zu treffen. Wenn Sie bei einer Stellungnahme Pro und Kontra berücksichtigen, erarbeiten Sie eine differenzierende Stellungnahme bzw. eine **dialektische Erörterung**.

Die Anordnung der Argumente erweist sich häufig als schwierig. Zwei Möglichkeiten der Gliederung werden im Folgenden dargestellt.

In der linken Spalte werden die Argumente für die Nutzung des Internets ausgearbeitet, dann die dagegen. In der rechten Spalte werden zu einem Gesichtspunkt sowohl Argumente dafür als auch die dagegen genannt.

Thema: Viele Kinder verfügen über ein Smartphone mit Internetzugang. Erörtern Sie das Für und Wider.	
1 Einleitung 2 Hauptteil 2.1 PRO • trägt zur Bildung bei • schult technische Kompetenzen • ist eine sinnvolle Freizeitbeschäftigung • ermöglicht soziale Kontakte über Netzwerke 2.2 KONTRA • Gefahr der Manipulation durch Werbung und ungewollte Verträge • Kenntnisse beschränken sich oft auf Spiele und Netzwerke • zu wenig Bewegung in der Freizeit, Suchtgefahr • reale soziale Kontakte kommen zu kurz 2.3 SYNTHESE/ENTSCHEIDUNG • Umgang mit Internet muss gelernt werden: Gefahren im Internet, Suchtpotenzial • zeitliche Begrenzungen nötig • Ausgleich durch Freundeskreis und Sport 3 Schluss	1 Einleitung 2 Hauptteil a. Möglichkeiten der Bildung – Gefahr der Manipulation b. Sinnvolle Freizeitbeschäftigung – Suchtpotenzial/Vernachlässigung anderer Beschäftigungen, z. B. Sport c. Erwerb von moderner Technikkompetenz – Beschränkung der Kenntnisse auf Spiele/Netzwerke d. Soziale Kommunikation – Störungen der sozialen Kontakte zu realen Freunden 3 Schlussfolgerungen a. Vernunft walten lassen; altersgemäße Regeln b. zeitliche Begrenzungen c. gezielter Einsatz für Informationsgewinnung 4 Schluss

1 Diskutieren Sie die Unterschiede der beiden Gliederungsmöglichkeiten. Welche halten Sie für die geeignetere? Mit welchen Schwierigkeiten bei der Bearbeitung rechnen Sie?

2 Wählen Sie eine der beiden Gliederungen aus und arbeiten Sie auf dieser Grundlage die Erörterung aus.

3 Suchen Sie sich aus den Fragen im Einführungstext (s. oben) oder aus den Aufgaben (s. S. 130) eine aus und schreiben Sie eine dialektische Erörterung.

8.6 Schriftlich Stellung nehmen — Überblick und Schreibplan

Kompetenzen

Sie können
- überzeugende Argumente zu einer Problemstellung sammeln und gewichten,
- Argumentationsschritte entwickeln und strukturieren,
- eine schriftliche Stellungnahme strukturieren und formulieren.

Vorarbeit
- Formulieren Sie eine Themenstellung zu einem Problem.
- Legen Sie eine Stoffsammlung an und notieren Sie Argumente mit passenden Beispielen.
- Ordnen und gewichten Sie Ihre Argumente sinnvoll.

Schreibplan

1. Schreiben Sie eine Einleitung mit Aufhänger (aktuellem Bezug, Begriffserklärung, eigenem Erlebnis).
2. Begründen Sie im Hauptteil die These mit Ihren Argumenten, dazu passenden Beispielen, Folgerungen und Aufforderungen.
3. Ziehen Sie im Schlussteil ein Fazit und formulieren Sie eine abschließende Stellungnahme.
4. Überarbeiten Sie Ihre schriftliche Stellungnahme mithilfe der Textlupe (s. S. 228) oder der Schreibkonferenz (s. S. 229).

Sprache
- sachlicher Stil
- Zeitform: Präsens (Gegenwart)

Aufgaben für Übungen

a Nach der Ausbildung erst einmal eine „Auszeit" nehmen, das ist für viele junge Erwachsene eine reizvolle Vorstellung. Halten Sie eine „Auszeit" für sinnvoll oder eher für Zeitverschwendung?

b Nach der Aussetzung der Wehrpflicht fehlen den sozialen Einrichtungen und Krankenhäusern die Zivildienstleistenden. Es wird überlegt, ein soziales Jahr verpflichtend für alle einzuführen. Was halten Sie davon?

c Wer sein erstes Geld verdient, möchte meist gerne auf eigenen Füßen stehen. Eine Wohnung mieten oder kaufen, diese Frage stellt sich dann. Nehmen Sie Stellung dazu.

d Manche machen sich einen Spaß daraus, die persönliche Einladung zu einer Party ins Internet zu stellen. Dann strömen die Gäste … Nehmen Sie dazu Stellung.

e Nehmen Sie schriftlich Stellung zum Text „Du stehst auf blonde Frauen, oder?" auf S. 56.

9 Pragmatische Texte analysieren und beurteilen

9.1 Übersicht über pragmatische Texte

Pragmatische Texte werden auch Gebrauchstexte, expositorische, funktionale Texte, nichtfiktionale Texte oder einfach Sachtexte genannt. Sie begegnen uns überall im privaten und beruflichen Alltag. Die Verfasserin oder der Verfasser eines solchen Textes möchte eine bestimmte Wirkung bei der Leserschaft erzielen. Dementsprechend wird die Textsorte gewählt:

- **Informierende Texte** wie z. B. der Bericht geben Daten, Fakten und Wissen weiter.
- **Appellierende/Expressive Texte** wie z. B. der Kommentar und Werbetexte fordern die Leserin/den Leser zum Nachdenken oder zu einem bestimmten Verhalten auf.
- **Regulierende Texte** wie z. B. ein Gesetzestext oder eine Hausordnung setzen bestimmte Regeln.
- **Instruierende Texte wie** z. B. eine Gebrauchsanweisung leiten die Leserin/den Leser an.

Ein pragmatischer Text kann unterschiedliche Absichten gleichzeitig verfolgen. In einem Werbetext sind z. B. oft auch Informationen enthalten. Der Leserin oder dem Leser ist das nicht immer gleich bewusst. Und doch ist es wichtig zu unterscheiden, ob eine persönliche Meinung geäußert wird oder beweisbare Tatsachen. Leserinnen und Leser bzw. Zuschauerinnen und Zuschauer sollten wissen, welche Interessen eine Verfasserin/ein Verfasser verfolgt. Wer Geld für die Produktvorstellung bekommt, wird das Produkt weniger objektiv beurteilen. Das ist z. B. bei vielen sogenannten Test-Portalen und Influenzern im Internet der Fall.

---

1 Ordnen Sie den folgenden Beispielen eine der vier Wirkungsabsichten zu. Prüfen Sie auch, welche Beispiele mehrere Absichten verfolgen.

- **a** Wahlplakat einer Partei
- **b** Autobiografie (Buch) eines Schauspielers
- **c** Wikipedia-Eintrag zum Begriff „Soziale Marktwirtschaft"
- **d** Testament
- **e** Kundenbewertung bei einem Onlinehändler
- **f** Speisekarte einer Pizzeria

2 Welche anderen pragmatischen Texte kennen Sie aus Ihrem beruflichen und privaten Alltag? Notieren Sie fünf und beschreiben Sie stichwortartig deren Intention (Wirkungsabsicht).

Je nachdem, welche Wirkung eine Autorin oder ein Autor eines Textes erreichen möchte, wählt sie/er den Inhalt aus, sucht entsprechende Bilder dazu und passt den sprachlichen Ausdruck und Stil an.

---

3 Vergleichen Sie die folgenden Überschriften. Welche Wirkungen soll jeweils erzielt werden?

- **RTL:** *Kritik an Diesel-Grenzen. Über 100 Lungenärzte halten den Wert für strittig*
- **Deutschlandfunk:** *Lungenfachärzte gegen Feinstaubgrenzwerte. Gesundheitsexperte: „Das sind alles Laien"*
- **Focus:** *Lungenärzte bezweifeln Gesundheitsgefahr durch Stickstoffdioxid*
- **Welt:** *„Der Diesel ist jedenfalls unschuldig" – WELT*
- **Spiegel:** *Positionspapier von Lungenärzten. Zwei Seiten Behauptungen, kein einziger Beleg*

9.2 Die Nachricht

Die anschaulichste Definition des Begriffs „Nachrichten" ist über 100 Jahre alt und wird John B. Bogart, dem Lokalredakteur der amerikanischen Zeitung „Sun", zugeschrieben. 1880 soll er über das Wesen von Nachrichten (engl. news) gesagt haben:

> *„When a dog bites a man, that's not news, but when a man bites a dog, that's news."*

Dieser Grundsatz gilt für Journalistinnen und Journalisten bis zum heutigen Tage. Eine Nachricht muss die Aufmerksamkeit der Leserinnen und Leser erregen und ihnen Neuigkeiten mitteilen.

Eine nicht so anschauliche, aber dafür genauere Definition von „Nachricht" lautet:

Eine Nachricht ist
1. eine sachliche Mitteilung
2. eines aktuellen Ereignisses
3. in einem bestimmten Aufbau.

1. **Die Sachlichkeit** verlangt die strenge Trennung von Nachricht und Meinung. Allerdings kann es kaum eine absolut objektive Nachricht geben, weil sich bei ihrer Entstehung subjektive Einflüsse nicht ausschalten lassen: Eine Nachricht wird übermittelt, ausgewählt, bearbeitet, gekürzt, umformuliert, hervorgehoben usw. In jedem Falle muss eine Nachricht dem Grundsatz der Wahrheit entsprechen.

2. **Das Ereignis** muss aktuell sein und allgemein interessieren. Es sollte so wiedergegeben werden, dass der Leserin/dem Leser alle sechs **W-Fragen** beantwortet werden:
   Was? Wer? Wann? Wo? Wie? Warum?
   Zusätzlich wird die **Quelle** angegeben: der Name der Verfasserin/des Verfassers oder der Presseagentur.

3. **Der äußere Aufbau** einer Nachricht kann aus folgenden Elementen bestehen:
   Schlagzeile – Untertitel – Vorspann (Lead) mit Kurzfassung – Einzelheiten.

   Nach dem **inneren Aufbau** eines Nachrichtentextes unterscheiden Journalistinnen und Journalisten zwei Arten von Nachrichten:
   1. **Harte Nachrichten** – sie haben einen streng gegliederten Textaufbau. Das Wichtigste (die Hauptinformation) steht am Textbeginn, danach folgen die Zusatzinformationen, nach abnehmender Bedeutung geordnet. In solchen Nachrichten geht es um rein sachliche Ereignisse aus den Bereichen Politik, Wirtschaft, Kultur, Sport (Beispiel S. 133).
   2. **Weiche Nachrichten** – ihr Textaufbau ist frei gestaltet. Dabei können wichtige Informationen über den ganzen Text verteilt werden. Dadurch soll die Leserin/der Leser neugierig werden und den Nachrichtentext bis zum Ende lesen. Themen von weichen Nachrichten sind vor allem Ereignisse aus dem alltäglichen menschlichen Leben (Beispiel S. 70).

Pragmatische Texte analysieren und beurteilen — 133

Beispiel: Nachricht

Rauschtrinken im Schullandheim
Sechs Schüler liegen in italienischem Krankenhaus

1 Lucca/Italien (ak) Bei einem Aufenthalt im Schullandheim in Lucca in Norditalien ist es zu Alkoholexzessen gekommen. Ein 15-jähriger Schüler wurde ohnmächtig auf der Toilette gefunden, fünf weitere, darunter zwei Mädchen, erlitten schwere Vergiftungen und werden ebenfalls im Krankenhaus in Lucca behandelt. Die anderen Jugendlichen kamen bereits wohlbehalten in Waiblingen an. Noch bevor sie ihre Kinder zur Begrüßung umarmen konnten, bekamen die Eltern von den Lehrern volle Bierdosen und Whisky-Flaschen überreicht. Trotz Verbot hatten die Jugendlichen Alkoholika gebunkert. Sechs von 24 Schülerinnen und Schülern müssen noch eine Nacht im Krankenhaus verbringen und können dann von ihren Eltern in Italien abgeholt werden. Es wird geprüft, ob die beiden Lehrer ihre Aufsichtspflicht verletzt haben.

(Waiblinger Tagesblatt)

---

1 Lesen Sie die Nachricht und fassen Sie kurz das Wichtigste zusammen.

2 Zeigen Sie an diesem Text den äußeren Aufbau einer Nachricht (s. S. 132).

3 Wie ist der innere Aufbau gestaltet?

4 Untersuchen Sie diese Nachricht:
- Ist der Sachverhalt vollständig dargestellt (sechs W-Fragen, Quelle)?
- Inwiefern ist die Objektivität gegeben?

5 Weil der Platz auf einer Zeitungsseite begrenzt ist, muss eine Nachricht manchmal gekürzt werden. Welche Stellen des Textes würden Sie in einem solchen Fall weglassen?

6 Verfassen Sie eine Nachricht zu „Coronavirus – Verlauf und Meldekette" (s. S. 47).

7 Verfassen Sie eine Nachricht zum Alkoholkonsum von 12- bis 17-jährigen Jugendlichen (s. u.).

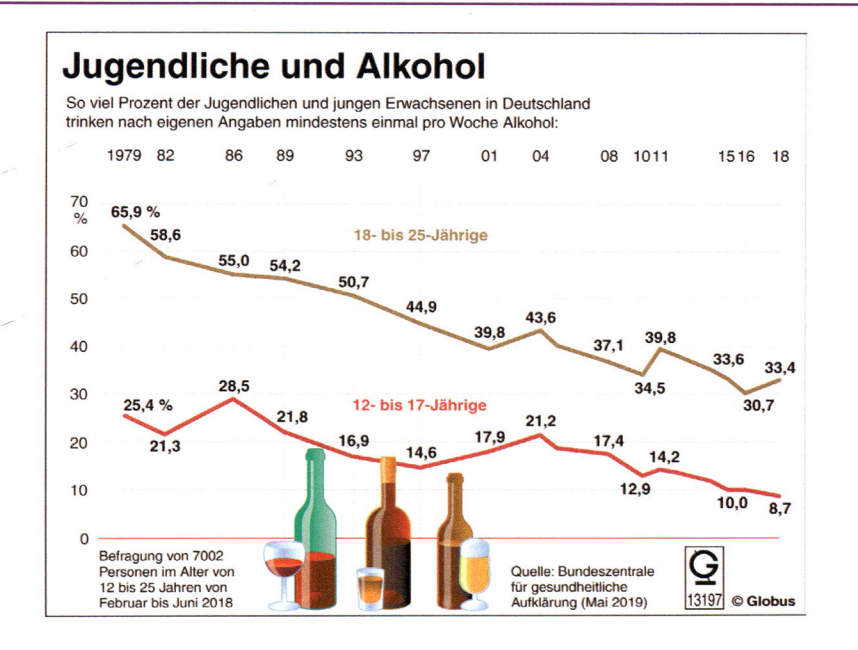

Jugendliche und Alkohol

So viel Prozent der Jugendlichen und jungen Erwachsenen in Deutschland trinken nach eigenen Angaben mindestens einmal pro Woche Alkohol:

18- bis 25-Jährige: 1979: 65,9 %; 82: 58,6; 86: 55,0; 89: 54,2; 93: 50,7; 97: 44,9; 01: 39,8; 04: 43,6; 08: 37,1; 10/11: 39,8; 15/16: 33,6; 18: 33,4

12- bis 17-Jährige: 1979: 25,4 %; 82: 21,3; 86: 28,5; 89: 21,8; 93: 16,9; 97: 14,6; 01: 17,9; 04: 21,2; 08: 17,4; 10/11: 14,2; 15/16: 12,9 / 10,0; 18: 8,7

Befragung von 7002 Personen im Alter von 12 bis 25 Jahren von Februar bis Juni 2018
Quelle: Bundeszentrale für gesundheitliche Aufklärung (Mai 2019)
© Globus 13197

9.3 Der Kommentar

Die Trennung von Nachricht und Kommentar ist ein Grundsatz, den seriöse Tageszeitungen streng beachten. Wenn das Fernsehen Kommentare in Nachrichtensendungen einbettet, wird diese Trennung durch besondere Hinweise vollzogen. Die Absicht eines Kommentars ist es, den Leserinnen und Lesern bei der Bildung einer eigenen Meinung über einen Sachverhalt zu helfen. Zu diesem Zweck enthält der Kommentar die eigene Meinung der Verfasserin/des Verfassers und darüber hinaus die für das Verständnis der Zusammenhänge erforderlichen Informationen.

---

1 Auf welche Weise wird in einer Nachrichtensendung des Fernsehens ein eingefügter Kommentar deutlich abgetrennt? Warum werden Nachricht und Kommentar klar voneinander getrennt?

2 Wie lassen sich in einer Tageszeitung Nachricht und Kommentar unterscheiden?

3 Erläutern Sie anhand der folgenden Übersicht, warum der Kommentar eine Textsorte ist, in der sich Information, Meinung und Appell verbinden.
Welches ist dabei das überwiegende Element?

Strukturbild eines Kommentars

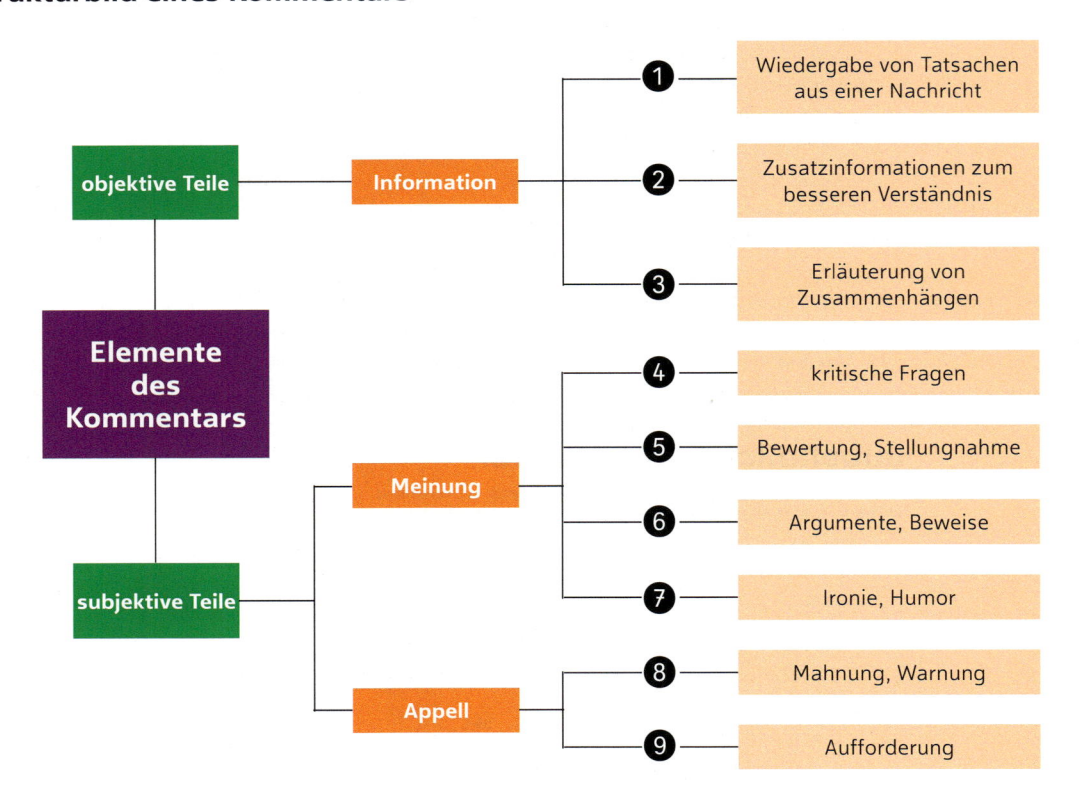

Elemente des Kommentars

- **objektive Teile** → **Information**
  - ① Wiedergabe von Tatsachen aus einer Nachricht
  - ② Zusatzinformationen zum besseren Verständnis
  - ③ Erläuterung von Zusammenhängen

- **subjektive Teile** → **Meinung**
  - ④ kritische Fragen
  - ⑤ Bewertung, Stellungnahme
  - ⑥ Argumente, Beweise
  - ⑦ Ironie, Humor

- **subjektive Teile** → **Appell**
  - ⑧ Mahnung, Warnung
  - ⑨ Aufforderung

Beispiel: Kommentar

Nur Bock auf Bier?

A. Koch

Es sollte ein unvergessliches Erlebnis werden. Die Klassengemeinschaft sollte gestärkt, die kulturelle Bildung gefördert und die internationalen Erfahrungen sollten erweitert werden. Gemeinsam hatten Lehrer und Schüler die Fahrt ins Schullandheim vorbereitet. Doch alles kommt anders: Statt Stadtrundfahrt gibt's Besuche in den regionalen Kneipen, statt Bootsfahrt nach Portovenere und Naturerlebnis am Mittelmeer Saufen bis zum Abwinken. Statt im Museum landeten sechs Schüler im Krankenhaus. Nur Bock auf Bier? Endet unsere Jugend im Suff?

20 % unserer Jugendlichen trinken regelmäßig Alkohol und über 9 % der Jungen und 8 % der Mädchen sind akut suchtgefährdet.

Schullandheimaufenthalte gehörten schon immer zu den unvergesslichen Erlebnissen im Leben, auch getrunken wurde immer schon. Doch sich bis zum totalen Blackout zu betrinken, sich um seinen Verstand zu bringen, das war eher uncool, das galt als schwach. Sich um die Wette ins Koma saufen, das ist neu. Schlimm auch, dass Mädchen inzwischen gleichauf ziehen.

Haben die Eltern versagt? Wo waren die Lehrer, die diese Schullandheimfahrt begleiteten? Saßen sie gemütlich bei ligurischem Wein?

Wissen die Jugendlichen nicht, wie dramatisch die Folgen von Rauschtrinken sind? Leistungsabfall, Schädigungen des zentralen Nervensystems, Depressionen und Wahnvorstellungen, sexuelle Störungen und allen voran aggressives Verhalten sind die Folgen. Bei jeder zweiten Gewalttat, die von Jugendlichen begangen wurde, war Alkohol im Spiel.

Mit Aufklärungsbroschüren ist es offensichtlich nicht getan. Was wird den Jugendlichen vorgelebt? Eltern, die ihr regelmäßiges Quantum vor den Augen der Kinder konsumieren; Lehrer, die morgens mit Fahne kommen; der Bürgermeister beim großartig ritualisierten Fassanstich zur Eröffnung von Festen; Alkoholwerbung, die beim Sofa-TV-Sport zum Biertrinken animiert; Politiker und Promis, die mit Alkohol im Blut erwischt werden.

Wie kann man dem „Bock auf Bier" entgegenwirken? Hohe Preise und strenge Kontrollen beim Verkauf von Alkohol, massive und kontinuierliche Aufklärung von Eltern und Schülern in den Schulen, null Prozent Toleranz beim Motorrad- und Autofahren, Sport als fester Bestandteil des Schulalltags, systematische Aufklärung in den Schulen. Nichts geht jedoch über das Vorbild der Eltern, Lehrer, Vereinskameraden und insbesondere das von bekannten Persönlichkeiten aus Politik, Kultur und Sport.

Dann würde ein Schullandaufenthalt seinen Sinn erfüllen: Gemeinschaft erleben, Menschen und ihre Kultur kennenlernen.

(Waiblinger Tagesblatt)

---

1 Lesen Sie den Kommentar und vergleichen Sie ihn mit der Nachricht auf S. 133.

2 Welche Einstellung hat der Kommentator zu dem Problem?

3 Nennen Sie die Textstellen, in denen der Kommentator seine Meinung äußert.

4 Welche Elemente eines Kommentars können Sie erkennen?
Beschreiben Sie seinen Aufbau mithilfe des Strukturbildes auf S. 134.

5 Schreiben Sie einen Leserbrief an das Waiblinger Tagesblatt, in dem Sie Ihre Meinung zu den Vorschlägen von A. Koch deutlich zum Ausdruck bringen. Lesen Sie Ihren Brief der Klasse vor; und diskutieren Sie, ob er für eine Veröffentlichung geeignet wäre.

6 Suchen Sie in einer Zeitung eine Nachricht und verfassen Sie einen Kommentar dazu.

9.4 Inhaltsangabe von pragmatischen Texten

In einer **Inhaltsangabe (Textwiedergabe)** wird ein Text mit eigenen Worten zusammengefasst und verkürzt wiedergegeben. Im beruflichen Alltag kommt es immer wieder vor, dass Arbeitskolleginnen und -kollegen oder Vorgesetzte über den Inhalt eines Textes informiert werden müssen. In der Schule gibt es häufig die Aufgabenstellung, einen Text mit eigenen Worten zusammenzufassen.

Auch im privaten Bereich formulieren wir ab und zu Inhaltsangaben, wenn wir z. B. einem Bekannten erzählen, warum uns ein Film oder ein Vortrag gut gefallen hat oder warum wir ihm empfehlen, ein bestimmtes Buch nicht zu lesen. Bei solchen Gesprächen ist die Inhaltsangabe aber nur ein Teil der Begründung, wir ergänzen sie mit persönlichen Beurteilungen.

Die **Inhaltsangabe von pragmatischen Texten** (Sachtexten, Gebrauchstexten – funktionalen Texten) unterscheidet sich im Aufbau und in der Vorgehensweise von der Inhaltsangabe von literarischen Texten (fiktionalen Texten). Daher wird diese ab S. 195 gesondert behandelt.

9.4.1 Mündliche Inhaltsangabe

Liebe

1 Tasha, 18, aus Kalifornien und Doug, 17, aus Illinois haben sich am 2. Februar dieses Jahres im Internet kennengelernt, im Video-Chat, anonym, durch einen Zufallsgenerator.
5 Er grinste so süß. Sein blaues Käppi hatte er verkehrt aufgesetzt. „Irgendwie cool", dachte Tasha. Doug mochte Tashas braune Locken, ihre Augen, das Lächeln. Die beiden quatschten: über Kumpels von Doug und darüber, dass
10 es was Besonderes sein müsse, auf einer Chatplattform jemanden zu finden, der irgendwie normal zu sein scheint. In der wirklichen Welt sind es die leicht Verrückten, die begehrt werden. Im Internet sind es die „Normalen".
15 „Wie treffe ich dich wieder?", fragte Doug. „Finde mich im Netz", sagte Tasha, „ich nenne mich Natpie". Doug googelte und fand Natpies YouTube-Kanal: Dort zeigte Tasha Videos aus ihrem Alltag. Doug hätte ihr eine Nachricht
20 schreiben können, privat. Er entschied sich für das Gegenteil, nahm ebenfalls ein Video auf. Die ganze Welt sollte wissen, dass er Tasha vermisst. Er nannte das Video: „I miss you normal girl". Tasha sah den Film und filmte
25 ihre Antwort. Sie sagte oft „I miss you", sie warf Doug einen Kuss in die Kamera.

Tasha und Doug können sich in die Augen schauen und sich Zärtlichkeiten zuflüstern. Aber solange die beiden online bleiben, werden sich ihre Lippen nie berühren. Was 30 sie erleben, ist eine neue Art von Beziehung: Die beiden lieben sich, und das Netz schaut zu. Inzwischen haben sie sich viele Videos geschickt. Tausende verfolgen, wie sich die Beziehung entwickelt. Sie selbst nennen es: 35 Die Welt soll teilhaben an ihrem Glück. Tasha hat Doug ihre Handynummer gegeben, sie haben telefoniert. Aber das fühlt sich irgendwie anders an als die Filme, nicht so spannend. Es kribbelt mehr, wenn Freunde 40 zugucken, Fremde tuscheln und, ja, wenn manche auch ein wenig neidisch sind. Tasha und Doug wollen jetzt doch lieber weiter Videos bei YouTube hochladen. Seit drei Monaten sind die beiden jetzt schon ein Paar. 45 Doug würde gern nach Kalifornien fliegen zu Tasha. Er möchte wissen, wie ihre Locken riechen, und er würde sie gern mal in den Arm nehmen. „Das ganze altmodische Zeug", sagt er. Tasha sagt: „Ich weiß nicht, ob ich 50 das brauche." (UA)

---

1 Lesen Sie den Text aufmerksam und notieren Sie sich vier bis fünf Stichworte, die Ihnen helfen, das Wichtigste zu behalten und mündlich wiederzugeben.

2 Bilden Sie Kleingruppen zu drei bis vier Mitgliedern. Jeder gibt in knappen Worten den Inhalt wieder und erhält von den anderen eine Rückmeldung über die Vollständigkeit und Verständlichkeit der Zusammenfassung.

9.4.2 Schriftliche Inhaltsangabe

Sie trainieren nun, Inhalte schnell zu erfassen und präzise in knappen Worten schriftlich wiederzugeben. Auch Texte aus Fachbüchern werden Sie dann schneller erfassen und zusammenfassen können.

Handy am Steuer

1 Handy am Steuer – das kann teuer werden und außerdem Punkte geben. Im Jahr 2018 führten Handyverstöße am Steuer zu insgesamt 443 588 Einträgen ins Flensburger Fahreignungsregister. [...]
Im Oktober 2017 wurde das Verbot der Handynutzung beim Autofahren neu geregelt. Die entscheidende Vorschrift ist der Paragraf 23 Absatz 1a der Straßenverkehrsordnung (StVO). Danach darf der Fahrer ein elektronisches Kommunikationsgerät wie ein Handy während der Fahrt insbesondere nur noch dann benutzen, wenn er
- das Gerät dabei weder aufnimmt noch in den Händen hält und
- zur Bedienung und Nutzung nur ein kurzer Blick auf das Gerät (bei gleichzeitiger Blickabwendung vom Straßenverkehr) erfolgt.

Nicht erlaubt: Navi-App beim Fahren bedienen
Eindeutig verboten wäre es demnach, sich zum Beispiel während der Fahrt das Handy ans Ohr zu halten und zu telefonieren. Wenn das Handy in einer Halterung an der Windschutzscheibe steckt und etwa eine Navi-App läuft, darf diese zum Beispiel nicht über das Berühren des Displays bedient werden. Denn dafür ist in der Regel mehr als nur ein „kurzer Blick" auf das Gerät notwendig. Das Nutzungsverbot gilt nicht nur für externe Geräte wie Smartphones oder Navigationsgeräte, sondern auch für ins Auto eingebaute Musik-, Navigations- und sonstige Geräte. Welche Bedienung im Einzelfall noch erlaubt oder schon verboten ist, müssen die Gerichte klären. Erste Urteile zur neuen Rechtslage sind inzwischen ergangen.
Wichtig: Selbst wenn ein bestimmter Umgang mit dem Telefon nicht gegen das Handyverbot verstößt [...], lassen Autofahrer während der Fahrt am besten von allem, was ablenken kann. Denn führt die Ablenkung zu einem Unfall mit Körperschaden drohen schärfere Sanktionen als nur ein Bußgeld: Dann muss sich der Fahrer womöglich wegen fahrlässiger Körperverletzung oder gar Tötung verantworten. [...]

Rechtsfolgen bei verbotener Handynutzung
Die Geldbußen bei Verstößen betragen:
- 100 Euro + 1 Punkt
- ... mit Gefährdung: 150 Euro + 1 Punkt + 1 Monat Fahrverbot
- ... mit Sachbeschädigung: 200 Euro + 1 Punkt + 1 Monat Fahrverbot
- ... für Radfahrer: 55 Euro

Quelle: Stiftung Warentest (Hrsg.): Handy am Steuer, 2020. Artikel unter www.test.de vom 28.1.2020.

---

1 Lesen Sie den Text aufmerksam durch und unterstreichen Sie wichtige Wörter[1] und notieren Sie sich zu jedem Abschnitt einige Stichworte zu der Frage: „Um was geht es?"

2 Entwerfen Sie den Hauptteil der Inhaltsangabe, die Einleitung und den Schluss.

3 Fügen Sie alles zusammen und prüfen Sie Ihren Text auf Vollständigkeit, inhaltliche Übergänge, Verständlichkeit, Satzbau und Zeichensetzung, Grammatik und Rechtschreibung.

4 Lassen Sie nun Ihren Text von einer Mitschülerin oder einem Mitschüler gegenlesen und bitten Sie um ein Feedback. Überarbeiten Sie Ihren Text.

---

[1] Bei geliehenen Büchern eine Kopie oder einen Notizzettel verwenden.

9.4.3 Schritt für Schritt zu einer Inhaltsangabe

① **Text lesen** ② **Wichtiges unterstreichen** ③ **Kurzsätze bilden (Kernaussagen)**

Bäume in der Stadt

1   Seit jeher werden Straßenverläufe von Bäumen begleitet, Plätze durch Bäume abgegrenzt, Wege und Treffpunkte durch Bäume hervorgehoben. In unseren heute vor allem durch die Verkehrsmittel
5   bestimmten <u>Stadtbereichen</u> gewinnen <u>Bäume</u> wieder mehr und mehr an Bedeutung. Dabei spielen die dekorativen Aspekte nur eine vordergründige Rolle. Zugegeben, grüne Innenstadtbereiche sind lebenswerter, erholsamer, freundlicher als die zube-
10   tonierten, meist grauen Fassaden.
    Die <u>Funktion des Baumes</u> ist jedoch viel bedeutender, als man zunächst zu glauben vermag. Das <u>Laub</u> der Bäume <u>filtert den Staub aus der Stadtluft</u>. Baumbestandene Straßen haben bis zu 70 % we-
15   niger Staubpartikel in der Luft. <u>Sauerstoff</u> ist für den Menschen <u>lebensnotwendig</u>. Ein großer <u>Baum</u> kann bis zu 1 200 Liter <u>Sauerstoff</u> pro Stunde <u>produzieren</u>. Kohlendioxid, das bei der Verbrennung entsteht, ist in der Stadtluft in erhöhten Konzen-
20   trationen nachzuweisen. Bäume sind in der Lage, diesen <u>Schadstoffgehalt der Luft zu reduzieren</u>, denn sie <u>verarbeiten</u> bis zu 2,4 kg <u>Kohlendioxid pro Stunde</u>.
    Die Lärmbelästigung belastet die Menschen ganz
25   erheblich. <u>Bäume</u> brechen den Schall und <u>vermindern</u> so die <u>Lärmbelästigung</u> in ganz wesentlichem Umfang. In dicht bebauten Gebieten sind Straßenbäume häufig die einzigen Pflanzen und somit <u>wichtiger Lebensraum für Kleinlebewesen und Vö-
30   gel</u>.
    Bäume können auf sehr vielfältige Art und Weise die <u>Lebensqualität</u> der Bewohner in den Ballungsräumen verbessern. <u>Wünschenswert</u> wäre für jede Stadt ein <u>dichtes Netz von Straßenbäumen</u>. Vor al-
35   lem dort, wo Gärten ganz fehlen, ist der Baum auf der Straße ein Stück Natur, das die Beachtung und <u>Pflege</u> des Menschen <u>erfordert</u>, wenn es bestehen soll. Immer noch wird im Winter unachtsam <u>Salz</u> auf Bauminseln gestreut, <u>Autos parken</u> zu dicht
40   an den Baumstämmen und beschädigen Holz und Wurzeln, auslaufendes <u>Benzin</u> und <u>Öl</u> oder <u>Unkrautbekämpfungsmittel</u> bringen Bäumen in der Stadt einen langsamen, unaufhaltsamen Tod. Und der <u>Tod eines Baumes</u> in der Stadt bedeutet einen
45   <u>Verlust an Lebensqualität</u> für alle.

(ph)

SINNABSCHNITTE

1 zunehmende Bedeutung der Bäume in Stadtbereichen

2 Bäume haben mehrere Funktionen

filtern den Staub

produzieren Sauerstoff

reduzieren den Schadstoffgehalt der Luft

Bäume vermindern Lärm

sie bieten Lebensraum für Kleinlebewesen und Vögel

3 dichtes Netz von Straßenbäumen wünschenswert

4 Pflege erforderlich

Schädigung durch Salz, parkende Autos, Schadstoffe

5 Tod eines Baumes ist Verlust an Lebensqualität

Pragmatische Texte analysieren und beurteilen — 139

④ **Inhaltsangabe formulieren**

⑤ **Einleitung und Schluss**

Die Bedeutung der Bäume in Stadtbereichen nimmt zu.

Das liegt daran, dass Bäume mehrere wichtige Funktionen erfüllen.
Ihr Laub filtert den Staub aus der Stadtluft.

Außerdem produzieren sie den lebensnotwendigen Sauerstoff und verringern dabei den Kohlendioxidgehalt der Luft.

Bäume können auch die Lärmbelästigung verringern, weil sich in ihrem Laub der Schall bricht.

Für Kleinlebewesen und Vögel sind Bäume ein wichtiger Lebensraum.

Aus all diesen Gründen sollte ein dichtes Netz von Straßenbäumen geschaffen werden.

Diese müssen aber gepflegt
und
vor Schäden bewahrt werden.

Mit jedem Baum, der in der Großstadt stirbt, verringert sich die Lebensqualität.

Einleitung

In einem Zeitungsartikel in den Frankfurter Nachrichten beschreibt der Autor P. H. die Funktion der Bäume in der Großstadt.

Schluss

Dem Autor ist es gelungen, dem Leser mit eindringlichen Worten die Bedeutung der Bäume bewusst zu machen. Seine mahnenden Worte am Schluss weisen auf eine ernste Gefahr hin, die viele noch nicht erkannt haben.

9.4.4 Übungstext

Das Mindesthaltbarkeitsdatum

1 Auf den meisten Lebensmitteln muss der Vermerk „Mindestens haltbar bis ..." aufgedruckt oder eingeprägt werden. Was besagt das „Mindesthaltbarkeitsdatum"? Wenn man
5 meint, diese Angabe bezeichne das letzte Verkaufs- oder Verbrauchsdatum, dann täuscht man sich gewaltig. Das Lebensmittelgesetz versteht etwas anderes unter dem Mindesthaltbarkeitsdatum. Das Mindesthalt-
10 barkeitsdatum bezeichnet die vom Hersteller festgesetzte Frist, in der ein Lebensmittel bei richtiger Lagerung seine typischen Eigenschaften behält. Der Geschmack soll in dieser Zeit erhalten bleiben. Auch der Nährwert
15 soll sich innerhalb dieser Frist nicht ändern. Die Ware soll ihr Aussehen behalten und die Zusammensetzung soll sich auch nicht verändern. Ein Händler, der Ware nach Ablauf des Datums anbietet, verstößt nicht gegen
20 das Gesetz und macht sich folglich auch nicht strafbar. Es wäre natürlich übertrieben, wenn man ein solches Mindesthaltbarkeitsdatum auch beim Verkauf von frischem Obst oder Gemüse verlangen würde. Auch frische
25 Backwaren, Zucker, Speisesalz, Bier, Honig, Kaffee, Kakao, Schokolade dürfen ohne das Mindesthaltbarkeitsdatum verkauft werden.
(GW)

9.4.5 Inhaltsangabe von pragmatischen Texten — Überblick und Schreibplan

Kompetenzen

Sie können
- die wesentlichen Gedanken eines Textes erkennen und wiedergeben,
- den Aufbau eines Textes (Textstruktur) beschreiben,
- den Sprachstil eines Textes erkennen und in der Inhaltsangabe beibehalten.

Vorarbeit
- Lesen Sie den Text aufmerksam und markieren Sie Sinnabschnitte[1].
- Unterstreichen Sie wichtige Sätze[1].
- Bilden Sie Kurzsätze (z. B. als Randnotiz)[1].

Schreibplan
1. Formulieren Sie eine Einleitung, in der Sie Verfasserin/Verfasser, Titel, Art und Quellenangabe sowie das Thema (in einem Satz) anführen.
2. Geben Sie im Hauptteil wesentliche Gedanken des pragmatischen Textes in eigenen Worten wieder. Schreiben Sie, was Ihnen evtl. an äußeren Merkmalen (formaler Aufbau) und beim inhaltlichen Aufbau (Textstruktur) aufgefallen ist.
3. Beurteilen Sie im Schlussteil der Inhaltsangabe die Wichtigkeit und Bedeutung des Sachtextes und dessen Wirkung auf die Leserin/den Leser.
4. Überarbeiten Sie Ihre Inhaltsangabe mithilfe der Textlupe (s. S. 228) oder der Schreibkonferenz (s. S. 229).

Sprache
- Wiedergabe in eigenen Worten
- Nur wichtige Fachbegriffe übernehmen
- sachlicher Stil
- Zeitform: Präsens (Gegenwart)
- direkte Rede in indirekte Rede umwandeln

1 Bei geliehenen Büchern eine Kopie oder einen Notizzettel verwenden.

9.5 Texte visualisieren

„Da blicke ich nicht durch!" So reagiert mancher, wenn er nach dem Lesen eines Textes nicht sofort alles verstanden hat.
In solchen Fällen hilft es, wenn man beim nochmaligen Lesen auf die Struktur des Textes achtet, d. h. auf seine äußere Form und seinen Inhalt. Diese Lesetechnik führt zu einer Übersicht über den gesamten Text. So kann man seinen Inhalt und seine inhaltliche Gliederung leichter erfassen und behalten.

9.5.1 Die äußere Form eines Textes visualisieren

Viele Texte weisen besondere Merkmale in der äußeren Form auf:

- Überschriften
- Nummerierungen
- Absätze
- Leerzeilen
- Schriftarten und -größen
- Kursiv- und Fettdruck

Dadurch wird für Übersichtlichkeit und gute Lesbarkeit gesorgt. Beispiele findet man u. a. in Fachbüchern und Zeitungen.

Auch ein literarischer Text kann in seinem äußeren (formalen) Aufbau in besonderer Weise gestaltet werden. Bei Gedichten wird dies oft als zusätzliches Gestaltungsmittel eingesetzt.

1 Prüfen Sie, ob die Visualisierung des Aufbaus eines Geschäftsbriefs mit den Briefen auf S. 100 oder 163 übereinstimmt.

2 Visualisieren Sie den formalen Aufbau eines Protokolls (s. S. 73 f.).

3 Zeichnen Sie die äußere Gestalt des Gedichts „Was es ist" von Erich Fried (s. S. 306).

4 Beurteilen Sie die optische Gestaltung eines Fachtextes aus einem Ihrer Fachbücher.

5 Vergleichen Sie die Gestaltung der Titelseite einer Boulevardzeitung mit der einer regionalen Tageszeitung.

9.5.2 Strukturbilder von Texten

Der Aufbau eines Textes kann Hinweise für das Verstehen des Gedankenganges geben.
Wenn wir auch die **innere Struktur** eines Textes erkennen, fällt es uns leichter, den gesamten Inhalt zu erfassen, besonders bei umfangreichen oder schwierigen Texten.
Bei **standardisierten Texten** (Geschäftsbriefen, Protokollen u. Ä.) ist nicht nur der formale Aufbau, sondern auch die inhaltliche Struktur festgelegt. (Hinweise dazu finden Sie in den jeweiligen „Überblicken", z. B. S. 76, 104.)
Bei vielen Texten ist es aber nicht leicht, die inneren Strukturen zu erfassen, weil es keine verbindlichen Vorgaben gibt, wie ein Autor oder eine Autorin einen Text inhaltlich zu gestalten hat.

Es gibt aber einige **Grundformen**, die unten dargestellt sind.
Mit dieser Übersicht wird Ihnen die inhaltliche Strukturierung von Texten leicht erfallen.
Wenn Sie den inneren Aufbau eines Textes herausarbeiten wollen, können Sie seine einzelnen Bausteine in ähnlicher Weise wie die Beispiele unten und auf S. 143 skizzieren. Sie erhalten ein **Strukturbild**, das den Aufbau des Textes visuell darstellt.

(Auf einer Kopie könnten Sie die einzelnen Teile direkt in der Textvorlage markieren oder einrahmen.)

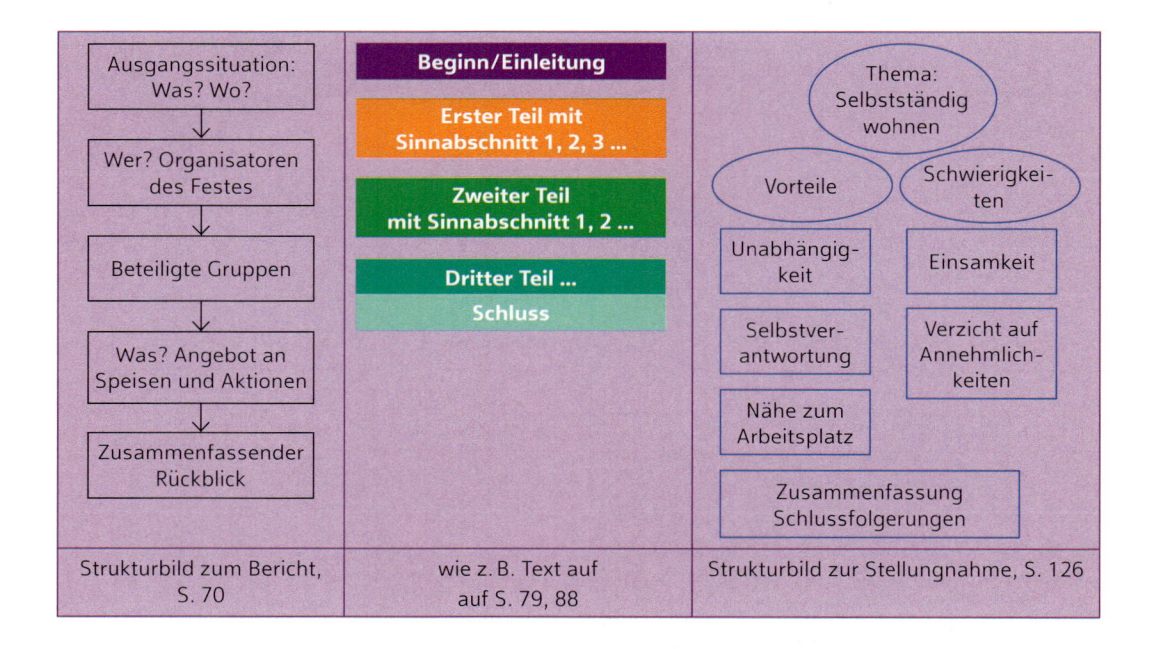

Strukturbild zum Bericht, S. 70	wie z. B. Text auf auf S. 79, 88	Strukturbild zur Stellungnahme, S. 126
Ausgangssituation: Was? Wo? ↓ Wer? Organisatoren des Festes ↓ Beteiligte Gruppen ↓ Was? Angebot an Speisen und Aktionen ↓ Zusammenfassender Rückblick	Beginn/Einleitung / Erster Teil mit Sinnabschnitt 1, 2, 3 … / Zweiter Teil mit Sinnabschnitt 1, 2 … / Dritter Teil … / Schluss	Thema: Selbstständig wohnen — Vorteile (Unabhängigkeit, Selbstverantwortung, Nähe zum Arbeitsplatz); Schwierigkeiten (Einsamkeit, Verzicht auf Annehmlichkeiten); Zusammenfassung Schlussfolgerungen

---

1 Wählen Sie einen der oben mit Seitenzahlen angeführten Texte aus und finden Sie durch sorgfältiges Lesen seinen inneren Aufbau heraus. Visualisieren Sie dann die wichtigsten Inhalte/Informationen des Textes.

2 Lesen Sie auf S. 134 nach, aus welchen Teilen sich das **Strukturbild eines Kommentars** zusammensetzen kann. Visualisieren Sie anschließend die Aussagen des Kommentars auf S. 135.

3 Beschreiben Sie die Struktur eines Textes Ihrer Wahl.

9.5.3 Frei gestaltete Strukturbilder

Die Strukturbilder auf den vorangehenden Seiten lassen den äußeren und den inneren Aufbau eines Textes erkennen und veranschaulichen, wie der Inhalt gegliedert ist.
Neben dieser formalen Methode der Texterfassung gibt es auch die Möglichkeit, die Sinnzusammenhänge eines Textes in frei gestalteten Darstellungen zu skizzieren. Dabei können Sie Ihre eigene Form selbst entwickeln oder bekannte Formen verwenden.

Eine solche Visualisierung hat den Vorteil, dass die wichtigsten Teile und der Sinnzusammenhang eines Textes auf einen Blick zu erkennen sind.
In einer freien Strukturskizze können die inhaltlichen Elemente des Textes in ihrer gegenseitigen Beziehung dargestellt und mit Strichen oder Pfeilen verbunden werden. Eine solche frei gestaltete Visualisierung wird bei jedem Text völlig unterschiedlich aussehen.

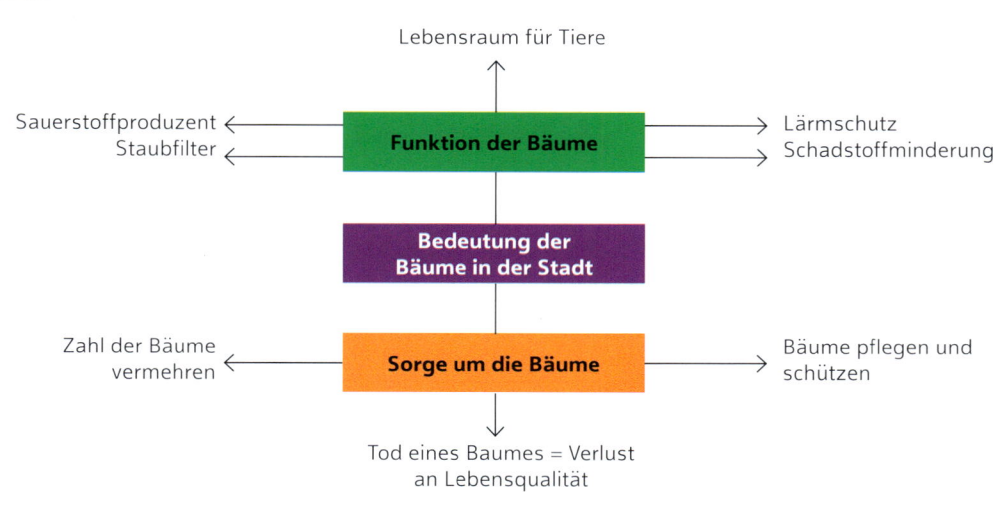

```
                        Lebensraum für Tiere
                                ↑
Sauerstoffproduzent  ←  ┌──────────────────┐  →  Lärmschutz
Staubfilter          ←  │ Funktion der Bäume│  →  Schadstoffminderung
                        └──────────────────┘
                                │
                        ┌──────────────────┐
                        │   Bedeutung der  │
                        │ Bäume in der Stadt│
                        └──────────────────┘
                                │
Zahl der Bäume       ←  ┌──────────────────┐  →  Bäume pflegen und
vermehren               │  Sorge um die Bäume│     schützen
                        └──────────────────┘
                                ↓
                    Tod eines Baumes = Verlust
                         an Lebensqualität
```

---

1 Lesen Sie den Text auf S. 138 und vergleichen Sie den Inhalt mit der Visualisierung. Prüfen Sie, ob diese Darstellung die Kernpunkte des Inhalts richtig erfasst.

2 Versuchen Sie, die Sinnzusammenhänge dieses Textes in einer anderen Darstellungsweise auf einem Blatt zu visualisieren, z. B. in einem großen Kreis geordnet oder in der Form von sogenannten Wolken oder Sprechblasen.

9.5.4 Einen Text mit einer Mindmap visualisieren

Die unten stehende, unvollständige Skizze ist eine Visualisierung des Textes „Mindesthaltbarkeitsdatum" (S. 140). Als Darstellungsform wurde eine Mindmap gewählt (s. S. 220).

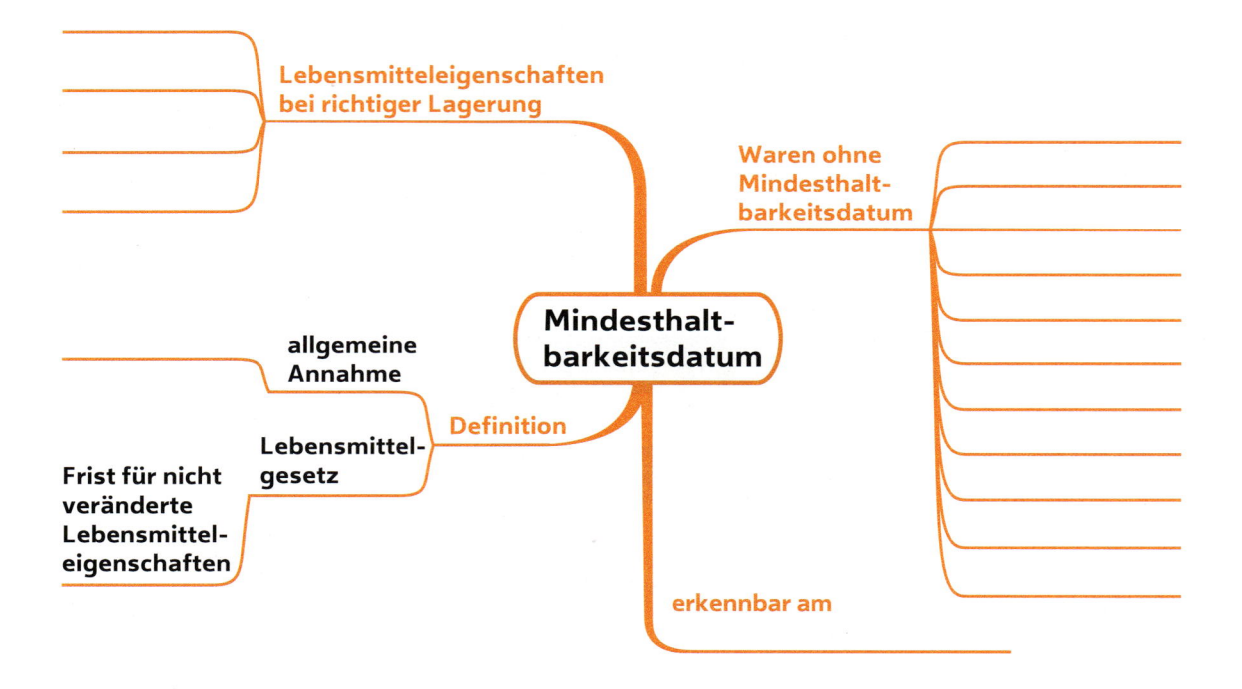

Mindesthaltbarkeitsdatum

- Lebensmitteleigenschaften bei richtiger Lagerung
- Waren ohne Mindesthaltbarkeitsdatum
- Definition
  - allgemeine Annahme
  - Lebensmittelgesetz
    - Frist für nicht veränderte Lebensmitteleigenschaften
- erkennbar am

---

1 Lesen Sie den Text auf S. 140 und erfassen Sie seine Kernaussagen durch Unterstreichen (ggf. auf einer Kopie) bzw. Herausschreiben.

2 Übertragen Sie die Mindmap auf ein Blatt und ergänzen Sie die fehlenden Informationen.

3 Prüfen Sie, ob es in der Visualisierung gelungen ist, den Inhalt des Textes richtig zu erfassen und übersichtlich wiederzugeben.

4 Vergleichen Sie die beiden Arbeitstechniken zur Erfassung eines Textes: Welche Vorteile und Nachteile hat eine Visualisierung und welche eine schriftliche Inhaltsangabe wie auf S. 137 ff.?

9.5.5 Mit einem Diagramm Informationen visualisieren

Informationen in Texten werden häufig als Zahlen, Größenordnungen oder Prozentangaben gegeben. Wenn mehrere Zahlen genannt werden, sind diese für Leserinnen und Leser verwirrend, sie sind weder zu merken noch vorzustellen. Durch Visualisierung werden die Zahlen veranschaulicht, das Gehirn kann die Informationen besser aufnehmen, verstehen und behalten.

Wer die **Zahlenangaben** eines Textes **visualisieren** möchte, kann folgendermaßen vorgehen: Zunächst stellt man drei Fragen und beantwortet sie aus dem Text. Anschließend wählt man die geeignete Diagrammform (s. S. 43) aus.
Das folgende Beispiel zeigt, wie eine Visualisierung gelingt!

Genug Taschengeld?

1 Mehr Taschengeld, das ist der Wunsch der meisten Kinder und Jugendlichen, obwohl sie eigentlich mit der Höhe zufrieden sein könnten, wenn man von den Durchschnittszahlen ausgeht, die in einer Umfrage im Jahre 2015 ermittelt worden sind.
Schon die 6- bis 9-jährigen Jungen haben im Monat 13 Euro, die gleichaltrigen Mädchen
5 sind mit 11 Euro etwas bescheidener. Sie überholen dann aber in der Altersgruppe von 10 bis 12 Jahren die Jungen um einen Euro und bekommen 21 Euro im Monat. In den folgenden Altersstufen halten die Jungen die Hand stärker auf und bekommen mit 13 bis 15 Jahren 41 Euro, 3 Euro mehr als die Mädchen. Der größte Unterschied in der Höhe des Taschengeldes besteht aber in der Altersgruppe der 16- bis 19-Jährigen. Während den Jungen
10 in diesem Alter monatlich 217 Euro zur Verfügung stehen, müssen sich die Mädchen mit 164 Euro mit deutlich weniger zufrieden geben. Für diesen Unterschied mag es zwei Gründe geben: Zum einen ist die Ausbildungsvergütung für männliche Auszubildende im Durchschnitt höher, zum anderen müssen noch viele Mädchen zu Hause mehr abgeben als die Jungen. (efka)

Drei Fragen an den Text:

1 Welches Problem/Thema wird in dem Text behandelt? *Hier: Höhe des Taschengeldes bei Kindern und Jugendlichen*

2 Welche Personengruppen werden im Text genannt? *Hier: Jungen und Mädchen verschiedener Altersgruppen*

3 Welche Zahlenangaben sind in dem Text enthalten? *Hier: unterschiedliche Euro-Beträge, den Altersgruppen zugeordnet*

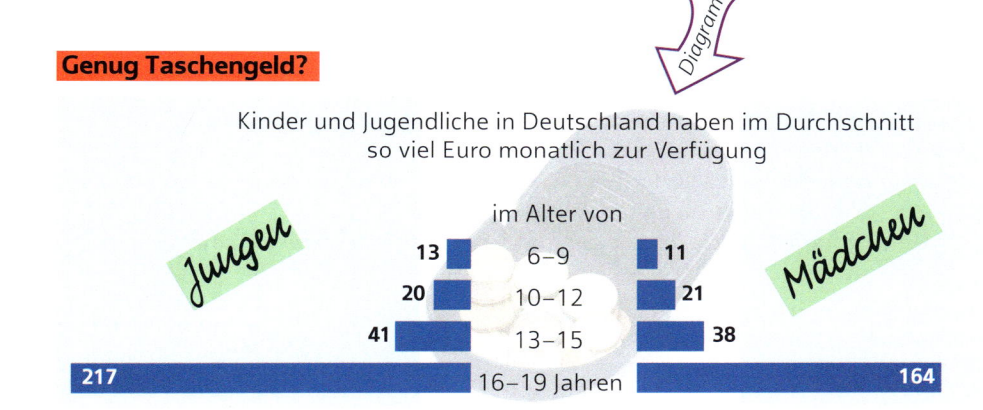

Genug Taschengeld?

Kinder und Jugendliche in Deutschland haben im Durchschnitt so viel Euro monatlich zur Verfügung

im Alter von

Jungen		Mädchen
13	6–9	11
20	10–12	21
41	13–15	38
217	16–19 Jahre	164

9.6 Beispiel der Textanalyse

Häufig wird man auf Probleme aufmerksam, wenn man in der Zeitung einen Artikel liest oder im Fernsehen eine Äußerung zu einem Thema oder zu einem Sachverhalt sieht und hört. Man wird dazu angeregt, sich mit einem Thema auseinanderzusetzen und sich eine eigene Meinung zu bilden. Grundlage dafür ist meist ein **pragmatischer Text** z. B. eine Rede, ein Bericht oder ein Kommentar. Im Kapitel „Inhaltsangabe von pragmatischen Texten" (S. 136 ff.) haben Sie bereits die einfache Wiedergabe von Inhalten kennengelernt. Schwieriger sind dagegen die Analyse und Beurteilung von pragmatischen Texten, insbesondere wenn diese auf Meinungsbildung angelegt sind. Auch im beruflichen Kontext ist es oft wichtig, solche Texte zügig und inhaltlich richtig zu erfassen.

Folgende Fragen helfen Ihnen, solche Aufgabe zu lösen:

1. Um was für einen Text handelt es sich?
2. Welche Gedanken äußert die Verfasserin/der Verfasser zu dem Problem?
3. Wie hat sie/er den Text strukturiert und die Argumentation angeordnet?
4. Zu welchen Ergebnissen gelangt sie/er?
5. Welche Besonderheiten der Darstellungsweise (sprachliche Mittel) fallen auf?
6. Welche Meinung habe ich zu dem Problem?

1 Wenden Sie die Fragen auf einen der Texte auf S. 126 oder 136 an.

9.6.1 Gliederung und Arbeitsschritte

Die folgende **Gliederung**, die **Arbeitsschritte** und deren **Anwendung** auf ein Textbeispiel zeigen Ihnen, wie Sie eine schriftliche Analyse eines pragmatischen Textes schrittweise erarbeiten können. Wenn Sie Übung erlangt und Erfahrungen gesammelt haben, können Sie die Gliederung und Ihre Vorgehensweise variieren.

A. Einleitung: zum Thema/Problem hinführen
aktuelles Beispiel

B. Hauptteil:
I. Textwiedergabe/Textbeschreibung:
 1. Verfasser, Titel, Art des Textes und Art der Veröffentlichung
 2. Thematik, Problemkern
 3. Quelle, Datum, Anlass des Textes
 4. Textwiedergabe mit eigenen Worten und Darstellung der Struktur und des Argumentationsganges[1]
 5. Intention des Textes bzw. der Verfasserin/des Verfassers
 6. Sprachliche Mittel des Textes
II. Stellungnahme (bestätigend – teilweise zustimmend – ablehnend)
 – zu einzelnen Aussagen des Textes
 – zur Gesamtaussage des Textes
 – evtl. zur Argumentationsstruktur des Textes

C. Schluss: Gesamtbeurteilung des Textes, seine Wirkung auf die Leserin/den Leser

---

[1] Weniger geübte Schülerinnen/Schüler werden zwei getrennte Texte schreiben:
 a. eine Inhaltsangabe ohne Hinweise auf den Argumentationsgang
 b. eine Darstellung des Argumentationsganges

Arbeitsschritte

1. Text aufmerksam lesen
2. Sprachliche und inhaltliche Unklarheiten klären
3. Thema/Kernproblem formulieren
4. Umfeld des Textes klären: Anlass, Ort, Zeit, Quelle, Verfasserin/Verfasser
5. Absicht der Verfasserin/des Verfassers ausdrücken
6. Textsorte bestimmen
7. Stichwortartige Inhaltsangabe erarbeiten
8. Argumentationsgang und Begründungszusammenhänge erarbeiten
9. Aus Inhalt, Struktur und Argumentationsgang (Arbeitsschritt 7 u. 8) eine strukturierte Inhaltswiedergabe verfassen
10. Auffällige sprachliche Mittel herausarbeiten (s. S. 155)
11. Zentrale Aussagen der Stellungnahme bestimmen
12. Eigene Stellungnahme vorbereiten und ausführen

9.6.2 Ausführung der Arbeitsschritte

1. Text aufmerksam lesen

Zwickmühle

Lebensmittelskandal an Lebensmittelskandal. Was soll unsereiner noch essen? Naturrein ist eh' nichts mehr. Die Verbraucher sind verärgert und erbost über immer neue Hiobsbotschaften. Und als Journalist gerät man mehr und mehr in die Zwickmühle. Denn berichten die Medien in großer Aufmachung kontinuierlich über den Betrug am Verbraucher, wird ihnen oft Panikmache vorgeworfen. „Ihr übertreibt doch maßlos in euren Berichten." Einen Satz, den man als Journalist nicht selten zu hören bekommt. Lässt unsereiner dagegen das eine oder andere Rechercheergebnis unter den Tisch fallen, wird einem ein Totschweigen von Missständen vorgeworfen. Da heißt es dann nicht selten, dass die Medien wieder einmal gemeinsame Sache mit mächtigen Interessenverbänden gemacht haben. Doch eines muss ganz klar sein: Journalisten verstehen sich generell nicht als Macher von Nachrichten. Sie produzieren keine Skandale. Sie berichten nur darüber. Und die Öffentlichkeit hat ein Recht auf Information.
Also: Im Zweifelsfall kann die Devise nur heißen: Berichten!

Thomas Satinsky

Quelle: Satinsky: Zwickmühle, 1988.

2. Sprachliche und inhaltliche Unklarheiten klären

Müssen außer den folgenden Begriffen weitere Begriffe geklärt werden?

Zwickmühle	=	ausweglose Lage, Begriff aus dem Mühlespiel – die Steine sind so gesetzt, dass mit jedem Zug eine Mühle geschlossen wird
kontinuierlich	=	stetig, fortdauernd
Rechercheergebnis	=	Ermittlungsergebnis, Nachforschungsergebnis
Hiobsbotschaft	=	Unglücksbotschaft
generell	=	allgemein, im Allgemeinen
Devise	=	Wahlspruch, Losung

3. Thema/Kernproblem formulieren

Stimmen Sie der unten stehenden Formulierung des Kernproblems zu oder sollte das Kernproblem anders formuliert werden?

Das Kernproblem lautet:
„Soll ein Journalist alle seine Ermittlungsergebnisse der Öffentlichkeit mitteilen oder soll er Erkenntnisse zurückhalten?"

4. Umfeld des Textes klären: Anlass, Ort, Zeit, Quelle, Verfasser/-in

Prüfen Sie, ob die aufgeführten Sachverhalte ausreichend sind oder ob sie ergänzt werden müssen. Untersuchen Sie, welche Sachverhalte direkt dem Text entnommen sind. Woher stammen die anderen Sachverhalte?

Anlass:	Berichterstattung über mehrere Lebensmittelskandale
Ort:	Deutschland
Zeit:	an einem Wochenende erschienen
Quelle:	Sonntagszeitung „Sonntag Aktuell"
Verfasser:	Journalist, der sich offensichtlich mit Untersuchungen im Lebensmittelbereich auskennt, keine weiteren Informationen

5. Absichten der Verfasserin/des Verfassers ausdrücken

Stimmen Sie der hier ausgedrückten Absicht des Verfassers zu oder sind Sie zu einem anderen Ergebnis gekommen?

„Der Verfasser möchte bei den Leserinnen/Lesern Verständnis dafür wecken, dass es die Aufgabe der Journalistinnen/Journalisten ist, die Öffentlichkeit über Skandale zu informieren, auch wenn die Leserinnen/Lesern über die Häufung der Skandale verärgert sind."

6. Textsorte bestimmen

Stimmt die angegebene Textsorte? Vergleichen Sie die genannten Merkmale mit den Elementen des Kommentars auf S. 134. Suchen Sie im Text Belege für die einzelnen Aussagen.
Gibt es weitere Begründungen, die noch angeführt werden könnten?

Bei dem Text handelt es sich um einen **Kommentar.**

Begründung:
Der Text enthält Information, Meinung und Aufforderung:

- Er knüpft an eine nicht näher bezeichnete Nachricht an.
- Er erläutert Zusammenhänge.
- Er stellt kritische Fragen.
- Er enthält klare Stellungnahmen.
- Er ist durch eine Einrahmung von anderen Texten abgetrennt.

7. Stichwortartige Inhaltsangabe erarbeiten

Überprüfen Sie die angeführten Stichworte. Entscheiden Sie, ob Ergänzungen oder Streichungen nötig sind.

8. Argumentationsgang und Begründungszusammenhänge erarbeiten

Überprüfen Sie, ob der Argumentationsgang durch das Strukturbild vollständig veranschaulicht (visualisiert) wird.

- mehrere Lebensmittelskandale

- Alle sind verunsichert, was man noch essen kann

- Verbraucher sind verärgert über Unglücksnachrichten

- Journalisten sind in einer Zwickmühle:

- Berichten sie über Betrug am Verbraucher, wird ihnen Panikmache vorgeworfen,

- halten sie Nachforschungsergebnisse zurück, wird ihnen Zusammenarbeit mit mächtigen Interessengruppen unterstellt.

- Journalisten verursachen keine Skandale, sie berichten nur über Skandale.

- Öffentlichkeit hat Recht auf Information

- Verpflichtung zur Berichterstattung

Zwickmühle

Lebensmittelskandal an Lebensmittelskandal. Was soll unsereiner noch essen? Naturrein ist eh' nichts mehr.
Die Verbraucher sind verärgert und erbost über immer neue Hiobsbotschaften. Und als Journalist gerät man mehr und mehr in die Zwickmühle. Denn berichten die Medien in großer Aufmachung kontinuierlich über den Betrug am Verbraucher, wird ihnen oft Panikmache vorgeworfen. „Ihr übertreibt doch maßlos in euren Berichten." Einen Satz, den man als Journalist nicht selten zu hören bekommt. Lässt unsereiner dagegen das eine oder andere Rechercheergebnis unter den Tisch fallen, wird einem Totschweigen von Missständen vorgeworfen. Da heißt es dann nicht selten, dass die Medien wieder einmal gemeinsame Sache mit mächtigen Interessenverbänden gemacht haben. Doch eines muss ganz klar sein: Journalisten verstehen sich generell nicht als Macher von Nachrichten. Sie produzieren keine Skandale. Sie berichten nur darüber. Und die Öffentlichkeit hat ein Recht auf Information. Also: Im Zweifelsfall kann die Devise nur heißen: Berichten!

Thomas Satinsky

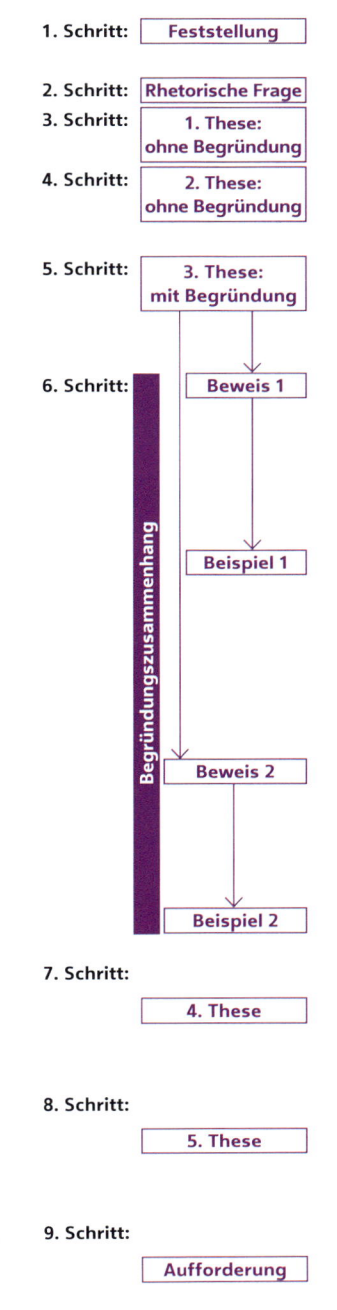

1. Schritt: Feststellung
2. Schritt: Rhetorische Frage
3. Schritt: 1. These: ohne Begründung
4. Schritt: 2. These: ohne Begründung
5. Schritt: 3. These: mit Begründung
6. Schritt: Beweis 1 → Beispiel 1 → Beweis 2 → Beispiel 2 (Begründungszusammenhang)
7. Schritt: 4. These
8. Schritt: 5. These
9. Schritt: Aufforderung

9. Aus Inhalt, Struktur und Argumentationsgang mit den Begründungszusammenhängen eine strukturierende Inhaltswiedergabe verfassen

Lesen Sie diese Inhaltsangabe sorgfältig durch. An welchen Stellen wird der Argumentationsgang deutlich? Schreiben Sie die Wörter heraus, durch die man die Argumentationsstruktur erkennen kann.

> 1 In dem Kommentar mit dem Thema „Zwickmühle" äußert sich der Journalist Thomas Satinsky zur Problematik der Presseberichterstattung über Lebensmittelskandale. Er will
> 5 beim Leser Verständnis dafür wecken, dass immer wieder Skandalberichte notwendig sind. Der Kommentar erschien am vergangenen Wochenende in der Sonntagszeitung „Sonntag aktuell".
> 10 Der Text beginnt mit der Feststellung, dass sich ein Lebensmittelskandal an den anderen reiht. Dann stellt der Verfasser eine rhetorische Frage, deren Antwort die unbegründete erste These ist, dass Nahrungsmittel nicht
> 15 mehr naturrein sind. Darauf folgt als zweite Aussage, dass die Verbraucher über die ständigen Unglücksnachrichten verärgert sind. Auch diese These bleibt unbegründet. Daran schließt sich die dritte, zentrale These an,
> 20 dass sich die Journalisten in einer Zwickmühle befinden. Diese Behauptung wird mit zwei Beweisen belegt: Berichten Journalisten über den Betrug, wirft man ihnen Panikmache und Übertreibung vor. Dem hält der
> 25 Verfasser entgegen, dass ein Journalist keine Untersuchungsergebnisse zurückhalten kann, da man ihm sonst vorwirft, er decke Interessenverbände.
> Thomas Satinsky behauptet dann, dass Journalisten keine Skandale verursachen, sondern
> 30 nur über sie berichten. Daran schließt sich als weitere Behauptung an, dass die Öffentlichkeit ein Recht auf Information hat. Auch diese Aussagen werden nicht begründet.
> Am Schluss seines Textes fordert er, dass im
> 35 Zweifelsfall immer berichtet werden soll.

10. Auffällige sprachliche Mittel herausarbeiten

Überprüfen Sie die folgenden sprachlichen Mittel. Untersuchen Sie den Text, ob noch weitere in diese Zusammenstellung gehören.

Der Text enthält einige auffällige sprachliche Mittel:
- auffälliges Schlagwort als Überschrift „Zwickmühle"
- unvollständiger Satz am Anfang, das Prädikat (Satzaussage) fehlt
- rhetorische Frage, die mit salopper Umgangssprache beantwortet wird „… ist eh' nichts mehr" (Z. 4–5)
- wörtliche Rede „Ihr übertreibt doch maßlos …" (Z. 17)
- grammatikalisch unklare Satzkonstruktion: „Einen Satz, den man …" (Z. 18–19)
- viele Substantive (Hauptwörter)
- Einwortsatz als Aufforderungssatz am Schluss „Berichten!" (Z. 42)

11. Zentrale Aussagen der Stellungnahme bestimmen

Stimmen Sie der getroffenen Auswahl zu oder sollten andere Aussagen des Textes genannt werden?

Der Kommentar enthält vier Aussagen, die nur kurz angesprochen werden, die aber so bedeutsam sind, dass man sich mit ihnen auseinandersetzen sollte:

1 Die erste wichtige Aussage des Textes ist die Behauptung: Ein Journalist gerät in eine Zwickmühle, wenn er Nachforschungsergebnisse besitzt. Veröffentlicht er diese, so kann man ihm Panikmache vorwerfen, veröffentlicht er sie nicht, wirft man ihm vor, mächtige Interessenverbände zu decken.

2 Die zweite wichtige Aussage besagt, dass Journalisten sich nicht als Nachrichtenmacher verstehen, sondern nur über Skandale berichten.

3 Als dritte Aussage sollte die These des Verfassers erörtert werden: Die Öffentlichkeit hat ein Recht auf Information.

4 In engem Zusammenhang mit dieser These steht die Folgerung, die Thomas Satinsky zieht und als Aufforderung formuliert: „Im Zweifelsfall: Berichten!"

12. Eigene Stellungnahme vorbereiten und ausführen

Zu den im 11. Arbeitsschritt formulierten vier Aussagen des Textes wird jetzt eine Stoffsammlung vorgenommen (s. S. 122). Dann wird der Stoff gegliedert und eine Stellungnahme geschrieben.

Lesen Sie das Beispiel aufmerksam durch und erstellen Sie die Gliederung. Was hätten Sie kürzer und was ausführlicher erörtert? Stimmen Sie den Aussagen zu?

9.6.3 Beispiel: Analyse und Beurteilung eines pragmatischen Textes

1 Betrachtet man die Berichterstattung in den Massenmedien, dann fällt auf, dass der überwiegende Teil der Informationen aus schlechten Nachrichten besteht. Unglücksfäl-
5 le, Katastrophen und Skandale beherrschen die Schlagzeilen. In den letzten Monaten waren auch immer wieder Berichte über Manipulationen im Lebensmittelbereich zu finden. Dabei wurden verdorbene Lebens-
10 mittel verkauft, unzulässige Ausgangsstoffe verarbeitet, verbotene Arzneimittel verwendet und vorgeschriebene Untersuchungen nicht durchgeführt oder deren Ergebnisse gefälscht.

15 Die Häufung der Berichte über einen langen Zeitraum hat eine Abstumpfung der Leser oder deren Verärgerung zur Folge. Daher stellt sich die Frage, ob der Leser immer wieder mit solchen Nachrichten konfrontiert
20 werden soll.

In dem Kommentar mit dem Thema „Zwickmühle" äußert sich der Journalist Thomas Satinsky zur Problematik der Presseberichterstattung über Lebensmittelskandale. Er will
25 beim Leser Verständnis dafür wecken, dass immer wieder Skandalberichte notwendig sind. Der Kommentar erschien am vergangenen Wochenende in der Sonntagszeitung „Sonntag aktuell". Der Text beginnt mit der
30 Feststellung, dass sich ein Lebensmittelskandal an den anderen reiht. Dann stellt der Verfasser eine rhetorische Frage, deren Antwort die unbegründete erste These ist, dass Nahrungsmittel nicht mehr naturrein sind.

Darauf folgt als zweite Aussage, dass die 35
Verbraucher über die ständigen Unglücksnachrichten verärgert sind. Auch diese These bleibt unbegründet. Daran schließt sich die dritte, zentrale These an, dass sich die Journalisten in einer Zwickmühle befinden. 40
Diese Behauptung wird begründet und mit zwei Beweisen belegt: Berichten Journalisten, wirft man ihnen Panikmache und Übertreibung vor. Dem hält der Verfasser entgegen, dass ein Journalist keine Untersuchungser- 45
gebnisse zurückhalten kann, da man ihm sonst vorwirft, er decke Interessenverbände.

Thomas Satinsky behauptet dann, dass Journalisten keine Skandale verursachen, sondern nur über sie berichten. Daran schließt sich 50
als weitere Behauptung an, dass die Öffentlichkeit ein Recht auf Information hat. Auch diese Aussagen werden nicht begründet. Am Schluss seines Textes fordert er, dass im Zweifelsfall immer berichtet werden soll. 55

Untersucht man die Argumentationsweise des Kommentators, so fällt auf, dass er zwar fünf Thesen aufstellt, aber nur zwei davon begründet. Für die beiden ersten Thesen hält er wohl eine Begründung deshalb für 60
überflüssig, weil er annimmt, dass sich kein Widerspruch gegen diese allgemein anerkannten Aussagen erheben wird. Damit hat er recht. Denn wer wollte wohl den Aussagen widersprechen, dass unsere Nahrung nicht 65
mehr naturrein ist und dass man als Verbraucher erbost ist über die ständig neuen Skandalberichte?

Seine dritte These begründet er so einsichtig, dass man als Leser geneigt ist, ihm auch darin zu folgen, denn der Argumentationsgang ist in sich schlüssig. Aber hier sind doch gewisse Einwände angebracht. Sicher befindet sich ein Journalist in einer gewissen Entscheidungsschwierigkeit, ob er seine Informationen veröffentlichen soll oder nicht. Aber die Frage könnte auch anders gestellt werden: Sollen die Informationen nicht zurückhaltender und objektiver sein? Müssen es denn immer „Sensationsmeldungen" sein, mit denen man den Leser aufschrecken will? Sicher zieht eine sensationelle Schlagzeile das Interesse des Lesers auf sich. Wenn aber der Inhalt übertrieben und unglaubwürdig ist und eine marktschreierische Sprache verwendet wird, dann wird sich der Leser/die Leserin schnell wieder anderen Meldungen zuwenden. Diese Form der Berichterstattung ist es auch, die den im Kommentar angesprochenen Überdruss auslöst.

Die Berichterstattung sollte sachlich und fundiert sein, sie sollte nicht nur Schlagworte, sondern Daten, Fakten und Hintergrundinformationen enthalten. Für den Leser ist eine solche Information hilfreich bei seiner eigenen Entscheidungsfindung und für sein zukünftiges Verhalten. Dadurch wird kein Verdruss über die Nachricht, sondern höchstens Verdruss über den Sachverhalt ausgelöst.

Der vierten These des Autors, Journalisten würden keine Skandale produzieren, sondern nur über sie berichten, kann man ebenfalls nicht ohne Weiteres zustimmen. Denn jedem von uns fallen Beispiele ein, in denen Journalisten „Macher von Nachrichten" waren. Hier sei nur an die Berichterstattung über Katastrophen oder über Todesfälle bekannter Personen erinnert.

Der letzten These, dass die Öffentlichkeit ein Recht auf Information besitzt, wird gerade der kritische und interessierte Bürger zustimmen.

Thomas Satinsky leitet aus den Thesen drei bis fünf seine Forderung ab, dass im Zweifelsfalle berichtet werden muss. Auch hier kann er sicher sein, dass ihm viele Leser zustimmen werden. Trotzdem sei hier auf zwei weitere Sachverhalte hingewiesen:
Ein Journalist sollte in seine Überlegungen auch einbeziehen, dass die Häufung von Nachrichten eine Abstumpfung des Lesers zur Folge hat. Unter Umständen kann also die Wirkung von sparsam dosierten Nachrichten größer sein als die einer Nachrichtenflut.

Wenn man auch generell der Forderung des Verfassers zustimmen wird, dass es im Zweifelsfalle richtig ist, eine Nachricht zu veröffentlichen, wird man als Leser doch auch die Forderung stellen, dass dies in einer angemessenen Weise geschieht. Dann wird das in diesem Kommentar angesprochene Problem, dass die Leser verärgert und erbost sind über die Berichterstattung, nur noch selten zu beobachten sein.

---

1 Fertigen Sie eine Gliederung zu diesem Text an. Vergleichen Sie Ihre Gliederung mit dem Schreibplan auf S. 153.

2 Vergleichen Sie die Berichterstattung über Lebensmittelskandale in den Printmedien mit der Berichterstattung in den verschiedenen Fernsehsendern.

Ekel-Wurst auch bei uns!

Achtung! Keime im Obstsalat

9.6.4 Analyse eines pragmatischen Textes — Überblick und Schreibplan

Kompetenzen

Sie können
- Inhalt, Struktur und Sprache eines pragmatischen Textes untersuchen,
- die Beurteilung eines pragmatischen Textes formulieren,
- eine Textanalyse eines pragmatischen Textes schriftlich ausarbeiten.

Arbeitsschritte

1. Text aufmerksam lesen
2. Sprachliche und inhaltliche Unklarheiten klären
3. Thema/Kernproblem formulieren
4. Umfeld des Textes klären: Anlass, Ort, Zeit, Quelle, Verfasserin/Verfasser
5. Absicht der Verfasserin/des Verfassers ausdrücken
6. Textsorte bestimmen
7. Stichwortartige Inhaltsangabe erarbeiten
8. Argumentationsgang und Begründungszusammenhänge erarbeiten
9. Aus Inhalt, Struktur und Argumentationsgang (Arbeitsschritt 7 u. 8) eine strukturierte Inhaltswiedergabe verfassen
10. Auffällige sprachliche Mittel herausarbeiten
11. Zentrale Aussagen der Stellungnahme bestimmen
12. Eigene Stellungnahme vorbereiten und ausführen

Schreibplan

1. Führen Sie in der **Einleitung** zum Thema hin (z. B. durch ein aktuelles Beispiel). Formulieren Sie Angaben zur Autorin/zum Autor, zum Anlass und zum Veröffentlichungsdatum des Textes sowie zur Quelle und zur Thematik. Bestimmen Sie auch die Art des pragmatischen Textes.
2. Geben Sie im **Hauptteil** den Inhalt des Textes wieder und legen Sie die Argumentation des Verfassers dar. Erläutern Sie in einem dritten Abschnitt die Absicht des Textes/des Verfassers und untersuchen Sie auffällige sprachliche Gestaltungsmittel. Nehmen Sie schließlich begründet Stellung zum ganzen Text oder zu einzelnen Textaussagen.
3. Ziehen Sie im **Schluss** ein wertendes Fazit, indem Sie auf die Wirkung des Textes eingehen.
4. Überarbeiten Sie Ihre Textanalyse mithilfe der Textlupe (s. S. 228) oder der Schreibkonferenz (s. S. 229).

Sprache

- Wiedergabe in eigenen Worten
- Zentrale Fachbegriffe übernehmen
- Klare, leicht verständliche Sätze
- Sachlicher Stil
- Direkte Rede in direkte Rede umwandeln
- Zeitform: Präsens (Gegenwart)

9.7 Menschen durch Sprache beeinflussen

9.7.1 Werbung analysieren

Dir und deinen Freunden gehört die City!

Erlebe das LORCTech-Board, das neue Waveboard von Favolorc, das dir ein Mega-Surfgefühl vermittelt. Das LORCTechBoard ist hochwertig verarbeitet, besteht aus einem durchgängigen Deck mit rutschfestem Griptape und wurde aus flexiblem High-Tech-Material gefertigt. Innovative Kugellager-Technik in den Casters[1] sorgt für optimale Fahreigenschaften. Ultraschnelle Drehungen gelingen dir nur mit dem LORCTech-Board. Du bekommst es in coolen Designs und vielen geilen Farben.
Gleite lässig über die Straße und zeige dein Können!
Bring Action auf den Asphalt!
Hol dir jetzt dein LORCTech-Board!

Mehr Infos unter
www.favolorc.com

Freizeit. Fun. Favolorc

---

1 Wie gefällt Ihnen diese Werbung?

2 Recherchieren Sie online die Unterschiede zwischen einem klassischen Skateboard und einem Waveboard.

3 Untersuchen Sie diese Werbung mithilfe der Fragen 1 bis 10 auf S. 115.

4 Analysieren Sie die in dieser Werbung verwendeten sprachlichen Mittel (s. dazu Frage 11 auf S. 155).

5 Kopieren Sie aus einer Zeitung oder einer Zeitschrift eine Werbeanzeige, die Ihnen besonders aufgefallen ist. Untersuchen Sie diese anhand der dazu passenden Fragen auf S. 155.

---

1 Rädern

Erschließungsfragen zur Analyse von Werbung

1 Was ist das Werbeobjekt (Produkt/Hersteller/Dienstleistung)?
2 Was ist auf dem Bild zu sehen (Bilddetails)?
3 Tauchen die folgenden **Hauptziele der Werbung („AIDA")** auf? Wie werden sie verfolgt?
   I. A(ttention): Aufmerksamkeit
   II. I(nterest): Interesse am Werbeobjekt wecken
   III. D(esire): Wunsch, das Werbeobjekt zu besitzen/in Anspruch zu nehmen
   IV. A(ctivation): Handlung, die zum Kauf führt
4 Welche Haupt- und Nebeninformationen enthält die Werbung?
5 Welche versteckten Werbebotschaften werden vermittelt?
6 Wie ist die Werbung aufgebaut? Welche Textelemente enthält sie (Headline, Haupttext, Slogan)?
7 Mit welchen Argumenten wird geworben?
8 Wer fühlt sich von dieser Werbung angesprochen (Adressaten Zielgruppe)?
9 Welche **psychologischen Mittel** werden eingesetzt? Werden z. B.
   - Wunschvorstellungen/Schuldgefühle geweckt?
   - menschliche Triebe angesprochen (Selbstverwirklichungstrieb, Nahrungstrieb, Sexualtrieb, Geselligkeitstrieb, Freiheitstrieb, Geltungstrieb, Machttrieb, Spieltrieb etc.)?
10 Welche **Mittel zur Manipulation** der Betrachtenden/Lesenden werden eingesetzt?
   - Einseitige Informationen durch Weglassungen
   - Verharmlosung eines Problems
   - Verschleierung eines Sachverhalts
   - Bewusste Verfälschung einer Information
11 Welche **sprachlichen Mittel** werden in den Textelementen der Werbung verwendet?

Wortwahl:	• Welche Sprachebene (Standard-, Umgangs-, Fach-, Gruppensprache) wird verwendet? • In welcher Weise werden Verben, Adjektive und Substantive eingesetzt?
Satzbau:	Welche der folgenden Auffälligkeiten zeigen sich beim Satzbau? • **Ellipsen** (unvollständige Sätze), z. B. „Heute ein König" • **Inversion** (ein Wort, das betont werden soll, steht am Satzanfang), z. B. „Mit uns gelingt die Zukunft!"
Satzarten:	Welche Satzarten liegen vor? • Kurze Aussagesätze • Imperative (Aufforderungssätze), z. B. „Komm, mach mit!" • Fragesätze mit Antworten • **Rhetorische Fragen**, auf die keine Antworten erwartet werden
Sprachliche Besonderheiten:	Welche der folgenden Stilmittel werden eingesetzt? • **Attribute** (Beifügungen) zur Aufwertung eines Begriffes, z. B. „das neue Persil" • **Metaphern** (bildhafte Vergleiche), z. B. „die Stadt der Liebe" • **Anglizismen** (englischsprachige Wörter oder Sätze) • **Neologismen** (Wortneuschöpfungen), die Aufmerksamkeit erregen • **Antithesen** (inhaltliche Gegensätze), z. B. „Aus dem Alten wird Neues." • **Hyperbel** (Übertreibung), z. B. „Unsere Pkws halten tausend Jahre." • Stereotype Wortwiederholung, um eine Bezeichnung einzuhämmern • Wort- oder Sinnspiele, z. B. doppeldeutige Wörter oder Sätze • Anspielungen, z. B. auf eine Redensart • Produktaufwertung durch Verbindung mit Begriffen aus Sport, Medizin, Technik etc. • Reimformen, z. B. **Alliteration**/Stabreim (gleiche Anlaute) oder Endreim • Direkte Anrede der Leserin/des Lesers

6 Betrachten Sie einen Fernseh-Werbespot und analysieren Sie diesen mithilfe der obigen Fragen.

9.7.2 Sprachliche Manipulation erkennen

Sprache beeinflusst unser Denken und Handeln – auch ohne dass wir es merken. Wenn man Sprache gezielt einsetzt oder verändert, um bestimmte Zwecke zu erreichen, spricht man von Manipulation durch Sprache.

Wer nicht Opfer einer Sprachmanipulation werden will, sollte die Taktiken kennen, die dabei angewendet werden. Wir begegnen ihnen im privaten wie im öffentlichen Leben.

Diktaturen beispielsweise bedienen sich der Sprache, um ihre Weltanschauung (Ideologie) zu verbreiten und ihre Herrschaft zu festigen: In Schwarz-Weiß-Malerei wird der politische Gegner als Verbrecher beschimpft oder die Schuld an Missständen wird ganz pauschal dem politischen Gegner zugewiesen mit Behauptungen ohne Beweise.

Manipulation durch Sprache liegt aber auch dann vor, wenn negative Dinge sprachlich beschönigend ausgedrückt werden. In solchen Fällen spricht man von einem **Euphemismus** (Plural: Euphemismen).

Beispiele für Euphemismen

- In der Zeit des NS-Regimes verschleierten verharmlosende Wörter wie „Endlösung" (statt „Ermordung"), „Lebensraumerweiterung" (statt „Eroberungskrieg") oder „Endsieg" (statt „ausweglose Lage") die schlimme Realität.
- In der Wirtschaft werden Misserfolge oft positiv umschrieben: „Null-Wachstum" klingt besser als „Stillstand", die Formulierung „Umstrukturierungen im personellen Bereich" stellt eine Verharmlosung des Begriffs „Entlassungen" dar.
- Seit 1991 können die Bürgerinnen und Bürger Vorschläge für das „Unwort des Jahres" einreichen. Gesucht werden dabei Wörter und Formulierungen aus dem öffentlichen Sprachgebrauch, die sachlich grob unangemessen sind und möglicherweise sogar die Menschenwürde verletzen. Eine unabhängige fünfköpfige Jury aus einer Sprachwissenschaftlerin, drei Sprachwissenschaftlern und einem Journalisten wählt aus allen Einsendungen schließlich das treffendste „Unwort des Jahres" aus. Parallel zur Aktion „Unwort des Jahres" gibt es auch die Suche nach dem „Wort des Jahres", die bereits seit 1977 läuft und charakteristische Worte auswählt, die ein Jahr im positiven Sinne geprägt haben.

Jahr	Unwort
2004	Humankapital
2005	Entlassungsproduktivität
2006	Freiwillige Ausreise
2007	Herdprämie
2008	Notleidende Banken
2009	Betriebsratsverseucht
2010	alternativlos
2011	Döner-Morde

Jahr	Unwort
2012	Opfer-Abo
2013	Sozialtourismus
2014	Lügenpresse
2015	Gutmensch
2016	Volksverräter
2017	alternative Fakten
2018	Anti-Abschiebe-Industrie
2019	Klimahysterie

---

1 Diskutieren Sie die folgenden Aussagen:
„Manipulation ist normal, das macht doch jeder!"
„Wir haben nur die gute Sache im Blick, wenn wir die Menschen beeinflussen!"

2 Begründen Sie, inwiefern die jeweiligen „Unwörter des Jahres" Sachverhalte beschönigen. Recherchieren Sie dazu im Internet unter www.unwortdesjahres.net die Hintergründe zu den einzelnen „Unwörtern".

3 Erkundigen Sie sich nach den jeweiligen „Wörtern des Jahres". Weitere Informationen finden Sie unter www.gfds.de.

4 Suchen Sie in Zeitungen, Zeitschriften und Fernsehen (z. B. Talkshows) nach weiteren Euphemismen und klären Sie deren Bedeutung.

9.7.3 Angebliche Gewinnmitteilung

Ein anderes Beispiel für alltägliche sprachliche Manipulationen sind angebliche Gewinnmitteilungen. Unbekannte (meist ausländische Briefkastenfirmen) versenden E-Mails oder Briefe, in denen dem Adressaten Gewinne versprochen werden. Generell sind diese Gewinne jedoch an bestimmte Bedingungen geknüpft und nicht garantiert. So sollten Gewinn-Versprechungen, die z. B. an den Kauf bestimmter Produkte gekoppelt sind, misstrauisch machen. Rechtlich gesehen sind Gewinnversprechen verpflichtend. Wer Verbraucher mit falschen Gewinnmitteilungen täuscht, kann strafrechtlich zur Verantwortung gezogen werden. Dennoch lohnt eine Klage in den wenigsten Fällen: Zum einen muss der Kläger die Prozesskosten vorfinanzieren, zum anderen bedeutet ein juristischer Sieg nicht unbedingt, dass man den Gewinn tatsächlich bekommt.

Betreff: Ihr Gewinn: 10.000 EUR in bar!
Von: annette.alphabet@abzj-gmbh.de
An: max.mustermannNG@net.de
Datum: 20.03.2012 (08:25 Uhr)

Sehr geehrter Herr Mustermann,

ich möchte Ihnen zu Ihrem Gewinn in Höhe von gratulieren. **10.000 EUR in bar**

Sie haben richtig gelesen: **10.000 EUR in bar!**

Nehmen Sie mich beim Wort und holen Sie sich Ihren Gewinn direkt bei uns ab.

Um die Feier auch richtig planen zu können, sind aber noch einige Informationen nötig: Teilen Sie mir bitte mit, wie Sie am liebsten anreisen wollen und ob Sie auch gerne vor Ort übernachten wollen. Am einfachsten rufen Sie mich unter folgender Telefon-Nummer an: 0190-01020304* und teilen mir Ihre Absichten mit.

Erfüllen Sie sich endlich Ihre Wünsche! Mit **10.000 EUR in bar!**

Es gratuliert Ihnen herzlichst

Ihre *Annette Alphabet* vom ABZJ-Team

Eine Anfahrtsskizze zur ABZJ GmbH finden Sie im Internet unter: www.abzj.de/anfahrtsskizze
* 24 Stunden erreichbar. Telefongebühren nur 2,86 EUR pro Minute aus dem deutschen Festnetz.

---

1 Welche Informationen werden dem Empfänger der E-Mail gegeben? Welchen Eindruck vermitteln diese Informationen?

2 Mit welchen sprachlichen (Anrede, Wortwahl etc., siehe auch S. 155) und formalen Mitteln (äußere Aufmachung) wird in der oben stehenden E-Mail versucht, den Adressaten zu manipulieren?

3 Welche Appelle sind in der E-Mail erkennbar und welche Wirkung wird damit beabsichtigt?

10 Sich bewerben und vorstellen

10.1 Stellenanzeigen analysieren

Betriebe suchen auf unterschiedlichen Wegen nach Mitarbeiterinnen und Mitarbeitern. In jedem Fall sollte man sich als Bewerber gründlich mit den Ausschreibungen auseinandersetzen.

1 Analysieren Sie das nebenstehende Schaubild und formulieren Sie drei Erkenntnisse, die für Bewerber wichtig sein könnten.

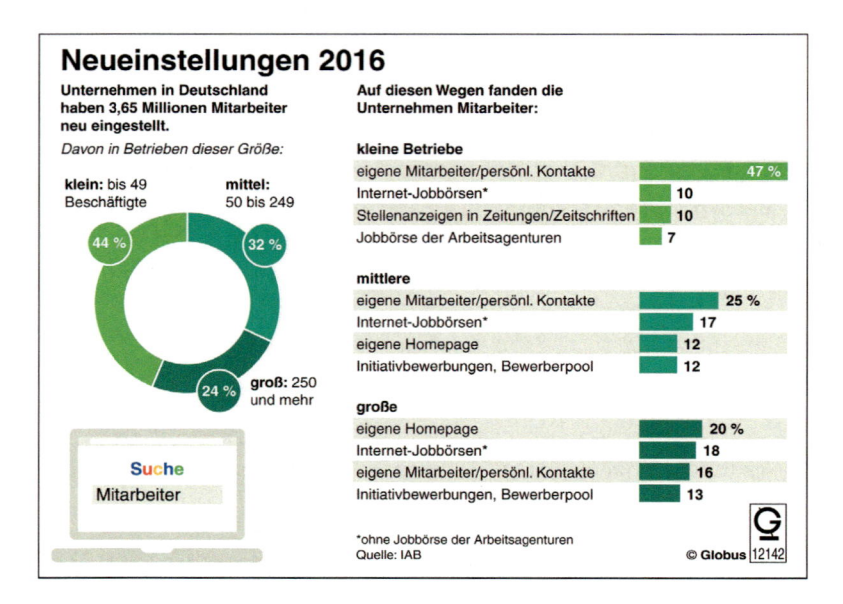

Neueinstellungen 2016

Unternehmen in Deutschland haben 3,65 Millionen Mitarbeiter neu eingestellt.

Davon in Betrieben dieser Größe:
- **klein:** bis 49 Beschäftigte — 44 %
- **mittel:** 50 bis 249 — 32 %
- **groß:** 250 und mehr — 24 %

Auf diesen Wegen fanden die Unternehmen Mitarbeiter:

kleine Betriebe
- eigene Mitarbeiter/persönl. Kontakte — 47 %
- Internet-Jobbörsen* — 10
- Stellenanzeigen in Zeitungen/Zeitschriften — 10
- Jobbörse der Arbeitsagenturen — 7

mittlere
- eigene Mitarbeiter/persönl. Kontakte — 25 %
- Internet-Jobbörsen* — 17
- eigene Homepage — 12
- Initiativbewerbungen, Bewerberpool — 12

große
- eigene Homepage — 20 %
- Internet-Jobbörsen* — 18
- eigene Mitarbeiter/persönl. Kontakte — 16
- Initiativbewerbungen, Bewerberpool — 13

*ohne Jobbörse der Arbeitsagenturen
Quelle: IAB © Globus 12142

SANDWICH

Eine der größten Systemgastronomieketten der Welt sucht für das neue Sandwich-Restaurant am Flughafen Köln/Bonn

Verkaufsmitarbeiter (M/W/D)
in Voll-/Teilzeit und auf 400,- Euro-Basis

Sie haben:
- Spaß am Verkauf und am Umgang mit unseren internationalen Gästen
- ein gepflegtes Äußeres und beherrschen die deutsche Sprache in Wort und Schrift

Sie sind:
- bereit im Schichtdienst, auch am Wochenende, zu arbeiten
- teamfähig
- in der Lage, in Stresssituationen einen kühlen Kopf zu behalten

Interessiert?
Dann schicken Sie uns Ihre aussagefähige Bewerbung an:

Köln/Bonn Flughafen
Restaurationsbetriebe Walther GmbH
51144 Köln

---

www.creyfs.de

Für unsere namhaften Kunden im Großraum **Stuttgart** suchen wir

>>> Elektriker (m/w/d)

Sie haben eine Ausbildung als Energieanlagenelektroniker oder Betriebselektriker und schon etwas Berufserfahrung sammeln können? Schichtarbeit und Montageeinsätze sind für Sie kein Fremdwort? Wenn Sie nun auch noch über einen PKW verfügen, sind Sie genau die richtige Person für unsere Stelle.

>>> Anlagenmechaniker – Sanitär-, Heizungs- und Klimatechnik (m/w/d)

Ihre Ausbildung haben Sie erfolgreich beendet und schon etwas Berufserfahrung sammeln können, Sie sind belastbar und lernen gerne verschiedene Einsatzorte kennen? Dann freuen wir uns über Ihre Bewerbung.

Bitte senden Sie Ihre kompletten Unterlagen an:

Creyf's Personalservice GmbH
z. Hd. Herrn Peter Müller
Königstrasse 10 c
70173 Stuttgart
Tel: 0711/ 2255350
stuttgart@creyfs.de

Creyf's

| Sich bewerben und vorstellen |

Steuerbüro Kern zieht Bilanz:
Panoramastraße 37, 72461 Albstadt

Soll	Haben
Wir suchen: eine(n) nette(n) und engagierte(n) Mitarbeiter(in), evtl. auch Berufseinsteiger(in), fit in EDV-Buchhaltung, fähig zu selbstständigem Arbeiten	Wir bieten: einer Halb- oder Ganztagskraft eine verantwortungsvolle Position in unserem jungen, dynamischen Team. Ein modernes Arbeitsumfeld mit einem interessanten Aufgabengebiet. Eine abwechslungsreiche Tätigkeit bei leistungsgerechten Bezügen.
1 Mitarbeiter/in (m/w/d)	

Wenn Sie Interesse haben, unsere Personalbilanz auszugleichen, dann setzen Sie sich bitte mit Herrn Kern, Telefon 07400 47..... in Verbindung.

---

2 Arbeiten Sie den Aufbau und die inhaltliche Gliederung der Stellenanzeigen heraus.

3 Vergleichen Sie den Aufbau und den Inhalt der Anzeigen.

4 Welche Aussagen sind für Stellensuchende besonders wichtig?

5 Welche Kompetenzen werden von der Bewerberin bzw. vom Bewerber verlangt?

6 An wen müsste eine Bewerbung jeweils gerichtet sein?

7 Suchen Sie in der Zeitung oder im Internet ein Ihnen zusagendes Stellenangebot und bearbeiten Sie es nach den Aufgaben 2, 4, 5 und 6.

10.2 Stellenangebote im Internet

Im Internet sind ebenfalls Stellenangebote zu finden. Die Bundesagentur für Arbeit, viele Unternehmen und Zeitarbeitsfirmen nutzen die Möglichkeit, auf diesem Wege zukünftige Mitarbeiterinnen und Mitarbeiter anzusprechen.

1 Suchen Sie Stellenangebote im Internet unter folgenden Adressen:
- www.arbeitsagentur.de
- www.google.de (Suchbegriff: Stellenangebote)
- www.monster.de

2 Beurteilen Sie das Ergebnis der Internetjobsuche für Ihren Beruf.

Tipp

Viele regionale und überregionale Zeitungen veröffentlichen die Stellenanzeigen auch im Internet. Sie finden diese in der Regel unter „www.Name der Zeitung.de", z. B. www.stuttgarter-zeitung.de. Sie müssen keine Ausgabe der Zeitung am Bahnhofskiosk erwerben, um sich über die Stellenangebote in Ihrer Region oder in einem anderen Teil Deutschlands zu informieren. Dies trifft auch für Stellenangebote in ausländischen Zeitungen zu.

10.3 Stellengesuche

Gabelstaplerfahrer

sucht wegen Umzug Tätigkeit im Raum Ludwigsburg/Steinheim, Frühjahr 20…

Zuschriften unter 3098 an die Kreiszeitung.

Junger zielstrebiger **KAUFMANN**
25 Jahre, Abitur, Lehre und 2 Jahre Praxis in Konsumgüterindustrie, lernfähig und einsatzbereit, sucht Chance in der Einkaufsabteilung eines Metall verarbeitenden Unternehmens. Großraum Stuttgart.
Zuschriften erbeten unter Z 1108208 an den Verlag.

---

1 Vergleichen Sie die äußere Aufmachung mit den Stellenangeboten.

2 Welche Informationen sind enthalten, was würden Sie in ein Stellengesuch hineinschreiben?

3 Entwerfen Sie ein Stellengesuch, in dem Sie für sich eine Stelle suchen.

4 In welcher Zeitung oder auf welchem Stellenportal würden Sie Ihr Stellengesuch veröffentlichen?

10.4 Stellenanfrage (Initiativbewerbung)

Sie können sich bei einer Firma auch bewerben, ohne dass diese eine Stellenanzeige veröffentlicht hat. Solch eine unaufgeforderte Bewerbung nennt man „Initiativbewerbung". Wesentliche Informationen können Sie einem Firmenprospekt oder der Homepage des Betriebs entnehmen. Das Anschreiben entspricht in seiner Gestaltung dem normalen Bewerbungsschreiben. Begründen Sie Ihr Interesse an einem Arbeitsplatz gerade in dieser Firma. Stellen Sie Ihre besonderen beruflichen Fähigkeiten dar und engen Sie Ihre möglichen Einsatzgebiete nicht zu sehr ein.
Schicken Sie nur eine Kopie des letzten Zeugnisses mit und erklären Sie Ihre Bereitschaft, weitere Bewerbungsunterlagen nachzureichen. Erwecken Sie auf keinen Fall den Eindruck einer „Serienbewerbung".

Beispiel: Stellenanfrage

Sehr geehrte Damen und Herren,
zurzeit bin ich bei der Firma Stahl in Heilbronn in der Ausbildung als Technische Zeichnerin. Im Januar 20.. werde ich meine Facharbeiterprüfung ablegen. Im Laufe meiner Ausbildung habe ich mir besondere Kenntnisse im Arbeiten mit CAD erworben.
Nach Abschluss meiner Ausbildung möchte ich aus persönlichen Gründen in den Raum XX umziehen. Aus diesem Grunde frage ich bei Ihnen an, ob Sie nach diesem Zeitpunkt eine Arbeitsstelle zu besetzen haben, in der ich meine beruflichen Kenntnisse einsetzen kann. *[Eventuell Begründung, warum gerade in dieser Firma]*
Ich bin 19 Jahre alt und habe vor meiner Berufsausbildung die Realschule in Bad Rappenau besucht. *[Eventuell hier weitere Kenntnisse einfügen, z. B. Fremdsprachen usw.]*
Ich bin gerne bereit, Ihnen meine aussagekräftigen Bewerbungsunterlagen zuzusenden. Über eine Einladung zu einem Vorstellungsgespräch würde ich mich sehr freuen.
Mit freundlichen Grüßen

10.5 Telefonische Kontaktaufnahme

In Stellenanzeigen wird manchmal angeboten, vor einer Bewerbung telefonisch Kontakt aufzunehmen. Sie haben dadurch die Möglichkeit, weitere Informationen und Auskünfte zu erhalten. Der Arbeitgeber kann mithilfe dieses Telefongesprächs eine Vorauswahl unter den Bewerberinnen und Bewerbern treffen.

> Frdl. engag. **ARZTHELFERIN** für Allgemeinarztpraxis in Vollzeit o. Teilzeit zum nächstmöglichen Termin ges. (Stgt.-Nord, Siemensstraße)
> ☎ 0160 9876...

Bevor Sie mit Ihrem möglichen neuen Arbeitgeber telefonieren, sollten Sie sich Gedanken darüber machen, was Sie gefragt werden könnten und welche Fragen Sie selbst stellen wollen.

1 Überlegen Sie sich, wie Sie das Telefongespräch beginnen wollen, notieren Sie sich einige Stichworte.

2 Schreiben Sie acht bis zehn Fragen auf, die bei einer telefonischen Kontaktaufnahme an Sie gestellt werden könnten. Notieren Sie sich Ihre Antworten auf diese Fragen.

3 Schreiben Sie die Fragen auf, die Sie Ihrem zukünftigen Arbeitgeber stellen möchten.

4 Vergleichen und besprechen Sie Ihre Fragen und Ihre vorgesehenen Antworten mit denen einer Mitschülerin oder eines Mitschülers. Ergänzen Sie Ihre Liste.

5 Führen Sie die telefonische Kontaktaufnahme als Rollenspiel (s. S. 169) in einer Gruppe durch. Geben Sie sich gegenseitig ein Feedback über Ihre Gespräche.

10.6 Mündliche Bewerbung

Der Aufwand für die Bearbeitung von schriftlichen Bewerbungen ist für eine Firma ziemlich hoch. In den meisten Fällen wird dazu noch ein Vorstellungsgespräch geführt. Kleingewerbetreibende, Handwerker, Ärztinnen/Ärzte, Einzelhandelsbetriebe verzichten daher immer wieder auf schriftliche Bewerbungen, wenn sie eine neue Mitarbeiterin oder einen neuen Mitarbeiter suchen. Sie fordern die Arbeitssuchenden stattdessen direkt auf, zu einem bestimmten Termin zu einer mündlichen Bewerbung zu kommen. Bei diesem Gespräch können die Fragen von Arbeitgeber und Arbeitnehmer/-innen geklärt werden. Häufig wird am Schluss einer mündlichen Bewerbung sofort über die Einstellung bzw. Ablehnung entschieden.

> Malerfachgeschäft **KUNTERBUNT** sucht zwei freundliche, einsatzbereite und vielseitige Mitarbeiter/-innen mit abgeschlossener Berufsausbildung. Kreative gestalterische Kundenberatung und sorgfältige handwerkliche Ausführung ermöglichen Ihnen eigenständiges und selbstständiges Arbeiten im Großraum Stuttgart bei flexibler Arbeitszeit. Bitte stellen Sie sich am Samstag in der Zeit von 09:00 bis 13:00 Uhr in unserer Fachwerkstatt in der Cannstatter Straße 422 b vor.

1 Welche Unterlagen/Nachweise sollte eine Bewerberin/ein Bewerber bei der in der obigen Anzeige ausgeschriebenen Stelle vorlegen können?

2 Auf welche Fragen muss sich eine Bewerberin/ein Bewerber einstellen?

3 Welche Fragen sollte die Bewerberin/der Bewerber an den zukünftigen Arbeitgeber stellen?

10.7 Bewerbungsmappe

Bei einer Bewerbung werden neben dem Bewerbungsschreiben weitere Unterlagen vorgelegt:
- Lebenslauf mit Foto
- Abschlusszeugnis der Schule
- Abschlusszeugnis der Berufsschule
- Abschlusszeugnis der Berufsausbildung (Facharbeiterbrief/Gesellenbrief/IHK-Prüfungszeugnis)
- Arbeitszeugnisse bisheriger Arbeitgeber
- evtl. Bescheinigungen des Arbeitsamtes
- Zeugnisse/Bescheinigungen zusätzlicher Kenntnisse und Fertigkeiten, die im Bewerbungsschreiben erwähnt werden, z. B. VHS-Zertifikate

Diese Unterlagen werden nicht als Originale, sondern als Kopien der Bewerbung beigefügt. Sie werden in einer Bewerbungsmappe vorgelegt.

Bewerbung als Außendienstmitarbeiter

von

Robert Wasmer

Anlagen:
Lebenslauf
Lichtbild
Schulzeugnis
Ausbildungsnachweis
Arbeitszeugnis

Siemensallee 17
51147 Köln
Tel.: 0221 92624XX
r.wasmer@t-online.de

Bewerbung
als
Filialleiterin

bei

**Schuhgeschäft
Maier und Hailer**
Friedensallee 17
Mannheim

von
Birgit Milke

---

1 Vergleichen und beurteilen Sie die hier abgedruckten Deckblätter.

2 Entwerfen Sie ein Deckblatt für eine Bewerbung. Vergleichen Sie Ihren Entwurf mit den Entwürfen Ihrer Mitschülerinnen und Mitschüler.

10.8 Beispiel: Bewerbungsschreiben

Schuhgeschäft Maier und Hailer Friedensallee 17 68199 Mannheim	Birgit Milke Ludwig-Uhland-Straße 14 68526 Ladenburg B.Milke@gmx.de

Ladenburg, 22.01.20..

Bewerbung als Filialleiterin

Sehr geehrte Damen und Herren,

in Ihrer Anzeige im „Mannheimer Morgen" vom 18. Januar .. suchen Sie eine Filialleiterin. Ich bewerbe mich um diese Stelle, weil ich einen entwicklungsfähigen Aufgabenbereich anstrebe.

Ich bin 23 Jahre alt, ausgebildete Fachverkäuferin und zurzeit als erste Verkäuferin in der Firma Schuh-Groß in Mannheim tätig. Für die Bereiche Warenpräsentation und Verkauf trage ich alleine die Verantwortung. In den Bereichen Marktbeobachtung, Einkauf und Lagerhaltung arbeite ich sehr eng mit der Firmenleitung zusammen.
Zu meinen Aufgaben gehört es auch, Auszubildende und junge Verkäuferinnen zu betreuen.

Deshalb bin ich mit der Führung von Mitarbeiterinnen und dem Einsatz moderner Datenverarbeitung vertraut.

Eine weitere Ausdehnung meines Verantwortungsbereiches ist aber wegen der Firmengröße nicht möglich. Daher bin ich stark an einer Veränderung interessiert.

Mein jetziger Arbeitgeber weiß dies und ist bereit, Auskunft über mich zu erteilen.

Da ich in ungekündigter Stellung bin, könnte ich die Stelle frühestens am 1. April 20.. antreten.

Über einen Termin für ein Vorstellungsgespräch würde ich mich sehr freuen.

Mit freundlichen Grüßen

Birgit Milke

Anlagen: 1 Lichtbild
          1 Lebenslauf
          3 Zeugniskopien

Absender (rechts)

Empfänger (links)

Datum

Betreff

Anrede

Bewerbungsformel

Vorstellung der Person

Tätigkeitsbereich

besondere Eignung

Begründung

Referenzadresse

Einstellungstermin

Vorstellungsgespräch

Grußformel

Unterschrift

Anlagen

Einteilung in Anlehnung an DIN 5008

---

1 Beurteilen Sie diese Bewerbung.

2 Welche beruflichen Kenntnisse und Fähigkeiten führt die Bewerberin an, welchen persönlichen Eindruck erweckt sie?

3 Welche weiteren Informationen sollten aus den Anlagen zu entnehmen sein?

4 Wie beurteilen Sie die Angabe von Referenzen? Warum ist es ratsam, die betreffende Person vorher um Erlaubnis zu bitten?

10.9 Beispiel: Tabellarischer Lebenslauf

Neben dem Bewerbungsschreiben und den Zeugnissen ist der Lebenslauf wichtigster Bestandteil der Bewerbung. Vorgelegt wird er in tabellarischer Form, wenn nicht ausdrücklich ein ausführlicher Lebenslauf verlangt wird. Der Lebenslauf sollte lückenlos sein und die berufliche Entwicklung erkennen lassen. Er sollte das aktuelle Datum tragen und original unterschrieben sein.

Robert Wasmer
Siemensallee 17
51471 Köln

Lebenslauf

Persönliche Daten:

Geburtsdatum	30. Juni 1999
Geburtsort	Stuttgart

Berufstätigkeit:

01.08.2018 bis zzt.	Fa. Baum, Stuttgart Außendienstmitarbeiter Werkzeugmaschinenvertrieb

Berufsausbildung:

2018	Vorzeitige Abschlussprüfung
2016–2018	Werkzeugmacherausbildung bei Fa. Mann und Hummel, Ludwigsburg

Schulbesuche:

2016–2018	Gewerbl. Berufsschule Ludwigsburg
2015–2016	Einjährige Berufsfachschule KFZ, Ludwigsburg
2012–2015	Realschule Ludwigsburg Abschluss Mittlere Reife
2009–2012	Realschule Freiberg am Neckar
2005–2009	Grundschule Freiberg am Neckar

Weiterbildung:

2018	Maschinenkurs

Sonstige Kenntnisse: Office
Englisch Niveau B1
Maschinenkurs M1

Köln, 15.09.20..

Robert Wasmer

Tipp Einige der Angaben im Lebenslauf wie auch im Bewerbungsschreiben können beim Vorstellungsgespräch (s. S. 168 f.) Anlass sein für Nachfragen. Darauf sollten Sie sich vorbereiten.

10.10 Bewerbung als E-Mail versenden

Bewerbungen werden mit dem Computer geschrieben. Da ist es naheliegend, die Bewerbung auch als E-Mail zu versenden. Wenn Sie die folgenden Hinweise beachten, werden Sie damit erfolgreich sein:

Absender	Geben Sie Ihre komplette Adresse an: Postadresse, Telefon- und Faxnummer, evtl. auch den Domainnamen Ihrer Homepage
Ihre E-Mail-Adresse	hasi@hotmail.de ist ungeeignet! Legen Sie sich eine seriöse Adresse zu.
Empfängeradresse	Möglichst nicht an die „poststelle@...", sondern an die zuständige Person senden. Rufen Sie in der Firma an, um deren Namen herauszufinden.
Datum	Die Datumsangaben in der E-Mail, im Bewerbungsschreiben und im Lebenslauf sollten übereinstimmen.
Betreff	Eindeutig und aussagekräftig z.B. Bewerbung als Koch
Anschreiben	Das Anschreiben darf nicht den Eindruck einer Serienmail mit einem Standardtext erwecken (s. S. 97 ff.). Nicht als „formlose" E-Mail schreiben, sondern dem privaten Geschäftsbrief entsprechend (S. 97 f.). Es sollte einen Hinweis auf die Anlagen und das Angebot enthalten, eine vollständige Bewerbungsmappe oder weitere Zeugniskopien zu schicken.
Anhänge	Maximal drei Anhänge (Anlagen): 1. Bewerbungsschreiben (s. S. 163) 2. Lebenslauf mit integriertem Foto (s. S. 164) 3. wichtigstes Zeugnis Anhänge im PDF-Format, damit sich nichts verändert, niemals ZIP-Dateien, keine Makros, Dateien mit eindeutigen Bezeichnungen versehen.
„Senden"	Schicken Sie sicherheitshalber als Erstes sich selbst Ihre E-Mail zu und prüfen Sie nochmals alles! Dann können Sie Ihre E-Mail mit gutem Gefühl an den Empfänger schicken. Wenn Sie nach einer Woche keine Antwort erhalten haben, rufen Sie an und vergewissern Sie sich, dass Ihre Mail eingegangen ist.

1 Diskutieren Sie in der Klasse, warum „hasi@hotmail.de" als E-Mail-Adresse ungeeignet ist.

2 Warum ist es wichtig, dass die E-Mail als Anschreiben dem privaten Geschäftsbrief entspricht?

3 Entwerfen Sie eine E-Mail als Anschreiben. Wodurch können Sie den Eindruck eines Standardtextes oder einer Serienmail vermeiden?

4 Beim Versand der Bewerbung mit E-Mail sollte der Anhang nicht zu umfangreich sein. Sprechen Sie in der Klasse darüber, welche Zeugnisse wichtig sind und ob das Bild im Lebenslauf farbig oder schwarz-weiß sein sollte.

10.11 Sich online bewerben

Circa 80 % der großen Firmen schätzen die Onlinebewerbung. Sie bieten auf ihrer Homepage ein Bewerbungsformular an, das ausgefüllt und „zurückgeschickt" werden soll. Beim Ausfüllen ist äußerste Sorgfalt gefordert! Das Formular ist Ihre Visitenkarte. Wenn Sie nach einer Woche keine Antwort erhalten haben, rufen Sie an und vergewissern Sie sich, dass Ihre Bewerbung eingegangen ist.

> 1 Welche Vorteile und welche Nachteile hat eine Onlinebewerbung für die Bewerberinnen und Bewerber und für die Arbeitgeberinnen und Arbeitgeber? Diskutieren Sie in der Klasse darüber.
>
> 2 Warum ist es vorteilhaft, wenn sich die Bewerberin/der Bewerber das ausgefüllte Bewerbungsformular vor dem „Zurückschicken" als Kopie sichert?

Tipp Gute Beispiele, Hinweise und Übungen zur Onlinebewerbung finden Sie unter bwt.planet-beruf.de.

10.12 Bewerbungsportfolio

Portfolio – zeigen Sie sich von Ihrer besten Seite!

Wenn Sie zum Bewerbungsgespräch eingeladen sind, können Sie die Gelegenheit nutzen und Ihr „Portfolio" mitbringen. Sie haben in der Stellenbeschreibung genau analysiert, welche Fähigkeiten und Kenntnisse von dem Bewerber bzw. der Bewerberin erwartet werden. Darüber hinaus haben Sie sich gründlich und sorgfältig darüber informiert, welche besonderen Anforderungen an die Person gestellt werden, mit der der Arbeitsplatz besetzt werden soll.

Mithilfe eines Portfolios zeigen Sie sich von Ihrer besten Seite und präsentieren Ihre Lernerfolge, besonderen Leistungen und Fähigkeiten. Sie legen Dokumente vor, aus denen deutlich zu erkennen ist, dass Sie nicht nur behaupten, über die geforderten Eigenschaften zu verfügen. Dazu können Sie Dokumente aus dem schulischen und außerschulischen Bereich verwenden.

Meine starken Seiten

Wichtige Stationen

Highlights meiner Ausbildung

Darin bin ich spitze

Was mir besonders wichtig ist

Bewerbungsportfolio von

Mona Maier
Donaustr. 13
88499 Riedlingen

Das Bewerbungsportfolio ergänzt und erweitert die mit der Bewerbungsmappe bereits vorgelegten Dokumente und ist eine gute Möglichkeit, sich von anderen Bewerberinnen und Bewerbern abzuheben und Ihre persönlichen Stärken zu zeigen.

10.13 Bewerbung		**Überblick und Schreibplan**

Kompetenzen

Sie können
- eine Stellenanzeige in der Zeitung oder im Internet gründlich analysieren,
- feststellen, welche Fähigkeiten und Kenntnisse von der Bewerberin/von dem Bewerber erwartet werden,
- beurteilen, ob Sie den Anforderungen entsprechen,
- eine saubere und fehlerfreie Bewerbung erstellen.

Vorarbeit
- Analysieren Sie die Stellenausschreibung sorgfältig:
  - Was wird von Ihnen verlangt?
  - Wo liegen Ihre Stärken und Schwächen?
- Holen Sie möglichst viele Informationen über den Betrieb ein, bei dem Sie sich bewerben wollen.
- Finden Sie heraus, an wen die Bewerbung namentlich zu richten ist.

Inhalte
- Gehen Sie im Bewerbungsanschreiben auf die in der Stellenausschreibung geforderten (Sprach-)Kenntnisse und Fähigkeiten ein und legen Sie dar, wann und wo diese erworben wurden.
- Führen Sie andere Kenntnisse, Fähigkeiten nur dann an, wenn dadurch Ihre Eignung unterstrichen wird (z. B. Sekretärin ist deutsche Meisterin im Maschinenschreiben).
- Erwähnen Sie Ihre Hobbys nur dann, wenn sie die Eignung unterstützen oder eine Besonderheit sind, z. B. Bewerber ist Juniorenmeister im Bogenschießen.
- Formulieren Sie zum Schluss wichtige eigene Wünsche, z. B. keine Schichtarbeit.
- Unterschreiben Sie sowohl das Bewerbungsanschreiben als auch den Lebenslauf.

Form
- Weißes Papier im DIN-A4-Format
- Möglichst auf dem PC getippt, auf Wunsch in sauberer Handschrift
- Aufbau und Form laut DIN 5008
- Aktuelles Datum
- Lebenslauf in tabellarischer Form (nur wenn ausdrücklich verlangt: ausführlich und handschriftlich)
- Lichtbild mit Name und Adresse auf der Rückseite
- Weitere Bewerbungsunterlagen als Anlagen einzeln nennen (nicht Anlagen: 3)
- Zeugnisse nie als Originale, sondern immer als Kopien (evtl. beglaubigt)
- Alle Unterlagen in einer Bewerbungsmappe zusammenfassen

Sprache
- sachlich und klar
- knapp formulieren
- fehlerfrei

10.14 Vorstellungsgespräch

Wenn Sie aufgrund Ihrer Bewerbung eingeladen werden, sich persönlich vorzustellen, dann hat das Bewerbungsschreiben seinen Zweck erfüllt. Die Personalleiterin bzw. der Personalleiter oder der Chef bzw. die Chefin will sich ein Bild von Ihnen machen und Sie sollten diese Chance nutzen.

Verlauf

Es lässt sich kaum voraussagen, wie ein Vorstellungsgespräch im Einzelnen ablaufen wird, denn der Einstellende kann dabei beliebig vorgehen. Die Angaben in Lebenslauf und Bewerbungsschreiben sind oft Anlass für Fragen, auf die man sich einstellen sollte. Manche der folgenden Fragen werden immer wieder gestellt. Darauf kann man sich vorbereiten:

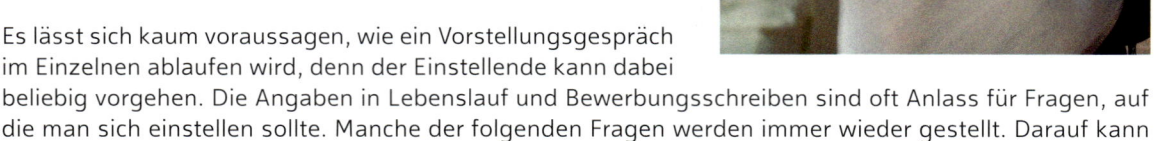

a Die Bitte, sich selbst kurz vorzustellen
b Fragen zum persönlichen Umfeld: Geschwister – Eltern – Wohnung – außerberufliches Engagement
c Welche Unterrichtsfächer hatten Sie am liebsten?
d Berichten Sie über Ihre Freizeitgestaltung und Ihre Hobbys!
e Welche beruflichen Tätigkeiten üben Sie an Ihrem derzeitigen Arbeitsplatz aus? Welche Arbeiten liegen Ihnen besonders bzw. gefallen Ihnen nicht?
f Warum haben Sie sich gerade bei unserer Firma beworben?
g Warum halten Sie sich für die ausgeschriebene Stelle für geeignet?
h Was gefällt Ihnen an dieser neuen Aufgabe?
i Warum suchen Sie eine neue Aufgabe?
j Wie ist Ihr Verhältnis zu Ihren derzeitigen Arbeitskollegen und -kolleginnen bzw. zu Ihrem Arbeitgeber?
k Welche Pläne haben Sie für Ihre weitere berufliche Zukunft?
l Welche Gehaltsvorstellung haben Sie?
m Wann können Sie die Stelle antreten?

1 Welche der oben angeführten Fragen sind Ihrer Meinung nach nicht leicht zu beantworten? Diskutieren Sie in der Klasse über geschickte Antworten.

2 Ergänzen Sie die Fragen durch andere, die Ihnen selbst schon einmal in einem Vorstellungsgespräch gestellt worden sind. Wie haben Sie reagiert, wie hätten Sie ggf. vorteilhafter reagieren können?

3 Überlegen Sie sich drei Fragen, die Sie selbst während eines Vorstellungsgesprächs auf jeden Fall stellen würden.

Auftreten und Verhalten

Ein Vorstellungsgespräch ist keine Theatervorstellung, bei der Sie eine bestimmte Rolle spielen sollen, z. B. den siegesbewusst auftretenden Star: „Hoppla, jetzt komm' ich!" Bleiben Sie unverkrampft, natürlich und gelassen. Verwechseln Sie dabei jedoch nicht Gelassenheit mit Lässigkeit. (Siehe dazu auch das Kapitel „Gespräche führen" S. 12 f.)

Nur selten wird ein Vorstellungsgespräch mit einer verbindlichen Stellenzusage enden. Die Firma hat den verständlichen Wunsch, neben Ihnen noch weitere Bewerber/-innen zu prüfen. Wenn Sie dann eine Absage erhalten, war die Mühe doch nicht vergebens:

> Tipp
>
> Das beste Training für ein erfolgreiches Vorstellungsgespräch ist die Teilnahme an mehreren Vorstellungsgesprächen!

4 Formulieren Sie in der Klasse gute Ratschläge für ein Vorstellungsgespräch, z. B. unter der Überschrift „10 Regeln für eine erfolgreiche Vorstellung".

Übung zum Vorstellungsgespräch

a Üben Sie das Vorstellungsgespräch in einem **Rollenspiel** (z. B. die Bewerbung von Birgit Milke, s. S. 163). Zwei aus der Klasse übernehmen die Rollen von Maier und Hailer, die das Vorstellungsgespräch gemeinsam führen werden.
Diese beiden stellen die Fragen zusammen, die im Verlauf des Gesprächs gestellt werden sollen, sie sprechen sich ab, wer welche Fragen stellt bzw. wer die Fragen von Birgit Milke beantwortet.
Eine Person übernimmt die Rolle von Birgit Milke (Biografische Angaben entnehmen Sie, soweit möglich, dem Bewerbungsschreiben. Ergänzen Sie diese durch eigene Ideen).
Stellen Sie dieser Person für die Vorbereitung zwei Berater/-innen zur Seite. Diese Gruppe sollte sich auch einige Fragen überlegen, die Birgit Milke während des Vorstellungsgesprächs stellen kann. Der Rest der Klasse übernimmt die Beobachterrolle.

b Nach der Vorbereitung (etwa 20 Minuten) führen Sie das Vorstellungsgespräch in einer entsprechenden Sitzordnung durch, planen Sie auch dafür etwa 20 Minuten ein.

c Besprechen Sie danach das Rollenspiel: Als Erstes äußert sich die Person, die die Rolle der Birgit Milke übernommen hat, danach folgen die beiden Personen, die die Rollen von Maier und Hailer ausführten. Dann sind die Beobachter/-innen am Zuge. Sie sollten zunächst das anführen, was ihnen positiv aufgefallen ist, dann sollten sie Hinweise zur Optimierung geben.

Vorstellungsgespräch per Skype

Bei Bewerbungen um einen weit entfernten Arbeits- oder Praktikumsplatz kann man sich die kostspielige und zeitaufwändige Anreise sparen, wenn das Bewerbungsgespräch per Videokonferenz, z. B. per Skype, geführt wird. Dieses Verfahren ist aber sehr umstritten. Die Beauftragten für Datenschutz und Informationsfreiheit von Berlin und Nordrhein-Westfalen haben den Einsatz moderner Auswahlinstrumente im Bewerbungsverfahren begutachtet und für unzulässig erklärt. Konkret wurden ein Vorstellungsgespräch über Skype, die Aufzeichnung von Videointerviews und der Einsatz einer Sprachanalysesoftware begutachtet. Die Speicherung und zeitversetzte Auswertung der persönlichen Daten seien nicht transparent und mit dem Datenschutz nicht vereinbar. Wenn der Bewerber das Videointerview ablehnt, kann das allerdings nachteilig für ihn sein.

Vgl. Dr. Datenschutz: Vorstellungsgespräch per Skype ist datenschutzrechtlich unzulässig, 2017.

1 Diskutieren Sie über die Vor- und Nachteile der Bewerbung per Videointerview.

2 Überlegen Sie, welche Rahmenbedingungen die Bewerberin/der Bewerber schaffen sollte, wenn sie/er sich auf ein solches Interview vorbereitet.

10.15 Arbeitszeugnisse verstehen

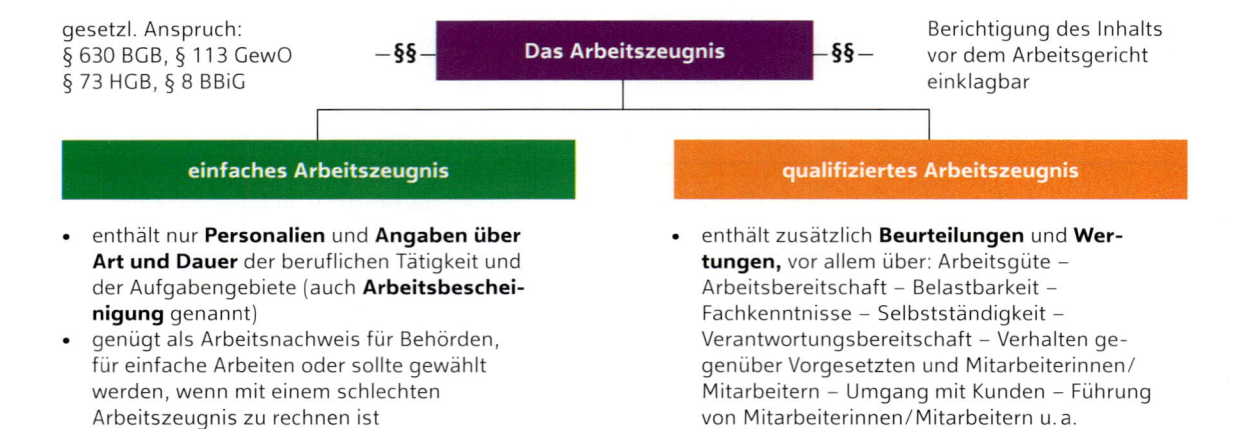

gesetzl. Anspruch:
§ 630 BGB, § 113 GewO
§ 73 HGB, § 8 BBiG

—§§— **Das Arbeitszeugnis** —§§—

Berichtigung des Inhalts vor dem Arbeitsgericht einklagbar

einfaches Arbeitszeugnis

- enthält nur **Personalien** und **Angaben über Art und Dauer** der beruflichen Tätigkeit und der Aufgabengebiete (auch **Arbeitsbescheinigung** genannt)
- genügt als Arbeitsnachweis für Behörden, für einfache Arbeiten oder sollte gewählt werden, wenn mit einem schlechten Arbeitszeugnis zu rechnen ist

qualifiziertes Arbeitszeugnis

- enthält zusätzlich **Beurteilungen** und **Wertungen**, vor allem über: Arbeitsgüte – Arbeitsbereitschaft – Belastbarkeit – Fachkenntnisse – Selbstständigkeit – Verantwortungsbereitschaft – Verhalten gegenüber Vorgesetzten und Mitarbeiterinnen/Mitarbeitern – Umgang mit Kunden – Führung von Mitarbeiterinnen/Mitarbeitern u. a.

Problem: Es gibt für die Beurteilung von Verhaltensweisen **keine objektiven und allgemein anerkannten Maßstäbe**. Sympathie oder Antipathie der beurteilenden Person sind ebenso wenig auszuschließen wie deren Unwissenheit über den Bewertungscode.

Beispiele: Eine sehr gute und nur schwer ersetzbare Arbeitskraft will den Betrieb verlassen und verärgert dadurch die Betriebsleitung. Das Arbeitszeugnis fällt zwar nicht schlecht aus, doch wird die Arbeitskraft nicht so positiv beurteilt, wie sie es eigentlich verdient hätte.

Im umgekehrten Fall könnte eine schlechte Arbeitskraft ein durchaus gutes Zeugnis erhalten, weil der Betrieb froh ist, wenn sie endlich geht. Sie wird, wie man sagt, „hinausgelobt".

In einem Kleinbetrieb ist der Arbeitgeber dem Arbeitnehmer oder der Arbeitnehmerin wohlgesonnen und meint, ein gutes Zeugnis ausgestellt zu haben. Da er schon lange kein Zeugnis mehr erteilt hat, verwendet er unwissentlich Formulierungen, die in der „Zeugnissprache" als schlechte Beurteilungen gelten.

Aus den genannten Gründen erheben immer wieder Arbeitnehmer/-innen Klage vor dem Arbeitsgericht wegen eines ihrer Meinung nach ungerechten Arbeitszeugnisses.
Im Laufe der Jahre haben sich bei der **Rechtsprechung** Grundsätze ergeben, die die Arbeiternehmerin/den Arbeitnehmer vor willkürlich und ungerecht formulierten Zeugnissen schützen sollen: **die drei „W" des Arbeitszeugnisses:**

> **Grundsätze des Arbeitszeugnisses**
> - Wahrheitsgrundsatz
> - Wohlwollen für die Arbeitnehmerin/den Arbeitnehmer soll bestimmend sein.
> - Weiterkommen im Beruf darf nicht unnötig erschwert werden.
>
> Deshalb werden im Arbeitszeugnis eindeutig negative Aussagen vermieden und solche Beurteilungen verschlüsselt formuliert (s. S. 174).

10.15.1 Arbeitszeugnisse analysieren

Wer sein Arbeitszeugnis oder sein Ausbildungszeugnis erhält, muss es richtig deuten können. In Arbeitszeugnissen werden oft verschlüsselte Informationen gegeben. Aufgrund der gesetzlichen Vorgaben hat sich eine Art „Geheimsprache" entwickelt (s. S. 174).

1 Untersuchen Sie das Arbeitszeugnis auf der folgenden Seite mithilfe der unten stehenden sieben Analysepunkte. (Diese Untersuchung gelingt Ihnen, wenn Sie im Buch – oder bei geliehenen Büchern auf einer Kopie – Ihre Feststellungen mit den angegebenen Buchstaben und Ziffern markieren und mit unterschiedlichen Linien unterstreichen.)

2 Fassen Sie das Ergebnis Ihrer Analyse in einer geschätzten Gesamtnote für das ganze Zeugnis zusammen und vergleichen Sie diese mit den Ergebnissen Ihrer Mitschülerinnen und Mitschüler. Welche Erkenntnis lässt sich aus den unterschiedlichen Bewertungen ableiten?

Analysepunkte

1 Eine besonders genaue und vollständige Beschreibung der **Tätigkeiten und Funktionen** (a, b, c, ...) im Betrieb ist bereits eine positive Aussage.

2 Auch die zu beurteilenden **Fähigkeiten** und **Eigenschaften** (1, 2, 3, ...) sollten vollständig sein.

3 Besondere, für einen speziellen Beruf wesentliche Eigenschaften, die im Arbeitszeugnis nicht erwähnt werden, gelten als mit „ungenügend" benotet (= **„beredtes Schweigen"**).

4 Worte wie „im Allgemeinen", „in der Regel", „im Wesentlichen" setzen ein nachfolgendes Urteil oder eine Bewertung stark herab.

5 Eine gewisse Geheimsprache besteht darin, dass es eine Notenskala in verschlüsselter Form gibt.
   1 = Sie/Er hat **stets** zu unserer **vollsten** Zufriedenheit ...
   2 = Sie/Er hat **stets** zu unserer **vollen** Zufriedenheit ...
   3 = Sie/Er hat zu unserer **vollen** Zufriedenheit ...
   4 = Sie/Er hat zu unserer Zufriedenheit ...
   5 = Sie/Er hat im Wesentlichen (im Großen und Ganzen) ...
   6 = Sie/Er hat sich bemüht ...
   Erst die **sprachliche Höchststufe** (!) ist die Bestnote.

6 Auch die **Schlussformel** hat bewertenden Charakter. Fehlen hier die guten Wünsche für die weitere berufliche Zukunft, so ist das negativ und kann als Hinweis gelten, dass man im Streit auseinandergegangen ist.

7 Der **Grund für die Beendigung** des Arbeitsverhältnisses muss nicht angegeben werden. Als **positiv** gilt: „Frau/Herr X verlässt unser Unternehmen auf eigenen Wunsch." **Negativ** ist die Schlussbemerkung: „Wir haben uns im gegenseitigen Einvernehmen getrennt." (= ... „gefeuert") (Zum **Kündigungsschreiben**, s. S. 97, 99.)

Beispiel: Arbeitszeugnis

Im Originalzeugnis:
BRIEFKOPF DER FIRMA

11.08.20..

ZEUGNIS

Herr Lars Thomas, geb. am 1. Januar 19..,
wohnhaft in Neustadt,
war vom 22. Oktober 20.. bis 31. Januar 20..
in unserer Abteilung Vorserienbau
als Karosseriebauer tätig.

Zu seinem Aufgabengebiet gehörten das selbstständige Anfertigen von Blechteilen aus Stahl und Aluminium, das Erstellen von Schablonen und das Anpassen der gefertigten Teile an die Karosserien. Herr Thomas hat Schweißarbeiten mit Schutzgasschweißgeräten an den Karosserien und Teilen ausgeführt. Die von ihm durchgeführten Arbeiten hat er zu unserer vollsten Zufriedenheit ausgeführt. Durch seine schnelle Auffassungsgabe, seine Pünktlichkeit und Zuverlässigkeit konnte Herr Thomas als verantwortlicher Arbeitsgruppenleiter eingesetzt werden. Diese Aufgabe hat er mit großem Interesse und Einsatz bestens gemeistert.

Sein Verhalten gegenüber der Geschäftsleitung war stets tadellos und einwandfrei. Bei seinen Kollegen war er als ruhiger, besonnener Fachmann geschätzt.

Herr Thomas verlässt uns auf eigenen Wunsch, um sich beruflich weiterzubilden. Wir wünschen Herrn Thomas für seinen weiteren beruflichen und privaten Lebensweg alles Gute.

Unterschrift

„Ein Arbeitszeugnis muss sauber und ordentlich geschrieben sein, darf keine Flecken, Radierungen und nachträglichen Änderungen enthalten und muss vom Arbeitgeber auf einem Firmenbogen ausgestellt werden."
Entscheidung des Bundesarbeitsgerichts (AZ: 5 AZR 182/92).

1 Warum wird so großer Wert auf eine einwandfreie äußere Form gelegt?

Beispiel: Ausbildungszeugnis

> Im Originalzeugnis:
> **BRIEFKOPF DER FIRMA**
>
> ## ZEUGNIS
> *über die Berufsausbildung*
>
> Frau Sabine Meister, geb. am 16. März 19.., wurde in unserem Hause in der Zeit vom 01. August 20.. bis 14. Juni 20.. zur Bankkauffrau ausgebildet.
>
> Die in der Verordnung über die Berufsausbildung zum Bankkaufmann/zur Bankkauffrau geforderten Kenntnisse und Fertigkeiten wurden in verschiedenen Abteilungen und Geschäftsstellen sowie in praxisbegleitenden Seminaren und in der Berufsschule vermittelt. Frau Meister hat sich die zur Erreichung des Ausbildungsziels erforderlichen Fachkenntnisse angeeignet.
>
> Außerdem verfügt sie über die im Ausbildungsrahmenplan aufgeführten Fertigkeiten und hat diese bei der Bearbeitung von Geschäftsvorfällen nach Anweisung überwiegend selbstständig angewandt. Bei neuen Aufgaben und Situationen erkannte sie das Wesentliche und gab Sachverhalte ansprechend und verständlich wieder.
>
> Ihr Verhalten war jederzeit einwandfrei.
> Sie war aufgeschlossen, kontaktfreudig und trat sicher und höflich auf.
> Frau Meister zeigte reges Interesse für neue Ausbildungsinhalte und Bereitschaft, sich diese anzueignen.
> Sie erledigte die ihr übertragenen Aufgaben zu unserer vollen Zufriedenheit.
>
> Nach Abschluss der Ausbildung haben wir Frau Meister gerne in das Angestelltenverhältnis übernommen.
>
> 20. Juni 20..   Unterschrift

1 Analysieren Sie das Ausbildungszeugnis.
   - Welche negativen Aussagen sind indirekt enthalten?
   - Welche Note versteckt sich hinter den Formulierungen (s. S. 171)?

> § 16 – Zeugnis (BBiG – Berufsbildungsgesetz)
> (1) Ausbildende haben den Auszubildenden bei Beendigung des Berufsausbildungsverhältnisses ein schriftliches Zeugnis auszustellen. Die elektronische Form ist ausgeschlossen. Haben Ausbildende die Berufsausbildung nicht selbst durchgeführt, so soll auch der Ausbilder oder die Ausbilderin das Zeugnis unterschreiben.
> (2) Das Zeugnis muss Angaben enthalten über Art, Dauer und Ziel der Berufsausbildung sowie über die erworbenen beruflichen Fertigkeiten, Kenntnisse und Fähigkeiten der Auszubildenden. Auf Verlangen Auszubildender sind auch Angaben über Verhalten und Leistung aufzunehmen.

10.15.2 „Geheimsprache" in Arbeitszeugnissen

Eine besondere Art der verschlüsselten Informationen in Arbeitszeugnissen ist die sogenannte Geheimsprache. Sie spielt im beruflichen Alltag kaum eine Rolle, ist aber viel bekannter als die auf S. 171 dargestellten Analysepunkte. Das liegt daran, dass über diese „Geheimsprache" in den Medien immer wieder berichtet wird. Nach einem aktuellen Urteil eines Landesarbeitsgerichts sind doppelbödige Formulierungen unzulässig.

Verschlüsselung	Bedeutung
Er hat alle Arbeiten ordnungsgemäß erledigt.	Er ist ein Bürokrat, der keine Initiative entwickelt.
Mit seinen Vorgesetzten ist er gut zurechtgekommen.	Er ist ein Mitläufer, der sich gut anpasst.
Sie war sehr tüchtig und wusste sich gut zu verkaufen.	Sie ist eine unangenehme Mitarbeiterin.
Wegen seiner Pünktlichkeit war er stets ein gutes Vorbild.	Er war in jeder Hinsicht eine Niete.
Wir haben uns im gegenseitigen Einvernehmen getrennt.	Wir haben ihm gekündigt.
Sie bemühte sich, den Anforderungen gerecht zu werden.	Sie hat versagt.
Sie hat sich im Rahmen ihrer Fähigkeiten eingesetzt.	Sie hat getan, was sie konnte, aber das war nicht viel.
Alle Arbeiten erledigte er mit Interesse.	Er war eifrig, aber nicht besonders tüchtig.
Er zeigte für seine Arbeit Verständnis.	Er war faul und hat nichts geleistet.
Wir lernten sie als umgängliche Kollegin kennen.	Viele Mitarbeiter sahen sie lieber von hinten als von vorn.
Sie ist eine durchaus zuverlässige (gewissenhafte) Mitarbeiterin.	Sie ist zur Stelle, wenn man sie braucht, allerdings ist sie nicht immer brauchbar.
Durch seine Geselligkeit trug er zur Verbesserung des Betriebsklimas bei.	Er neigt zu übertriebenem Alkoholgenuss.
Er war immer mit Interesse bei der Sache.	Er hat sich angestrengt, aber nichts geleistet. Man kann ihm nichts vorwerfen, aber man kann auch nichts von ihm erwarten.
Er bewies für die Belange der Belegschaft stets Einfühlungsvermögen.	Er sucht Sexkontakte bei Betriebsangehörigen.

1 Stellen Sie einer Mitarbeiterin/einem Mitarbeiter ein Zeugnis aus.

11
Bilder erzählen Geschichten

Es ist nicht immer leicht, die Aussagen eines Bildes in Worte zu fassen, weil durch ein Bild Gefühle angesprochen werden. Deshalb können verschiedene Betrachterinnen und Betrachter zu ganz unterschiedlichen Deutungen kommen. Aus diesem Grund lehnen es viele moderne Künstlerinnen und Künstler ab, ihre Bilder selbst zu deuten.

11.1 Ein Gemälde beschreiben und deuten

Anil Kohli: „Himmel über Berlin"

Wenn Sie ein Gemälde betrachten, erschließen sich dessen Botschaften nur selten auf den ersten Blick. Um die Aussage eines Bildes zu deuten, müssen Sie genau hinsehen, Einzelheiten wahrnehmen und über das Dargestellte nachdenken. Der Zugang wird Ihnen erleichtert, wenn Sie sich zunächst über wichtige **Grundinformationen** zur Entstehungsgeschichte informieren. Beschreiben Sie danach den **Bildinhalt**. Sprechen Sie anschließend zu zweit darüber, welche Wirkung das Bild auf Sie als Betrachter/-in hat und was es mitteilen könnte (**Bildmitteilung**).

1 Welche Gedanken und Gefühle löst dieses Bild bei Ihnen aus? Tauschen Sie Ihre Empfindungen zu zweit oder in einer Kleingruppe miteinander aus.

2 Notieren Sie sich stichwortartig die Grundinformationen des Gemäldes und Ihre Beobachtungen zu dessen Bildinhalt. Orientieren Sie sich dabei an den W-Fragen zur Erschließung von Karikaturen auf der nächsten Seite. Vergleichen Sie Ihre Notizen mit denen Ihrer Mitschülerinnen und Mitschülern.

3 Sprechen Sie in der Klasse über die Bildmitteilung des Gemäldes.

4 Suchen Sie online – z. B unter www.zeno.org/kunstwerke – nach einem Bild oder Gemälde oder einer Zeichnung, die Ihnen gefällt. Beschaffen Sie sich die Grundinformationen, erschließen Sie den Bildinhalt und die Bildmitteilung. Stellen Sie Ihre Ergebnisse in einem zusammenhängenden Text (circa eine Seite) dar.

11.2 Eine Karikatur erschließen

Karikatur von Nel

Eine Karikatur (ital. „caricare" = überladen, übertreiben) ist eine Zeichnung, die spöttische Kritik an gesellschaftlichen, sozialen oder politischen Missständen übt. Ihre Absicht ist es, die Aufmerksamkeit auf ein bestimmtes Problem zu lenken und die Betrachterin/den Betrachter zum Nachdenken anzuregen. Die Zeichnerin oder der Zeichner, Karikaturistin/Karikaturist genannt, stellt dazu beispielsweise Merkmale von Personen oder Situationen übertrieben oder humorvoll dar.

> **1** Betrachten Sie die Karikatur von Nel und tauschen Sie sich mit Ihrer Nachbarin/Ihrem Nachbarn über Ihre Eindrücke aus. Um welches Problem geht es?
>
> **2** Erschließen Sie die Karikatur mündlich mithilfe der unten stehenden W-Fragen. Beachten Sie dabei die richtige Reihenfolge: zuerst die Grundinformationen, anschließend den Bildinhalt und danach die Bildmitteilung.

11.2.1 W-Fragen zur Erschließung von Karikaturen

1	**Grundinformationen** (Halten Sie fest, wenn Ihnen bestimmte Informationen nicht vorliegen, z. B. „titellose Karikatur" oder „unbekanntes Veröffentlichungsdatum")	**Wer** hat die Karikatur gezeichnet? **Wann** wurde sie veröffentlicht (Datum)? **Wo** wurde sie veröffentlicht (Quelle: Zeitung, Zeitschrift, Homepage)? **Welchen** Titel hat sie? **Welches** Problem behandelt sie?
2	**Bildinhalt**	**Welche** Bildeinzelheiten sind zu erkennen? • Bildaufbau (Vorder-/Hintergrund, Mitte, oben/unten, linker/rechter Bildrand), Zusammenhänge und Beziehungen von Personen (deren Mimik, Gestik, Körperhaltung) und Gegenständen, Textelemente (Bilderunterschrift, Sprech- oder Gedankenblasen) **Wie** ist die künstlerische Gestaltung? • Anordnung/Größe bestimmter Bildelemente, Farb-/Lichtwirkungen, Anspielungen auf Personen/Situationen, Symbole
3	**Bildmitteilung**	**Was** ist die Aussage der Karikatur (Absicht der Künstlerin/des Künstlers bzw. Wirkung auf die Betrachtenden)?

1 Beschreiben Sie die folgende Karikatur und erläutern Sie ihre Aussage in einem zusammenhängenden Text.

Berufswahlkriterien von Michael Hüter

2 Bearbeiten Sie Ihren Textentwurf mit der Methode Textlupe (s. S. 228).

3 Legen Sie in Ihrer Klasse eine Sammlung von 20 bis 25 Karikaturen an: Bitten Sie Ihre Fachlehrerin/Ihren Fachlehrer um Unterstützung und suchen Sie sowohl in Tageszeitungen als auch im Internet nach Beispielen. Erschließen Sie in Partnerarbeit zwei Ihnen unbekannte Karikaturen aus der Sammlung.

11.2.2 Karikaturenanalyse — Überblick und Schreibplan

Kompetenzen

Sie können
- mithilfe von W-Fragen eine Karikatur erschließen,
- eine gegliederte Karikaturenanalyse schreiben.

Aufbau

Einleitung:
- Grundinformationen der Karikatur erläutern

Hauptteil:
- Bildinhalt beschreiben
- Bildmitteilung formulieren

Schluss:
- zur dargestellten Problematik Stellung nehmen

Sprache
- Zeitform: Präsens (Gegenwart)
- sachlich

11.3 Fotos animieren zum Erzählen

Das Smartphone ist immer dabei. Man kann im Urlaub, bei einer Party, im Club oder beim Treffen mit Freunden Bilder machen. Zeigt man diese Bilder einer Freundin, einem Freund, ist das häufig ein Anlass zum Erzählen. Dank der Fotos erinnert man sich an viele Einzelheiten und kann besondere Erlebnisse lebendig und anschaulich darstellen. So können andere intensiv daran teilhaben.

1 Wählen Sie ein Bild aus, mit dem Sie eigene Erlebnisse verbinden oder das Sie besonders anspricht.

2 Beschreiben Sie die dargestellte Situation: Was ist daran das Besondere, Überraschende, Außergewöhnliche? Notieren Sie einige Stichworte.

3 Versetzen Sie sich in eine der Personen: Welche Gedanken, Gefühle, Erlebnisse könnten diese haben? Notieren Sie Ihre Gedanken stichwortartig.

4 Überlegen Sie sich mithilfe Ihrer Stichworte eine kurze und spannende Erzählung.

5 Bilden Sie Gruppen mit Mitschülerinnen/Mitschülern, die jeweils ein anderes Bild ausgewählt haben. Erzählen Sie mithilfe Ihrer Stichworte „Ihre Geschichte" zu dem ausgewählten Bild. Stimmen Sie darüber ab, wer die beste Geschichte erzählt hat.

6 Wählen Sie ein eigenes Foto oder suchen Sie in Reiseprospekten oder im Internet nach einem weiteren Bild, das eine spannende Situation zeigt. Entwickeln Sie dazu eine kurze Erzählung.

Tipp
- Beschreiben Sie kurz die Ausgangssituation (Zeit, Ort, Personen, besondere Umstände).
- Geben Sie den Personen Namen und Eigenschaften.
- Achten Sie auf abwechslungsreiche Satzanfänge, verwenden Sie nicht immer Artikel und Pronomen.
- Verwenden Sie wörtliche Rede.
- Benutzen Sie Spannungswörter wie „plötzlich", „unerwartet", „völlig überraschend", „blitzschnell".
- Beschreiben Sie Sinneseindrücke (Gerüche, Laute, Geräusche etc.) mit Adjektiven.
- Überraschen Sie Ihre Zuhörerinnen und Zuhörer mit einem unerwarteten Ende.

11.4 Eine Fotostory gestalten

Mit Videokameras und Smartphones kann man den eigenen Alltag in Form von Filmen und Bildern dokumentarisch festhalten. Man kann sich selbst damit auch für andere Betrachter/-innen inszenieren, z. B. mit einem Selfie oder einer sog. Fotostory. Sie ähnelt vom Aufbau her einer Bildergeschichte oder einem Comic, weil sie durch die Abfolge einzelner Fotos mit Textunterschriften oder Sprech- und Gedankenblasen eine erfundene Geschichte erzählt. Aufgrund des Zeitaufwands und der umfangreichen Planung empfiehlt es sich, eine Fotostory als Gruppenprojekt (fünf bis sieben Mitglieder) zu gestalten. Schließen Sie bei den Fotos jegliche Darstellungen von Gewalt, Pornografie, Rassismus sowie religiös-politische Botschaften von vornherein aus. Sowohl bei der Durchführung als auch bei der Präsentation sollte gegenseitiger Respekt im Vordergrund stehen.

---

1 Fotostorys sind fester Bestandteil einiger Jugendzeitschriften. Tauschen Sie sich in Ihrer Klasse aus,
  a welche Fotostorys Sie aus welchen Zeitschriften kennen,
  b welche Themen jeweils behandelt werden.

2 Gestalten Sie in einer Gruppe eine Fotostory zu einem der folgenden Themen:
  • „Mein Smartphone – Retter in allen Lebenslagen",
  • „Meine erste Fahrt auf einem E-Roller".

3 Einigen Sie sich auf ein weiteres Thema und setzen Sie dieses als Fotostory um.

In vier Phasen eine Fotostory gestalten:

1. IDEENFINDUNG
Brainstorming über mögliche Ideen, Handlung, Konflikte, Situationen, Zeit, Orte, Personen

⬇

2. DREHBUCH SCHREIBEN/ORGANISATION
Ideen werden geordnet und schriftlich ausformuliert, Klären der organisatorischen Voraussetzungen: Aufgabenverteilung, eingesetzte Technik (Smartphone, Digitalkamera), Rollenverteilung, Requisiten, Zeitplan

⬇

3. DURCHFÜHRUNG
Fotografieren an ausgewählten Orten, Nachbearbeitung der Fotos mit PC-Software, Ergänzung von Sprechblasen/Bildunterschriften, spannenden Titel finden, Fotostory ausdrucken

⬇

4. PRÄSENTATION/BEWERTUNG
Vorstellung der Fotostory, Nachbesprechung in der Klasse/Gruppe

Auszug aus einer Fotostory:

„Und du meinst, meine Bewerbung ist jetzt perfekt?"

„Und warum möchten Sie pharmazeutisch-kaufmännische Angestellte werden?"

„Willkommen und viel Erfolg an Ihrem ersten Ausbildungstag!"

Tipp Wenn Sie für Ihre Fotostory Menschen fotografieren, müssen Sie deren Einverständnis einholen; bei Minderjährigen benötigen Sie das Einverständnis der Eltern. Beachten Sie das Recht am eigenen Bild.

11.5 Comics interpretieren

Viele Zeitungen drucken zum Vergnügen der Leserinnen und Leser regelmäßig Comics ab. In zwei bis drei aufeinanderfolgenden sogenannten Panels wird eine alltägliche Situation dargestellt. Unter einem Panel versteht man eine einzelne Illustration mit Sprech-, Gedankenblasen oder einem Textblock. Lautmalerei (boing, juchuuu), Ausrufe (Hoppla! Aha!) und grafische Elemente lassen die Figuren lebendig wirken.

Hägar der Schreckliche ist ein Wikinger und ein Barbar. Dik Browne, sein Erfinder, sagte: „Hägar bringt uns nicht nur zum Lachen, er lässt uns auch schmunzeln. Natürlich bin ich froh, wenn meine Leser lachen, aber ich ziehe das Schmunzeln vor – denn es bedeutet, dass nachgedacht wird." (Quelle: Browne: Hägar der Schreckliche, 2007, S. 2). Hägar wird in über 1 900 Zeitungen und Zeitschriften abgedruckt und erschien in 58 Ländern!

1 Beschreiben Sie in zwei Sätzen die im Comic dargestellte Situation.

2 Wie wird Hägar hier charakterisiert?

3 Wodurch entsteht die Komik? Unterscheiden Sie sprachliche und grafische Elemente.

4 Löst der Comic hier eher Lachen oder eher Schmunzeln aus? Begründen Sie Ihre Meinung.

5 Denken Sie an eine alltägliche Situation, die Sie belustigt hat.

6 Zeichnen Sie zwei bis drei Bilder, die diese Situation wiedergeben.

7 Überlegen Sie, was die folgenden „Soundwörter" ausdrücken können, und nutzen Sie sie in Ihren Zeichnungen. Erfinden Sie selbst neue Lautmalereien.

BAM, BAMM, BAAM   UGHH, UFFF   Z, ZZZ, ZZZZZZZZZ ZACK,
BZZ, BZZZ BZZZZZ   GRUMMEL   ZOOOM

8 Hängen Sie Ihre Comics in der Klasse auf und prämieren Sie die drei besten.

Tipp Anleitungen und Instrumente zur Gestaltung eigener Comics finden Sie unter: http://pb21.de/2012/10/gehaltvolle-blasen-comics-und-cartoons-selber-machen-teil-ii/.

11.6 Eine Graphic Novel beschreiben und deuten

1987 erschien der autobiografische Roman „Eine Hand voller Sterne" von Rafik Schami. Das Buch wurde in mehr als fünfzehn Sprachen übersetzt und vielfach mit Preisen ausgezeichnet. 2018 brachte der Beltz-Verlag den Roman als Graphic Novel heraus.

Ein Bäckerjunge aus Damaskus schreibt über drei Jahre Tagebuch. Er berichtet vom friedlichen Zusammenleben der Menschen in der Stadt, aber auch von der brutalen Unterdrückung durch das diktatorische Regime. Von seinem Onkel Salim möchte er wissen, was ein Journalist ist. „Oh, ein Journalist ist ein kluger und mutiger Mensch. Er hat nur ein Stück Papier und einen Bleistift. Und damit macht er einer Regierung mit ihrer Armee und ihrer Polizei Angst.", antwortet Salim. „Mit Bleistift und Papier?", fragt der Junge. „Ja, er macht der Regierung Angst, weil er immer auf der Suche nach der Wahrheit ist. Alle Regierungen bemühen sich, sie zu verstecken. Er ist ein freier Mensch wie ein Kutscher und lebt genau wie dieser in Gefahr."[1] Für den Jungen steht fest: Er möchte Journalist werden und die Wahrheit aufschreiben. Er erlebt, wie seinem Vater und Freunden Ungerechtigkeit und politische Verfolgung widerfahren und entscheidet sich zu handeln. Mit seinem Freund Mahmud geht er zu Habib, einem regimekritischen Journalisten, dessen Frau von der Polizei umgebracht wurde. Sie tragen ihm ihre Idee vor:

Graphic Novels
haben sich aus Comics entwickelt. Personen und Situationen werden zeichnerisch dargestellt und erzählen eine längere, komplexere Geschichte, vergleichbar mit Romanen. Sie sind in sich abgeschlossen und erscheinen in Buchform. Das unterscheidet sie von beispielsweise Comicserien. Die Intention einer grafischen Novelle ist, ernste Themen zu veranschaulichen und zum Nachdenken darüber anzuregen.

Rafik Schami
Informationen zur Biografie s. S. 291

1 Schami/Köninger: Eine Hand voller Sterne, 2018, S. 10 f.

Sprachkompetenz

— Was machst du, wenn sie dich fassen?

— Dann komme ich eben ins Gefängnis wie du, Vater und hundert andere.
— Das ist verrückt!

— Aber ich will Journalist werden, die Wahrheit suchen.

So lange ich lebe werde ich dich rächen!

— Und sie bekannt machen.

— Wir nennen die Zeitung: Der Funke.

— Sockenzeitung!

— Gut!

— Was wirst du schreiben, Mahmud?

— Sieben Fragen für jede Nummer.

— Ist das aus einem Märchen?
— Nein!

alle Auszüge aus: Rafik Schami, Eine Hand voller Sterne. Graphic Novel
© 2018 Beltz & Gelberg in der Verlagsgruppe Beltz • Weinheim Basel

1 Beschreiben Sie möglichst genau, welchen Eindruck die dargestellten Personen auf Sie machen.

2 Betrachten Sie die grafische Darstellung: Wie werden Gefühle und Bewegungen der Personen für den Leser erkennbar gemacht?

3 Der Roman ist in Ich-Form (s. auch S. 186) geschrieben. Wie wirkt das auf den Leser?

4 Sieben Fragen wollen die Jungen in jeder Ausgabe stellen. Formulieren Sie drei Fragen, die zu den im Text genannten passen könnten.

5 Was meinen Sie: Werden die Jungen ihr Ziel erreichen? Schreiben Sie eine Fortsetzung der Geschichte (s. S. 208).

6 Tauschen Sie sich in der Klasse über andere Graphic Novels aus. Beschreiben Sie den Unterschied zwischen dem Lesen eines Romans und dem einer Graphic Novel.

7 Recherchieren Sie:
   a Wie viele Journalisten sind im letzten Jahr bei ihrer Berufsausübung umgekommen oder ins Gefängnis gekommen?
   b In welchen Ländern sind Journalisten besonders gefährdet?
   c Beraten Sie: Wann sind Journalisten in Ihren Augen wirklich gut? Was erwarten Sie von ihnen?

Literarische Texte lesen und interpretieren

12

Formen der Dichtung

Im Mittelpunkt der **epischen Dichtung (Epik)** steht das Erzählen eines Geschehens. Während in Mittelalter und Antike in Versform (Epos) erzählt wurde, wird in der gegenwärtigen Literatur in „normaler" Sprache erzählt. Epische Literatur ist weit verbreitet und hat große Bedeutung.

Lyrische Dichtung (Lyrik) ist Gedanken- oder Gefühlsdichtung, in einigen Formen auch erzählende Dichtung. In der Lyrik ist die Sprache sehr verdichtet, häufig drückt sie tiefere Regungen des Dichters aus, weshalb es oft nicht einfach ist, Gedichte zu deuten. Die Sprache der Lyrik ist meist durch Reim, Metrik (regelmäßige Folge betonter und unbetonter Silben) und Rhythmus geordnet, in der modernen Lyrik kann die grafische Darstellung wichtig sein.

Von **dramatischer Dichtung (Dramatik)** spricht man, wenn eine Handlung auf einer Bühne von Schauspielern aufgeführt und durch den gesprochenen Text begleitet wird. Der Zuschauer erlebt die Handlung als äußerlich unbeteiligter Betrachter unmittelbar.

Die Zuordnung literarischer Texte zu einer bestimmten Form der Dichtung ist nicht immer einfach, da manchmal die Grenzen unklar sind: Es gibt die Fabel als Erzählung und als Gedicht. Ein Musical beispielsweise zeichnet sich sowohl durch lyrische als auch durch dramatische Merkmale aus. Auch Film, Videoclip, Hörspiel und Hörbuch bilden Sonderformen.

Epik	Lyrik	Dramatik
Roman, Novelle, Erzählung, Kurzgeschichte, Anekdote, Fabel, Parabel, Satire, Märchen, Legende, Sage ...	Gedicht, Ballade, Lied, Kirchenlied, Volkslied, Ode, Minnesang, Epigramm, Hymne, Elegie, Haiku ...	Drama (Schauspiel), Tragödie (Trauerspiel), Komödie (Lustspiel), Posse, Sketch, Schwank, Passionsspiel ...

1 Schlagen Sie Ihnen unbekannte Begriffe aus der Tabelle mithilfe eines Lexikons nach.

2 Viele Schülerinnen und Schüler verwechseln den Begriff „dichterische Form" mit der Bezeichnung **„Literaturgenre"**. Unter Literaturgenre versteht man literarische Texte, die inhaltlich-motivische Gemeinsamkeiten aufweisen. Cowboys, Indianer, wilde Schießereien etc. sind beispielsweise wesentliche Bestandteile des Genres Western.
Finden Sie mithilfe des Internets zu den genannten Literaturgenres passende literarische Werke und notieren Sie jeweils Titel und Autorin bzw. Autor.
- **a** Thriller
- **b** Krimi
- **c** Science-Fiction
- **d** Horror
- **e** Western
- **f** Fantasy
- **g** Detektivgeschichte
- **h** Abenteuer
- **i** Kinder- und Jugendliteratur, Graphic Novels

12.1 Epik

Die **Parabel** ist eine kurze, gleichnishafte Erzählung, ähnlich der **Fabel**. Sie hat eine Bildebene, das ist die Ebene der erzählten Begebenheit, und eine Bedeutungsebene, das ist die Ebene der Erkenntnisse und Schlussfolgerung. Das Gleichnis verhilft der Leserin bzw. dem Leser zu Erkenntnissen über Menschen und/oder das Leben.

Die **Satire** nimmt gesellschaftliche und politische Missstände und Ungerechtigkeiten aufs Korn. Die Dichterin/Der Dichter nennt nicht einfach Fakten, sondern durch Ironie und Übertreibung wird die kritische Haltung deutlich. So soll Aufmerksamkeit erregt und zum Nachdenken angeregt werden.

Im **Roman** wird eine erdachte (fiktionale) Welt dargestellt. Die Autorin/Der Autor lässt Menschen und Gruppen unter bestimmten Lebensumständen handeln, beschreibt ihre Konflikte und Entwicklungen. Dialoge, innere Monologe, Berichte und Beschreibungen sind Mittel für eine umfangreiche Erzählung.

12.1.1 Eine Kurzgeschichte lesen und verstehen

San Salvador

Peter Bichsel

1 Er hatte sich eine Füllfeder gekauft. Nachdem er mehrmals seine Unterschrift, dann seine Initialen, seine Adresse, einige Wellenlinien, dann die Adresse seiner Eltern auf ein Blatt gezeichnet hatte, nahm 5 er einen neuen Bogen, faltete ihn sorgfältig und schrieb: „Mir ist es hier zu kalt", dann, „ich gehe nach Südamerika", dann hielt er inne, schraubte die Kappe auf die Feder, betrachtete den Bogen und sah, wie die Tinte 10 eintrocknete und dunkel wurde (in der Papeterie[1] garantierte man, dass sie schwarz werde), dann nahm er seine Feder erneut zur Hand und setzte noch großzügig seinen 15 Namen Paul darunter.
Dann saß er da.
Später räumte er die Zeitungen vom Tisch, überflog dabei die Kinoinserate, dachte an irgendetwas, schob den Aschenbecher bei-20 seite, zerriss den Zettel mit den Wellenlinien, entleerte seine Feder und füllte sie wieder. Für die Kinovorstellung war es jetzt zu spät. Die Probe des Kirchenchors dauert bis neun Uhr, um halb zehn würde Hildegard zurück 25 sein. Er wartete auf Hildegard. Zu all dem Musik aus dem Radio. Jetzt drehte er das Radio ab.
Auf dem Tisch, mitten auf dem Tisch, lag nun der gefaltete Bogen, darauf stand in blauschwarzer Schrift sein Name Paul. 30
„Mir ist es hier zu kalt", stand auch darauf.
Nun würde also Hildegard heimkommen, um halb zehn. Es war jetzt neun Uhr. Sie läse seine Mitteilung, erschräke dabei, glaubte wohl das mit Südamerika nicht, würde den- 35 noch die Hemden im Kasten zählen, etwas müsste ja geschehen sein. Sie würde in den „Löwen" telefonieren.
Der „Löwe" ist mittwochs geschlossen.
Sie würde lächeln und verzweifeln und sich 40 damit abfinden, vielleicht. Sie würde sich mehrmals die Haare aus dem Gesicht streichen, mit dem Ringfinger der linken Hand beidseitig der Schläfe entlangfahren, dann den Mantel aufknöpfen. 45
Dann saß er da, überlegte, wem er einen Brief schreiben könnte, las die Gebrauchsanleitung für den Füller noch einmal – leicht nach rechts drehen – las auch den französischen Text, verglich den englischen mit dem deut- 50 schen, sah wieder seinen Zettel, dachte an Palmen, dachte an Hildegard.
Saß da.
Und um halb zehn kam Hildegard und fragte: „Schlafen die Kinder?" 55
Sie strich sich die Haare aus dem Gesicht.

Quelle: Bichsel. Eigentlich möchte Frau Blum den Milchmann kennenlernen, 1964, S. 43.

1 Französische Bezeichnung für Papierwarengeschäft

Peter Bichsel (*1935)
Geboren in Luzern/Schweiz. Der ausgebildete Lehrer verfasste viele Kurzgeschichten und Romane, darunter Werke wie „Eigentlich möchte Frau Blum den Milchmann kennenlernen" (1964) und „Dezembergeschichten" (2007).

> *1 Schildern Sie kurz den Handlungsablauf.*
>
> *2 Beschreiben Sie, welches Problem der Text thematisiert.*

12.1.2 Merkmale der Kurzgeschichte

Die Kurzgeschichte ist eine weitverbreitete Form der Epik. In Deutschland sind kurze Erzählungen schon immer geschrieben worden, aber als eigenständige Textsorte entwickelte sich die Kurzgeschichte erst nach dem Zweiten Weltkrieg, vor allem unter dem Einfluss der amerikanischen Short Story. Sie weist folgende Merkmale auf:

Merkmale der Kurzgeschichte[1]

- **Begrenzung**
  - ... der Zeit: kurze Zeitspanne (wenige Augenblicke bis einige Stunden)
  - ... des Ortes: Handlungsort wechselt selten
  - ... der Personenzahl: meist eine oder zwei Personen
  - ... der Handlung: straffe Handlung, Nebenhandlungen selten
- **Kürze**
  - circa ein bis zwei Seiten lang
  - viele kurze Texte sind keine Kurzgeschichten (z. B. Fabeln, Anekdoten, Parabeln, Novellen)
- **Offenheit**
  - offener Anfang: Beginn ohne Einleitung; Informationen über Ort, Zeit und Personen nur vereinzelt im Textverlauf
  - offener Schluss: Handlung ist häufig nicht zu Ende erzählt
- **Alltäglichkeit**
  - nüchterne, realistische Sprache (einfache Wortwahl, kurze Sätze)
  - handelnde Personen: Alltagsmenschen ohne besondere Fähigkeiten, keine „Helden"
  - normale Handlungsorte

> *1 Überprüfen Sie anhand der Mindmap, inwiefern „San Salvador" eine Kurzgeschichte ist.*
>
> *2 Beschreiben Sie die Erzählmerkmale (s. unten) des Textes.*
>
> *3 Erläutern Sie, welche sprachlichen Mittel (s. S. 155) Ihnen auffallen.*
>
> *4 Welche Bedeutung könnte der Titel der Erzählung „San Salvador" haben?*

Erzählmerkmale

Erzählform:	Erzählverhalten:	Erzählhaltung:
• *Ich-/Wir-Erzähler:* subjektive Erzählperspektive, Erzähler nahm oder nimmt an Handlung teil und erzählt • *Er-/Sie-Erzähler:* distanzierte Erzählperspektive, Erzähler scheint über oder außerhalb der Erlebnisse zu stehen	• *auktorial:* allwissender Erzähler: schildert Handlung von außen, bewertet und kommentiert diese • *personal:* Erzähler berichtet als beteiligte Person aus der Innenperspektive, kann darüber hinaus aber keine Informationen geben	Einstellung des Erzählers, mit der er dem Leser die Handlung vermittelt: • sachlich • ironisch • humorvoll • traurig • …

Bitte beachten Sie: Autorin/Autor und Erzähler sind oft nicht identisch.

[1] Es müssen nicht alle Merkmale gleichzeitig zutreffen, damit ein Text als Kurzgeschichte bezeichnet werden kann.

12.2 Lyrik

Lyrische Texte wie z. B. Songs oder Gedichte sind kunstvolle Sprachgebilde, die persönliche Gefühle in einer bestimmten Lebenssituation ausdrücken. Mehrmaliges lautes Lesen kann dabei helfen, sie zu verstehen. Neben dem Inhalt ist bei lyrischen Texten der Aufbau wichtig: die Einteilung in Strophen, die Anzahl der Verse und die Reimform. Alles zusammen gibt dem Gedicht einen besonderen Rhythmus. Die sprachliche Gestaltung gibt ihm seinen Klang. In der klassischen Lyrik hielten sich die Dichterinnen und Dichter sehr streng an die äußere Form. Sie planten exakt die Folge von betonten und unbetonten Silben, den Reim und die Strophe.

Moderne Lyrik spricht die Leserinnen und Leser vor allem durch ihre Aktualität und ihren Bezug zur Lebenswirklichkeit der Menschen an. Dazu kommt die ausdrucksstarke, oftmals alltägliche Sprache. Die äußere Form der Gedichte ist oft nur durch Zeilenwechsel und Absätze gekennzeichnet. Metaphern (s. S. 155) wecken Bilder und Assoziationen bei den Hörenden. Durch Personifikationen werden auch Gegenstände lebendig: „Traurig blickt der Mond hinab".

Wenn Sie ein Gedicht lesen, lassen Sie zunächst den Text auf sich wirken und nehmen Sie den Klang wahr. Vielleicht drückt es Gedanken und Gefühle aus, die Sie selbst gerade beschäftigen. Möchten Sie wissen, wie die Wirkung des Gedichts zustande kommt, dann nehmen Sie die Form und die sprachliche Gestaltung genauer unter die Lupe. Erst wenn Sie Inhalt, Form und Sprache miteinander in Beziehung setzen, erschließt sich Ihnen ein lyrischer Text ganz.

12.2.1 Ein Gedicht lesen und verstehen

1 Lesen Sie die beiden folgenden Texte zuerst leise für sich, dann laut vor.

Text 1:
Über einige Davongekommene
Als der Mensch unter den Trümmern seines zerbombten Hauses hervorgezogen wurde, schüttelte er sich und sagte: Nie wieder. Jedenfalls nicht gleich. (Günter Kunert)

Text 2:
Günter Kunert

Über einige Davongekommene

*Als der Mensch
unter den Trümmern
seines
bombardierten Hauses
hervorgezogen wurde,
schüttelte er sich
und sagte:
Nie wieder.*

Jedenfalls nicht gleich.

Quelle: Kunert: Über einige Davongekommene, 1950.

2 Vergleichen Sie die Wirkung der beiden Texte.

3 Was ist ihnen gemeinsam, wodurch unterscheiden sie sich?

4 Wie wirken Satzbau und Satzzeichen auf den Hörer?

5 Was ist besonders an dem Gedicht? Schreiben Sie einen zusammenfassenden Satz.

Ein Beispiel für ein traditionelles Gedicht ist das Sonett. Es besteht in der Regel aus vier Strophen. Zwei Strophen haben vier Zeilen, zwei weitere drei.

Die Zeilen im unteren Sonett reimen sich in einer bestimmten Form; man nennt sie umarmender Reim (abba) und Haufenreim (aaa, bbb).

Die Stadt

Georg Heym

1 Sehr weit ist diese Nacht. Und Wolkenschein
Zerreißet vor des Mondes Untergang.
Und tausend Fenster stehn die Nacht entlang
Und blinzeln mit den Lidern, rot und klein.

5 Wie Aderwerk gehn Straßen durch die Stadt,
Unzählig Menschen schwemmen aus und ein.
Und ewig stumpfer Ton von stumpfem Sein
Eintönig kommt heraus in Stille matt.

Gebären, Tod, gewirktes Einerlei,
Lallen der Wehen, langer Sterbeschrei, 10
Im blinden Wechsel geht es dumpf vorbei.

Und Schein und Feuer, Fackeln rot und Brand,
Die drohn im Weiten mit gezückter Hand
Und scheinen hoch von dunkler Wolkenwand.

Quelle: Heym: Die Stadt, 1964, S. 452.

---

6 Lesen Sie das Gedicht mehrmals still durch. Prüfen Sie die Reimform.

7 Tragen Sie den Text gut betont vor. Bringen Sie mutig die Zeilenenden zum Klingen.

8 Welchen Eindruck von der Stadt erweckt Heym in dem Gedicht?

9 Zählen Sie die „Und". Wie wirkt die häufige Verwendung des Wortes?

10 Welche Bedeutung hat die Natur in Heyms Gedicht?

11 Geben Sie den Inhalt jeder Strophe in eigenen Worten wieder.

12 Beschreiben Sie, inwieweit die äußere Form und die Sprache eine bestimmte Wirkung auf die Leser- und Hörerschaft haben.

Tipp Im Internet finden Sie Sammlungen von Gedichten aus mehreren Jahrhunderten zu unterschiedlichsten Themen und Anlässen, z. B. Festen und Feiern.

12.2.2 Einen Songtext lesen und verstehen

1 Tauschen Sie sich in der Klasse darüber aus, was Ihnen zu der Stadt „Berlin" einfällt: Welche Gedanken verbinden Sie mit dieser Großstadt? Notieren Sie Ihre Ergebnisse.

2 Lesen Sie sich den Songtext auf S. 189 leise durch und überlegen Sie sich, auf welche Weise Sie ihn laut vortragen würden.

3 Was denken und empfinden Sie, wenn Sie den Song lesen?

Die Affen steigen auf den Thron (Textauszug)

Peter Fox

1 Der Nebel kriecht durch die Stadt
   Wir roll'n durch die Nacht
   Du bist g'rade aufgewacht
   Sitzt im Bett, nickst im Takt
5 Irgendwas passiert mit dir,
   du riechst, hörst wie ein Tier
   du hörst uns kommen, wir sind hier
   Ihr werdet genau wie wir
   Lange Arme, Fuß wie Hand
10 Wir hängen an der Häuserwand
   Neongrüne Augen starren
   Dich durchs Fenster an
   Du guckst wie gebannt
   Du weißt, wir sind verwandt
15 Gleiches Fell, Stadtgestank
   Hast dich sofort erkannt
   Egal, wo du wohnst
   Wir kommen um dich zu hol'n
   Die Affen steigen auf den Thron
20 Berlin, gebt uns ein „Ho". [...]

Peter Fox: Die Affen steigen auf den Thron

Peter Fox (*1971)
Geboren in Berlin unter dem Namen Pierre Baigorry, Hip-Hop-Musiker, der in seinen Songs oft über das Leben in der Großstadt Berlin und das dortige Lebensgefühl singt.

---

4 Tragen Sie sich in Kleingruppen den Song gegenseitig vor. Welche unterschiedliche Wirkung hat der Song bei unterschiedlichen Sprecherinnen und Sprechern?

5 Welche Besonderheiten fallen Ihnen unmittelbar auf?

6 Notieren Sie sich, welche Reimformen und -typen bei Fox' Song vorliegen.

Reimformen: z. B.	
• Paarreim (aabb) • Kreuzreim (abab) • umarmender Reim (abba) • Schweifreim (aabccb) • Haufenreim (aaa, bbb) • Kettenreim (aba, bcb cdc)	Bespiel: *Denk ich an Deutschland in der Nacht,* (a) *Dann bin ich um den Schlaf gebracht,* (a) *Ich kann nicht mehr die Augen schließen.* (b) *Und meine heißen Tränen fließen.* (b) Quelle: Heine: Nachtgedanken, in: Bode (Hrsg.): Deutsche Gedichte, 1994, S. 185.

Reimtypen:
- reine Reime (Übereinstimmung von Vokalen/Konsonanten am Versende),
- unreine Reime (keine Übereinstimmung von Vokalen/Konsonanten am Versende),
- z. B. *Du bist ein Held*
         wie er mir gefällt
- Binnenreim (Reim innerhalb eines Verses), z. B. *Hab Acht bei Nacht.*

---

7 Hören Sie sich den Song im Original an. Wie wirkt er auf Sie?

8 Bestimmen Sie fünf sprachliche Mittel im Song (s. S. 155). Beschreiben Sie, welche Wirkung diese jeweils bei der Leser- oder Hörerschaft erzielen.

9 Geben Sie den Inhalt des Songs in eigenen Worten wieder. Beschreiben Sie insbesondere die Grundstimmung mithilfe von Adjektiven.

> **10** Deuten Sie die vorletzte Zeile des Songs, indem Sie folgende Aussage des Sängers aus einem Interview miteinbeziehen: „Die Stadtaffen sind wir, ich find' uns oft ganz schön affig." (Quelle: Cordas/Fox: „Das Alte radikal zerstören!", 2008.

12.2.3 Einen Rap schreiben

Ein **Rap** (engl. für Plauderei, Unterhaltung) ist eine rhythmische Form des Sprechgesangs, die ihren Ursprung in amerikanischen Ghettos hat. Häufig behandeln Rap-Songs Themen wie Liebe, Gewalt und soziale Missstände im Alltag. Neben der inhaltlichen Aussage kommt es bei einem Rap auf die Vortragsweise (Performance) an. Typische sprachliche Merkmale dieser Songform sind unreine Reime (s. S. 189), ungewöhnliche sprachliche Vergleiche (z. B. „schwester, schwester, Für mich bist du wie sahnetorte, ich möcht' dich mal probieren"[1]) und Wortspiele (z. B. „schließt das Kaufhaus ist auch der Kauf aus.").

> **1** Tauschen Sie sich in Ihrer Klasse über Ihre Erfahrungen mit Rap-Songs aus: Was sind Ihre Lieblings-Raps und warum? Tragen Sie Ihren Lieblingssong der Klasse vor.
>
> **2** Welche Gemeinsamkeiten und Unterschiede stellen Sie bei den verschiedenen Songs fest?
>
> **3** Verfassen Sie einen Rap-Song über Ihre Wohngegend und tragen Sie Ihre so erstellten Rap-Songs vor.
>
> **4** Notieren Sie sich die folgenden sechs Gefühle als Adjektive auf Kärtchen: „fröhlich", „traurig", „lustig", „ernst", „zornig", „verzweifelt". Sechs Mitschülerinnen oder Mitschüler ziehen verdeckt ein Emotionskärtchen und tragen ihren Rap in der verlangten Gefühlslage vor.

Hinweise für das Verfassen eines Rap-Songs

- Wählen Sie ein Thema oder eine Fragestellung aus Ihrem Berufs- oder Schulalltag.
- Notieren Sie sich stichwortartig Ideen für einen Rap-Song.
- Formulieren Sie mithilfe Ihrer Ideen ganze Zeilen und Strophen.
- Entwickeln Sie auch einen einprägsamen Refrain.
- Finden Sie einen passenden Rhythmus für Ihren Songtext. Kürzen, ersetzen oder ergänzen Sie dann Wörter, um Ihren Text dem Rhythmus anzupassen.
- Üben Sie mehrmals den lauten Vortrag Ihres Raps, evtl. in anderen Räumen.
- Achten Sie auf Betonungen und Sprechgeschwindigkeit, Körperhaltung und Bewegung.

Tipp Poetry-Slam ist eine freie Form der gesprochenen Dichtung. Beispiele wie Texte von Jule Weber, Julian Heun und Rainer Holl finden Sie bei YouTube. Experimentieren Sie selbst!

---

1 Schwester S: Ja klar, 1995.

12.3 Dramatik

Die Autorin oder der Autor eines Dramas schreibt für die Darstellung auf einer Bühne und vor Zuschauerinnen und Zuschauern. Bühnenbild, Requisiten[1] und Kleidung der Schauspielerinnen und Schauspieler spielen daher eine besondere Rolle bei der Inszenierung im Theater. Die Fantasie der Zuschauerinnen und Zuschauer wird durch diese Rahmenbedingungen angeregt und sie erleben das Geschehen auf der Bühne unmittelbar mit. Das **klassische Drama** handelt von einer in sich geschlossenen Handlung. Je nach inhaltlichem Schwerpunkt unterscheidet man z. B. Tragödie, Komödie, absurdes Theater, historisches Drama, dokumentarisches Drama. Eine konfliktgeladene Handlung spitzt sich zu und findet ein tragisches oder ein komisches Ende. In Dialogen und Monologen kommen die Charaktere der Figuren, ihre Gefühle und Gedanken zum Ausdruck. Das klassische Drama legt es darauf an, die Zuschauerinnen und Zuschauer mitzureißen und anzurühren. Das **moderne Drama** will diese dagegen eher zum Nachdenken und Umdenken animieren. Jede Regisseurin, jeder Regisseur interpretiert die Textvorlage anders und gestaltet das Stück entsprechend dem eigenen Verständnis.

Tragödie (Trauerspiel): Sie ist im antiken Griechenland entstanden. Die Hauptfigur erlebt einen schicksalhaften Konflikt und findet keinen Ausweg. Am Ende steht der Zusammenbruch der Heldin/des Helden, sprich ihr Tod. Klassische Beispiele sind Sophokles' „Ödipus", William Shakespeares „Hamlet" oder Gotthold Ephraim Lessings „Minna von Barnhelm".

Komödie (Lustspiel): Ein oft nur durch Missverständnisse hervorgerufener Konflikt wird aufgelöst. Menschliche Schwächen werden zum Vergnügen der Zuschauer/-innen übertrieben dargestellt. Für die beteiligten Figuren wird eine glückliche Lösung gefunden, z. B. in William Shakespeares „Wie es euch gefällt" und Heinrich von Kleists „Der zerbrochene Krug".

Szene aus Bert Brechts „Antigone"

Tragikomödie: Sie ist eine Zwischenform von Trauer- und Lustspiel. Es kommt nicht zur ausweglosen Katastrophe. Die Zuschauer/-innen sollen durch das Bühnenerlebnis zum Lachen und Weinen gebracht werden. Die Hauptfiguren finden eine versöhnliche Lösung, auch wenn Opfer gebracht werden müssen. Die Theaterstücke von Friedrich Dürrenmatt („Die Physiker") und Max Frisch („Biedermann und die Brandstifter") sind Beispiele dafür.

Absurdes Theater: Nach dem Zweiten Weltkrieg entwickelte sich diese Darstellung einer sinnlosen Welt, in der der Mensch sich nicht mehr zurechtfindet. „Warten auf Godot" von Samuel Beckett ist ein bekanntes Beispiel.

Episches Theater: Nicht das Schicksal einzelner Figuren steht im Mittelpunkt des Geschehens, sondern vielmehr gesellschaftliche Konflikte, soziale Ungerechtigkeit, revolutionäres Denken und Handeln. Die Zuschauer/-innen sollen nicht gefühlsmäßig angerührt werden, sondern zum kritischen und politischen Denken angeregt werden. Bertold Brecht ist der bekannteste Autor des epischen Theaters.

Dokumentarisches Theater: Texte, Filme, Ausschnitte aus Fernsehsendungen werden wie eine Collage zusammengesetzt. So werden tatsächliche Ereignisse in veränderter Form auf die Bühne gebracht. Zum Beispiel werden Gerichtsprotokolle, amtliche Untersuchungsergebnisse oder Zeitungsberichte so zusammengesetzt, dass sie wie eine Berichterstattung über einen Gerichtsprozess wirken. Bekannte Vertreter des dokumentarischen Theaters sind Peter Weiß und Rolf Hochhuth.

1 Requisite – Ausstattungsstück für eine Theaterbühne

12.3.1 Aufbau des traditionellen (klassischen) Dramas

Dem klassischen Drama liegt eine klare Struktur zugrunde: Die Handlung wird in fünf Akten vollzogen. Sie ist in sich geschlossen, d. h., sie hat einen Anfang und ein Ende. Ort und Zeit sind klar definiert und ändern sich nicht. Daher spricht man auch vom „geschlossenen Drama". Bekannte Beispiele für das klassische Drama sind: Johann Wolfgang Goethe, „Iphigenie auf Tauris"; Friedrich Schiller, „Die Räuber" und „Maria Stuart"; Gotthold Ephraim Lessing, „Emilia Galotti" und „Nathan der Weise".

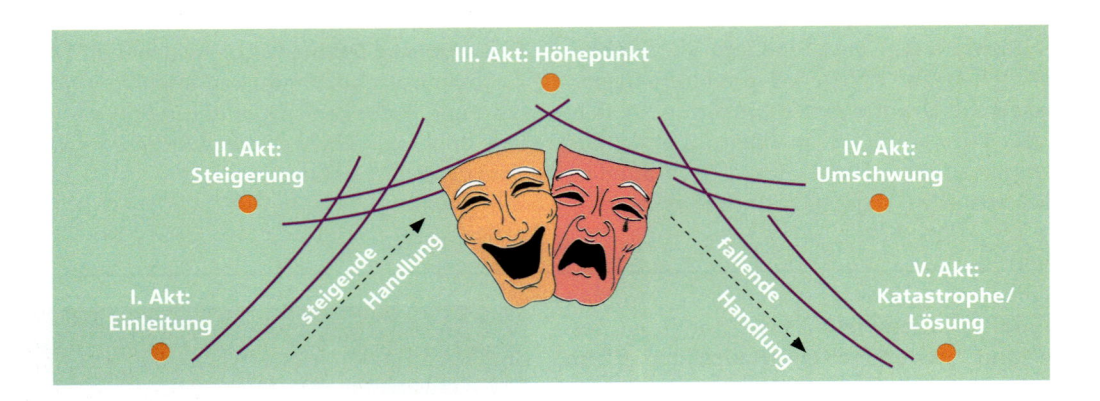

- I. Akt: Einleitung
- II. Akt: Steigerung (steigende Handlung)
- III. Akt: Höhepunkt
- IV. Akt: Umschwung (fallende Handlung)
- V. Akt: Katastrophe/Lösung

12.3.2 Aufbau des modernen Dramas

Im modernen Drama ist die Struktur völlig offen, es gibt keinen strengen Handlungsaufbau. Darum spricht man vom „offenen Drama". Einzelszenen werden aneinandergereiht, manchmal zusammenhanglos. Ortswechsel und Zeitsprünge machen den Zuschauerinnen und Zuschauern deutlich: Hier wird keine fiktive Wirklichkeit vorgespielt, es ist nur Theater. Die Szenen werden aus verschiedenen Elementen „montiert":

- Die Schauspielerin/Der Schauspieler erzählt vor dem Vorhang, wie es weitergehen wird.
- Die Schauspielerin/Der Schauspieler verkleidet sich für alle sichtbar auf der Bühne.
- Songs werden eingebaut.
- Filmsequenzen werden eingespielt.
- Die Sprache ist bruchstückhaft.
- Die Figuren befremden die Zuschauerinnen und Zuschauer durch ihre Orientierungslosigkeit in der Welt.
- Der Schluss bleibt offen. Die Zuschauerinnen und Zuschauer werden zu eigenem Nachdenken angeregt.

12.3.3 Überlegungen zum Verständnis eines Dramas

Grundsätzlich können Sie jedes Drama oder Theaterstück unter folgenden Gesichtspunkten betrachten, um es besser zu verstehen:

- Wie ist die Handlung und ihr Ablauf (Handlungsaufbau)?
- An welchem Ort/welchen Orten findet die Handlung statt?
- Wie ist die zeitliche Gestaltung (nacheinander, parallel, Zeitsprünge)?
- Wie werden die Figuren dargestellt/charakterisiert?
- Wie kommunizieren die Figuren miteinander bzw. mit den Zuschauerinnen/Zuschauern (Monolog, Dialog, Diskussion, verbal, nonverbal)?
- Welche Sprache wird/welche Sprachebenen werden benutzt (Umgangssprache, Schriftsprache, Dialekt, vollständige/unvollständige Sätze)?
- Wie sind Konflikte dargestellt, welchen Verlauf nehmen sie?
- Sind besondere Absichten der Schriftstellerin/des Schriftstellers erkennbar (Unterhaltung, Anregung zum Nachdenken, Belehrung)?

12.3.4 Einen Dramenauszug lesen und verstehen

Creeps (Auszug)

Lutz Hübner

In dem Jugendtheaterstück „Creeps" aus dem Jahr 2000 konkurrieren die drei Teenager Maren (17 Jahre alt), Lilly (17 Jahre alt) und Petra (16 Jahre alt) bei einem Casting. Ihr begehrtes Ziel ist es, die neue TV-Musiksendung „Creeps" zu moderieren. Um die Rolle zu bekommen, müssen sie sich im Studio vor laufender Kamera gegenseitig interviewen und als Moderatorin „austesten". Eine Männerstimme aus dem Off (OV) gibt ihnen dabei Anweisungen.

1 **OV** Okay Maren, deine Runde, okay?
Maren Worum geht es da?
Lilly Das lass mal meine Sorge sein.
Maren Ich will wissen …
5 **OV** Okay, Maz[1] ab.
Lichtwechsel, ein Jingle[2].
Lilly Ja, hallo Maren, live bei uns im Studio. Wir haben ja vorhin im Porträt gehört, dass du dich für Umweltschutz engagierst, dich
10 mit Esoterik[3] beschäftigst, Theater … ich habe so den Eindruck, dass du versuchst, den Dingen auf den Grund zu gehen.
Maren Ja, ich finde es wichtig, dass man nicht nur auf die Oberfläche achtet, in der
15 Gesellschaft und auch bei Menschen, mit denen man es zu tun hat, sondern dass man rauskriegt, was das für ein Mensch ist, dass man sich respektiert, sich von Ängsten befreit und versucht, hinter die Maske zu se-
20 hen. Das ist extrem wichtig.
Lilly Also weg von den Lügen, der Verstellung, den Trends …
Maren Genau.
Lilly Wo ist denn da die Gefahr für dich?
25 **Maren** Dass man sich irgendwann mit diesem Modezeug verwechselt und nicht mehr weiß, was man wirklich will.
Lilly Und warum bewirbst du dich dann bei einer Show, die Mode, Musik und Trends
30 vermitteln will?
Maren schweigt, sieht irritiert in Richtung Kamera.
Lilly Weißt du es nicht?
Maren Ich will etwas bewegen, ich habe
35 gerne mit Menschen zu tun, dass man über Sachen reden kann.
Lilly Was sagt denn deine Familie dazu?
Maren Meine Mutter … die … ja … ja, mal sehen. Ist das wichtig?
Lilly Und in der Schule drücken alle kräftig 40 die Daumen?
Maren schüttelt den Kopf, sie beginnt zu zittern.
Maren Doch. Schon. Ich weiß nicht.
Lilly Aber dein Freund, oder? 45
Maren Hab ich nicht.
Lilly Ist okay. Ich finde es echt mutig, dass du ganz ohne Unterstützung dein Ding durchziehst. Letzte Frage: Sag doch mal, warum glaubst du, dass du für diesen Job richtig bist. 50
Maren *zur Kamera* Ich will diese Frage nicht.
OV Das ist doch eine gute Frage, oder?
Stille.
Maren Weil ich …
Sie bricht ab, Stille. 55
Lilly Okay, und jetzt Musik. Danke, Maren.
Maren steht auf, geht zurück zum Sofa, Petra steht auf.
OV Okay, Petra, interviewst du Lilly?
Petra setzt sich, Jingle. 60
Petra Unterstützen das deine Eltern, dass du dich beworben hast?
Lilly Vielleicht stell ich mich erst mal kurz vor. Ich bin Lilly Marie Teetz hier aus Hamburg, aber nenn mich einfach Lilly. Hallo 65 Petra.
Petra Hallo Lilly.
Lilly Ich hab schon immer mit Medien zu tun gehabt, mein Vater ist art director bei … 'ner ziemlichen guten Adresse. Ich inter- 70 essiere mich für Mode, ich mag Musik, das passt alles wunderbar zusammen, also, warum nicht.
Petra Hast du einen Freund?

---

1 Maz: Anweisung, eine Aufzeichnung zu beginnen (Abkürzung für „magnetische Aufzeichnung")
2 Jingle: kurze, einprägsame Melodie
3 Esoterik: Lehre, deren Ziel ist, innere Erkenntnis zu gelangen

Lutz Hübner (*1964)
Geboren in Heilbronn. Der ausgebildete Schauspieler und Regisseur verfasste zahlreiche Theaterstücke, darunter „Das Herz eines Boxers" (1996) und „Frau Müller muss weg" (2010). Mit seiner Familie lebt Hübner in Berlin.

75 Lilly Ich will man in den Staaten Journalismus studieren. Da lohnt es sich nicht, hier noch ein Herz zu brechen, long distance-Beziehungen, da hat keiner was von, höchstens die Telekom.
80 Petra Und was für Musik hörst du gerne?
Lilly *zur Kamera* Das ist doch ein bisschen öde, oder? Wollen wir nicht was Verrücktes machen, Petra?
Petra Ja, klar.
85 Lilly Machen wir es auf Englisch?
Petra überlegt.
Petra What music are your hearing?
Lilly At the moment I don't hear any music at all. But I like Triphob[1]. Next question.
90 Petra Why do you think you do the job here good?
Lilly Because my English is good enough for outstanding interviews with international superstars. Thank you.
95 OV Und gleich weiter die Runde. Maren, machst du das Interview mit Petra?
Maren schüttelt den Kopf.
OV Kein Problem, wir machen das später. Wir haben da auch schon mal eine Menge **100** Material, wir haben viel über euch erfahren. Jetzt mal ein Päuschen. Wenn ihr in die Kantine wollt, zweite Tür links und dann den Pfeilen nach, oder rechts runter, hinter der ersten Tür rechts haben wir ein bisschen **105** frische Luft für euch besorgt. Hängt einfach mal ein bisschen ab, das ist ja alles auch irgendwie anstrengend, oder? Auch wenn es einen Riesenspaß macht, unter uns, mein Nikotinpegel hängt im Keller. Baut euch auf, ihr seid super. Ich drück euch bis gleich. **110**
Stille.
Petra Warum hast du das gemacht?
Lilly Was denn? Das englische Interview? Ganz einfach. Copy kills. Nur meine Fragen nachplappern ist ein bisschen arm. **115**
Petra Warum lässt du es mich nicht auf meine Art machen? Es war meine Runde.
Lilly Musik, was? Was wäre denn dann gekommen? Lieblingsfarbe? Schönstes Ferienerlebnis? Dann mach lieber „Einsame **120** Herzen".
Petra Du wolltest mich doch nur …
Lilly Jetzt lass mal die gequälte Ossiseele stecken. Wenn du dir das Interview aus der Hand nehmen lässt, bist du falsch für den **125** Job, alte Journalistenregel. Dranbleiben, es ist deine Nummer.
Maren Jetzt tu doch nicht so!
Lilly Mir dir rede ich gerade nicht.
Maren So eine Arroganz hab ich noch nicht **130** erlebt so eine Gemeinheit, du eitle Schnepfe, Hauptsache du, egal, was andere Leute machen …
Lilly *laut* Das ist ein Casting! Hier geht es um einen Job! Kriegt ihr das nicht in die Birne? **135** Das ist keine Klassenfahrt mit Schnitzeljagd, das ist ein Job beim TV für Acht im Monat, Markenklamotten frei Haus, Home storys, Vip lounge, Trips zu allen Events, das ist ein knallhartes Ding. Was wollt ihr denn in der **140** Sendung machen? Sackhüpfen? Ihr müsst mal checken, dass ihr was bringen müsst!

Quelle: Hübner: Creeps, 2019, S. 25–28.

---

1 Lesen Sie den Dramenauszug mit verteilten Rollen.

2 Fassen Sie zusammen, worum es in dem Auszug geht.

3 Charakterisieren (s. S. 206) Sie Lilly und belegen Sie Ihre Ergebnisse mit Zeilenangaben.

4 Untersuchen Sie die Sprache (s. S. 155) der beiden folgenden Personen:
- Mann aus dem Off (OV) in den Zeilen 98–110
- Lilly in den Zeilen 134–142

Was fällt Ihnen dabei jeweils auf?

5 Würden Sie bei einer Castingshow mitmachen? Begründen Sie, warum oder warum nicht.

---

1 **Triphop** (auch Trip-Hop): elektronische Musik mit Hip-Hop-ähnlichen Rhythmen

6 Diskutieren Sie in der Klasse, was Menschen dazu bewegt, bei einer Castingshow mitzumachen.

7 Führen Sie den Dialog zwischen Lilly und Maren auf einem Extrablatt fort. Orientieren Sie sich an den Hinweisen auf S. 211 (Einen Dialog gestalten).

Inszenierungsfoto zu „Creeps" von Lutz Hübner

13

Inhaltsangabe von literarischen Texten

Die Inhaltsangabe haben Sie bereits an pragmatischen Texten geübt (s. S. 136 ff.). Die Kernaussagen literarischer Texte zu erkennen und zu formulieren ist nicht ganz einfach. Die im Schreibplan (s. S. 198) genannten Schritte können Ihnen dabei helfen.

1 Lesen Sie die Kurzgeschichte von Theo Schmich (S. 196). Schreiben Sie sich Kernsätze heraus, die Sie für besonders bemerkenswert halten.

2 Schreiben Sie nun einen zusammenfassenden Satz über den Inhalt der Kurzgeschichte.

Theo Schmich (*1935)
Geboren in Essen. Nach Schule und Studium wurde er Chemie-Ingenieur. Seine Kurzgeschichten haben vor allem die Arbeitswelt zum Thema.

Mobbing (engl. *to mob* = über jemanden herfallen) Wiederholte böswillige Handlungen gegen eine Person am Arbeitsplatz. Die Person wird schikaniert, isoliert (Kontaktverweigerung) und denunziert (üble Nachrede).

KREATIV schreiben
- Erzählen Sie die Vorgänge aus der Perspektive von Harold (Ich-Form).
- Unterbrechen Sie den Handlungsablauf an einer von Ihnen gewählten Stelle und erzählen Sie, wie das Leben Harolds eine Wende zum Positiven nimmt, z. B. durch Kooperation.
- Führen Sie mit Harold ein Interview.

Geier

Theo Schmich

Geier waren wir. Unser Opfer war Harold. Manchmal kommt mir alles im Traume wieder.
Wir hocken auf dem Rande unserer Büroschränke. Mit kahlen, hässlichen, lauernden Geierköpfen. Unter uns, an seinem Schreibtisch, Harold.
Mit seiner Beförderung zum Prokuristen hatte Harolds Ende begonnen. Er strahlte an diesem Tage, schritt energiegeladen durch die Flure. Siegessicher. Er hatte es geschafft, er würde es weiterhin schaffen.
Wir, seine Kollegen, waren jenseits allen Neides. Längst schon hatte er uns überrundet, hatte seine Beförderung sich abgezeichnet. Unseren Neid hatten wir hinter uns gebracht, zu einem früheren Zeitpunkt. Und resigniert angesichts Harolds Energie. Jetzt standen wir auf. Nicht gegen Harold, sondern um aus sicherem Abstande seinen Kampf zu beobachten.
„Ob er es schafft?"
„Kaum. Zu viel Arbeit. Und es wird noch mehr, verlasst euch darauf!"
„Abwarten. Harold ist zäh."
Die Geier bezogen ihre Posten.
Schon bald nach seiner Beförderung erschien Harold verändert. Betont freundlich war er bisher gewesen, frei von Launen. Nun wurde er gereizt, fuhr seine Untergebenen an. Meist zwar fand er hinterher eine Entschuldigung. Doch war dies nur ein Beweis dafür, wie schwer ihm bereits die Kontrolle über sich selber fiel.
„Was habe ich gesagt? Es wird zu viel für ihn." Vielsagend zwinkerten wir uns zu.
Harolds rechtes Augenlid begann zu zucken. Es war nicht zu übersehen, dies ständig zuckende Augenlid. Bemerkte Harold es nicht? Jedenfalls sah er uns beim Gespräch unbefangen an, während wir Mühe hatten, ihm nicht ins Gesicht zu lachen. Es war zu komisch, dies zuckende Augenlid!
Dann wurde Harold wieder stiller. Nicht eigentlich, dass er seine Gereiztheit überwand. Nur ihre „Wogen" schlugen weniger hoch. Harold verlor an Energie.

„Er schafft es nicht", urteilten wir einmütig und wiegten dabei unsere Köpfe. Keine schadenfrohe Feststellung! Ein leidenschaftsloses Urteil.
Harold hetzte von einer Aufgabe zur anderen, konnte aber nie etwas vollständig erledigen, da sich hinter jeder dringenden Arbeit eine noch dringendere versteckte. Seine Gesichtszüge wurden schlaffer. Die Mundpartie bekam etwas Raubtierhaftes. Der Glanz seiner Augen wurde matter. Doch gleichzeitig verengten sie sich zu lauernden Spalten.
„Urlaub!", sagte einer von uns.
Mit geringschätzigem Staunen sahen wir ihn an. Erkannte er die Situation nicht? Einen Urlaub konnte Harold sich nicht leisten. Zwar, seinen Posten erobern, hätte keiner von uns vermocht. Aber wir hätten seine Stellung erschüttert während seiner Abwesenheit, ihm Befugnisse entrissen, uns Entscheidungen angemaßt. Geier, die auf eine Schwäche ihres Opfers warteten.
„Mein Arm schmerzt, meine Schulter", klagte Harold. Für einen Augenblick empfanden wir Mitleid. Ein klagender Harold, das war neu, das war ungewohnt. Alarmierend! Schmerzen im Arm, in der Schulter. Herz.
„Zum Arzt", sagten wir.
Harold sah uns an, durch uns hindurch. Nickte schließlich langsam, als hätte er begriffen, und ging müde zurück an seinen Schreibtisch. Und er hatte begriffen!
„Ruhe!", würde der Arzt anordnen. Teure Medikamente, jedes Medikament hätte Harold sich leisten können. Aber keine Ruhe. Eines nur gab es: durchhalten. Die Stellung festigen, ausbauen. Dann vielleicht: Ruhe. Andere drängten nach. Auch wir. Eine Schwäche von ihm hätte uns gestärkt. Harold wusste das.
An einem Freitag sahen wir ihn zum letzten Male. Samstags war er zusammengebrochen. Er hatte noch gelebt, als man ihn ins Krankenhaus schaffte. So jedenfalls hörten wir, als wir montags darauf zur gewohnten Arbeit erschienen.

Quelle: Schmich: Geier, 1974, S. 81.

13.1 Beispiel einer Inhaltsangabe

In der folgenden Inhaltsangabe zu Theo Schmichs Kurzgeschichte „Geier" (s. vorige Seite) hat ein Schüler zwar die Hinweise aus dem Schreibplan befolgt, aber beim Abschreiben seines Konzepts hat er die inhaltliche Reihenfolge durcheinandergebracht.

> *1 Lesen Sie den Überblick und Schreibplan zur Inhaltsangabe (s. S. 198) und sortieren Sie die Absätze, sodass sich eine sinnvolle Reihenfolge ergibt. Bezeichnen Sie Einleitung, Hauptteil und Schluss.*

1 Schließlich treten bei ihm starke Schmerzen auf. Geschwächt verteidigt Harold seine Stellung trotz der Ratschläge seiner Kollegen, einen Arzt aufzusuchen. Ihm ist bewusst, dass andere Mitarbeiter auf seinen Posten aus sind. Nach einem Zusammenbruch am Wochenende wird Harold in ein Krankenhaus eingeliefert, wo er verstirbt. Die Arbeitskollegen erfahren davon erst, als sie zu Wochenbeginn wieder zur Arbeit
5 gehen.
In einem Büro wird Harold, der zuvor zum Prokuristen befördert worden ist, von seinen Arbeitskollegen (als Wir-Erzähler der Kurzgeschichte) beobachtet. Dabei vergleichen sich seine Kollegen mit Geiern, die auf ihr Opfer lauern. Nicht Neid auf Harold sei es, weshalb sie ihn beobachten würden, sondern ausschließlich das Interesse, wie dieser mit seiner neuen beruflichen Situation fertig werde.
10 Theo Schmich, 1935 in Essen geboren, arbeitete nach dem Studium als Chemie-Ingenieur. Viele seiner Erzählungen behandeln Probleme aus der Arbeitswelt. In der Kurzgeschichte „Geier" (1974) geht es um den beruflichen Aufstieg und das Scheitern einer Führungsperson.
Sie sind sich einig, dass er es nicht schaffe, seiner Prokuristenstelle mit dem stets gleichen Elan1 nachzukommen. Als Harolds Leistungen nachlassen und er starke körperliche Veränderungen zeigt, schlägt
15 einer der Kollegen vor, dass er Urlaub machen solle. Harold ignoriert diese Empfehlung, um seine Stelle vor seinen Kollegen weiter zu behaupten.
Mit dieser Kurzgeschichte möchte der Autor darauf aufmerksam machen, dass beruflicher Aufstieg auch seinen Preis haben kann. Ich finde die Kurzgeschichte vor allem wegen des Vergleichs mit Geiern gut, gerade weil in unserer heutigen Zeit Mobbing oft eine Rolle am Arbeitsplatz spielt.
20 Unter den Kollegen macht sich Skepsis breit, ob Harold den neuen beruflichen Anforderungen gewachsen sei. Es dauert nicht lange, da zeigt sich Harold nicht mehr locker und freundlich, sondern zunehmend gereizt. Als Folge seines veränderten Verhaltens zuckt sein rechtes Augenlid. Jeglicher Wandel von Harolds Verhalten und Äußerem wird von seinen Kollegen registriert.

> *2 Schreiben Sie eine Inhaltsangabe zu dem Text „Kaffee verkehrt" auf S. 290.*
>
> *3 Im Internet finden Sie Bestsellerlisten der aktuell erschienenen Romane verschiedener Genres (s. S. 184), wie z. B. Thriller, Science-Fiction, Kriminalromane, Abenteuerromane, Reisegeschichten, historische Romane. Suchen Sie sich ein interessantes Buch aus und stellen Sie es Ihren Mitschülerinnen und Mitschülern vor. Geben Sie den Inhalt wieder und begründen Sie, warum Sie es empfehlen würden oder vom Kauf abraten.*
>
> *4 Schreiben Sie eine Inhaltsangabe zu einem Film, der Ihnen besonders gut gefallen hat.*

1 Schwung

13.2 Inhaltsangabe von literarischen Texten — Überblick und Schreibplan

Kompetenzen

Sie können
- den Inhalt und die Aussage von literarischen Texten schriftlich zusammenfassen,
- andere über den Inhalt literarischer Texte informieren,
- in einem literarischen Text Wichtiges von Unwichtigem unterscheiden,
- die Bedeutung des Textes verstehen.

Vorarbeit
- Lesen Sie den literarischen Text aufmerksam und markieren Sie Sinnabschnitte[1].
- Unterstreichen Sie wichtige Sätze[1].
- Bilden Sie Kurzsätze (z. B. als Randnotiz)[1].

Schreibplan

1. Formulieren Sie eine Einleitung mit Angaben zur Verfasserin/zum Verfasser, zur literarischen Form, zur Herkunft und zum Thema des Textes sowie zu dessen Veröffentlichungsdatum.
2. Geben Sie im Hauptteil der Inhaltsangabe zunächst die wesentlichen Gedanken des Textes in eigenen Worten wieder. Zentrale Begriffe der Vorlage dürfen Sie dabei übernehmen. Beachten Sie dabei äußere Merkmale (formaler Aufbau) sowie die Textstruktur.
Wichtige Aussagen in direkter Rede müssen Sie in indirekte Rede umwandeln.
3. Schreiben Sie im Schlussteil, welche Bedeutung der Text für Sie hat, und beurteilen Sie, welche Wirkung er auf die Leserin/den Leser hat.
4. Überarbeiten Sie Ihre Inhaltsangabe mithilfe der Textlupe (s. S. 228) oder der Schreibkonferenz (s. S. 229).

Sprache
- sachlicher Stil
- klare, leicht verständliche Sätze bilden
- Zeitform: Präsens (Gegenwart)
- keine Zitate oder wörtliche Rede verwenden
- Erzählperspektive beachten: Ein literarischer Text in der Ich-Form muss in der Inhaltsangabe in die Er-Form umformuliert werden.

---

1 Vergleichen Sie diesen Überblick und Schreibplan mit „Überblick und Schreibplan: Inhaltsangabe von pragmatischen Texten" auf S. 140. Wodurch unterscheidet sich die Inhaltsangabe literarischer Texte von der Inhaltsangabe von pragmatischen Texten?

---

1 Bei geliehenen Büchern eine Kopie oder einen Notizzettel verwenden.

14

Interpretation von literarischen Texten

„Das ist Interpretationssache", heißt es oft, wenn jemand zur Kenntnis nehmen muss, dass sein Gesprächspartner eine andere Meinung zu einem Sachverhalt vertritt. „Das ist Interpretationssache", dieser Satz gilt besonders für literarische Texte. Sie werden auch „fiktionale Texte" genannt und von Sachtexten (funktionalen Texten) unterschieden. Beim Interpretieren (lat. interpretari = auslegen, erklären) darf nur das aus einem Text herausgelesen werden, was direkt im Text oder „zwischen den Zeilen" steht. Deshalb muss jede Aussage durch Zitate (s. S. 49). belegt werden. Interpretationen können einander auch widersprechen, weil die Interpretinnen/Interpreten den Text aus unterschiedlichen Blickwinkeln sehen. Daher gibt es auch verschiedene Formen der Textinterpretation, z. B. die textimmanente, textübergreifende, biografische, soziologische, historische Interpretation. Die beiden gängigsten werden im Folgenden beschrieben.

Die textübergreifende Interpretation

Die Aussage eines Textes kann eine neue Dimension erreichen, wenn Sie ihn textübergreifend interpretieren. Dazu werden am Text gewonnene Erkenntnisse mit anderen Texten der Autorin/des Autors verglichen und Bezüge hergestellt. Textübergreifende Interpretation kann auch in einem Vergleich von Texten mit ähnlicher Problematik geleistet werden. Weiterhin können Sie die historischen Hintergründe der Entstehungszeit eines Textes mit einbeziehen. Leitfragen bei der textübergreifenden Interpretation können Sie nur mithilfe von Sekundärliteratur beantworten.

Mögliche Leitfragen bei der textübergreifenden Interpretation:
1 Was für ein Mensch ist (war) die Autorin/der Autor?
2 Welches politische, soziale und kulturelle Umfeld prägt (prägte) sie/ihn?
3 In welcher persönlichen Situation verfasste sie/er den Text?
4 Welche Weltsicht hat(te) sie/er?
5 Welche Absicht verfolgt(e) sie/er mit dem Text?
6 Welche Bedeutung kommt (kam) dem Thema/Stoff des Textes gegenwärtig/zur Entstehungszeit zu?
7 Steht der Text in Beziehung zu anderen literarischen Texten?
8 Welche Wirkung hatte der Text zu seiner Entstehungszeit auf die Leserinnen und Leser?

Die textimmanente (textbezogene) Interpretation

Sie erarbeiten die Aussagen, indem Sie sich ausschließlich am Text, d. h. textimmanent orientieren. Mithilfe von Leitfragen analysieren (untersuchen) Sie den Text, ohne Informationen wie z. B. die Biografie der Autorin/des Autors, zeitgeschichtliche Ereignisse usw. zu berücksichtigen.

Diese Form der Interpretation wird im Deutschunterricht am häufigsten angewandt. Auf den folgenden Seiten werden Arbeitsschritte und Leitfragen der textimmanenten Interpretation anhand eines Textbeispiels ausführlich erläutert.

> Einen Schreibplan zur textimmanenten Interpretation finden Sie auf S. 204. **Tipp**

14.1 Interpretation einer Kurzgeschichte

Lächeln im Regen[1]

Rainer Jerosch

Rainer Jerosch (*1936)
Studierte Jura und war in der Entwicklungspolitik tätig. Acht Jahre lang lebte er in Indien. 2003 verfasste er eine Biografie über die indische Freiheitskämpferin Rani von Jhansi.

Regen fiel, und die Luft war voller warmer Feuchtigkeit. Lächeln müßtest du, sagte er zu sich, während er die Allee entlang ging, lächeln wie die Weisen im Orient es tun. Es ist nicht wert, daß du mehr tust als lächeln. Und er lächelte auch, ein gezwungenes Lächeln, aber er lächelte. Vor zehn Minuten hatte er sie noch gesehen. Es hatte schon zu regnen begonnen.

„Wirklich nicht?", fragte er. „Nein", sagte sie. Ihre Augen hatten keinen Ausdruck. Es war, als sehe sie ihn am anderen Ende der Straße, und als wäre er dort und nicht neben ihr.

„Du bist so merkwürdig", sagte er. „Ich weiß nicht, was los ist."

„Es ist gar nichts los", entgegnete sie widerwillig.

Sie sah die Straße hinunter, und ihre Augen waren stumpf und ohne Glanz. An beiden Seiten der Straße standen Bäume, und der Regen fiel, und die Blätter glänzten.

„Was ist nur mit dir los?", sagte er. „Du bist schon voriges Mal so komisch gewesen."

„Ich weiß gar nicht, wovon du sprichst", sagte sie.

Sie stand am Hauseingang an die Tür gelehnt. Er stand zwei Stufen tiefer auf den nassen Fliesen vor dem Haus.

„Ich möchte jetzt wissen, was dich so verändert", sagte er. „Ich möchte das endlich mal rauskriegen. Willst du mir nicht sagen, was los ist?"

„Nein", sagte sie. „Ich weiß nicht, wovon du redest."

„Das weißt du sehr genau", sagte er.

Sie antwortete nicht, und es entstand eine Pause. Es regnete, und sie blickte die Straße hinunter auf die Blätter, und es war ein geheimnisvolles Rauschen in der Luft.

„Ich verstehe dich nicht", sagte er. „Bin ich dir zu langweilig geworden, oder was ist los?"

„Ich weiß nicht, was du immer hast!" Sie war sehr ungeduldig.

„Ich habe überhaupt nichts", sagte er, „aber du tust so, als wäre ich Luft und als langweilte ich dich."

Sie sagte nichts und blickte an ihm vorbei. Der Asphalt auf der Straße spiegelte den Regenhimmel, und die Erde zwischen Kantstein und Fußgängerweg war weich und moorig.

„Und morgen?", fragte er.

„Ich sage dir doch, ich kann nicht!" Sie sah auf die Häuser, die hinter den Bäumen hervorblickten und in großen grünen Gärten standen.

„Gut", sagte er und fühlte sich elend. „Gut, dann also nicht. Ich gebe die Theaterkarten zurück."

Sie rührte sich nicht, und er fühlte sich scheußlich elend. „Auf Wiedersehn!", sagte er. „Leb wohl", entgegnete sie. Dann klappte die Tür, und er wusste, daß er jetzt fortgehen mußte. Er drehte sich langsam um und ging die Straße hinunter.

Du solltest es nicht so ernst nehmen, sagte er sich. Es lohnt sich nicht. Es lohnt sich wirklich nicht. Man müßte darüber lächeln können, wirklich nur lächeln. Und er lächelte das gezwungene Lächeln, und es regnete durch die Bäume vom grauen Himmel.

Quelle: Jerosch: Lächeln im Regen, 1964, S. 143–144.

Am Beispiel der Interpretation der Kurzgeschichte von Rainer Jerosch können Sie sich orientieren, wenn Sie zu anderen literarischen Texten eine Inhaltsangabe machen möchten. Vollziehen Sie die Arbeitsschritte im Einzelnen nach.

---

1 Der Text folgt aus urheberrechtlichen Gründen der alten Rechtschreibung.

14.1.1 Arbeitsschritte bei der textimmanenten Interpretation

1 Text aufmerksam lesen, inhaltliche und sprachliche Unklarheiten klären

Schlagen Sie unbekannte Ausdrücke in einem Wörterbuch nach oder fragen Sie Ihre Lehrerin/Ihren Lehrer.

2 Leitfragen zum Text formulieren

Leitfragen sind für die Interpretinnen/Interpreten eine Orientierungshilfe, um die Aufmerksamkeit auf Elemente zu lenken, die für das Verständnis des Textes wichtig sind. Im Folgenden finden Sie einen Vorschlag für einen Fragenkatalog, den Sie bei jeder textimmanenten Interpretation anwenden können. Darüber hinaus ergeben sich noch Leitfragen, die vom jeweiligen Text/der jeweiligen Textsorte abhängig sind.

Leitfragen bei der textimmanenten Interpretation:

A Was wissen Sie über die Verfasserin oder den Verfasser des Textes?
B Welche Informationen über Ort, Zeit und Personen enthält der Text?
C Wie ist der Handlungsverlauf?
D Welches Problem steht im Mittelpunkt?
E Wie werden die Personen charakterisiert?
F Welche Textsorte liegt vor und welche Merkmale weist diese auf?
G Welche sprachlichen Besonderheiten fallen auf und welche Wirkung haben diese?
H Welche Symbole tauchen im Text auf und wofür stehen sie?
I Welche Bedeutung hat der Titel des Textes?
J Welche Aussage macht der Text?
K Welche Bedeutung hat diese Aussage heute (für Sie)?

> **1** Ergänzen Sie den Fragenkatalog um weitere Leitfragen, die Sie zum Text „Lächeln im Regen" (s. S. 200) stellen können.

3 Stoffsammlung anlegen: mithilfe der Leitfragen den Text untersuchen

Basis Ihrer Stoffsammlung ist die Beantwortung der Leitfragen, Stichworte genügen hier. Achten Sie darauf, dass Sie Ihre Antworten mit passenden Textstellen (Zeilen-, Vers- oder Seitenangaben) belegen.

> **2** Erstellen Sie eine Stoffsammlung für eine textimmanente Interpretation von „Lächeln im Regen": Beantworten Sie dazu die elf Leitfragen sowie Ihre in Aufgabe 1 formulierten Leitfragen.
>
> **3** Vergleichen Sie Ihre Ergebnisse mit den nachfolgenden Antworten.

A Was wissen Sie über die Verfasserin oder den Verfasser des Textes?
- Anmerkung: Beschaffen Sie sich notwendige Informationen durch Internetrecherche oder in der Bibliothek.
- Rainer Jerosch wurde 1936 geboren.

B Welche Informationen über Ort, Zeit und Personen enthält der Text?
- Ort: Allee, Wohnungstür der Frau, keine genaueren Hinweise
- Zeit: Handlungsdauer rund 20 Minuten
- Personen: Mann, Frau, beide ohne Namen

C Wie ist der Handlungsverlauf?
- Mann läuft Allee entlang, erinnert sich an das Gespräch mit einer Frau.
- Er versteht ihr Verhalten nicht, erhält ausweichende Antworten.
- Die Frau möchte sich nicht mit ihm verabreden und schweigt.
- Der Mann geht, die Frau schließt die Tür.

D Welches Problem steht im Mittelpunkt?
- Ende einer (Liebes-)Beziehung
- Die Frau hat dem Mann nichts mehr zu sagen, er hingegen sucht das Gespräch, stellt Fragen.
- Das Gespräch scheitert.

E Wie werden die Personen charakterisiert?
- Die Beziehung zwischen dem Mann und der Frau scheitert, wird durch die Frau aufgekündigt.
- Die Frau will nicht mehr mit dem Mann reden, weigert sich, über ihr Verhalten zu reden.
- Der Mann bemüht sich um ein Gespräch, will mehr über die Motive und das Verhalten der Frau erfahren.

F Welche Textsorte liegt vor und welche Merkmale weist diese auf?
- Der Text weist Merkmale einer Kurzgeschichte auf:
  - offener Anfang und offener Schluss
  - Alltäglichkeit der Handlung und der Sprache
  - Begrenzung von Ort, Zeit und Personen
  - Kürze des Textes

G Welche sprachlichen Besonderheiten fallen auf und welche Wirkung haben diese?
- Adjektive bei der Beschreibung der Natur („warmer" in Z. 1, „geheimnisvolles" in Z. 38 f. oder „moorig" in Z. 50) spiegeln Seelenzustand des Mannes wider.
- Satzbau: viele unvollständige Sätze (sogenannte Ellipsen) wie z. B. in Z. 51 („Und morgen?") oder in Z. 10 („Wirklich nicht"?).
- Wort-Wiederholungen (u. a. in Z. 33 f.: „Ich weiß nicht ...") tragen zum Misslingen des Gespräches bei.
- Bedeutungsunterschiede bei den Abschiedsworten: Der Mann hofft auf erneute Begegnung (Z. 60: „Auf Wiedersehn"), die Frau will den Mann nicht mehr wiedersehen (Z. 61: „Leb wohl").

H Welche Symbole tauchen im Text auf und wofür stehen sie?
- Regen als Symbol der Trauer und damit des Seelenzustandes des Mannes

I Welche Bedeutung hat der Titel des Textes?
- „Lächeln im Regen": Mann lächelt gequält nach dem Ende der Beziehung, während es regnet.
- Kontrast: positiv besetztes Wort (Lächeln), negativ besetztes Wort (Regen)
- Lächeln des Mannes ist gezwungen, Mann will sich nicht der Trauer hingeben.

J Welche Aussage macht der Text?
- Beziehungen können einseitig enden. Für einen der beiden Partner bleiben dann oft noch Fragen offen.
- Offen bleiben die Gründe, warum die Beziehung gescheitert ist.
- Vielleicht Appell des Autors: Über das Ende einer Beziehung zu reden ist wichtig.

K Welche Bedeutung hat diese Aussage heute (für Sie)?
- Die Aussage ist zeitlos. Sie kann auf viele Menschen zutreffen, die bereits das Gleiche erlebt haben.

4 Gliederung erstellen

Dieser Gliederungsvorschlag soll Ihnen helfen, eine textimmanente Interpretation zu schreiben. Bei Klassenarbeiten werden häufig Leitfragen zum Text vorgegeben. Passen Sie dann für diesen Fall die Gliederung der jeweiligen Aufgabenstellung an.

A. Einleitung:		Name der Autorin/des Autors, Titel des Textes, Textsorte, Quellenangabe, Erscheinungsjahr (falls bekannt), Thema des Textes
B. Hauptteil:	I	kurze Inhaltsangabe
	II	Personen und deren Beziehung zueinander
	III	formale Analyse (Merkmale der Textsorte, Aufbau, Sprache)
	IV	Textaussage
C. Schluss:		Bedeutung der Aussage heute

5 Schreiben der Textinterpretation

Erläutern und vertiefen Sie Ihre in der Stoffsammlung stichwortartig festgehaltenen Aussagen. Formulieren Sie einen sinnvoll zusammenhängenden Text. Wählen Sie als Tempusform das Präsens (Ausnahme: In der Einleitung sollten Sie das Präteritum benutzen, wenn Sie auf das Erscheinungsjahr eingehen. Beispiel: „Jerosch veröffentlichte 1964 die Kurzgeschichte ‚Lächeln im Regen'.").

14.1.2 Beispiel einer Textinterpretation

A. Einleitung:		Die Kurzgeschichte „Lächeln im Regen" verfasste Rainer Jerosch (geboren 1936). Sie stammt aus dem Sammelband „Wie wir es sehen", der 1964 von H.-G. Noack herausgegeben wurde. In ihr thematisiert Jerosch die Trennung eines Paares.
B. Hauptteil:	I	„Lächeln im Regen" erzählt einen Zeitraum von rund zwanzig Minuten. Ein Mann, dessen Namen der Leser nicht erfährt, geht im Regen lächelnd eine Allee entlang und erinnert sich an das misslungene Gespräch mit einer Frau zehn Minuten zuvor: Der Mann unterhält sich mit einer Frau an deren Wohnungstür. Er versteht ihr Verhalten ihm gegenüber nicht und fragt sie danach, aber die Frau gibt ihm keine Antwort. Auch auf seine Vermutung, ob er sie langweile, geht sie nicht ein. Selbst eine Verabredung am nächsten Tag schlägt sie aus. Der Mann verabschiedet sich, die Frau schließt die Tür.
	II	Ein Mann und eine Frau, vermutlich ein Liebespaar, erleben das Scheitern ihrer Beziehung, die einseitig beendet wird. Erkennbar wird dies daran, dass die Frau nicht mehr an einer Kommunikation mit dem Mann interessiert ist (z. B. in Z. 24 f.). Sie will nichts mehr mit ihm zu tun haben und distanziert sich z. B. dadurch von ihm, dass sie ihn nicht anblickt (Z. 53 f.). Es kommt deshalb kein Gespräch zustande, weil sie sich weigert, über ihr verändertes Verhalten zu reden. Dagegen bemüht sich der Mann, der sich jämmerlich fühlt (Z. 60), immer wieder darum, mehr über die Motive und Gedanken der Frau zu erfahren.
	III	Der nur eine Seite lange Text hat einen offenen Anfang, da der Leser nichts über die Personen erfährt. Zudem weist der Text einen offenen Schluss auf: Es bleibt die Frage, wie es mit dem Mann weitergeht. Das Gespräch eines Paares ist alltäglich. Ort, Zeit und Personen sind begrenzt. Alle diese Merkmale unterstreichen, dass es sich bei diesem Text um eine Kurzgeschichte handelt. Rahmen- (Mann geht Allee entlang und reflektiert das bereits Erlebte) und Binnenhandlung (versuchtes Gespräch zwischen Mann und Frau) bilden den Aufbau der Kurzgeschichte.

In sprachlicher Hinsicht fällt auf, dass die verregnete Umgebung durch viele Adjektive beschrieben wird (vgl. Z. 50), welche die traurige Stimmung des Mannes widerspiegeln. Eine Besonderheit weist auch der Satzbau im Dialog zwischen beiden auf: Es häufen sich zum Teil unvollständige Sätze (Z. 51) und Satzwiederholungen (Z. 33 f., 42), was schließlich zum Misslingen des Gespräches führt. Immer ist es die Frau, welche auf die vielen Fragen des Mannes ausweichend (Z. 33), ungenügend (Z. 42) oder gar nicht (Z. 47) antwortet. Gegensätzlich fallen auch die Abschiedsworte aus. Während der Mann auf eine erneute Begegnung hofft („Auf Wiedersehen", Z. 60), will die Frau dies nicht mehr („Leb wohl", Z. 61).

IV Zentrales Symbol der Kurzgeschichte ist der Regen, welcher für die Trauer und den Seelenzustand des Mannes steht. Der Regen begleitet den Mann ständig (während des Gespräches und auch danach). Deutlich wird dies auch im Titel, der sich auf den Umgang des Mannes mit dem Scheitern der Beziehung bezieht. Inhaltlich wird im Titel ein Kontrast erkennbar, da er sowohl ein positiv besetztes (Lächeln) als auch ein negativ besetztes Wort (Regen) enthält. Statt zu weinen, lächelt der Mann, allerdings gezwungen. Er will seiner unglücklichen Lage etwas Positives abgewinnen und nach vorne schauen. Mit dieser Kurzgeschichte macht Rainer Jerosch den Leser darauf aufmerksam, dass Beziehungen einseitig enden können. Dann bleiben für einen der beiden Partner oft noch viele Fragen zurück. Unklar ist für den Mann und auch den Leser, warum die Beziehung gescheitert ist. Vielleicht will der Autor einen Appell an den Leser richten: Wenn eine Liebesbeziehung endet, sollten beide Partner mutig genug sein, miteinander zu reden.

C. Schluss: Obwohl die Kurzgeschichte vor vielen Jahren veröffentlicht wurde, hat sie nichts von ihrer Aktualität verloren. Viele Menschen haben in ähnlichen Situationen das Gleiche wie der Mann erlebt, aus diesem Grund hat der Autor vermutlich den Personen keine Namen oder Altersangaben gegeben.

14.1.3 Textinterpretation — Überblick und Schreibplan

Kompetenzen

Sie können
- einen literarischen Text inhaltlich, sprachlich und formal untersuchen,
- mithilfe von Leitfragen eine Stoffsammlung erstellen,
- eine gegliederte textimmanente Interpretation verfassen.

Vorarbeit
- Lesen Sie den Text aufmerksam und klären Sie sprachliche Unklarheiten.
- Formulieren Sie geeignete Leitfragen zum Text und notieren Sie sich stichwortartig Ihre Antworten.
- Erstellen Sie eine Grobgliederung der textimmanenten Interpretation.

Schreibplan

1 Formulieren Sie eine Einleitung mit Namen der Autorin/des Autors, Titel des Textes, Textsorte, Quellenangabe, Erscheinungsjahr (falls bekannt) und Thema.

2 Geben Sie im Hauptteil zunächst den Inhalt des literarischen Textes wieder. Beschreiben Sie anschließend die literarischen Figuren und deren Beziehung zueinander. Untersuchen Sie in einem dritten Abschnitt Form (Aufbau, Merkmale der Textsorte) und die sprachliche Gestaltung genauer. Gehen Sie abschließend auf die Textaussage ein.

3 Ziehen Sie im Schlussteil ein Fazit und stellen Sie aktuelle Bezüge her.

4 Überarbeiten Sie Ihre textimmanente Interpretation mithilfe der Textlupe (s. S. 228) oder der Schreibkonferenz (s. S. 229).

Sprache
- Bei der Inhaltsangabe indirekte Rede verwenden
- Zeitform: Präsens (Gegenwart), Präteritum (Vergangenheit) im Einleitungssatz möglich
- Gewonnene Erkenntnisse mit passenden Textverweisen belegen

14.2 Eine literarische Figur charakterisieren

In literarischen Texten werden fiktionale (erfundene) Personen charakterisiert: Ihr äußeres Erscheinungsbild, ihre soziale Position und typische Eigenschaften und Verhaltensweisen werden direkt oder indirekt beschrieben. So gewinnt die Leserin oder der Leser einen bestimmten Eindruck von dieser Figur. Interessant ist, inwieweit sich der Charakter einer Figur im Handlungsverlauf ändert.

> **1** Der folgende Textauszug stammt aus Dan Browns Roman „Sakrileg". Was erfahren Sie darin über die Figur Robert Langdon?

1 [...] Langdons Blick schweifte zu dem hohen Ankleidespiegel an der gegenüberliegenden Wand. Er hatte Mühe, in dem müden, zerzausten Zeitgenossen, der ihm von dort entgegen-
5 starrte, sich selbst zu erkennen.
   Du solltest mal Urlaub machen, Robert.
   Die Erlebnisse im letzten Jahr hatten ihm arg zugesetzt, doch den Beweis dafür nun im Spiegel zu sehen, gefiel ihm gar nicht. Seine sonst so klaren blauen Augen sahen trüb und müde 10 aus, und ein dunkler Stoppelbart umwölkte sein ausgeprägtes Kinn mit dem Grübchen. Die grauen Strähnen an den Schläfen waren auf einem unaufhaltsamen Vormarsch in sein dichtes, gewelltes schwarzes Haar. Nach Aus- 15 sage seiner Kolleginnen unterstrich das Grau Langdons „akademische Erscheinung"[1], doch er wusste es besser. [...]

Quelle: Brown: Sakrileg, 2004, S. 15 f.

Kriterien zur Charakterisierung einer literarischen Figur:

1 *Äußeres Erscheinungsbild:*
Geschlecht? (genaues/geschätztes) Alter? Aussehen? Gestalt? Größe? Gang? Gesichtszüge? Frisur? Kleidung? typische Merkmale (z. B. Brille, Narbe auf linker Wange)?

2 *Soziale Position:*
Beruf? gesellschaftliche Stellung? Beziehungen zu anderen Personen?

3 *Charakterzüge/Eigenarten:*
Wertauffassungen? Einstellungen? Interessen? Gefühle?

> **2** Schreiben Sie aus dem Text „San Salvador" (s. S. 185) heraus, welche Informationen Sie über
>   **a** die soziale Position,
>   **b** die Charakterzüge/Eigenarten des Mannes erfahren.
>   Orientieren Sie sich dabei an den oben genannten Kriterien. Belegen Sie Ihre Ergebnisse mit Zeilenangaben.
>
> **3** Stellen Sie sich vor, Sie sollten vor Ihrer Klasse den Charakter des Mannes (s. Aufgabe 2) beurteilen: Formulieren Sie drei bis vier Sätze.
>
> **4** Charaktereigenschaften lassen sich gut mithilfe von Adjektiven beschreiben. Recherchieren Sie online oder mit einem Wörterbuch (s. S. 36) die Bedeutung folgender Adjektive:
>   **a** verschroben, **b** kapriziös, **c** heroisch, **d** phlegmatisch, **e** opportunistisch,
>   **f** subtil, **g** jovial, **h** affektiert, **i** unkonventionell, **j** empathisch,
>   **k** introvertiert, **l** taff, **m** eloquent, **n** couragiert, **o** verschlossen.

1 hier: Aussehen eines Wissenschaftlers

Tipp

Formulierungsbeispiele in einer literarischen Charakteristik
- Zunächst erfährt die Leserin/der Leser über [Name der Figur] ...
- Ihre/Seine äußerliche Erscheinung ...
- Ihr/Sein Verhalten deutet darauf hin, dass ...
- Zu Beginn wird [Name der Figur] als [Adjektiv] und [Adjektiv] beschrieben ...
- Ein weiterer Charakterzug ist ...
- Mit [Name der Figur] möchte die Autorin/der Autor verdeutlichen, dass ...

5 Erweitern Sie die obigen Tipps um weitere sechs Formulierungen mithilfe der Placemat-Methode (s. S. 227).

6 Verfassen Sie mithilfe des Überblicks und Schreibplans eine Charakteristik der Figur Harold aus der Erzählung „Geier" (s. S. 196) von Theo Schmich.

7 Charakterisieren Sie die Hauptfigur eines Buchs oder aus einem Film, die Ihnen gefallen hat.

14.3 Eine literarische Figur charakterisieren — Überblick und Schreibplan

Kompetenzen

Sie können
- verschiedene Kriterien zur Charakterisierung einer literarischen Figur nennen,
- Merkmale und Eigenschaften einer literarischen Figur erkennen, systematisch beschreiben und bewerten.

Vorarbeit
- Lesen Sie den literarischen Text aufmerksam und markieren Sie (z. B. mit Farbstiften) wichtige Informationen zur literarischen Figur[1].
- Notieren Sie sich Stichworte (z. B. als Randnotiz)[1].

Schreibplan

1 Formulieren Sie eine Einleitung mit Angaben zur Verfasserin/zum Verfasser, zur Textsorte, zur Herkunft und zum Thema des literarischen Textes sowie zu dessen Veröffentlichungsdatum.
Stellen Sie die literarische Figur vor, die Sie charakterisieren wollen.

2 Beschreiben Sie im Hauptteil zunächst, was Sie über das äußere Erscheinungsbild der Figur (Geschlecht, Alter, Aussehen etc.) im Text erfahren.
Formulieren Sie anschließend Informationen zur sozialen Position (Beruf, gesellschaftliche Stellung, Beziehung zu anderen) der Figur.
Erläutern Sie in einem weiteren Schritt Charakterzüge und Eigenarten (Wertauffassungen, Einstellungen, Interessen, Gefühle). Erfinden Sie aber keine neuen Eigenschaften!

3 Bewerten Sie im Schlussteil die literarische Figur: Stellen Sie Einzelbeobachtungen in einen Gesamtzusammenhang.

4 Überarbeiten Sie Ihre Figuren-Charakteristik mithilfe der Textlupe (s. S. 228) oder der Schreibkonferenz (s. S. 229).

Sprache
- Zeitform: Präsens (Gegenwart)
- Charakterzüge in eigenen Worten beschreiben
- Sachlicher, aber anschaulicher Schreibstil
- Aussagen zur literarischen Figur mit Zeilenverweisen belegen

1 Bei geliehenen Büchern eine Kopie oder einen Notizzettel verwenden.

15 Kreativ schreiben

15.1 Einen Erzählkern ausgestalten

Deckeneinsturz in Neckar-Eis-Arena

Ober-Abruhlingen (sma). Am gestrigen Mittwoch veranstaltete der Eishockey-Verein Ober-Abruhlingen eine „Disco on Ice" in der Neckar-Eis-Arena, zu der zahlreiche begeisterte Schlittschuhläufer erschienen. Während sich vor dem Eingang eine lange Warteschlange bildete, zogen drinnen bereits die ersten Schlittschuhläufer im Rhythmus der Musik ihre Bahnen. Aufgrund der großen Schneelast stürzte plötzlich ein Teil der Hallendecke ein und Stahlträger und Holzbalken landeten direkt auf der Eisfläche. Besucher, darunter der bekannte DJ Beatz, blieben unverletzt und konnten sich rechtzeitig in Sicherheit bringen. Die Neckar-Eis-Arena wurde umgehend evakuiert. Es laufen Ermittlungen.

---

1 Notieren Sie sich in Stichworten die Kerninformationen (Thema, Personen, Zeit und Ort) des Berichts.

2 Gestalten Sie die Kerninformationen des Berichts als Erzählkern zu einer Erzählung aus. Beachten Sie dazu die unten stehenden Hinweise.

3 Überarbeiten Sie Ihre Erzählungen in Kleingruppen mithilfe der Methode „Textlupe" (s. S. 228).

4 Suchen Sie in einer Regionalzeitung (oder auf deren Homepage) nach einer interessanten Zeitungsmeldung. Verwenden Sie die Kerninformationen als Erzählkern für eine neue Geschichte.

Hinweise

1 Achten Sie stets darauf, dass Sie den Erzählkern nicht aus den Augen verlieren.
2 Ergänzen Sie den Erzählkern um weitere Ideen.
3 Überlegen Sie, welche Gefühle und Gedanken die Personen jeweils haben könnten.
4 Machen Sie sich Notizen dazu.
5 Wählen Sie eine Erzählperspektive (Person, aus deren Sicht erzählt wird): Ich-/oder Er-Erzählperspektive.
6 Wählen Sie ein Erzähltempus: Präsens (Gegenwart) oder Präteritum (Vergangenheit).
7 Erzählen Sie in Schritten und führen Sie die Handlung zu einem Höhepunkt.
8 Formulieren Sie spannend (s. S. 178) und abwechslungsreich.
9 Verwenden Sie wörtliche Rede.
10 Geben Sie Ihrer Geschichte einen neuen spannenden Titel.
11 Prüfen Sie, ob Sie logisch, verständlich und lebendig geschrieben haben.

15.2 Eine literarische Erzählung fortsetzen

Die Kündigung

Theo Schmich

1 „Im Zuge notwendiger Personaleinsparungen müssen wir leider auch Sie entlassen", sagte der Personalchef zu dem Mann, den er in sein Büro gerufen hatte, und der ihm nun gegenüber saß.
5 Bekümmert hob er die Arme und ließ sie wieder sinken, um darzutun, wie leid ihm diese Entscheidung tat. [...]
„Wieso bin gerade ich dabei?", fragte er schließlich. „Bin ich – habe ich denn so schlecht gear-
10 beitet?" „Das weiß ich nicht!", antwortete der Personalchef. „Ich teile Ihnen Ihre Entlassung nur mit. Sie brauchen es nicht persönlich zu nehmen. Unser Elektronenrechner hat Sie und die achtzig anderen ausgesucht." „Wie das?", fragte
15 der Mann verwirrt.
„Wir haben dem Rechenautomaten die Daten aus den Akten sämtlicher Belegschaftsmitglieder eingegeben", erklärte der Personalchef ungeduldig. „Nun, und dabei hat der Automat eben
20 entschieden, dass Sie am ehesten für eine Entlassung in Frage kommen. So leid es uns natürlich tut, überhaupt einen Mann entlassen zu müssen."
„Aber – ich verstehe nicht –", stotterte der Mann.
„Mehr kann ich Ihnen dazu nicht sagen", fiel der Personalchef ihm ins Wort. „Ich wünsche Ihnen 25 für die Zukunft alles Gute. Sie entschuldigen mich. [...]"
Er blieb noch einen Moment sitzen. Das Ganze kam ihm so unwirklich vor. Doch schließlich erhob er sich, murmelte „Danke" und ging hinaus. 30 Während er durch die vertrauten Flure des Bürogebäudes schritt, wiederholte er sich ständig, was der Personalchef gesagt hatte. Und allmählich wurde er sich der ganzen Tragweite seiner Entlassung bewusst. Er war versucht, zurückzu- 35 laufen und den Personalchef um Gnade zu bitten. Aber dann ließ er es. O ja, er glaubte schon, dass er nach Ablauf der Kündigungsfrist eine andere Arbeit würde gefunden haben. Aber wer gab ihm die Sicherheit, dass es so war? [...] 40

Quelle: Schmich: Die Kündigung, 1974, S. 147 ff.

---

1 Lesen Sie den Textauszug. Besprechen Sie das vorliegende Kündigungsbeispiel mit Ihrer Wirtschaftskundelehrerin/Ihrem Wirtschaftskundelehrer: Warum würde diese Kündigung vor einem Arbeitsgericht keinen Bestand haben?

2 Welche Gedanken und Gefühle bewegen den Mann, nachdem er von seiner Kündigung erfahren hat?

3 Führen Sie die Erzählung fort. Berücksichtigen Sie die folgenden Hinweise.

Hinweise

- Behalten Sie grundlegende Vorgaben der Erzählung bei: Handlungsort, -zeit, Personen, Erzählperspektive (Person, aus deren Sicht erzählt wird: Ich-/Er-Erzähler), Erzähltempus Präsens (Gegenwart) oder Präteritum (Vergangenheit) und Schreibstil (z. B. kurze oder lange Sätze).
- Bauen Sie die in der Vorlage vorhandenen Konflikte aus. Führen Sie die Handlung zu einem Höhepunkt und zu einem Schluss.
- Formulieren Sie spannend und abwechslungsreich.
- Prüfen Sie, ob Sie logisch, verständlich und lebendig geschrieben haben.

15.3 Aus einer anderen Perspektive erzählen

Meist steht in einer Erzählung eine Person im Mittelpunkt. Daher wird vor allem beschrieben, wie diese Person handelt, was ihr geschieht, was sie empfindet. Beim Perspektivwechsel wird die Geschichte aus der Sicht einer anderen am Geschehen beteiligten Person erzählt. Es ist wichtig, sich vorzustellen, wie diese Person handelt, was sie wahrnimmt oder wie sie sich fühlt.

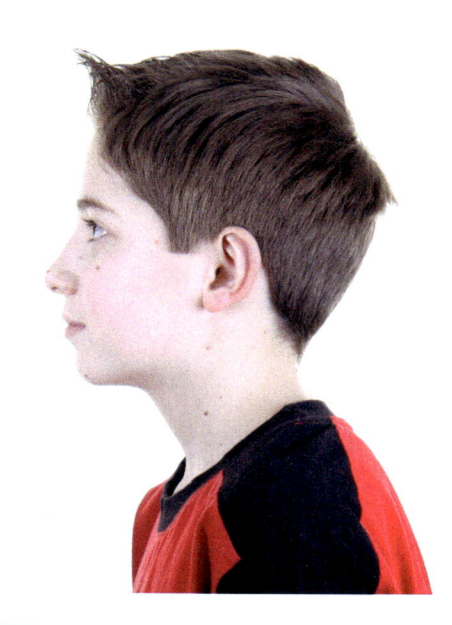

1 Lesen Sie den Text „Geier" auf S. 196. Notieren Sie, was Sie über Harold erfahren.

2 Was erfahren Sie über die anderen Figuren im Text?

3 Schreiben Sie den Text „Geier" aus der Perspektive von Harold als Ich-Erzähler neu. Beachten Sie dabei die unten stehenden Hinweise.

4 Was bewirkt es, die Perspektive einer anderen Person einzunehmen?

Hinweise

- Versetzen Sie sich in die Lage der Person, aus deren Sicht Sie die Erzählung schreiben. Berücksichtigen Sie deren mögliche Gedanken und Gefühle.
- Wählen Sie eine Erzählperspektive: Ich-/Er-Erzählperspektive.
- Passen Sie Sprachstil und Ausdrucksweise der von Ihnen gewählten Person an.
- Behalten Sie die Vorgaben des Textes bei: Handlungsschritte, Konflikte, Personen, Zeit, Ort, Erzähltempus Präsens (Gegenwart) oder Präteritum (Vergangenheit).
- Ergänzen Sie die Vorgaben des Textes um weitere Ideen, die zur Handlung passen.
- Formulieren Sie spannend und abwechslungsreich.
- Prüfen Sie, ob Sie logisch, verständlich und lebendig geschrieben haben.

Tipp

Folgende weitere Texte können aus einer anderen Perspektive geschrieben werden: „Drei Stunden bis Sonnenaufgang" (S. 294), „Spaghetti für zwei" (S. 288 f.), „Lächeln im Regen" (S. 200).

15.4 Einen Brief oder eine E-Mail schreiben

Der Brief oder die E-Mail als eine Form des kreativen Schreibens hat meist einen literarischen Text, z. B. eine Erzählung, als Anlass und richtet sich immer an eine bestimmte Person. Dies kann eine Person der Handlung oder eine der/dem Schreibenden nahestehende Person sein. Bei einem Brief entscheiden Sie, was und wie Sie schreiben, es gibt aber Kriterien, mit deren Hilfe die Qualität eines Briefes beurteilt werden kann.

1 Stellen Sie sich vor, Petro aus der Erzählung „Frösche im Meer" (s. S. 296 ff.) würde einem Freund einen Brief schreiben und diesen über seine Erlebnisse mit Frau Grill informieren. Versetzen Sie sich in die Situation des Mannes und schreiben Sie einen Brief (Umfang: circa eine Seite).

2 Gehen Sie von folgender Annahme aus: Der Mann aus der Kurzgeschichte „Lächeln im Regen" (s. S. 200) kommt in seine Wohnung und will eine E-Mail an die Frau schreiben, mit der er reden wollte. Schreiben Sie aus der Perspektive des Mannes diese E-Mail (Umfang: circa eine halbe Seite).

Hinweise

- Lesen Sie den Text mehrmals sorgfältig durch und beachten Sie die Sprachebene der Person.
- Versetzen Sie sich in die Lage, die Gedanken und Gefühle der Person, aus deren Blickwinkel heraus Sie den Brief oder die E-Mail verfassen.
- Beachten Sie in Ihrer Rolle: Was ist der Zweck Ihres Briefes oder Ihrer E-Mail?
- Beachten Sie den formalen Aufbau eines Briefes oder einer E-Mail (s. S. 103 f.).
- Formulieren Sie in der Ich-Perspektive.
- Geben Sie Personen, die im Text namenlos bleiben, einen Namen.
- Passen Sie Sprachstil und Ausdrucksweise der von Ihnen gewählten Person an.

Tipp Geeignete Textvorlagen für mögliche Briefe sind: „Butter" (S. 304 f.) – Butter schreibt einen Brief an einen Freund; „Nora hat Hunger" (S. 301) – Nora schreibt einer Freundin; „Spaghetti für zwei" (S. 288 f.) – Heinz schreibt seinem älteren Bruder.

15.5 Einen Tagebucheintrag oder Post verfassen

Viele Menschen halten regelmäßig ihre Alltagserlebnisse fest, sei es in einem Tagebuch oder online in Weblog-Einträgen, den sogenannten Posts. Im Unterschied zu einer Bloggerin oder einem Blogger formulieren die Schreiberinnen und Schreiber eines Tagebuchs allerdings Gedanken und Gefühle, die sie niemandem anvertrauen wollen. Wer über Ängste, Sehnsüchte oder Probleme schreibt, setzt sich aktiv mit ihnen auseinander. Somit kann das Schreiben eines Tagebuches helfen, persönliche Konflikte zu bewältigen.

> **1** Beschreiben Sie mögliche Gedanken und Gefühle der Frau in der Kurzgeschichte „Lächeln im Regen" (s. S. 200), nachdem der Mann gegangen ist.
>
> **2** Stellen Sie sich vor, die Frau in „Lächeln im Regen" würde einem Tagebuch täglich ihre Erlebnisse und Emotionen anvertrauen. Nehmen Sie die Perspektive der Frau ein und schreiben Sie einen Tagebucheintrag (Umfang: circa eine Seite). Sie können z. B. mit folgenden Worten beginnen: „Vorhin hat [Name] wieder geklingelt ... Habe mir gleich gedacht, dass er es ist, und bin auch noch so doof, an die Tür zu gehen. [...]"

Hinweise

- Versetzen Sie sich in die Lage der jeweiligen Person und in deren Gedanken und Gefühle, aus deren Blickwinkel heraus Sie den Tagebucheintrag oder den Post schreiben.
- Beachten Sie den formalen Aufbau eines Tagebucheintrags oder eines Posts: Notieren Sie Wochentag und Datum oben links. Formulieren Sie in der Ich-Perspektive.
- Geben Sie Personen, die im Text namenlos bleiben, einen Namen.
- Passen Sie Sprachstil und Ausdrucksweise der von Ihnen gewählten Person an.

15.6 Einen Dialog gestalten

> **1** Lesen Sie den Text „Eine Maschine" von Thomas Bernhard (s. S. 284). Gehen Sie von folgender Annahme aus: Zwei Arbeiterinnen unterhalten sich am Tag nach dem Unfall über die Maschine. Schlüpfen Sie mit Ihrer Tischnachbarin/Ihrem Tischnachbarn in deren Rollen und schreiben Sie gemeinsam einen Dialog zwischen den beiden. Orientieren Sie sich an den folgenden Hinweisen.
>
> **2** Tragen Sie Ihre Dialoge in Form eines Rollenspiels vor.

Hinweise

- Versetzen Sie sich in die Lage der jeweiligen Personen, aus deren Blickwinkel heraus Sie den Dialog verfassen. Berücksichtigen Sie deren Gedanken und Gefühle. – Sammeln Sie Ideen und legen Sie den Aufbau des Gespräches fest: Wie und womit beginnen Sie das Gespräch, welche „Höhepunkte" setzen Sie und wie endet der Dialog?
- Geben Sie Personen, die im Text namenlos bleiben, einen Namen.
- Wählen Sie Sprachstil und Ausdrucksweise so, dass sie den jeweiligen Personen gerecht werden. Beachten Sie die Sprachebenen der Personen.
- Lassen Sie Personen annähernd gleiche Redeanteile am Dialog haben.
- Ergänzen Sie die wörtliche Rede mit **Regieanweisungen** zum Tonfall (z. B. „in barschem Ton") und zur Körpersprache („verzieht das Gesicht"), um mehr Lebendigkeit zu erzielen.

Lern- und Arbeitstechniken

16

Das Lernen lernen

Die moderne Arbeitswelt ist dadurch gekennzeichnet, dass sie in schneller Folge Veränderungen mit sich bringt. Was heute als neuester Stand der Technik gilt, ist übermorgen bereits überholt. Bedingt durch den ständigen Wandel, reichen die heute erlernten beruflichen Kenntnisse schon in naher Zukunft nicht mehr aus. Wer in seinem Beruf Schritt halten will, muss deshalb sein Wissen regelmäßig auf den neuesten Stand bringen, was **lebenslanges Lernen** bedeutet.

Ständige Fort- und Weiterbildung kennzeichnet die gute Fachfrau bzw. den guten Fachmann.

In Schule und Betrieb werden immer wieder neue Lernformen eingesetzt. Learning by Doing, Training on the Job, E-Learning – das sind Anforderungen, die Sie Ihr Leben lang begleiten werden.

Weil Lernen für das berufliche Weiterkommen so wichtig ist, will die Berufsschule Ihre Fähigkeit vertiefen, erfolgreich zu lernen und neues Wissen aufzunehmen.

16.1 Einflüsse auf den Lernerfolg

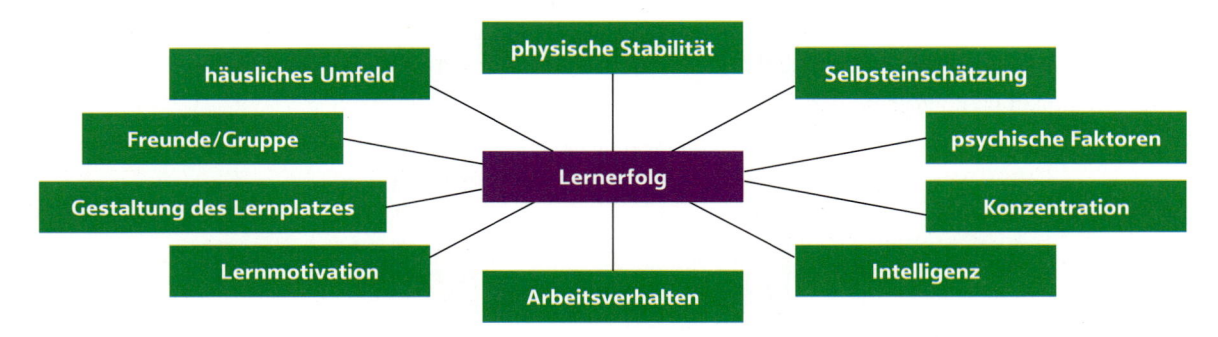

Einflüsse auf den Lernerfolg: häusliches Umfeld, physische Stabilität, Selbsteinschätzung, Freunde/Gruppe, psychische Faktoren, Gestaltung des Lernplatzes, Konzentration, Lernmotivation, Intelligenz, Arbeitsverhalten.

1 Wählen Sie drei Einflüsse aus und beschreiben Sie, inwiefern diese den Lernerfolg positiv oder negativ beeinflussen.

2 Welche Einflüsse wirken sich erfahrungsgemäß auf Ihren Lernerfolg positiv aus?

3 Was könnten Sie verändern, um Ihren Lernerfolg zu optimieren?

16.2 Stärken und Schwächen der persönlichen Lern- und Arbeitstechniken

Fragebogen zur persönlichen Arbeitstechnik

Dieses Gebiet bereitet mir Schwierigkeiten	sehr große	große	ziem- liche	einige	keine
nach schnellem Durchlesen den Inhalt eines Textes zu kennen					
einen Artikel in einer Fachzeitschrift oder ein Kapitel in einem Sachbuch wirklich zu verstehen					
zu behalten, was ich gelesen oder gelernt habe					
mit dem Lernen dann anzufangen, wenn ich es mir vorgenommen habe					
nicht abgelenkt zu werden					
meine Materialien so zu ordnen, dass ich schnell alles finde, was ich brauche					
konzentriert zuzuhören und nicht anderen Gedanken nachzuhängen					
Informationen im Internet zu finden, Bibliotheken oder Nachschlagewerke zu benutzen					
meine Hefte übersichtlich zu führen					
Tabellen und grafische Darstellungen zu verstehen					
in einer Diskussion meine Meinung zu sagen					
vor einer Gruppe frei zu sprechen oder etwas zu präsentieren					
meine Gedanken schriftlich auszudrücken					
nachzufragen, wenn ich etwas nicht verstanden habe					
vor einer Prüfung zu wissen, was ich lernen soll					
mit Aufregung klarzukommen					
während einer Prüfung die Zeit richtig einzuteilen					
mit anderen zusammenzuarbeiten					

1 Prüfen Sie selbstkritisch Ihre Stärken und Schwächen in den Lern- und Arbeitstechniken.

2 Überlegen und besprechen Sie in Partnerarbeit, wie Sie Ihre Schwächen verbessern können.

3 Wo machen Ihnen die Schule, Ihr Ausbildungsbetrieb oder die Industrie- und Handelskammer bzw. Handwerkskammer zusätzliche Angebote, um Ihre Lernfähigkeiten zu verbessern?

Tipp

In diesem Lehrbuch finden Sie eine Vielzahl von Übungen, mit denen Sie trainieren können, sich Informationen zu erarbeiten, diese zu verstehen und sie an andere weiterzugeben.

16.3 Ein Lerntagebuch führen

> *„Für mein Lernen bin ich selbst der Experte!"*

Das Lerntagebuch ist dem Tagebuch verwandt: Persönliche Erfahrungen, besondere Erlebnisse und Gedanken, die nicht vergessen werden sollen, können Sie hier festhalten. Allerdings ist der Blick vorzugsweise auf das Lernen ausgerichtet. Im Lerntagebuch wird alles aufgeschrieben, gezeichnet, gemalt, mit Fotos belegt, was Sie selbst für bemerkenswert halten. Das Lerntagebuch dient dazu, sich einen Überblick über den eigenen Lernprozess zu verschaffen. Jeder lernt anders, darum schreiben Sie das Lerntagebuch für sich selbst!

Wenn Sie nicht wissen, wie Sie beginnen sollen, können Ihnen die folgenden Fragen helfen:
- Was haben Sie Neues erfahren?
- Was interessierte Sie besonders?
- Welche Vorgehensweise war erfolgreich?
- Woran möchten Sie weiterarbeiten?
- Wie war das Lernklima?
- Was hat Sie gestört oder besonders gefreut?

---

1. Vereinbaren Sie mit Ihrer Lehrerin/Ihrem Lehrer, in welchem Fach Sie für welche Zeitspanne ein Lerntagebuch führen.

2. Wählen Sie eine Form des Lerntagebuchs, die für Sie passt (siehe Beispiele).

3. Führen Sie wie vereinbart Ihr Lerntagebuch. Sprechen Sie mit einer Person Ihres Vertrauens über die dabei gemachten Erfahrungen.

Beispiel 1: Lerntagebuch mit zusammenhängendem Text

Datum/Stunde/Tag/Woche:
Fach/Projekt/Thema:
Neu war für mich heute …
Besonders interessant fand ich heute …
Vielleicht/Bestimmt braucht man das, um …
Mir hat nicht gefallen, dass …
Ich habe mich gefreut, als …
Besonders gut ist es mir heute gelungen, …
Nicht verstanden habe ich, …
Um das besser zu verstehen, will ich …
Verbessern möchte ich …
Dazu brauche ich die Hilfe von …

Beispiel 2: Standardisiertes Lerntagebuch

Datum:	
Was ich heute gelernt habe:	Was ich nicht verstanden habe:
Womit ich sehr zufrieden bin:	Was ich anders machen möchte:

Tipp

Wichtig ist, dass Sie das Lerntagebuch regelmäßig führen. Nur so können Sie verfolgen, was Sie gelernt haben, wie Sie lernen und was Sie darüber hinaus noch lernen wollen.
Lesen Sie immer wieder in Ihrem Lerntagebuch! Setzen Sie sich Ziele, um Ihr Lernen zu optimieren. Überlegen Sie sich auch, wie Sie die Ziele erreichen können.
Sprechen Sie mit einer Person Ihres Vertrauens (Lehrerin/Lehrer oder Mitschülerin/Mitschüler) über Ihr Lerntagebuch. Das bringt Sie auf Ideen, was Sie noch tun können, um Ihr Lernen zu optimieren.

16.4 Das Lesen optimieren

16.4.1 Artikuliert sprechen und vorlesen

Wenn ein Politiker oder eine Rednerin bei einem Fest auffällig schnell und undeutlich spricht, so bemerken dies alle Zuhörerinnen und Zuhörer. In der Klasse fällt derjenige auf, der nicht flüssig lesen kann oder beim Vorlesen nicht sinngemäß betont. Ältere Menschen hören oft schlechter und verstehen Sie nur, wenn Sie artikuliert (= deutlich) sprechen.

Eine verständliche und dialektfreie Aussprache erreichen Sie dadurch, dass Sie Kiefer, Zunge, Gaumen und Lippen locker bewegen und nicht anspannen.

a e i   o   u   ee

1. Im Deutschen sind die Vokale a, e, i, o, u für die Aussprache ganz wichtig. Sprechen Sie die Vokale mit zusammengebissenen Zähnen. Artikulieren Sie anschließend mit übertriebener Aussprache, indem Sie den Mund weit öffnen.

2. Die Konsonanten (z. B. c, d, k, s) haben große Bedeutung für die Erkennung der Wörter. Sprechen Sie so schnell wie möglich hintereinander „r-t-k-s-r-t-k-s-r-t-k-s".

3. Verbinden Sie Vokale und Konsonanten, indem Sie die folgenden Sätze sehr gut artikuliert und immer schneller sprechen:
   - „Zu Risiken und Nebenwirkungen lesen Sie die Packungsbeilage und fragen Sie Ihren Arzt oder Apotheker."
   - „Wer Banknoten nachmacht oder verfälscht oder nachgemachte oder verfälschte Banknoten sich verschafft und in Verkehr bringt, wird mit einer Freiheitsstrafe nicht unter zwei Jahren bestraft." (Satz auf alten DM-Geldscheinen)

4. Sprechen Sie die vier Zungenbrecher gut artikuliert und so schnell wie möglich:
   - „Junge jodelnde Jodler-Jungen jodeln jaulende Jodel-Jauchzer, jaulende Jodel-Jauchzer jodeln junge jodelnde Jodler-Jungen."
   - „Um zehn nach zehn zogen zehn zahme Ziegen zehn Zentner Zucker zum Zoo."
   - „Es klapperten die Klapperschlangen, bis ihre Klapper schlapper klangen."
   - „Der Cottbusser Postkutscher putzt den Cottbusser Postkutschkasten."

5. Sicher kennen Sie noch weitere Zungenbrecher. Notieren Sie sich einen und treten Sie im Wettstreit gegen Ihre Mitschülerinnen und Mitschüler an: Wer von Ihnen den Satz am schnellsten und am besten artikuliert spricht, hat gewonnen.

6. Erfinden Sie selbst einen Zungenbrecher. Achten Sie darauf, dass aufeinanderfolgende Wörter gleich klingende Silben oder Anlaute haben.

16.4.2 Lesen – Verstehen – Weitergeben

Ob Fachkenntnisse oder Allgemeinbildung – Wissen eignen Sie sich vielfach über Lesen an. Selbstständiges Recherchieren, Aneignen von Fachkenntnissen und Problemlösen ist immer wieder mit Lesen verbunden. Gut und effektiv lesen zu können ist wichtig für den persönlichen und beruflichen Erfolg.

> *„Vor einigen Jahrzehnten war es dem Durchschnittsbürger noch bequem möglich, die Informationsflüsse zu navigieren. Aber diese Flüsse haben sich jetzt in reißende Ströme verwandelt, die uns zu verschlingen drohen."*
> Tony Buzan, Speed Reading[1]

1. Lesen Sie das Zitat zunächst still für sich. Tragen Sie dann den Text laut und dem Sinn entsprechend betont vor.

2. Was meint Tony Buzan, der Erfinder der Mindmap, mit seinen Worten? Erläutern Sie den Inhalt seiner Worte in drei eigenen Sätzen.

3. Wo erleben Sie in Ihrem privaten, schulischen und beruflichen Leben, dass Lesen wichtig ist?

4. „Jetzt hab ich's fünf Mal gelesen und weiß immer noch nichts." Reflektieren Sie Ihre eigenen Lesegewohnheiten: Wie effizient lesen Sie?

5. Was hilft Ihnen, Gelesenes zu behalten?

Lesetechniken helfen, Informationen gezielter aufzunehmen, schneller und besser zu behalten und strukturierter wiederzugeben. Eine der bekanntesten ist die **5-Schritte-Methode**.

1. Schritt: Die Vogelperspektive

Sie verschaffen sich einen Überblick:
- Um was geht's in dem Text?
- Welche Informationen stehen in Titel, Klappentext, Inhaltsverzeichnis, Vorwort, Gliederung?
- Welche Schlüsselbegriffe fallen ins Auge?

2. Schritt: Fragen stellen

Sie formulieren Fragen mithilfe von W-Fragen:
- WER schreibt?
- WIE?
- WORÜBER?
- für WEN?
- in welcher FORM?
- mit welcher ABSICHT?

[1] Quelle: Buzan: Speed Reading, 2005, S. 38.

Das Lernen lernen 217

3. Schritt: Lesen und Markieren

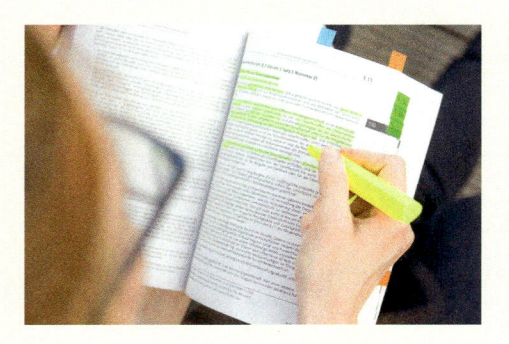

Sie lesen mit Blick auf das Wichtigste:
- Welche Aussagen finde ich zu meinen Fragestellungen?
- Welche Schlüsselbegriffe markiere ich?[1]
- Wo ist etwas unklar (Fragezeichen setzen)?[1]
- Was ist besonders bemerkenswert (Ausrufezeichen setzen)?[1]
- Was ist ganz wichtig (rot markieren)?[1]

4. Schritt: Rekapitulieren und Notieren

Sie fassen aus der Erinnerung zusammen:
- Was ist der rote Faden?
- Welche Antworten habe ich im Text gefunden?
- Welche Neuigkeiten waren für mich wichtig?
- Gab es etwas Besonderes, Bemerkenswertes, was mir aufgefallen ist? Ich skizziere das Wichtigste:

5. Schritt: Gesamtüberblick

Sie führen die wichtigen Aussagen aus:
- Was sagt der Text zu meinem Thema?
- Was ist für mich, meine Leserinnen/Leser oder Zuhörerinnen/Zuhörer wichtig?
- Ausarbeiten der Mindmap

6 Rufen Sie einen Onlinebuchversand auf und suchen Sie Bücher von Morton Rhue. Titelseite, Klappentext, Inhaltsangabe, biografische Informationen dienen Ihnen dazu, sich einen Überblick (1. Schritt „Vogelperspektive") über die Bücher zu erarbeiten. Je eine Kleingruppe übernimmt einen Buchtitel. Tragen Sie Ihre Ergebnisse der Klasse vor.

1 Bei geliehenen Büchern eine Kopie oder einen Notizzettel verwenden.

> **7** Wenden Sie die 5-Schritte-Methode des Lesens auf den nachfolgenden Text an.
> Tragen Sie die Ergebnisse in einer Kleingruppe vor. Beurteilen Sie gegenseitig, ob die wesentlichen Inhalte und die Intention des Textes erfasst wurden (s. „Feedback geben" S. 246).

Josephine Kroetz (*1988)
Die Autorin, Tochter des Autors und Schauspielers Franz Xaver Kroetz, schreibt in „yaez" spannende Geschichten über aktuelle Themen.

Josephine Kroetz
Elisabeth starb am Web 2.0
Neues Opfer in Hamburg, vom Täter fehlt jede Spur

Es ist der 24.07.2012 – das Web 2.0 hat sich zu einer virtuellen Welt entwickelt, auf die wir nicht mehr verzichten wollen und die wir wie selbstverständlich nutzen. Einkäufe werden dort getätigt, Freundschaften und Liebesbeziehungen gemacht und gepflegt. Doch was in den ersten Jahren ohne Gefahr genutzt werden konnte, ist heute eine öffentliche Datenbank für Kriminelle geworden. Gestern starb die 15-jährige Schülerin Elisa M. an den Folgen des Web 2.0. Sie hatte in einem öffentlichen Chat die Bekanntschaft mit Eros666 gemacht, einem angeblich 16-jährigen Fußballspieler aus Hannover. Die Polizei konnte durch die vorhandenen E-Mails nachweisen, dass Eros666 und Elisa eine virtuelle Liebesbeziehung führten. Am 05.06. fragte er, ob sie ihn nicht in Hannover besuchen kommen wolle. Sie antwortete, dass ihre Eltern dies vermutlich nicht erlauben würden, versprach aber, sie zu fragen und sich dann zu melden. „Da Elisa uns weder eine Telefonnummer noch einen vollständigen Namen nennen konnte, haben wir es nicht zugelassen", sagte ihre Mutter unter Tränen im Interview mit »yaez«.

Deshalb bot ihr Eros666 am 08.06. an, nach Hamburg zu kommen. Als sie auch diesen Vorschlag ablehnte, wurde er sauer und behauptete: „Du liebst mich nicht wirklich." Sie versuchte ihn zu beschwichtigen, aber ohne Erfolg. Tage nach dieser Diskussion erhielt Elisa einen Brief, Absender unbekannt: „Bald werde ich dir einen Besuch abstatten ... In Liebe Eros666"

Per Zufall bekamen Elisas Eltern diesen Brief zwischen die Finger, wurden skeptisch und verboten ihr jeden weiteren Kontakt mit ihm. Das war am 10.06.
Es wurde nachgewiesen, dass Eros666 Elisa in der Zeit vom 12.06. bis zum 23.07. digital überwacht hatte. Er hörte ihre Skype-Gespräche ab und las ihre ICQ-Chats mit. Er fand sie in dem Forum ihrer Schule, bekam über ihre online gestellten Fotos ihre genaue Adresse heraus und recherchierte über ihre Eltern. Er erkundschaftete mit Google Maps ihre Wohngegend, erfuhr über ihre Statusnachrichten bei SchülerVZ, wo sie sich überwiegend aufhielt und welchen Bus sie benutzte, um nach Hause zu fahren. Schlussendlich nahm er im Schulforum mit ihren Freunden Kontakt auf und kam so zu ihrer Telefonnummer.
Am 23.07. war Elisa allein zu Hause. Sie loggte sich wie gewöhnlich im Internet ein, um mit Freunden zu quatschen. Dann klingelte ihr Handy, eine Nachricht auf der Mailbox: „Ich bin da, mach mir die Tür auf!" Was dann geschah, ist nicht nachweisbar, da keine technischen Geräte mehr benutzt wurden. Aber sicher ist, dass Elisa die Tür öffnete. Der Täter trug einen Hammer bei sich und schlug sie damit bewusstlos. Dann rammte er ihr einen so genannten Jesusnagel (20 cm lang) durch die Kehle und hämmerte sie damit auf dem Holzboden fest. Elisa wurde drei Stunden nach dem Mord von ihren Eltern gefunden. Sie war verblutet. Vom Täter fehlt jede Spur. Zu geschickt nutzte Eros666 das Web 2.0 für seine Zwecke.

Quelle: Kroetz: Elisabeth starb am Web 2.0, 2008, S. 16.

16.5 Sketchnotes erstellen

Der Begriff „Sketchnotes" setzt sich zusammen aus „Sketch" (engl.: Skizze) und „Note" (engl.: Notiz von lat. notitia „Kenntnis, Nachricht"). Es handelt sich um gezeichnete Notizen, einfache Skizzen zur Visualisierung. Sie ergänzen oder ersetzen das geschriebene Wort. 80 % unserer Wahrnehmung geht über die Augen. Bilder fördern das Behalten und machen Spaß. Sketchnotes können Ihre eigenen Protokolle oder Mitschriften bei Vorträgen, Kursen oder in Besprechungen ergänzen. Texte in Präsentationen und Mindmaps können Sie so ansprechender gestalten. Für den Anfang können Sie auf bekannte Symbole und Zeichen zurückgreifen.

---

1 Bild und Wort verbinden Sie bereits häufig, wenn Sie über soziale Netzwerke kommunizieren. Zeichnen Sie Gesichter mit folgendem Gefühlsausdruck: super, schlecht, nachdenklich, wütend, traurig, dankbar, zerknirscht, unberührt (s. S. 27 f.).

2 Aus dem Straßenverkehr sind Ihnen viele Zeichen vertraut, die Sie leicht kopieren können. Welche Aussagen in einem Text oder einer Präsentation könnten mit diesen Zeichen verbildlicht werden? Ordnen Sie Bild und Text einander zu:

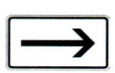

a „Drei Schritte führen schnell ans Ziel ..."
b „Mit folgenden Hindernissen ist zu rechnen ..."
c „Von besonderer Wichtigkeit ist ..."
d „Sie können jederzeit Hilfe anfordern, wenn Sie ..."
e „Daraus folgt der nächste Entwicklungsschritt ..."

3 Sprechblasen können Begeisterung, Kritik, Ideen oder besonders Bemerkenswertes zum Ausdruck bringen. Übertragen Sie die Sprechblasen auf ein Blatt und notieren Sie in jeder Sprachblase eine ihrer Form entsprechende kurze Aussage oder Interjektion (Ausruf).

4 Variieren Sie die Gestalt Ihrer Schrift, um Wichtiges von Unwichtigem zu unterscheiden.

5 Versuchen Sie, mit den folgenden Bestandteilen Figuren im Stillstand und in Bewegung zu zeichnen:

Tipp Im Internet finden Sie viele Beispiele und Anleitungen für Sketchnotes, z. B. https://sketchnote-love.com/mini-sketchnotes-tutorial-deutsch/.

16.6 Mindmaps erstellen

Wie oft wurden Sie schon aufgefordert, eine Gliederung zu entwerfen oder einen Plan zu machen! Wenn Sie dann Ihren Gedanken freien Lauf lassen, fallen Ihnen viele Dinge gleichzeitig ein. Wir denken nicht immer logisch und unsere Ideen kommen oft nicht nacheinander, sondern parallel oder ungeordnet.

Mindmapping ist eine Arbeitstechnik für alle, die schneller und strukturierter arbeiten wollen. Sie bietet aber gleichzeitig eine offene Struktur, in der auch unerwartete Einfälle untergebracht werden können. Durch Visualisierung wird das Auge angesprochen: Bilder, Symbole, Zeichnungen sind erwünscht. Sie helfen unserem Erinnerungsvermögen auf die Sprünge.

Erstellt man eine Mindmap von Hand, sind der Kreativität keine Grenzen gesetzt: Farben, Schriftgrößen und Bilder lassen ein buntes Strukturbild entstehen. Auch mit dem PC lassen sich übersichtliche und anschauliche Mindmaps anfertigen. Die Software wird auch kostenlos im Internet angeboten. Fragen Sie in Ihrer Schule nach, ob es eine Schullizenz gibt.

Der nachstehenden Mindmap können Sie alle grundlegenden Informationen über die Arbeitstechnik entnehmen:

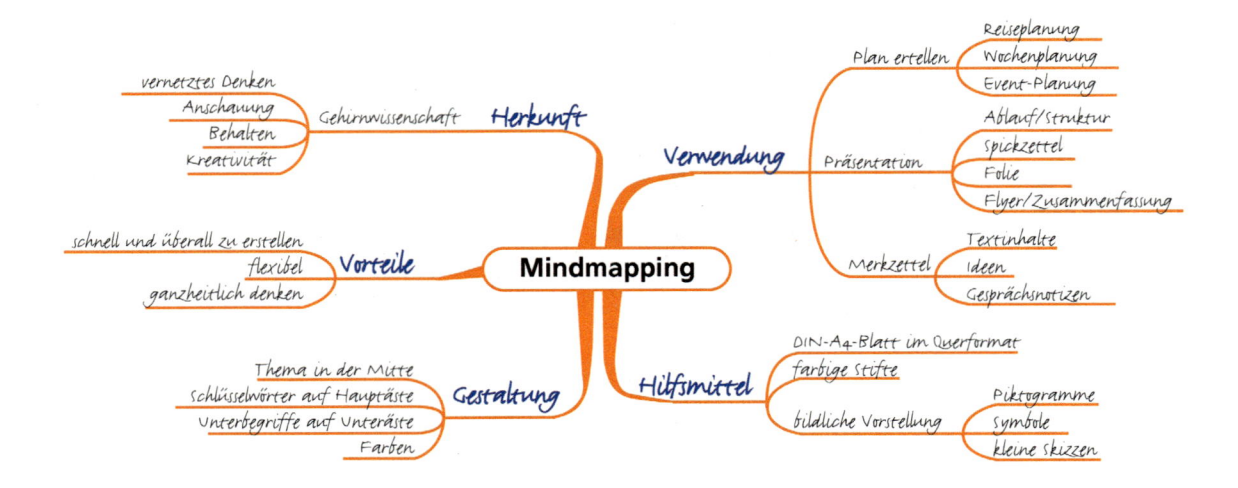

[Mindmap zum Thema Mindmapping mit den Hauptästen: Herkunft (vernetztes Denken, Anschauung, Behalten, Kreativität, Gehirnwissenschaft); Verwendung (Plan erstellen: Reiseplanung, Wochenplanung, Event-Planung; Präsentation: Ablauf/Struktur, Spickzettel, Folie, Flyer/Zusammenfassung; Merkzettel: Textinhalte, Ideen, Gesprächsnotizen); Vorteile (schnell und überall zu erstellen, flexibel, ganzheitlich denken); Gestaltung (Thema in der Mitte, Schlüsselwörter auf Hauptäste, Unterbegriffe auf Unteräste, Farben); Hilfsmittel (DIN-A4-Blatt im Querformat, farbige Stifte, bildliche Vorstellung: Piktogramme, Symbole, kleine Skizzen)]

---

1 Fassen Sie die Informationen über das Mindmapping in einem kurzen Text zusammen.

2 Halten Sie mithilfe der Mindmap einen informierenden Kurzvortrag vor der Klasse. Nennen Sie zunächst das Thema, dann die fünf Hauptpunkte, danach führen Sie jeden der Punkte aus. Formulieren Sie einen abschließenden Schlusssatz.

3 Üben Sie die Arbeitstechnik des Mindmappings mit Texten, z. B. bei der Erstellung einer Inhaltsangabe (S. 138 f., 195 f.).

16.7 Mindmapping — Überblick und Schreibplan

Kompetenzen

Sie können
- mit den Werkzeugen der Mindmap umgehen,
- eine Mindmap strukturiert und ansprechend gestalten,
- Ihre Ideen in einer Mindmap festhalten,
- eine Mindmap als Planungsinstrument benutzen,
- Inhalte eines Textes in einer Mindmap erfassen,

Hilfsmittel

Nehmen Sie ein DIN-A4-Blatt im Querformat und bunte Stifte; lassen Sie Ihrer Fantasie freien Lauf.

Thema

Platzieren Sie das Thema in die Mitte des Blattes; schreiben Sie in gut leserlicher Druckschrift.

Gesichtspunkte/Unterpunkte

Zeichnen Sie nun von der Mitte ausgehend Äste; darauf schreiben Sie die Hauptpunkte. Diese Äste können Sie dick und in verschiedenen Farben zeichnen.

Details

An die Äste fügen Sie dünnere Zweige an. Darauf notieren Sie – immer noch gut lesbar – Ihre Einfälle zu jedem der Schlüsselbegriffe auf den Ästen.

Ausgestalten

Fügen Sie Bilder, Symbole, Piktogramme und kleine Skizzen hinzu. Dadurch können Sie sich Ihre Mindmap besser einprägen.

Übungen zum Mindmapping

a Planen Sie die bevorstehende Woche mithilfe einer Mindmap.
b Sie wollen ein Klassenfest organisieren. An was muss gedacht werden, damit alles klappt? Planen Sie mithilfe einer Mindmap.
c Sie sollen Ihrer Klasse eine/Ihre Firma vorstellen. Entwerfen Sie eine Mindmap, die alle wesentlichen Fakten enthält.
d Sie bereiten sich auf ein Vorstellungsgespräch vor. Fertigen Sie eine Mindmap über sich selbst an (Name und Herkunft, Schulausbildung, berufliche Ziele, Interessen, Hobbys, soziale Aktivitäten).
e Fertigen Sie eine Mindmap zu einem Thema aus dem Fach Wirtschaftskunde an, z. B. Arbeitsschutzvorschriften, Sozialversicherungen, Kündigungsschutzgesetz. Halten Sie mithilfe Ihrer Mindmap einen Kurzvortrag vor der Klasse.

17 Im Team arbeiten

17.1 Teamarbeit im Betrieb

Teamarbeit in der Schule ist eine Vorbereitung auf eine zukünftige berufliche Tätigkeit. Viele Betriebe gehen von Einzelarbeit zu Teamarbeit über. Dabei werden betriebliche Aufgaben, z. B. die Herstellung oder der Vertrieb eines Produkts oder das Anbieten einer Dienstleistung von Gruppen übernommen, denen von der Betriebsleitung ein hohes Maß an Selbstständigkeit, Entscheidungsfreiheit und Verantwortung übertragen wird. An die Stelle der Über- und Unterordnung (Hierarchie) im Betrieb tritt die Zusammenarbeit (Kooperation) der Mitarbeiter/-innen, um deren Erfahrungen und Wissen mehr als bisher zu nutzen.

Betriebe, die Teamarbeit praktizieren, verfolgen damit vier Hauptziele: Zunahme der Arbeitszufriedenheit, Verbesserung der Zusammenarbeit, Senkung der Kosten, Erhöhung der Produktivität.
Neben fachlichen Fertigkeiten und Kenntnissen (Fachkompetenz) wird jedem **Teamfähigkeit** abverlangt: In der Gruppe müssen Sie z. B. mündlich über einen Sachverhalt informieren, einen eigenen Verbesserungsvorschlag begründen oder zu einem Problem Stellung nehmen. Konstruktive Mitarbeit in der Gruppe setzt soziale Fähigkeiten (Sozialkompetenz) voraus, wie Rücksichtnahme, Toleranz, Kompromiss- und Einsatzbereitschaft. Fach- und Sozialkompetenz gehören zu den sogenannten **Schlüsselqualifikationen,** weil sie den Arbeitnehmerinnen und Arbeitnehmern den Zugang zur modernen Berufswelt erschließen.

---

1 Warum stellt Gruppenarbeit höhere Anforderungen an Ihr mündliches Ausdrucksvermögen?

2 Berichten Sie von Ihren Erfahrungen, die Sie beim Arbeiten in Gruppen gemacht haben.

3 Nach der Einführung von Gruppenarbeit stellten Betriebe fest, dass die Fehlzeiten deutlich geringer wurden. Wie erklären Sie sich diese Veränderung?

Durchschnittsalter 44 – Mitarbeiter zwischen 16 und 67: Konflikt oder Kooperation der Generationen im Betrieb

Die einen monieren, höheres Lebens- oder Dienstalter seien bei Lohnerhöhungen oder Beförderungen oft wichtiger als die tatsächliche Leistung. Andere wiederum meinen, Jüngere würden bevorzugt, nur weil sie jünger seien.
Keine Frage: Wissen und Erfahrung von jungen und älteren Mitarbeitern sind unterschiedlich. Andere Wertvorstellungen und Konkurrenzdenken, dazu ein Mangel an gegenseitigem Vertrauen und an Kooperationsbereitschaft stehen vielfach einer kollegialen Zusammenarbeit der Generationen im Weg. Unterschiedliche Meinungen können als störend oder aber als bereichernd erlebt werden. Nur wenn allen klar ist, dass der Erfolg des Betriebs auch die Sicherheit des eigenen Arbeitsplatzes bedeutet, wächst die Bereitschaft, an einem Strang zu ziehen. Bemüht sich jeder, den anderen wirklich ernst zu nehmen und zu schätzen, dann haben die Älteren die Möglichkeit, ihre Erfahrungen und die Jungen die Chance innovative Kenntnisse und Ideen einzubringen. Davon kann jedes Unternehmen nur profitieren.
Trotz gutem Willen wird es immer wieder zu Konflikten kommen, weil die Lebenswelt der Generationen zu unterschiedlich ist. Dann ist auf beiden Seiten Kompromissbereitschaft gefragt. Nur wenn man aufeinander zugeht, findet man Lösungen, mit denen alle leben können. sd

---

4 Diskutieren Sie über Ihre Erfahrungen in der Zusammenarbeit mit Älteren.

17.2 Gruppenarbeit in der Berufsschule

Um Ihre Teamfähigkeit zu stärken, sollten Sie in der Berufsschule möglichst viele Gelegenheiten nutzen, mit anderen zusammenzuarbeiten. Bei der Zusammenarbeit in kleinen Gruppen mit je vier bis sechs Mitgliedern besteht für die Einzelnen die Gelegenheit, sich zu beteiligen. Zurückhaltende Schülerinnen und Schüler können ihre Scheu verlieren und so die Chance nutzen, ihre Kommunikationsfähigkeit zu trainieren. Wer sich in der Schule an der Gruppenarbeit beteiligt, trainiert dabei die gleichen Fähigkeiten, die auch für die betriebliche Gruppenarbeit wichtig sind. Dabei spielt es keine Rolle, dass die Inhalte und Aufgabenstellungen der Gruppenarbeit in der Schule naturgemäß anders sind als im Betrieb. Auch die **Gesprächsregeln** (s. S. 12) gelten in Betrieb und Schule gleichermaßen.

Mitglieder einer Arbeitsgruppe sollten Folgendes können:
- mit anderen diskutieren
- aktiv zuhören
- konstruktiv kritisieren
- Stellung nehmen
- selbstständig arbeiten
- Verantwortung übernehmen
- Ergebnisse festhalten
- Ergebnisse präsentieren

(Das Lehrbuch enthält zu all diesen Arbeitsbereichen ausführliche Informationen.
Mithilfe des Stichwortverzeichnisses lassen sich die entsprechenden Seiten schnell auffinden.)

Die Gruppenbildung

Nicht freundschaftliche Beziehungen oder besondere Sympathie sind für die Zusammensetzung einer Gruppe entscheidend, sondern vielmehr, dass jede/jeder zur Lösung einer bestimmten Sachaufgabe etwas beitragen kann. Die Unterschiedlichkeit der Kenntnisse, Charaktere und Fähigkeiten macht die Arbeit fruchtbar. Man spricht hier von Synergieeffekten.

---

1 Sprechen Sie in der Klasse über günstige und ungünstige Anordnungen von Tischen und Stühlen für erfolgreiche Gruppenarbeit.

2 Welche persönlichen Stärken können Sie in eine Arbeitsgruppe einbringen?

3 Wo liegen Ihre Schwächen? Was können Sie tun, um diese zu beheben?

4 Wo liegen die Vorteile/Nachteile, wenn Sie häufig mit denselben Mitschülerinnen/Mitschülern zusammenarbeiten?

17.3 Gruppenarbeit — Überblick

Form der Aufgabenstellung	• **arbeitsgleiche Aufgabenstellung:** Alle Gruppen erhalten dieselbe Aufgabe.
	  – Die Ergebnisse sind gut vergleichbar, Unterschiede sind leicht zu erkennen, Fehlendes ist schnell zu ergänzen.
	  – Ähnlicher Wissensstand der Mitglieder aller Gruppen, alle können deshalb in der anschließenden Diskussion mitreden.
	• **arbeitsteilige Aufgabenstellung:** Jede Gruppe erhält einen anderen Teil einer umfangreichen Gesamtaufgabe (z. B. die Untersuchung eines Werbetextes wie auf S. 154 f.).
	  – Die Gruppenmitglieder müssen genau und gründlich arbeiten, damit sie zu „Experten" für das jeweilige Teilgebiet werden.
	  – Die Ergebnisse ergänzen sich und ergeben die Gesamtlösung.
	  – Die anderen Gruppen können das eigene Ergebnis nur indirekt kontrollieren.
	  – Die Präsentation der Ergebnisse ist mit den anderen Gruppen abzustimmen.

Zeitvorgabe	Die Gruppe muss die Zeitvorgabe für die Gruppenarbeit beachten. Alle Gruppen haben sich an die Zeitvorgabe zu halten, sonst wird das Gesamtergebnis blockiert.
Arbeitsaufteilung in der Gruppe	Die Gruppenmitglieder einigen sich, wer eine bestimmte Aufgabe übernimmt. Beispiele dafür: • Wer ist Zeitwächter? • Wer protokolliert den Ablauf der Arbeit (Protokoll s. S. 72 ff.)? • Wer dokumentiert die Ergebnisse der Gruppenarbeit? • Wer präsentiert die Ergebnisse vor der Klasse?
Vorstellen der Arbeitsergebnisse	Die von einer Gruppe erarbeiteten gemeinsamen Ergebnisse müssen häufig anderen Gruppen oder der Klasse vorgestellt werden. • Einigen Sie sich darauf, in welcher Form Ihr Gruppenergebnis vorgestellt werden soll. • Entwerfen Sie gemeinsam die Bestandteile/Unterlagen für die Vorstellung. • Stellen Sie die Arbeitsergebnisse möglichst in Partnerarbeit oder als Gruppe vor.

*1 Erläutern Sie, welche **Gesprächsregeln** bei der Arbeit in einer Gruppe besonders wichtig sind (s. S. 12 f.). Informieren Sie sich auch auf S. 114 über die Aufgaben einer Teilnehmerin/eines Teilnehmers an einer Diskussion. Beschreiben Sie mit einem Beispiel, wie sich der Verstoß gegen eine dieser Regeln auswirkt.*

2 Aus welchen Gründen würden die meisten Menschen am liebsten in einer Freundschaftsgruppe arbeiten?

Tipp Ihre Fähigkeit, mit anderen gut zusammenzuarbeiten, können Sie auch in der **Partnerarbeit** üben. Dazu wird die Klasse in sogenannte Tandems mit je zwei Schülerinnen oder Schülern aufgeteilt, die im Klassenzimmer direkt vor-, hinter- oder nebeneinander sitzen. Ein solches „Tandem" sollte immer wieder neu zusammengesetzt werden, denn der Umgang mit unterschiedlichen Partnerinnen und Partnern ist eine gute Vorübung dafür, dass Sie in einer Gruppe mitreden können. Beinahe alle Aufgaben des Lehrbuchs können Sie in Partnerarbeit durchführen.

17.4 Kriterien für Teamfähigkeit

Mit „Teamfähigkeit" wird die Bereitschaft und die Fähigkeit einer Person bezeichnet, mit den Mitgliedern einer Gruppe ziel- und aufgabenorientiert zusammenzuarbeiten. Damit die Zusammenarbeit in einem Team gut funktioniert und erfolgreich ist, müssen die Mitglieder des Teams zueinanderpassen und bereit sein, ihre individuellen Fähigkeiten und Kenntnisse in die Gruppe einzubringen. In vielen Betrieben ist die Teamfähigkeit ein Teil der Mitarbeiterbeurteilung. In der Berufsschule kann sie in die Note für „Projektkompetenz" einfließen.

Folgende Kriterien werden immer wieder als Indikatoren für die Teamfähigkeit genannt:

- Sie/Er ist bereit, von anderen zu lernen.
- Sie/Er ist bereit und in der Lage, anderen zuzuhören.
- Sie/Er stellt eigene Interessen zurück, wenn die Ziele des Teams dies erfordern.
- Sie/Er bringt eigenes Wissen und Erfahrungen in das Team ein.
- Sie/Er tauscht wichtige Informationen im Team aus.
- Sie/Er macht Vorschläge zur Aufgabenverteilung.
- Sie/Er ist bereit, Aufgaben zu übernehmen.
- Sie/Er schätzt die Ideen der Teammitglieder.
- Sie/Er erkennt die Leistungen anderer an.
- Sie/Er strebt einvernehmliche Lösungen an.
- Sie/Er bittet andere Teammitglieder um Hilfe.
- Sie/Er bietet anderen im Team Hilfe an.
- Sie/Er stimmt sich mit dem Team ab.
- Sie/Er hält die abgesprochenen Aufgabenverteilungen und Termine ein.

---

1 Welche der genannten Kriterien sind Ihrer Erfahrung nach nicht so wichtig?

2 Nennen Sie die fünf Kriterien, die Ihrer Meinung nach wichtig sind.

3 Vergleichen Sie Ihr Ergebnis mit dem einer Mitschülerin/eines Mitschülers. Einigen Sie sich auf sechs Kriterien.

4 Bilden Sie eine Gruppe mit vier bis sechs Schülerinnen/Schülern. Einigen Sie sich in der Gruppe auf sechs Kriterien.

5 Entwickeln Sie in der Gruppe einen Bewertungsbogen, mit dessen Hilfe beurteilt werden kann, wie teamfähig eine Mitarbeiterin/ein Mitarbeiter ist.

6 Stellen Sie als Gruppe den Bewertungsbogen der Klasse vor. Vergleichen Sie die Lösungen der verschiedenen Gruppen und diskutieren Sie über deren Vor- und Nachteile.

7 Bewerten Sie selbstkritisch Ihre eigene Teamfähigkeit. Wo liegen Ihre Stärken? Was sollten Sie tun, um sich noch zu verbessern?

8 Nutzen Sie den Bewertungsbogen, um sich gegenseitig ein Feedback (s. S. 246) zur Teamfähigkeit zu geben.

17.5 Gemeinsam Ideen entwickeln

17.5.1 Brainstorming

Alex F. Osborn entwickelte 1939 das Brainstorming als Methode, mit der neue Ideen entwickelt werden können. Ganz wichtig war ihm, dass auch verrückte Gedanken akzeptiert werden. Fünf bis acht Personen denken über eine konkrete Frage nach und lassen ihren Gedanken freien Lauf. Eine Moderatorin/Ein Moderator notiert alle Ideen auf einer Tafel ggf. in Form einer Mindmap und achtet auf die Einhaltung der folgenden Regeln:

Vier wichtige Grundregeln:
1 Übe keine Kritik (keine Bewertung der Ideen).
2 Je mehr Ideen, desto besser (Masse vor Klasse).
3 Ergänze und verbessere bereits vorhandene Ideen.
4 Je ungewöhnlicher die Idee, desto besser.

Anschließend werden die Ideen ausgewertet. Zum Beispiel können die drei besten weiter ausgearbeitet werden.

17.5.2 Brainwriting: die 6-3-5-Methode

Die 6-3-5-Methode wurde 1968 von dem Marketing- und Unternehmensberater Bernd Rohrbach entwickelt. Gruppen mit je sechs Teilnehmerinnen/Teilnehmern und ggf. einer Zeitnehmerin/einem Zeitnehmer setzen sich zusammen. Jede/Jeder erhält ein Blatt Papier mit jeweils drei Spalten und sechs Zeilen. Jedes Gruppenmitglied notiert in der ersten Zeile drei Ideen Und gibt sein Blatt nach einer zuvor vereinbarten Zeit (zwei bis fünf Minuten) im Uhrzeigersinn an das nächste Gruppenmitglied weiter, das die Ideen der Vorgängerin/des Vorgängers aufgreift, weiterführt, ergänzt, verbessert.
Dieses Verfahren wird fünf Mal wiederholt.
In einer Schlussrunde kreuzt jeder auf jedem Blatt drei Ideen an, die er am besten findet. Die drei mit den meisten Kreuzchen werden schriftlich festgehalten und weiter bearbeitet.

Wie können wir unser Klassenklima verbessern?			
Teilnehmer/-in 1			
Teilnehmer/-in 2			
Teilnehmer/-in 3			
Teilnehmer/-in 4			
Teilnehmer/-in 5			
Teilnehmer/-in 6			

6 Teilnehmer/-innen, 3 Ideen, 5-mal Weitergeben = 108 Ideen

---

1 Welche Vor- und Nachteile sehen Sie bei den zwei Methoden?

2 Welche Frage beschäftigt Sie derzeit in Ihrer Klasse besonders? Probieren Sie eine der Methoden aus.

17.5.3 Placemat-Methode

Die Placemat-Methode (engl. Tischset) ist ein Beispiel für die Verbindung von Einzel- und Gruppenarbeit. Ziel ist, dass alle Gruppenmitglieder sich beteiligen und ihre individuellen Ideen in ein gemeinsames Gruppenergebnis einbringen. Dabei schulen Sie Ihre Kreativität, Kompromiss- und Teamfähigkeit.

Vorgehensweise

1 Phase: Organisation
- Teilen Sie Ihre Klasse in Vierergruppen auf.
- Jede Gruppe setzt sich jeweils an einen Tisch.
- Zeichnen Sie auf ein DIN-A2-Blatt ein sog. Placemat (siehe Bild unten) und legen Sie es in die Tischmitte.
- Ihre Fachlehrerin/Ihr Fachlehrer teilt den Gruppen eine arbeitsgleiche Aufgabenstellung mit.
- Die Arbeitszeit in den Phasen 2 und 3 beträgt 15 Minuten; halten Sie diese ein.

2 Phase: Einzelarbeit
- Machen Sie sich individuell Gedanken über die Aufgabe.
- Tragen Sie Ihre Ideen in vier bis sechs Stichworten in eines der vier Gruppenmitgliedsfelder des Placemat ein. Schreiben Sie bitte alle gleichzeitig und nicht voneinander ab.

3 Phase: Gruppenarbeit
- Drehen Sie das Placemat und lesen Sie nacheinander die Ergebnisse der anderen drei Gruppenmitglieder.
- Vergleichen Sie die Einträge und tauschen Sie sich über die besten Ideen aus.
- Einigen Sie sich auf ein gemeinsames Ergebnis (maximal vier Stichworte) und halten Sie dieses mittig im Gruppenergebnisfeld fest.
- Schneiden Sie abschließend das Feld aus.

4 Phase: Präsentation
- Jede Gruppe stellt ihr Ergebnis den anderen vor: Sie können z. B. das Gruppenergebnisfeld an einer Pinnwand aufhängen und erläutern.
- Diskutieren Sie in der Klasse sämtliche Gruppenergebnisse.

---

1 Führen Sie die Placemat-Methode zu einer der folgenden Aufgaben durch:
   a Welche Ursachen hat Jugendkriminalität?
   b Welche Vor- und Nachteile hat die Mitgliedschaft in einem Verein?

2 Tauschen Sie sich über Ihre Erfahrungen mit der Placemat-Methode aus.

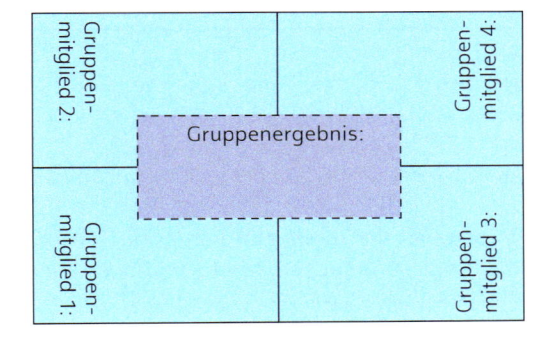

18 Texte überarbeiten

18.1 Mit der Textlupe arbeiten

Ob Erzählung, Inhaltsangabe oder Geschäftsbrief: Kein Text ist nach der ersten Niederschrift bereits perfekt. Es bedeutet mühevolle Arbeit, den Entwurf inhaltlich und sprachlich zu verbessern. Die Methode „Textlupe" bietet Ihnen die Möglichkeit, sich mit Mitschülerinnen und Mitschülern über Ihre Textentwürfe auszutauschen und dadurch Anregungen, Tipps, aber auch Kritik einzuholen. Dadurch helfen Sie sich gegenseitig bei der Überarbeitung, können Ihre Stärken einbringen und sich bei Ihren Schwächen helfen lassen. Trotz der Hilfe anderer schreiben Sie aber mit dieser Methode Ihren eigenen Text.

Vorgehensweise

1. Bildung von Kleingruppen (maximal vier Schülerinnen und Schüler)
2. Lesezeit vereinbaren (je nach Textlänge zwischen fünf und 15 Minuten)
3. Jeder gibt seinen Textentwurf im Uhrzeigersinn an ein Mitglied der Gruppe.
4. Lesen der Textentwürfe
5. Machen Sie auf einem Rückmeldeblatt (der Textlupe) positive Anmerkungen sowie Verbesserungsvorschläge, z. B. zu Aufbau, Sprache, Schreibstil, Inhalt des Textentwurfes. Kurze Kommentare zu Rechtschreib-, Zeichensetzungs- und Grammatikfehlern sind genauso wichtig, aber bitte stets nur auf der Textlupe.
6. Nach Ende der vereinbarten Lesezeit wird der Textentwurf an das nächste Gruppenmitglied weitergereicht. Die Textlupe wird an die jeweilige Verfasserin/den jeweiligen Verfasser des Textes gegeben. Niemand darf seinen eigenen Textentwurf kommentieren.
7. Nach einem kompletten Durchgang lesen alle die Textlupen, die sie zu ihrem Entwurf bekommen haben, und überarbeiten den eigenen Textentwurf. Es bleibt jedem selbst überlassen, welche Anmerkungen und Vorschläge er aufgreift.

Beispiel für eine Textlupe

Textlupe zum Text:
_____

Verfasser/-in des Textes:
_____

Gelungen finde ich:

Nicht verstanden habe ich:

Verändert werden könnte:

Textlupe von (Name):
_____

---

1. Bearbeiten Sie einen Textentwurf (z. B. eine Inhaltsangabe, s. S. 137 ff., 195 ff.) mithilfe der obigen Textlupe.

2. Diskutieren Sie anschließend in Ihrer Kleingruppe Vor- und Nachteile dieser Methode.

3. Entwickeln Sie selbst Textlupen, mit denen man im Beruf häufig vorkommende Textarten (z. B. Geschäftsbrief, Arbeitsanleitung) untersuchen kann. Überlegen Sie sich geeignete Untersuchungskriterien.

18.2 Schreibkonferenz

Im Unterschied zur Textlupe (s. vorige Seite) steht bei einer Schreibkonferenz das gemeinsame Gespräch über einen Textentwurf im Vordergrund. Ziel ist es, sich mit Mitschülerinnen und Mitschülern über Aufbau, Inhalt und Sprache eines noch nicht überarbeiteten Textes auszutauschen und Ratschläge aufzugreifen.

Vorgehensweise

1 Konferenzbildung:
Die Verfasserin/Der Verfasser eines Textentwurfes wählt drei bis vier Schülerinnen und Schüler als „Konferenzmitglieder" aus. Von diesen übernimmt eine(r) die Rolle als moderierender „Konferenzleiter"; dies darf nicht die Verfasserin/der Verfasser sein. Die Konferenzmitglieder legen die Dauer der Konferenz fest, die Konferenzleitung achtet auf die Einhaltung der Zeit.

2 Lesephase:
Die Verfasserin/Der Verfasser liest seinen Textentwurf vor, die Konferenzmitglieder hören aufmerksam zu.

3 Besprechungsphase:
- Jedes Konferenzmitglied kommentiert den Textentwurf.
- Der Entwurf wird als Kopie (wenden Sie sich bitte an Ihre Lehrerin/Ihren Lehrer) an jedes Konferenzmitglied ausgeteilt.
- Alle lesen den Text und machen sich Notizen.
- Der Entwurf wird systematisch besprochen, z. B. zuerst der Inhalt, danach der Schreibstil, dann Rechtschreibung, Zeichensetzung und Grammatik.
- Die Verfasserin/Der Verfasser notiert fortlaufend Anmerkungen sowie Verbesserungsvorschläge.

4 Überarbeitungsphase:
Der Textentwurf wird von der Verfasserin/vom Verfasser überarbeitet. Es bleibt ihr/ihm überlassen, welche Anmerkungen und Vorschläge aufgegriffen werden.

5 Präsentationsphase:
Der überarbeitete Textentwurf wird der Schreibkonferenz/Klasse vorgelesen.

---

1 Führen Sie eine Schreibkonferenz durch und besprechen Sie einen Textentwurf (z. B. einen Geschäftsbrief, s. S. 96 f., eine Mängelrüge, s. S. 100 oder die Fortsetzung einer Geschichte, s. S. 208).

2 „Textlupe" (s. vorige Seite) oder „Schreibkonferenz"? Begründen Sie, welche Methode Ihnen besser gefällt.

Tipp

Wenn Sie in Ihrer Klasse zum ersten Mal eine Schreibkonferenz einüben, dann beschränken Sie sich auf kurze Textentwürfe. Diese sollten handschriftlich nicht länger als eine Seite sein.

18.3 Texte verständlicher machen

Das versteht doch kein Mensch!

Die Führungskräfte von Großbetrieben wunderten sich lange Zeit, wie wenig Informationen die Mitarbeiterinnen und Mitarbeiter wirklich erreichen. Sie beauftragten das Institut für Kommunikation in Hamburg damit, nach Erklärungen dafür zu suchen. Friedemann Schulz von Thun und seine Mitarbeiter/-innen fanden heraus, dass vier **Verständlichmacher** für Verstehen und Behalten besonders förderlich sind:

Die vier Verständlichmacher	
Einfachheit, d. h. • geläufige Wörter • Fremdwörter werden übersetzt • Fachausdrücke werden erklärt • klare, kurze Sätze	**Gliederung und Ordnung,** d. h. • im Satz kommt Wichtiges zuerst • der rote Faden ist deutlich • übersichtliche Gestaltung (Absätze, Überschriften) • Wichtiges wird hervorgehoben (durch Schriftart, Schriftmerkmale, Betonung)
Kürze und Prägnanz, d. h. • präzise Ausdrucksweise • so ausführlich wie nötig • so kurz wie möglich	**Anschaulichkeit,** d. h. • die Leserschaft/Zuhörerschaft direkt ansprechen • an bekannte Erfahrungen anknüpfen • durch Beispiele, Vergleiche und Metaphern verbildlichen • durch Fragen zum Nachdenken anregen

Um die Verständlichkeit von Texten zu bewerten, werden hier folgende Zeichen verwendet:
++ für „sehr gut"; + für „gut"; – für „weniger gut"; – – für „nicht gut".

1 Der folgende Text erhielt die unten stehende Bewertung. Begründen Sie die Bewertung im Einzelnen.
„Ein außergewöhnlicher Härtefall liegt vor, wenn ein Bewerber [...] nicht ausgewählt worden ist und die Nichtaufnahme für ihn mit Nachteilen verbunden wäre, die bei Anlegen eines strengen Maßstabes über das Maß der mit der Nichtaufnahme üblicherweise verbundenen Nachteile erheblich hinausgehen."
(Quelle: Ausbildungs- und Prüfungsordnung für die Fachschulen für Wirtschaft, 2010, S. 6.)

Einfachheit	Gliederung und Ordnung	Kürze und Prägnanz	Anschaulichkeit
– –	–	+	– –

2 Welche Merkmale hat ein Text, der folgendermaßen bewertet wurde?

Einfachheit	Gliederung und Ordnung	Kürze und Prägnanz	Anschaulichkeit
+ +	–	– –	+

Sie wissen nun, wie Verständlichkeit erreicht wird. Das folgende Beispiel zeigt, wie ein komplizierter Text in einen verständlichen umformuliert werden kann.

Beispiele für Vereinfachung

> In Anbetracht Ihres Schreibens mit der Aussage, dass Sie mit der letzten Aufsatzzensur, die ich Ihrem Sohn gegeben habe, nicht einverstanden sind, möchte ich Ihnen folgenden Vorschlag unterbreiten: Um eine befriedigende Klärung dieser Angelegenheit zu erreichen, würde ich es begrüßen, wenn wir uns zu einem persönlichen oder telefonischen Gespräch zusammenfinden könnten.

> Sie haben mir geschrieben, dass Sie mit der letzten Aufsatzzensur Ihres Sohnes nicht einverstanden sind. Ich würde gerne mit Ihnen persönlich darüber sprechen.

3 Bewerten Sie die Verständlichkeit des folgenden Textes aus dem Beschluss eines Gerichtes so, wie es in den Beispielen auf S. 230 gezeigt wurde. Vergleichen Sie Ihre Bewertung mit denen Ihrer Mitschülerinnen und Mitschüler.

1 Leitsatz aus dem Beschluss des Oberverwaltungsgerichts Lüneburg vom 26.01.2010 zur Ordnungsstrafe wegen einer scherzhaften Amokdrohung:
5 „Es ist im Rahmen des der Schule einzuräumenden pädagogischen Ermessens nicht zu beanstanden, wenn sie einen Schüler an eine andere Schule derselben Schulform überweist, der für die – von ihm nur scherzhaft gemeinte – Einstellung einer Amoklauf-Ankündigung 10 im Chatbereich StudiVZ/Buschfunk mitverantwortlich ist; denn es ist anderen Schülern deutlich vor Augen zu führen, dass selbst eine nur scherzhaft gemeinte Ankündigung eines Amoklaufes nicht ohne gravierende ord- 15 nungsrechtliche Maßnahmen bleiben wird, da eine Ankündigung eines Amoklaufs selbst als Scherz nicht hinnehmbar ist."

Oberverwaltungsgericht (OVG) Lüneburg, 26.01.2010, 2ME 444/09

4 Fassen Sie die Kerninformationen des Textes in eigene Worte. Formulieren Sie dazu einfache Sätze. Bringen Sie die Sätze in eine sinnvolle Reihenfolge. Überarbeiten Sie Ihren Text nun stilistisch.

5 Tauschen Sie nun Ihren Text mit dem einer Mitschülerin/eines Mitschülers. Bewerten Sie gegenseitig die Verständlichkeit nach den auf S. 230 dargestellten Kriterien.

6 Verfassen Sie eine Bedienungsanleitung für einen Bedienungsvorgang am PC oder einem Handy oder einem anderen elektronischen Gerät. Tauschen Sie Ihren Text mit dem Text einer Mitschülerin oder eines Mitschülers und nehmen Sie gegenseitig eine Bewertung der Verständlichkeit vor. Begründen Sie anschließend gegenüber Ihrer Partnerin/Ihrem Partner Ihre Bewertung. Lesen Sie gut bewertete Textbeispiele in der Klasse vor.

19 In Projekten arbeiten

Viele Aufgaben in Betrieben müssen heute fachübergreifend gelöst werden. Besondere Entwicklungsaufgaben oder Auftragsbearbeitungen werden daher in Form von Projekten geplant und durchgeführt. Ziel von Projektarbeit sind kürzere Kommunikationswege, höhere Flexibilität, kürzere Entscheidungswege, schnelleres Erkennen von Problemen und natürlich eine höhere Produktivität. Für umfangreichere Projekte werden immer wieder Mitarbeiter/-innen aus den Organisationsstrukturen herausgelöst oder befristet eingestellt.

Projekte zeichnen sich durch folgende Merkmale aus:

- klare Zielvorgabe
- zeitliche Begrenzung
- finanzielle Begrenzung
- personelle Begrenzung
- Neuartigkeit
- Vielschichtigkeit der Aufgabe
- spezielle Organisationsform
- Nachvollziehbarkeit durch Dokumentation

Man kann **vier Phasen eines Projekts** unterscheiden:

1 Projektauftrag
Definition
Ziele
Auftraggeber/-in
Projektleiter

2 Planung
Arbeitspakete
Meilensteine
Zuständigkeiten
Zeit

3 Umsetzung
Durchführung
Planung
Aktualisierung
Information

4 Abschluss
Abschlussbericht
Abnahme
Bewertung
Dokumentation

Mit der **Definition des Projekts** ist eine klare Aufgabenstellung gemeint. Es geht darum, präzise zu formulieren, was am Ende des Projekts erreicht sein soll. Auch Auftraggeber/-in und die zuständige Projektleiterin/der zuständige Projektleiter müssen genannt werden.

Die **Planungsphase** ist von entscheidender Bedeutung: Arbeitsschritte und Teilaufgaben (Arbeitspakete, Meilensteine und Termine) werden festgelegt und die jeweiligen Verantwortlichen benannt. Die Teilnehmer/-innen am Projekt werden als Projektgruppe zusammengestellt.

In der **Umsetzungsphase** findet die Durchführung des Projekts statt. Jeder erfüllt die Aufträge, für die er zuständig ist. In dieser Phase ist die kontinuierliche Verständigung im Team notwendig. Insbesondere wenn etwas nicht so läuft, wie es geplant wurde, ist eine neue Absprache nötig.

Der **Abschluss des Projekts** bedeutet: Der Auftrag ist erfüllt, das Ziel erreicht. Die Auftraggeberin/Der Auftraggeber erhält die Ergebnisse. Wird die Leistung akzeptiert, ist das Projekt beendet. Für das Projektteam ist es wichtig, abschließend Bilanz zu ziehen: Was ist gut gelaufen, was können wir noch verbessern („Feedback", s. S. 246)?

Was ist ein Projekt? Der Begriff „Projekt" ist kein anderes Wort für „Vorhaben" oder „Aufgabe". Es gibt eine genaue Definition, die in der DIN 69901 festgelegt ist: Ein Projekt ist demnach ein Vorhaben, das im Wesentlichen durch die Einmaligkeit der Bedingungen gekennzeichnet ist:
▶ Zielvorgabe ▶ zeitliche, finanzielle, personale Begrenzungen ▶ Abgrenzung gegenüber anderen Vorhaben ▶ projektspezifische Organisation

---

1 Wodurch unterscheiden sich Projektarbeit und Gruppenarbeit? Nennen Sie Beispiele für beide Formen der Zusammenarbeit.

19.1 Projektauftrag

Im folgenden Beispiel wird anhand einer schulischen Problemstellung die Arbeit an einem Projekt geübt.

Projektauftrag: *Beispiel:*	(Hier wird das Thema des Projekts genannt.) *Wir organisieren einen gemeinsamen Ausstellungsbesuch.*	**Datum:**
Projektleiter/-in: *Beispiel:*	(Hier steht der Name der Leiterin/des Leiters, der für die Organisation des Teams zuständig ist.) *Name der Klassensprecherin/des Klassensprechers*	
Zielsetzung: *Beispiel:*	(Hier steht die genaue Zielangabe.) *Die Klasse 1M3 besucht gemeinsam eine Kunstausstellung.*	
Aufgabenstellung: *Beispiel:*	(Hier steht, was im Einzelnen getan werden soll.) *Auswahl der Ausstellung* *Festlegung des Besuchstermins* *Genehmigung durch Schulleitung und Abstimmung mit den Fachlehrkräften* *Klärung der organisatorischen Rahmenbedingungen*	
Zu erarbeitende Ergebnisse: *Beispiel:*	(Hier steht, was beim Abschluss des Projekts vorliegen soll.) *Teilnehmer/-innen, Termin- und Zeitplanung, Ablauf/Programm (z. B. Führung), An- und Abfahrt, Begleitpersonen, Unterrichtsverlegung*	
Ressourcen: *Beispiel:*	(Hier steht, was zur Erfüllung des Auftrags gebraucht wird.) *verfügbare Zeit, Kostenübernahme für Eintritt, Führung, Fahrtkosten*	
Randbedingungen: Beispiel:	(Hier steht, worauf besonders geachtet werden muss.) *Treffpunkt, Aufsicht, Heimfahrt*	
Termine, Meilensteine: *Beispiele:*	(Hier wird festgelegt, bis wann was erarbeitet werden muss.) *Projektdurchführung:* ......20.. *Abschluss der Planung:* ... *Information/Genehmigung der Schulleitung:* ... *Klärung der organisatorischen Bedingungen:* ... *Programm:* ...	
Auftraggeber/-in: Beispiel: *Name der Klasse/der Lehrkraft*	**Projektleiter/-in:** *Name/Unterschrift der Klassensprecherin/des Klassensprechers*	

1 Bilden Sie Gruppen zu fünf bis sechs Mitgliedern. Formulieren Sie ein Projektziel, das der aktuellen Situation Ihrer Klasse oder Gruppe entspricht.

2 Legen Sie ein Formular für den Projektauftrag an und füllen Sie es aus.

19.2 Projekte planen

1 Klären Sie im Einzelnen, was geschehen muss, um das Ziel des von Ihnen gewählten Projekts zu erreichen. Welche Aufgabenstellungen ergeben sich?
Sie können dazu eine Mehrkartenfrage durchführen und eine Themenliste erstellen („Moderation", s. S. 118 ff.).

2 Zur Themenliste führen Sie eine Mehrpunktfrage durch (z. B.: „Welche Themen sollen zuerst bearbeitet werden?"). Für diesen Arbeitsschritt bereiten Sie ein Plakat nach folgendem Muster vor:
Die Themen mit den meisten Punkten sind die Grundlage für die Bestimmung von „Arbeitspaketen" (Teilaufgaben). Sie werden in eine Übersicht eingetragen.

Themenliste/Aufgabenstellungen

Thema/Problem	Punkte	Rang

3 Fertigen Sie für Ihr Projekt eine Übersicht über die Arbeitspakete auf einer Metaplantafel an:

Was	Wer	Bis wann	Wen informieren	Ressourcen

Bei jedem Projekt gibt es einige Arbeitspakete und Termine, die für das Gelingen sehr wichtig sind. Sie werden als **Meilensteine** bezeichnet. Zu solchen Terminen werden Besprechungen geplant, damit alle am Projekt Beteiligten über den Fortgang informiert sind und Störungen bzw. nicht eingehaltene Planungsschritte das Gesamtprojekt nicht gefährden.

Auf einem Plakat werden auf einer **Zeitleiste** die Meilensteine, die Termine der geplanten Projektbesprechungen und die vorgesehenen Abschlusstermine für die Arbeitspakete eingetragen. So kann jede/jeder Beteiligte mit einem Blick feststellen, in welcher Phase sich das Projekt befindet.

Zeitleiste Projektplanung: Besuch einer Kunstausstellung

19. KW	20. KW	21. KW	22. KW	23. KW	24. KW	25. KW	26. KW	27. KW	28. KW[1]
1. Termin	Pfingstferien		2. Termin			3. Termin		**Besuch**	4. Termin
Projektauftrag Projektleiter/-in Arbeitspakete Meilensteine			Berichte des/der Zuständigen Genehmigung durch die Schulleitung Termin vereinbaren			Begleitperson klären Unterrichtsverlegung planen An- und Abfahrt organisieren			Nachbesprechung Projektdokumentation

4 Zeichnen Sie für Ihr Projekt eine Zeitleiste mit den Meilensteinen.

1 Kalenderwoche

19.3 Projekte ausführen

Je genauer die Planung, desto besser können nun die einzelnen Arbeitspakete abgearbeitet werden. Jedes Teammitglied weiß, was zu tun ist und bis wann es seine Aufgabe erfüllt haben muss. Für Absprachen untereinander ist jeder selbst zuständig. Tauchen unerwartet Probleme auf, muss die Planung entsprechend aktualisiert und müssen alle Betroffenen informiert werden.

Mithilfe einer Tabelle kann die Umsetzung genau kontrolliert werden:

Arbeitspaket	Tage/Wochen	Datum / Woche	IST	SOLL
Nr. 1	2			
Nr. 2	4			

1 Legen Sie eine Tabelle nach oben abgedrucktem Muster an und tragen Sie den geplanten Zeitaufwand für Ihr Projekt ein.

19.4 Projekte abschließen

Wenn der Projektauftrag erfüllt und das Ziel erreicht ist, muss ein **Abschlussbericht** erstellt werden. Er enthält die wesentlichen Bestandteile des Projekts und eine Bilanz, z. B. Ziele, Beteiligte, Ablauf, Besonderheiten/Probleme, Aufwand/Ressourcen, Abnahme. Protokolle, Rechnungen, Datenblätter, Zeichnungen werden ggf. als Anlage beigeheftet. Der Bericht wird der Auftraggeberin/ dem Auftraggeber übergeben.

Der Abschluss eines Projekts kann auch als Präsentation durchgeführt werden (s. S. 238 ff.). Das Projekt gilt damit als abgenommen und die Projektgruppe wird aufgelöst.

1 Wie wurden bisher Projekte abgeschlossen, die Sie kennengelernt haben?

2 Führen Sie ein Feedback (s. S. 246) durch, damit jeder aus der Gruppe sagen kann, wie er den Arbeitsprozess erlebt hat. Dafür eignen sich eine Einpunktfrage und ein Blitzlicht (s. S. 119).

Und dann ist es Zeit, den Erfolg zu feiern!

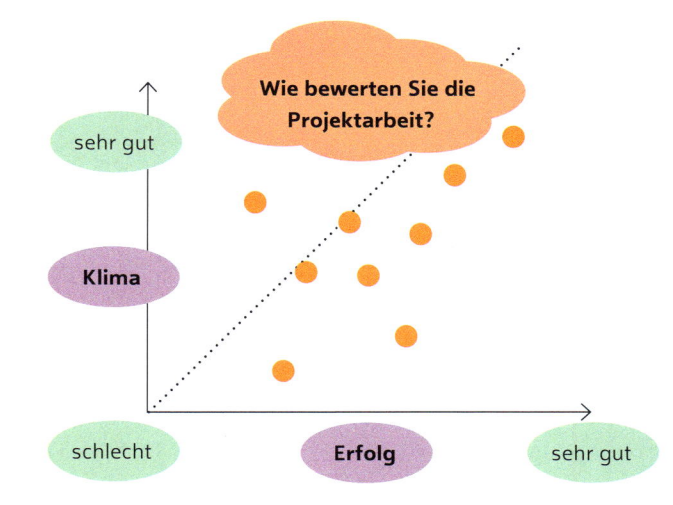

19.5 Projektdokumentation erstellen

Für jedes Projekt ist eine kontinuierliche **Dokumentation** wichtig. Die Projektdokumentation sollte nach den vier Phasen des Projekts geordnet werden, sodass ein guter Überblick über den Verlauf des Projekts vermittelt wird.

Wesentliche Bestandteile der Projektdokumentation sind
- der ausformulierte Projektauftrag,
- die Projektskizze,
- (Ergebnis-)Protokolle der Sitzungen, möglichst in standardisierter Form,
- erarbeitete Unterlagen wie Zeichnungen, Grafiken, Tabellen, Datenblätter,
- die zur Visualisierung verwendeten Materialien (z. B. Folien, Mindmaps, Fotos),
- der abschließende Projektbericht.

Aus der Projektdokumentation muss auch hervorgehen, wer am Projekt mitgewirkt hat, in welchem Zeitraum die einzelnen Personen mitgearbeitet und welche konkreten Aufgaben sie übernommen haben. Es muss erkennbar sein, welche Probleme bei der Projektarbeit aufgetreten sind und wie diese gelöst bzw. überwunden wurden.
Der abschließende Projektbericht muss den Verantwortlichen vorgelegt und von ihnen genehmigt werden.

---

1 Erstellen Sie ein Inhaltsverzeichnis für eine Projektdokumentation. Nutzen Sie dabei die Ergebnisse der Aufgaben, die Sie in den einzelnen Projektphasen gelöst haben.

2 Vergleichen Sie Ihr Ergebnis mit dem Ihrer Mitschülerinnen und Mitschüler.

3 Einigen Sie sich auf ein Inhaltsverzeichnis für eine Projektdokumentation.

4 Sammeln Sie Vorschläge, wie die Projektdokumentation äußerlich gestaltet sein sollte.

Tipp Eine Projektdokumentation oder ein Teil davon kann bei einer späteren Bewerbung als Nachweis der eigenen Fähigkeiten dienen.

19.6 Projekte präsentieren

Wenn Projekte im Betrieb abgeschlossen sind, werden sie der Auftraggeberin/dem Auftraggeber präsentiert. Das ist häufig eine große Sache, an der mehrere Mitarbeiterinnen/Mitarbeiter mitwirken.
In der Berufsschule werden Projekte vor einer Klasse, vor einer Prüfungskommission, vielleicht auch beim Elternabend präsentiert. Dabei sind die Regeln der Präsentation zu beachten (s. S. 238 ff.). Die entscheidenden und interessanten Fragen bei der Projektpräsentation sind:

- Wie lautete das Ziel des Projekts?
- Welche Wege boten sich an, um an das Ziel zu kommen?
- Welche Probleme stellten sich bei der Bearbeitung des Projekts?
- Wo lag die Lösung der Probleme?
- Wurde das Ziel erreicht?
- Was hat das Projekt dem Betrieb/den Teilnehmerinnen und Teilnehmern gebracht?
- Woran könnte man weiterarbeiten?

19.7 In Projekten arbeiten — Überblick

Kompetenzen

Sie können
- den Ablauf und die Phasen eines Projekts beschreiben,
- ein Projektziel formulieren und einen Projektauftrag ausfüllen,
- die Meilensteine eines Projekts festlegen und eine Zeitleiste für eine Projektplanung erstellen,
- eine Projektdokumentation erstellen,
- ein kleines Projekt selbstständig planen und durchführen.

Beachten Sie die vier Phasen eines Projekts:

Aufgabenstellung

1 Projektauftrag
- die Ziele des Projekts präzise definieren
- Auftraggeber/-in und Projektleiter/-in nennen
- die zeitlichen, personellen und finanziellen Bedingungen beschreiben
- einen Projektauftrag ausfüllen

2 Planung
- Zuständigkeiten verteilen
- Arbeitspakete zusammenstellen
- Meilensteine setzen
- eine Zeitleiste erstellen

3 Umsetzung
- kontinuierlich alle am Projekt Beteiligten verständigen
- bei Störungen und Problemen alle informieren und einbeziehen
- alle Besprechungen, Ereignisse, Veränderungen dokumentieren

4 Abschluss
- die Projektdokumentation und den Abschlussbericht erstellen
- das Projekt der Auftraggeberin/dem Auftraggeber präsentieren
- ein Feedback über die Projektarbeit geben
- das Projekt mit einer Abschlussveranstaltung beenden

Die folgenden Themen eignen sich für ein Projekt in Ihrer Klasse:

a Wir bereiten eine Klassenfahrt vor.
b Wir führen einen „Gesundheitstag" durch.
c Wir laden eine Schriftstellerin/einen Schriftsteller zu uns in die Schule/Klasse ein.
d Unser Klassenraum soll schöner werden.
e Unsere Schule soll sauberer werden.
f Wir gestalten ein Schulfest/Abschlussfest.
g Wir schreiben eine Schülerzeitung/Abschlusszeitung.
h Wir führen einen Tag „soziales Engagement für andere" durch.

20 Wirkungsvoll präsentieren

Präsentationen spielen im Berufsleben eine wichtige Rolle. Zunehmend wird von Auszubildenden erwartet, dass sie selbst Präsentationen erstellen können.

Wird ein Referat angekündigt, so stellt sich das Publikum auf einen sachlichen Wortvortrag ein. Von einer Präsentation aber erwarten die Zuhörerinnen und Zuhörer Lebendigkeit, Anschaulichkeit und Überzeugungskraft. Visuelle Hilfsmittel sollen dazu beitragen, dass das Publikum sich angesprochen fühlt. Der Inhalt wird anschaulich dargestellt und kann dadurch auch besser behalten werden. Bei der Vorbereitung einer Präsentation steht die Frage im Mittelpunkt: Wie muss ich meine Sachinhalte aufbereiten, damit sie wirklich gut bei der Zuhörerin/beim Zuhörer ankommen?

Es gibt viele Anlässe für Präsentationen:

> Produkte beim Kunden, auf einer Messe, Dienstleistungen, neue Ideen, neue Arbeitsverfahren, Planungen, ein Sachverhalt (s. S. 111), Ergebnisse einer Arbeitsgruppe (s. S. 224), der eigene Betrieb (s. S. 11).

Das Publikum schenkt Ihnen seine Zeit. Zu Recht erwartet es, dass Sie sich gut vorbereitet haben. Was alles bedacht werden muss, können Sie der Mindmap entnehmen:

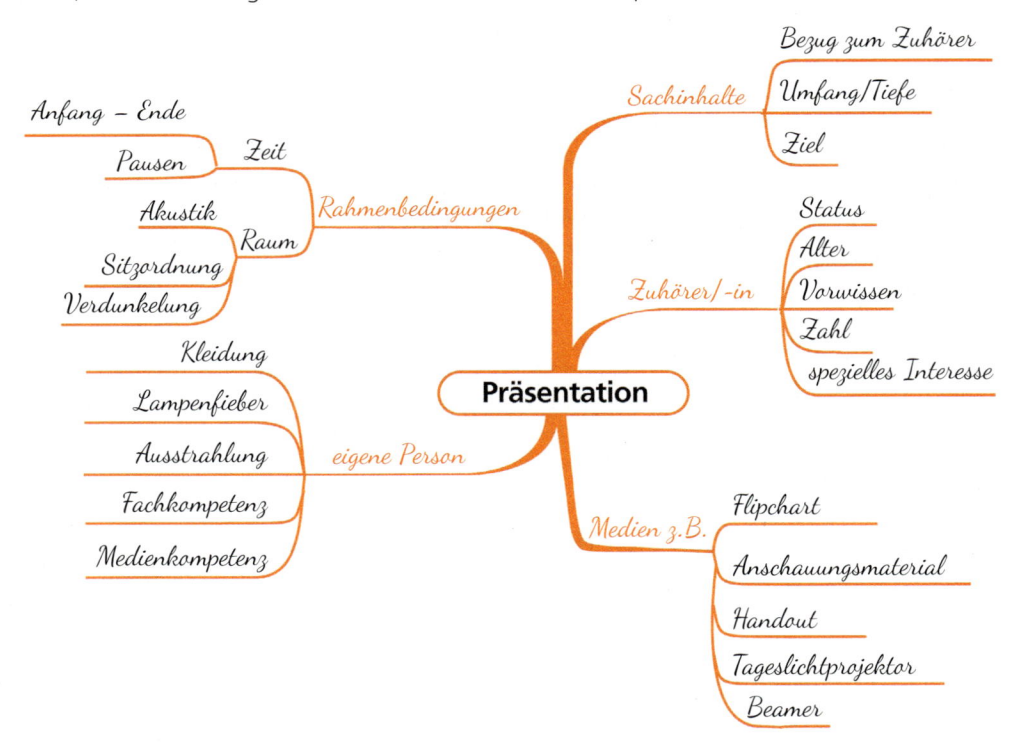

Mindmap: Präsentation

- **Rahmenbedingungen**
  - Zeit: Anfang – Ende, Pausen
  - Raum: Akustik, Sitzordnung, Verdunkelung
- **eigene Person**
  - Kleidung
  - Lampenfieber
  - Ausstrahlung
  - Fachkompetenz
  - Medienkompetenz
- **Sachinhalte**
  - Bezug zum Zuhörer
  - Umfang/Tiefe
  - Ziel
- **Zuhörer/-in**
  - Status
  - Alter
  - Vorwissen
  - Zahl
  - spezielles Interesse
- **Medien z. B.**
  - Flipchart
  - Anschauungsmaterial
  - Handout
  - Tageslichtprojektor
  - Beamer

---

1 Werten Sie die Mindmap aus.

2 Wo liegen für Sie die besonderen Schwierigkeiten bei der Gestaltung einer Präsentation?

3 Worauf werden Sie bei Ihrer nächsten Präsentation besonders achten?

20.1 Hilfsmittel zur Visualisierung

Medium		Merkmale	Hinweise
Schultafel		Klassisches Mittel zur Veranschaulichung mit sehr großer Schreibfläche	Sie kann vorab beschriftet und dann aufgeklappt werden.
Whiteboard		Weißgrundige Tafel, vielfarbige Spezialstifte, Abwischen ohne Wasser	Sie nimmt nicht so viel Platz ein, wirkt leicht und ist häufig mobil.
Flipchart		„Blatt-Tafel" mit Papierbogen, meist DIN A1. Man kann zurückblättern, Blätter aushängen und aufbewahren.	Es ist sehr flexibel, bietet aber wenig Platz, nur ein Blatt ist sichtbar.
Pinnwand (Metaplantafel)		Haftfläche für farbige Kärtchen, Scheiben u. a. mit Beschriftung, Symbolen, Schaubildern	Sie ermöglicht eine anschauliche Gestaltung, Umgruppierungen und Entwicklung.
Beamer/PC		Projektion von digitalen Fotos, Folien, Videos, Schaubildern, Einsatz verschiedener Präsentationsprogramme	Die Bedienung muss vorher geübt werden. Eine Kopie der Präsentation auf CD sollte immer vorhanden sein.
Tageslichtprojektor		Großflächige Darstellung von Schaubildern und Texten auf Folie	Folien müssen gut lesbar (große Schrift) und übersichtlich sein (wenig Text).
Videorekorder/ DVD-Player		Vorführung von realistischen Handlungsabläufen, Filmberichte vom Ort des Geschehens	Die Bedienung muss vorher geübt werden. Bewegte Bilder sind lebendig und anschaulich.
Anschauungsmaterial		Vorführung eines Originalexemplars oder einer Modellausführung	Werden Originale gezeigt, wirkt das besonders überzeugend.
Smartboard[1]		Interaktive Tafel: Projektion des PC-Bildschirminhalts auf die Tafeloberfläche	Die Bedienung muss vorher geübt werden. Einträge per Hand oder Stift
Dokumentenkamera oder Visualizer[1]		Eine Kamera nimmt eine Vorlage auf, welche mittels Beamer auf eine weiße Fläche projiziert wird.	Dreidimensionale Gegenstände können projiziert werden. Der Anschluss an den PC ist möglich.

---

1 Aus welchen Gründen ist bei einer Präsentation die visuelle Gestaltung wichtig?

2 Welche Auswirkungen hat es, wenn zu viele Hilfsmittel eingesetzt werden?

3 Jedes bei einer Präsentation eingesetzte Medium hat Vor- und Nachteile. Wählen Sie zwei Medien aus und beschreiben Sie deren Vor- und Nachteile.

4 Mit welchem Medium haben Sie noch wenig oder keine Erfahrung? Lassen Sie sich von einem Experten in der Klasse beraten.

---

1 Images used with the permission of SMART Technologies ULC (www.smarttech.com/de)

20.2 Ablauf einer Präsentation

Im Folgenden wird der Ablauf einer Präsentation detailliert dargestellt. Halten Sie sich bei Ihren Übungen daran, dann werden Ihre Präsentationen wirkungsvoll sein. Wenn Sie dann mehr Übung und Erfahrung haben, können Sie dieses Ablaufschema variieren.

1. Begrüßen

Es ist peinlich, wenn Ihnen schon bei der Begrüßung Fehler unterlaufen. Wählen Sie die richtige Anrede in der richtigen Reihenfolge!
Überlegen Sie genau,
- in welcher Reihenfolge die Personen begrüßt werden müssen (Hierarchie, Titel, Frau/Mann),
- wie die Namen ausgesprochen werden,
- ob Sie duzen oder siezen.

Stellen Sie sich und ggf. auch Ihre/Ihren **Präsentationspartner/-in** vor, nennen Sie z. B. Name, Berufsausbildung, Betrieb, Aufgabenstellung.

> **Der Anfang prägt!**
> **Das Ende haftet!**

2. Hinführen und Thema nennen

Die Zuhörer sollen aufs Thema eingestimmt und motiviert werden, sich damit zu beschäftigen. Holen Sie die Zuhörer/-innen ab, sorgen Sie dafür, dass sie Ihr Thema als für sich wichtig erkennen. Dann sind sie motiviert. Jetzt kann's losgehen!

> *Tipps zur Formulierung:*
>
> „Die Erfahrung haben sicher manche von Ihnen auch schon gemacht ..."
> „Das Problem kennen Sie sicher auch ..."
> „Wer schon einmal ... erlebt hat, weiß ..."
> „Immer wieder hören wir, dass ..."
> „In der Öffentlichkeit wird oft diskutiert ..."
> „Das ist heute mein Thema: ..."
> „Damit beschäftigen wir uns jetzt: ..."

3. Übersicht über den Ablauf

Für die Zuhörer/-innen ist es wichtig zu wissen, was sie erwartet und worauf sie sich einstellen können. Für die Zuhörer/-innen und für Sie als Referierenden ist es hilfreich, wenn die Gliederungspunkte visualisiert sind, z. B. auf einer Folie oder einer Pinnwand.

> *Tipps zur Formulierung:*
>
> „Drei Gesichtspunkte sind mir besonders wichtig: ..."
> „Ich habe mein Referat in vier Punkte eingeteilt: ..."
> „In drei Schritten erläutere ich ..."
> „Meine Präsentation besteht aus 1. ... 2. ... 3. ..."

4. Hauptteil

Die angekündigten Abschnitte werden nun ausgeführt.
Die Zuhörer/-innen sind dankbar, wenn Sie ihnen immer wieder helfen, die Orientierung zu behalten und die Zusammenhänge zu erkennen.
Lassen Sie ihnen genügend Zeit, damit sie die Visualisierungen auch betrachten und darüber nachdenken können. Denken Sie daran, dass Ihre Zuhörer/-innen die eingesetzten Schaubilder oder Folien noch nicht gesehen haben. Um auf einer Folie oder der Projektionswand etwas zu zeigen, verwenden Sie nicht die Finger, sondern ein Hilfsmittel, z. B. einen Bleistift, einen Zeigestab oder einen Laserpointer.

> *Tipps zur Formulierung:*
>
> „Wir haben also jetzt gesehen, wie ..."
> „Jetzt komme ich zum nächsten Punkt ..."
> „Besonders wichtig ist, ..."
> „Ich sage Ihnen im Folgenden, wie ..."
> „Sie haben sicher bemerkt, ..."

5. Schluss: Zusammenfassen und danken

"Das war's." – "Ich bin am Ende." – "Das ist alles." – "Ich bin fertig." Mit solchen Verlegenheitssätzen teilen Sie den Zuhörerinnen/Zuhörern mit, wie erleichtert Sie sind, dass Sie nun das Schlimmste überstanden haben. Das ist kein Schluss, der Zuhörer/-innen nochmals aufhorchen lässt und ihnen im Gedächtnis bleibt.

Je nach Thema eignet sich ein **Ausblick**, ein **Appell**, eine **offene Frage** oder eine prägnante **Zusammenfassung**. Besonders gut wirkt es, wenn die Gedanken aus der Hinführung wieder aufgegriffen werden!

Achtung: Rennen Sie nicht gleich fort, wenn Sie Ihre Präsentation beendet haben!

> *Tipps zur Formulierung:*
>
> „Wir haben also nun gehört ..."
> „In Zukunft werden wir sicherlich ..."
> „Noch offen ist die Frage, ob ..."
> „Wenn Sie künftig vor die Frage gestellt sind, ob ..."
> „Wenn Ihnen also das Thema ... begegnet, wissen Sie nun genau ..."
> „Für Ihre Aufmerksamkeit bedanke ich mich."

> ***First tell them, what you are going to tell them, then tell them, and finally tell them, what you've told them.*** [1]

6. Handout/Flyer

Hilfreich ist es, wenn die Zuhörer/-innen eine kurze Zusammenfassung der Grundgedanken oder Ergebnisse der Präsentation erhalten. Ein DIN-A4-Blatt sollte die wichtigsten Fakten wiedergeben. Eine ansprechende Gestaltung trägt dazu bei, dass die Präsentation bei den Zuhörerinnen/Zuhörern in guter Erinnerung bleibt. Weisen Sie Ihre Zuhörer/-innen am Anfang der Präsentation darauf hin, dass Sie am Ende eine kurze Zusammenfassung austeilen werden. Teilen Sie diese aber erst aus, wenn Sie Ihre Präsentation beendet haben.

---

1 Wählen Sie aus den folgenden Themen eines aus:
  a Der Kündigungsschutz in Deutschland
  b Ein neues Smartphone – Gebrauchsgegenstand oder Hightech-Produkt?
  c E-Learning – eine neue Form des Lernens

2 Beschaffen Sie sich die wichtigsten Informationen zu Ihrem Thema. Stellen Sie sich nun eine bestimmte Gruppe vor, der Sie die Informationen weitergeben möchten.

3 Formulieren Sie nun Sätze
  a zur Begrüßung,
  b zur Hinführung,
  c zur Themennennung (auf Folie schreiben) und
  d notieren Sie drei Punkte zum Hauptteil (auf Folie schreiben),
  e formulieren Sie den Schluss und
  f den Dank.

4 Wählen Sie vier bis fünf Mitschülerinnen/Mitschüler aus, mit denen Sie sich gut verstehen. Tragen Sie nun Ihre Kurzpräsentation vor, evtl. in einem anderen Raum. Lassen Sie sich anschließend von Ihren Zuhörern ein Feedback (s. S. 246) geben.

---

1 Big Fish Presentations: Steve Jobs' Presentation Recipe, 2012.

20.3 Mit Aufregung umgehen

> *„Sprich, damit ich dich sehe."*
> Sokrates zugeschrieben

Sie haben nun alles gut vorbereitet. Jetzt steht Ihr Auftritt bevor. Die Nervosität steigt, vielleicht machen sich Angstgefühle oder Übelkeit bemerkbar, das Gedächtnis droht auszusetzen.
Die tieferen **Ursachen der Aufregung** liegen
- in der seelischen Verfassung vor dem „großen Auftritt" und
- in der Chemie unseres Körpers.

Die Angst alles zu vergessen, sich zu blamieren und vor aller Augen zu versagen, löst Alarm im Körper aus. Er produziert große Mengen Adrenalin. Jeder hat das bei sich selbst erlebt und bei anderen beobachtet: Die Hände schwitzen, das Herz klopft, der Mund wird trocken, man bekommt „weiche Knie", ist „wie gelähmt". Jetzt kontrolliert die Angst den Menschen, er beginnt zu stottern, hat einen Blackout und verliert den Faden.

Die Muskulatur verkrampft sich, manche reden zu schnell, als wollten sie möglichst bald fertig werden und wieder an ihren Platz verschwinden. Andere zappeln herum oder halten sich verkrampft am Tisch fest.

Die Aufregung ist ganz normal. Fast jeder erlebt sie. Der Körper reagiert auf die ungewohnte Situation. Dagegen können wir nichts machen, wir können die Reaktionen nicht wegreden, sondern müssen sie akzeptieren. Aber durch gute Vorbereitung und häufiges Üben können wir uns weiterentwickeln und lernen, mit dem Lampenfieber zurechtzukommen.

Gehen Sie davon aus, dass die Zuhörerinnen und Zuhörer Ihnen wohlgesonnen sind und aufmerksam und neugierig auf Ihre Präsentation warten.

Sprache und Körpersprache

Kleidung, Stimme, Ausdrucksweise, Körpersprache spielen eine wichtige Rolle beim Auftreten vor einer Gruppe. **Kleiden** Sie sich der Situation entsprechend, lassen Sie sich von jemandem beraten, der sich auskennt. **Sprechen** Sie in angemessener Lautstärke, langsam und deutlich, testen Sie vorher, wie Ihre Stimme im Raum klingt. Achten Sie auf Ihre **Haltung:** Stellen Sie sich frei in den Raum, sodass Sie sowohl guten Blickkontakt zu den Zuhörerinnen und Zuhörern haben als auch alle Medien gut bedienen können. Lassen Sie die Arme hängen, stehen Sie gut und fest mit beiden Füßen auf dem Boden. Das ist Ihre Ausgangsstellung. So können Ihre Hände in Aktion treten, z. B. wenn Sie etwas Wichtiges zu sagen haben und es „mit Händen und Füßen" betonen wollen.

> **Tipp**
>
> **Tipps für den Umgang mit „Lampenfieber"**
> Die folgenden Tipps können Ihnen helfen, das Lampenfieber zu überwinden:
> - viel laut lesen und die eigene Stimme kennenlernen
> - Zuhörer/-innen nicht als Gegner, sondern als neugierige Freunde betrachten
> - Kontakt zu den Zuhörerinnen/Zuhörern halten und ihnen etwas mitteilen wollen: „Ich will euch etwas Interessantes berichten!"
> - Blick auf eine wohlwollende Person richten
> - kurze Sprechpausen machen
> - Erinnerung an Erfolgserlebnisse pflegen (Angstfantasien umpolen)
> - Ziele realistisch stecken (kein Perfektionismus!)
> - Hilfsmittel für die Visualisierung vorbereiten (Kärtchen, Plakate, Folien)
> - bewusst, ruhig und tief ausatmen
> - lockerer, guter Stand auf beiden Füßen: „Hier stehe ich gut!"
> - Selbstsuggestion: „Ich muss reden. Ich will reden. Ich kann reden."

20.4 Folien gestalten

Bei Präsentationen in Schule und Betrieb werden häufig Folien eingesetzt. Wenn wenig Zeit zur Verfügung steht, werden sie handschriftlich angefertigt.

Folien handschriftlich gestalten

1 Welche Mängel sind Ihnen bei den Folien anderer schon aufgefallen?

2 Bewerten Sie die nebenstehende Folie. Was halten Sie für gelungen? Welche formalen Mittel werden eingesetzt?

3 Welche Farben eignen sich Ihrer Meinung nach für die Schrift auf der Folie?

4 Entwerfen Sie eine Folie auf einem Blatt Papier zum Thema „Ausbildungsvertrag" oder zu einem aktuellen Thema aus Politik, Gesellschaftslehre, Gemeinschafts- oder Wirtschaftkunde.

5 Vergleichen Sie Ihren Entwurf mit dem einer Mitschülerin/eines Mitschülers. Geben Sie sich gegenseitig Tipps zur Verbesserung.

Bedeutung des Smartphones für Jugendliche

Verbreitung:
- 12–19-Jährige: 99 %

Wichtigste Nutzung:
- telefonieren
- im Internet surfen
- fotografieren/filmen
- soziale Netzwerke

Vertragsarten:
- Jüngere vorzugsweise Prepaidkarten
- Ältere vermehrt Flatrates

Kosten:
- Höhe der Kosten steigt mit zunehmendem Alter
- Kostenfallen:
  - ungewollte Abos
  - Herunterladen aus dem Internet
  - Verbindungen ins Ausland
  - Instant Messaging

Folien mit dem Computer erstellen

Programme zur Gestaltung von Präsentationen bieten den Benutzerinnen und Benutzern eine Vielfalt an Gestaltungsmitteln für Folien.

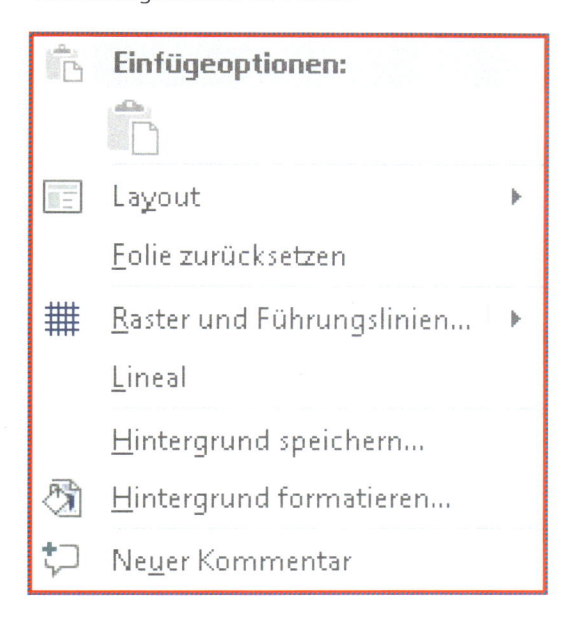

Einfügeoptionen:
- Layout
- Folie zurücksetzen
- Raster und Führungslinien...
- Lineal
- Hintergrund speichern...
- Hintergrund formatieren...
- Neuer Kommentar

6 Welche der links abgebildeten Schaltflächen haben Sie schon häufig benutzt? Welche sind Ihnen nicht bekannt?

7 Welche grafischen Gestaltungsmittel können Sie zudem noch einsetzen (s. im Menü „Einfügen" z. B. unter „Formen" oder „SmartArt")?

8 Welche Möglichkeiten der Textgestaltung halten Sie für besonders wichtig? Welche halten Sie für überflüssig?

20.5 Plakate entwerfen

Ein Plakat ist in Schule, Ausbildung und Betrieb bei der Präsentation von Gruppen- und Projektarbeiten ein sehr beliebtes Medium. Die folgenden Hinweise helfen Ihnen, Plakate so zu gestalten, dass sie „plakativ" sind, d.h. die Aufmerksamkeit der Betrachter/-innen auf sich ziehen und Ihnen selbst die Präsentation erleichtern.

Vorüberlegungen für ein Plakat

Wenn Sie zu einem Projekt/Referat ein Plakat gestalten wollen:
- Entscheiden Sie, was Sie auf dem Plakat darstellen wollen.
- Entwerfen Sie das Plakat im „Kleinformat", z. B. DIN A4.
- Fassen Sie die Elemente, die Sie präsentieren wollen, in Sinnblöcken zusammen.
- Skizzieren Sie die Sinnblöcke auf Kärtchen.
- Verschieben Sie die Kärtchen so lange, bis Sie eine gute Anordnung und optimale Platzausnutzung gefunden haben.
- Ordnen Sie die Sinnblöcke in der üblichen Leserichtung. Das hilft Ihnen bei der Präsentation und erleichtert dem Betrachter die Orientierung.
- Verdeutlichen Sie die Zusammenhänge durch Linien, Pfeile, Farben.

Ausarbeitung des Plakats

- Wählen Sie das Plakat möglichst groß (z. B. Größe einer Metaplantafel).
- Übertragen Sie Ihr Konzept auf das Papier.
- Zeichnen Sie die visuellen Elemente in angemessener Größe auf einzelne Blätter. Kleben Sie diese dann entsprechend Ihrer Planung auf das Plakat.
- Schreiben Sie mit Filzstiften mit schräger Kante auf Hilfslinien in Druckschrift mit Groß- und Kleinbuchstaben. Üben Sie vorher die richtige Technik.
- Wählen Sie eine angemessene Schriftgröße, z. B. für Überschriften ca. 30 mm, für Text ca.10–15 mm.
- Überprüfen Sie in Ihrem Konzept die korrekte Rechtschreibung. Rechtschreibfehler sind peinlich und lenken bei der Präsentation ab.
- Schreiben Sie nur Stichwörter oder Halbsätze, keine langen Sätze.
- Verwenden Sie nur wenige Farben, schreiben Sie Zusammengehöriges in derselben Farbe.

---

1 Welche Vorteile hat ein Plakat bei einer Präsentation?

2 Entwerfen Sie in Einzelarbeit ein Plakat zum Thema „Präsentation".

3 Bilden Sie Gruppen und wählen Sie den besten Entwurf.

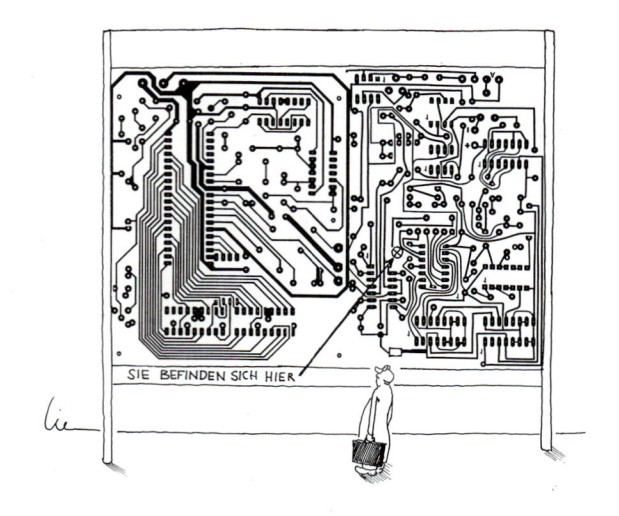

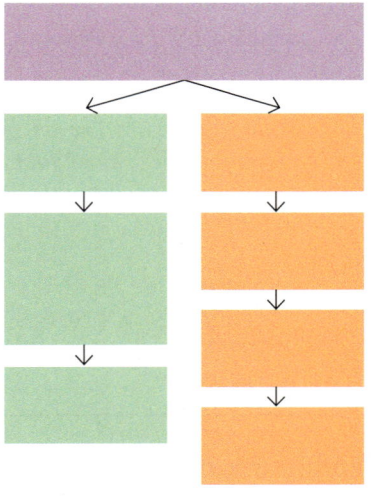

20.6 Präsentationen bewerten

Im Anschluss an eine Präsentation sind sich die Zuhörerinnen und Zuhörer schnell einig darüber, ob sie interessant war oder nicht ansprechend. Nicht so einfach ist es, zu sagen, was besonders gut gelungen ist und warum anderes eher langweilig wirkte. Das zu erfahren, ist aber für die Präsentierenden besonders wichtig. Für jeden, der das Präsentieren lernt, ist eine Rückmeldung in Form eines Feedbacks (s. S. 246) oder einer Beurteilung eine wertvolle Hilfe. Nur so erfährt man die Schwachstellen und erkennt Verbesserungsmöglichkeiten.

Bei Präsentationen in der Klasse können die Bewertungen durch die Mitschülerinnen und Mitschüler neben der Bewertung durch die Lehrerin/den Lehrer in die Note eingehen.

1. Lesen Sie den abgedruckten Bewertungsbogen für eine Präsentation kritisch durch.
2. Prüfen Sie in der Gruppe, ob alle wichtigen Bewertungskriterien berücksichtigt sind.
3. Erscheinen Ihnen die Bewertungsstufen angemessen? Welche Verbesserungen schlagen Sie vor?
4. Einigen Sie sich in der Klasse auf einen Beurteilungsbogen für Präsentationen. Erstellen Sie einen solchen Bogen als Kopiervorlage und teilen Sie ihn aus.
5. Beurteilen Sie zur Übung eine Präsentation einer Mitschülerin/eines Mitschülers.
6. Vergleichen Sie Ihre Bewertung mit der Ihrer Mitschülerinnen und Mitschüler.

Bewertung der Präsentation

Name: Datum:
Thema:

Kriterien: Bewertungsstufen:	++	+	–	– –
1 Inhalt				
Inhalt sachlich richtig	O	O	O	O
Veranschaulichung durch Beispiele, Vergleiche, Zahlen	O	O	O	O
Information vollständig	O	O	O	O
Information auf das Wesentliche begrenzt	O	O	O	O
Fachkompetenz vorhanden	O	O	O	O
2 Aufbau				
Einleitung vorhanden und zweckmäßig	O	O	O	O
Hauptteil sachlogisch gegliedert	O	O	O	O
Schluss (z. B. als Zusammenfassung)	O	O	O	O
3 Medieneinsatz				
ausreichender Medieneinsatz	O	O	O	O
sinnvolle Abwechslung der Medien	O	O	O	O
Medien ansprechend und übersichtlich	O	O	O	O
Folien lesbar	O	O	O	O
4 Sprache				
Sprache deutlich und angemessen laut	O	O	O	O
stimmliche Modulation	O	O	O	O
weitgehend freies Sprechen	O	O	O	O
zweckmäßige Pausen vorhanden	O	O	O	O
5 Auftreten				
Auftreten natürlich und sicher	O	O	O	O
Blickkontakt mit den Zuhörerinnen/Zuhörern	O	O	O	O
Umgangston (höflich – unhöflich)	O	O	O	O
6 Bei Gruppenpräsentationen				
Sind die Übergänge gut aufeinander abgestimmt?	O	O	O	O
Sind die Teilbereiche angemessen auf die Gruppenmitglieder verteilt?	O	O	O	O
7 Sonstige Kriterien				
_____	O	O	O	O
_____	O	O	O	O

Stufung: ++ ⇒ sehr gute Leistung; + ⇒ gute Leistung;
– ⇒ Mindestanforderung; – – ⇒ ungenügende Leistung

20.7 Feedback geben und entgegennehmen

Was ist ein Feedback?

Ein Feedback ist eine Mitteilung an eine andere Person darüber,
- wie ich sie wahrnehme,
- wie ich sie verstanden habe,
- welche Gefühle, Gedanken und Ideen ihr Verhalten in mir auslöst.

Ein Feedback ist immer subjektiv!

Regeln für das Geben von Feedback

- Geben Sie ein Feedback zeitnah, d. h. so bald wie möglich.
- Sagen Sie klar und konkret, auf welches Verhalten Sie sich beziehen.
- Beschreiben Sie Ihre Gefühle und Ihre Wahrnehmung.
- Verwenden Sie Ich-Aussagen (s. S. 21).
- Nennen Sie zuerst, was Ihnen gefällt bzw. gefallen hat: „Gut fand ich ..."
- Führen Sie erst dann die kritischen Gesichtspunkte an: „Verbesserungsmöglichkeiten sehe ich ..."

Ein Feedback sollte vom Gegenüber gewünscht sein. Allerdings gibt es im Berufsleben auch das Feedbackgespräch, in dem die/der Vorgesetzte einen Eindruck von der Arbeit und dem Verhalten der Mitarbeiterin/des Mitarbeiters formuliert, z. B. im Jahresgespräch.

Regeln für das Empfangen von Feedback

- Hören Sie aufmerksam zu.
- Fragen Sie nach, wenn Ihnen etwas unklar ist.
- Entschuldigen, erklären oder verteidigen Sie sich nicht.
- Denken Sie nach, entscheiden Sie, ob Sie künftig etwas verändern wollen.
- Wenn Sie ein gutes, d. h. qualifiziertes Feedback bekommen, können Sie sich beim Gegenüber bedanken. Ihr Gesprächspartner hat sich ja Mühe gegeben, um ehrlich und gerecht zu sein.

Sie brauchen sich nicht zu verteidigen, wenn Sie die Gefühle oder Wahrnehmungen Ihres Gesprächspartners nicht teilen. Nur Sie entscheiden, was Sie davon für sich und Ihre Weiterentwicklung verwenden bzw. berücksichtigen wollen und was nicht.

---

1. Wann haben Sie ein Feedback gegeben oder entgegengenommen? Welche Gefühle hatten Sie dabei?

2. Bilden Sie Gruppen zu vier Schülerinnen/Schülern. Suchen Sie die wichtigsten Regeln für das Geben von Feedback heraus und gestalten Sie ein anschauliches Plakat (s. S. 244).

3. Stellen Sie die Plakate in der Klasse vor. Wählen Sie (z. B. durch eine Einpunktfrage, s. S. 120) das beste Plakat aus und hängen Sie es in der Klasse aus. Geben Sie sich gegenseitig ein Feedback.

Tipp Achten Sie gemeinsam darauf, dass die Feedbackregeln konsequent eingehalten werden, wenn jemand etwas vor der Klasse präsentiert und ein Feedback gegeben wird.

Sprachliche Grundlagen

21 Grammatik

21.1 Die zehn Wortarten

Substantiv, Verb, Adjektiv (die drei wichtigsten Wortarten)

Bezeichnung lateinisch/deutsch	Beispiele	Funktion
1 **Substantiv** Nomen Hauptwort (Nennwort)	Kind, Taube, Pflanze, Fisch Zufriedenheit, Angst, Freundschaft, Reise Christa, Peter, Ulm	**Substantive** • benennen konkrete Dinge, Lebewesen, Gegenstände, • benennen abstrakte Dinge, Zustände, Vorstellungen, Gefühle, Eigenschaften, • sind Namen.

2 **Verb** – Zeitwort
(Tätigkeitswort)
  a Vollverben:
    Tätigkeitsverben
    Vorgangsverben
    Zustandsverben
  b Hilfsverben
  c Modalverben
	a spielen, laufen, bauen, blühen, wachsen, fallen, hängen, liegen, wohnen
	
	b haben, sein, werden
	c dürfen, können, müssen, wollen, sollen ...
		Verben bezeichnen eine Tätigkeit oder einen Vorgang oder einen Zustand.
		
		• Damit werden zusammengesetzte Verbformen gebildet.
		• Sie verändern die Aussage eines Verbs.

3 **Adjektiv**
Eigenschaftswort
 	
  a steigerbare Adjektive
 	
  b nicht steigerbare Adjektive
	Das große Haus ...
	Der Bus fährt leise.
	Der Vater ist krank.
	
	a alt, schön, gut
	   älter, schöner, besser
	   am ältesten, am schönsten, am besten
	b tot, rund, ledig ...
		Adjektive benennen die Eigenschaften von Dingen, von Tätigkeiten und von Zuständen.
		Steigerung (Komparation)
		Grundstufe (Positiv)
		Steigerungsstufe (Komparativ)
		Höchststufe (Superlativ)

---

1 Suchen Sie aus den folgenden Sprichwörtern Substantive, Verben und Adjektive heraus:
  a Die Axt im Haus erspart den Zimmermann.
  b Hunde, die bellen, beißen nicht.
  c Der Abend rot, der Morgen grau, bringt das schönste Tagesblau.
  d Handwerk hat goldenen Boden.
  e Guter Wein macht böse Köpfe.
  f Lieber den Spatz auf der Hand als die Taube auf dem Dach.

Artikel, Pronomen und Numerale
(Begleiter und Stellvertreter des Substantivs)

Bezeichnung lateinisch/deutsch	Beispiele	Funktion
4 Artikel Geschlechtswort	**der** Baum, **die** Blume, **das** Haus **der** Baum – Singular (Einzahl) **die** Bäume – Plural (Mehrzahl) **der** Schüler, **des** Schülers, **dem** Schüler, **den** Schüler	**Artikel** zeigen das grammatische **Geschlecht (Genus)**, • machen die **Zahl (Numerus)** deutlich, • zeigen den **Fall (Kasus)** an.
Bestimmter Artikel	**der** Baum, **die** Blume, **das** Tier (Sing.) **die** Bäume, die Blumen, **die** Tiere (Plural)	• Er weist auf bestimmte Wesen oder Dinge hin.
Unbestimmter Artikel	**ein** Baum, **eine** Blume, **ein** Tier (Sing.)	• Er weist auf unbestimmte Wesen oder Dinge hin.
5 Pronomen Fürwort		**Pronomen** stehen stellvertretend für ein anderes Wort oder begleiten es anstelle des Artikels.
a Personalpronomen Persönliches Fürwort	a ich, du, er, sie, es (Singular), wir, ihr, sie (Plural) **ich** arbeite, **du** …	
b Reflexivpronomen Rückbezügliches Fürwort	b mich, dich, sich, uns, euch, sich, ich freue **mich**, sie freuen **sich**	Unterscheiden Sie: reflexiv: Ich ärgere mich. nicht reflexiv: Du ärgerst mich.
c Possessivpronomen Besitzanzeigendes Fürwort	c mein, dein, sein, unser, euer, ihr **mein** Auto, **dein** Fahrrad	
d Demonstrativpronomen Hinweisendes Fürwort	d dieser, jener, solcher, … **dieses** Ergebnis, **jener** Abend	
e Relativpronomen Bezügliches Fürwort	e der, die, das, welcher, welche Das Buch, **das** du gelesen hast. …	
f Interrogativpronomen Fragendes Fürwort	f wer, was, welche, welcher, … **Wer** kennt das Buch?	
g Indefinitpronomen Unbestimmtes Fürwort	g man, jemand, niemand, alle, andere, … **Niemand** hat es gesehen.	
6 Numerale Zahlwörter		**Numerale** benennen
a Grundzahlen	a eins, zwei, drei …	a eine Anzahl
b Ordnungszahlen	b der Erste, zweitens …	b eine Reihenfolge
c Bruchzahlen	c die Hälfte, ein Viertel …	c einen Bruchteil
d Vervielfältigungszahlwörter	d einfach, tausendfach, mehrfach, vielfältig …	d eine Häufigkeit
e Unbestimmte Zahlwörter	e wenige, einige, viele …	

Partikel (Teilchen)

Bezeichnung lateinisch/deutsch	Beispiele	Funktion
7 Adverb Umstandswort a der Zeit (temporal) b des Ortes (lokal) c des Grundes (kausal) d der Art und Weise (modal)	a jetzt, heute, nie … Sie arbeitet **jetzt**. b hier, oben, dort … Sie arbeitet **hier**. c daher, trotzdem … Sie arbeitet **trotzdem**. d gern, sehr, umsonst … Sie arbeitet **gern**.	**Adverbien** beschreiben eine Handlung oder einen Zustand näher, sie stehen „beim Verb" (ad = beim).
8 Präposition Verhältniswort a der Zeit b des Ortes c der Art d des Grundes	a ab, von, an, bis, seit … b an, auf, in, zu, bei … c aus, in, bei … d durch, infolge, wegen …	**Präpositionen** kennzeichnen das Verhältnis, das zwischen Personen, Sachen und Begriffen besteht. Sie verändern den Fall, z. B. der Schrank, **auf** dem Schrank.
9 Konjunktion Bindewort a nebenordnende b unterordnende	a und, oder, aber, denn … b als, wie, ob, indem, da, weil, dass, wenn, falls, damit, obgleich …	**Konjunktionen** verbinden Wörter, Satzglieder oder Sätze miteinander.
10 Interjektion Empfindungswort Ausruf	ja, nein, au, o weh, pfui, hatschi, wau …	**Interjektionen** sind Ausdruck von Empfindungen und Aufforderungen oder Nachahmung von Geräuschen.

2 Bestimmen Sie in folgenden Sprichwörtern die Wortarten:
  a Mit albernen Narren soll man nicht scherzen.
  b Ein guter Name ist besser als bares Geld.
  c Die Axt im Haus erspart den Zimmermann.
  d Verschlossener Mund und offene Augen haben noch nie jemand geschadet.
  e Morgen, morgen, nur nicht heute, sagen alle faulen Leute.
  f Schlecht gefahren ist besser als gut gelaufen.
  g Auf dem Markt lernt man die Leute besser kennen als in der Kirche.
  h Wer nicht kommt zur rechten Zeit, der muss nehmen, was übrig bleibt.
  i Wer die Leiter hinauf will, muss mit der untersten Sprosse anfangen.
  j Mit einem Handwerk kommt man weiter als mit tausend Gulden.
  k Wer zu spät kommt, den bestraft das Leben.

21.2 Leistung des Substantivs (des Hauptworts)

Singular und Plural der Substantive (Einzahl und Mehrzahl)

Der **Singular** sagt aus, dass etwas **einfach** vorhanden ist:	Baum	Kind	Haus
Der **Plural** sagt aus, dass etwas **mehrfach** vorhanden ist:	Bäume	Kinder	Häuser

Aber:
Es gibt **Singularwörter ohne Plural**: Liebe, Milch, Rauch, Schnee
Es gibt **Pluralwörter ohne Singular**: Alpen, Eltern, Ferien, Unkosten

Substantive ändern in einigen Fällen bei der Pluralbildung ihre Form:
Hauptmann – Hauptleute, Atlas – Atlanten (auch: Atlasse), Praktikum – Praktika

Genus der Substantive (Geschlecht der Hauptwörter)

Der Artikel zeigt das Geschlecht (Genus) der Substantive (Hauptwörter) an.
In der deutschen Sprache kennt man drei verschiedene Geschlechter (Genera):

1	**männlich – maskulin:**	der Verkäufer	der Baum	der Tisch
2	**weiblich – feminin:**	die Verkäuferin	die Blume	die Lampe
3	**sächlich – neutrum:**	das Geschäft	das Blatt	das Bett

Besonderheiten beim Geschlecht der Substantive (Hauptwörter):

1 Bei vielen Substantiven zeigt der Artikel das natürliche Geschlecht an:
   die Frau, die Tochter, die Stute
   der Vater, der Junge, der Hengst

2 Oft zeigt der Artikel das natürliche Geschlecht **nicht** an, man spricht dann vom grammatischen Geschlecht:
   das Kind, der Besuch, das Pferd   >   männlich oder weiblich?
   der Baum, die Pflanze   >   häufig männlich **und** weiblich!

3 Selten kommt es vor, dass Gegensätze im Geschlecht verwendet werden:
   Der Atomfrachter, **die Otto Hahn**, legt im Hafen an.

4 Verschiedene Substantive gibt es auch mit doppeltem Geschlecht bei gleichbleibender Bedeutung:
   der oder **das** Breisgau   **der** oder **das** Filter
   der oder **das** Liter   **der** oder **das** Radar

5 Andere Substantive lauten zwar gleich, haben jedoch mit verschiedenem Geschlecht verschiedene Bedeutung:
   der Bauer   >   Landwirt   das Bauer   >   Vogelkäfig
   der Gehalt   >   Wert/Inhalt   das Gehalt   >   Arbeitsentgelt
   der See   >   Binnengewässer   die See   >   offenes Meer
   der Schild   >   Schutzschild   das Schild   >   Verkehrsschild

---

1 Erläutern Sie die unterschiedlichen Bedeutungen:
   a der/das Verdienst, **b** der/das Bund, **c** der/das Harz, **d** der/die Kiefer,
   e der/die Weise, **f** die/das Steuer, **g** der/die Leiter, **h** das/der Tor

Die vier Fälle des Substantivs (Kasusbildung)

Entsprechend der Aufgabe, die das Substantiv im Satz übernimmt, verändert es seine Form (Deklination). Für diese veränderte Substantivform gibt es in der deutschen Sprache die vier Fälle:

1. Fall – Nominativ	(Werfall)	Wer oder was?	der Hund, die Katze, das Tier
2. Fall – Genitiv	(Wesfall)	Wessen?	des Hundes, der Katze, des Tieres
3. Fall – Dativ	(Wemfall)	Wem?	dem Hund, der Katze, dem Tier
4. Fall – Akkusativ	(Wenfall)	Wen oder was?	den Hund, die Katze, das Tier

Deklination des Substantivs (die Beugung des Hauptworts)

	Maskulinum		Femininum		Neutrum	
	Singular	Plural	Singular	Plural	Singular	Plural
Nominativ	der Baum	die Bäume	die Frau	die Frauen	das Kind	die Kinder
Genitiv	des Baumes	der Bäume	der Frau	der Frauen	des Kindes	der Kinder
Dativ	dem Baum	den Bäumen	der Frau	den Frauen	dem Kind	den Kindern
Akkusativ	den Baum	die Bäume	die Frau	die Frauen	das Kind	die Kinder

> **2** Bilden Sie mit den folgenden Wörtern die entsprechenden Fälle:
> Akkusativ Plural, Dativ Singular, Genitiv Singular, Nominativ Plural, Dativ Plural
> **a** Vater, **b** Maschine, **c** Arbeitsplatz, **d** Unfall, **e** Krankenhaus, **f** Fluss

Hilfe beim Deklinieren — *Tipp*

- Wenn Sie den **3. Fall** bilden müssen, setzen Sie in Gedanken das Wort „helfen" davor:
z. B. **die** Natur – Ich helfe **der** Natur.

- Beim **4. Fall** setzen Sie in Gedanken „sehen" davor,
z. B. **der** Wald – Ich sehe **den** Wald.

21.3 Leistung des Verbs (des Zeitworts)

Der Infinitiv – die Grund- oder Nennform
1 Die Grundform des Verbs endet mit **-en.** Die Grund- oder Nennform heißt „Infinitiv":
   denken, arbeiten, prüfen, lachen
2 Der Infinitiv kann substantiviert werden (zu einem Hauptwort werden):
   das Denken, beim Arbeiten, das Prüfen, sein Lachen

Die Konjugation – die Beugung
Die konjugierte (gebeugte) Form des Verbs (Zeitworts) wird bestimmt durch:

Beispiel	Person	Zahl	Zeit	Aktiv/Passiv	Aussageweise
ich lobe	1.	Singular	Präsens	Aktiv	Indikativ
wir wurden gelobt	1.	Plural	Präteritum	Passiv	Indikativ

> 1 Bilden Sie andere Verbformen von „loben" (z. B. 2. Person/Singular, Präsens/Passiv/Indikativ).

Die Partizipien – die Mittelwörter
Die Partizipien sind Adjektive (Eigenschaftswörter), sie werden aus dem Verb gebildet. Es gibt zwei Formen:
1 **Partizip I – Mittelwort I**
   Das Partizip I endet mit **-(e)nd**: denk**end**, arbeit**end**, spring**end**, lächel**nd**
   Das **schwankende** Boot wirkte **beruhigend**. Die **lächelnde** Kundin kommt wieder.
2 **Partizip II – Mittelwort II**
   gedacht   gearbeitet   gesprungen   gelächelt
   Das Partizip II beginnt mit der Vorsilbe **ge-** und endet mit **-t** oder **-en**.
   Es spielt eine wichtige Rolle bei der Bildung der zusammengesetzten Zeiten:
   Er **hat gedacht**. Sie **hatte gearbeitet**. Er **war gesprungen**.

> 2 Bestimmen Sie bei folgenden Sätzen die Partizipien:
> - Prüfend schaute er die Kundin an: Hatte er sich getäuscht oder hatte er richtig gehört?
> - Doch die abwartende Haltung bestätigte ihm: Die Kundin hatte sich den großen roten Hut gewünscht, der im Schaufenster so auffallend ausgestellt war.
> - Innerlich seufzend öffnete er die Tür zum Fenster, um das geforderte Stück zu holen.
>
> 3 Formen Sie folgende Verben in die beiden Partizipien um und bilden Sie Sätze:
>   **a** singen, **b** prüfen, **c** lesen, **d** fallen, **e** loben, **f** erwachen, **g** mithören,
>   **h** fahren, **i** laufen, **j** suchen, **k** essen, **l** bauen, **m** putzen, **n** keifen.

Aktiv (Tatform) und Passiv (Leideform)

Das Aktiv – die Tatform
In dieser Form werden nicht nur Handlungen, sondern auch Zustände oder Vorgänge ausgedrückt:

Der Bauer erntet das Obst.	>	Handlung
Der Apfel fällt vom Baum.	>	Vorgang
Die Birnen liegen im Lagerraum.	>	Zustand

Das Passiv – die Leideform
In dieser Form wird ausgedrückt, dass mit einer Person oder einer Sache etwas geschieht, dass sie davon betroffen wird. Die Person muss dabei das Geschehen nicht als unangenehm oder „leidend" erleben. Passivformen bildet man mit dem Hilfsverb „werden" und dem Partizip II:

Der Hund **wird geschlagen**. Der Junge **wird geküsst**.
Die Äpfel **werden geerntet**. Der Auszubildende **wird gelobt**.

---

4 Übertragen Sie die Tabelle auf ein Extrablatt und setzen Sie folgende Verben ein:

Grundform	Partizip I	Partizip II	Aktiv	Passiv
nennen	nennend	genannt	ich nenne	er wird genannt
spielen				
rufen				
laufen				
kommen				

Bei der Umwandlung eines Satzes von der Aktivform in die Passivform wird das Subjekt zum Objekt des neuen Satzes. Das Objekt wiederum wird zum Subjekt.

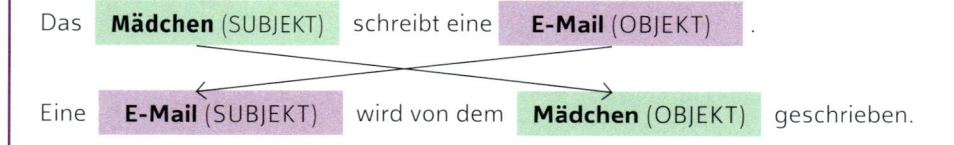

Das **Mädchen** (SUBJEKT) schreibt eine **E-Mail** (OBJEKT).

Eine **E-Mail** (SUBJEKT) wird von dem **Mädchen** (OBJEKT) geschrieben.

---

5 Wandeln Sie folgende Passivsätze in die Aktivform um. Beachten Sie dabei Veränderungen beim Wechsel von Subjekt und Objekt.
  a Die Quizsendung war von vielen Zuschauerinnen und Zuschauern verfolgt worden.
  b Jede Mülltonne wird vom Angestellten separat geleert.
  c Auf der letzten Konferenz wurden die Projekte von der Abteilungsleitung abgesegnet.
  d Die Show ist publikumswirksam beworben worden.
  e Grundlagen der japanischen Sprache wurden von mir binnen eines Jahres erlernt.
  f Bisher waren die Rechnungen vom Verkäufer immer detailliert erläutert worden.

Sprachliche Grundlagen

6 Bilden Sie mit den Wörtern ganze Sätze im Präsens.

Beispiel: Pizzateig/Sabine/zubereiten **(Passiv)** → Der Pizzateig **wird** von Sabine **zubereitet**.

- **a** Klimawandel/unaufhörlich/voranschreiten (Aktiv)
- **b** Apps/täglich/aktualisieren (Passiv)
- **c** Rechtschreibung/Zeichensetzung/Grammatik/Bewerbungsanschreiben/sorgfältig/kontrollieren/müssen (Passiv)
- **d** Hund/häufig/Auslauf/benötigen (Aktiv)
- **e** Passagier/abends/Taxi/Flughafen/abholen (Passiv)
- **f** Azubis/verlangen/dass/pünktlich/sein (Passiv)

7 a Lesen Sie den folgenden Auszug aus einer Erzählung. Kennzeichnen Sie diejenigen Sätze, die von der Aktiv- in die Passivform umformuliert werden können. Vergleichen Sie Ihre Ergebnisse mit denen Ihrer Tischnachbarin/Ihres Tischnachbarn.
b Formulieren Sie Ihre Aktivsätze in die Passivform um.

Ein Stück Glück

Klaus Kordon

1 War mal ein Mann, der war sehr traurig und wollte sich endlich wieder freuen. Also ging er in einen Lebensmittelladen und verlangte: „Ein Stück Glück."
Der Lebensmittelhändler überlegte ein Weilchen, 5 dann reichte er dem Mann ein Schwarzbrot. „Hier", sagte er. „Meine Spezialität. Ist in der ganzen Gegend berühmt."
„Was denn?", staunte der Mann, der sich freuen wollte. „Ich will ein Stück Glück, kein Brot."
10 „Für viele Menschen bedeutet ein Stück Brot Glück", sagte da der Lebensmittelhändler streng.
„Für mich nicht", antwortete der Mann, der sich freuen wollte und ging weiter. Gleich danach kam er an einem großen Autohaus vorüber. Er ging hinein und verlangte 15 wieder ein Stück Glück. Der Autoverkäufer führte den Mann vor sein bestes und teuerstes Auto. *100 000 Euro* stand auf dem Preisschild. „Hier", sagte er. „Das ist es."

„Aber ich möchte ein Stück Glück", sagte der Mann, der sich freuen wollte, „kein Auto."
„Das hier", der Autoverkäufer streichelte den blan- 20 ken Lack, „bedeutet für viele ein großes Stück Glück. Wenn ich so ein Auto hätte, würde ich mich sehr freuen."
Hm!, dachte der Mann, der sich freuen wollte. Vielleicht würde ich mich auch darüber freuen. Aber da 25 er nicht genug Geld für so ein teures Auto hatte, ging er weiter und kam an einem rosaroten Haus vorbei. Und in dem rosaroten Haus guckten viele Leute aus den Fenstern und strahlten glücklich.
Die müssen wissen, wo es Glück zu kaufen gibt, 30 dachte der Mann, der sich freuen wollte, und ging in das Haus hinein. An der ersten Tür klopfte er [...]

Quelle: Kordon: Ein Stück Glück, 2008, S. 17 f.

Die drei Aussageweisen des Verbs

1 Der Indikativ – die Wirklichkeitsform
Mit dem Indikativ wird ausgedrückt, dass eine Tätigkeit oder eine Handlung wirklich ist.
Ich komme. Er geht. Sie bleiben. Das Wetter ist schön.

2 Der Imperativ – die Befehlsform
Der Imperativ wird bei einer Aufforderung oder einem Befehl verwendet.
Komm! Geht! Bleiben Sie!

Der Imperativ wird oft im Singular verwendet:
Gib! Iss! Lies! Nimm!

3 Der Konjunktiv – die Möglichkeitsform

a Man benutzt den Konjunktiv in Gedankenspielen und bei Gedankenexperimenten, um deutlich zu machen, dass es sich um Überlegungen handelt:
  Das **wäre** sehr gut, wenn wir endlich **gewönnen**.
  Dann **würden** wir uns aber freuen.

b Bei der indirekten Rede macht der Konjunktiv deutlich, dass nicht die Schreiberin/der Schreiber diese Aussage gemacht hat, sondern sie nur wiedergibt:
  Er sagte, er **habe** das gesuchte Auto gesehen.
  Sie sagten, sie **hätten**[1] das gesuchte Auto gesehen.

c In kurzen Äußerungen wird die Aufforderung dadurch deutlich, dass eine Konjunktivform verwendet wird:
  Edel **sei** der Mensch, hilfreich und gut!
  In kritischen Situationen **wahre** der Mensch Gelassenheit!

d In Bedingungssätzen (Konditionalsätzen) ist der Konjunktiv notwendig, um die gegenseitige Abhängigkeit der Aussagen herauszustellen:
  Die Arbeit **wäre** besser ausgefallen, wenn der Schüler aufgepasst **hätte**.
  Wenn ich viel Geld **hätte**, **könnte** ich eine Weltreise machen.

Es gibt **zwei Konjunktivformen**:

a Mit dem Konjunktiv I gibt man die indirekte Rede wieder, seltener wird er auch bei der Wunschform verwendet.
Der Konjunktiv I wird mit dem Präsensstamm gebildet.
  Er **komme**. Er **gebe**. Sie **bleibe**. Das Wetter **sei** schön.

b Mit dem Konjunktiv II drückt man etwas Gedachtes oder Vorgestelltes aus.
Der Konjunktiv II wird gebildet mit dem Präteritumstamm.
  Er **käme**. Er **gäbe**. Er **bliebe**. Das Wetter **wäre** schön.

---

8 Bestimmen Sie die Aussageweisen und deren Wirkung im folgenden Gedicht.

Der eingebildet Kranke

Eugen Roth

1 Ein Griesgram denkt mit trüber List,
  Er wäre krank. (was er nicht ist!)
  Er müsste nun, mit viel Verdruss,
  Ins Bett hinein. (was er nicht muss!)
5 Er hätte, spräch der Doktor glatt,
  Ein Darmgeschwür. (was er nicht hat!)
  Er soll verzichten, jammervoll,
  Aufs Rauchen ganz. (was er nicht soll!)
  Und werde, heißt es unbeirrt,
  doch sterben dran. (was er nicht wird!) 10
  Der Mensch könnt, als gesunder Mann
  recht glücklich sein. (was er nicht kann!)
  Möcht glauben er nur einen Tag,
  Dass ihm nichts fehlt. (was er nicht mag!)

Quelle: Roth: Der eingebildet Kranke, 1979, S. 67.

---

1 Die indirekte Rede steht dann im Konjunktiv II, wenn der Konjunktiv I und der Indikativ gleich lauten. Im Konjunktiv II steht auch der Wunschsatz.

21.4 Die Zeiten (Tempora)

Vergangenheit		Gegenwart		Zukunft	
	Vergangenheit		Gegenwart		Zukunft
— + — + —		— + — + —		— + — + —	
vollendete Vergangenheit		**vollendete Gegenwart**		**vollendete Zukunft**	

Überblick über die Zeiten

Zeit	Wird bei einem Geschehen verwendet,	Beispiel Aktiv	Beispiel Passiv
Präsens Gegenwart	• das jetzt geschieht, • wenn Aussagen allgemein gelten.	Der Verkäufer lobt die Ware.	Die Ware wird vom Verkäufer gelobt.
Perfekt vollendete Gegenwart	• das bereits abgeschlossen ist, aber in die Gegenwart hineinwirkt.	Der Verkäufer hat die Ware gelobt.	Die Ware ist vom Verkäufer gelobt worden.
Präteritum Vergangenheit	• das zurückliegt und keinen direkten Bezug zur Gegenwart hat.	Der Verkäufer lobte die Ware.	Die Ware wurde vom Verkäufer gelobt.
Plusquamperfekt vollendete Vergangenheit	• das bereits in der Vergangenheit abgeschlossen war.	Der Verkäufer hatte die Ware gelobt.	Die Ware war vom Verkäufer gelobt worden.
Futur I Zukunft	• das geschehen wird.	Der Verkäufer wird die Ware loben.	Die Ware wird vom Verkäufer gelobt werden.
Futur II vollendete Zukunft	• das in der Zukunft bereits vollendet ist.	Der Verkäufer wird die Ware gelobt haben.	Die Ware wird vom Verkäufer gelobt worden sein.

1 Suchen Sie in den Sätzen die Verben und bestimmen Sie die Zeiten:
  a Im Fliegen erfüllt sich ein uralter Menschheitstraum.
  b Um 1880 beschäftigte sich Otto von Lilienthal mit Gleitflügen.
  c Er hatte den Vogelflug beobachtet.
  d Darauf konstruierte er die ersten erfolgreichen Fluggleiter.
  e Den Brüdern Wright ist 1903 der erste Motorflug auf einer Wiese geglückt.
  f Heute ist Fliegen für viele Menschen selbstverständlich geworden.
  g Sie fliegen jedes Jahr in den Urlaub.
  h Nächstes Jahr werden es wieder mehr sein als in dieser Saison.
  i Wie wird sich der Flugverkehr entwickeln?
  j Die Flugzeuge werden immer größer und schneller.
  k Vielleicht wird man schon in wenigen Jahren Flugzeuge entwickelt haben, in denen mehr als 1 000 Fluggäste mitfliegen werden.

Grammatik 257

2 Formulieren Sie die Sätze in den verlangten Zeiten neu.
  a Begüm wird ihre Bewerbungen online versenden (Perfekt).
  b Bei der praktischen Fahrprüfung sind einige Probleme aufgetreten (Plusquamperfekt).
  c Welches Gericht aus der arabischen Küche hat dir besonders geschmeckt (Präteritum)?
  d Es waren eine Menge Bewerbungen beim Personalchef eingegangen (Präsens).
  e Durch starken Schneefall kam der öffentliche Personennahverkehr im Süden Deutschlands zum Erliegen, daher kamen viele verspätet zur Arbeit. (Futur I).
  f Als er seine Mailbox abhörte, erinnerte er sich wieder an seinen Termin (Plusquamperfekt).

3 Begründen Sie, welche Zeitform bei welcher Textform gewählt werden muss.
  a Inhaltsangabe eines Spielfilms,   **b** Nacherzählung eines Märchens,   **c** Werbetextanalyse,
  d Beipackzettel eines Medikaments,   **e** selbst erfundene Erzählung

4 Beugen Sie die Verben in den angegebenen Zeitformen.
  a nach Afrika verreisen (2. Person Singular Präteritum)
  b sich im Fach Mathematik verbessern (1. Person Plural Plusquamperfekt)
  c den Klassenraum reinigen (3. Person Singular Futur I)
  d seine Beobachtungen dokumentieren (2. Person Plural Präsens)
  e den Stapel Zeitschriften umschichten (1. Person Singular Futur II)
  f weniger Hausmüll produzieren (3. Person Plural Perfekt)

5 Bestimmen Sie im folgenden Text bei den unterstrichenen Verben jeweils Person, Zahl, Zeit und Aussageweise (s. S. 252 ff.).

---

1 Um in Sportwettkämpfen zu bestehen oder sogar auf Weltklasseniveau mitzuhalten, <u>muss</u> ein Mensch bestimmte Bewegungsabläufe bis ins Detail perfektionieren. So muss ein Golfer
5 mit einem ungemein präzisen Schwung des Schlägers den Ball treffen, ein Turner geradezu artistische Fähigkeiten bei seiner Körperkontrolle entwickeln und auch ein Schwimmer die Bewegungen seiner Arme und Beine optimal
10 koordinieren. Daher <u>galt</u> unter Experten lange Zeit unermüdliches Training als wichtigste Voraussetzung für sportlichen Erfolg. Wer nur lange genug übt, zur richtigen Zeit im Leben <u>beginnt</u>, diszipliniert und unter professioneller Anleitung, der <u>könnte</u> es, so die Annahme, in 15 fast jeder beliebigen Sportart zu einer gewissen Meisterschaft bringen. Der schwedische Psychologe Anders Ericcson, einer der weltweit angesehensten Experten für Exzellenz in den verschiedensten Bereichen, <u>stellte</u> dafür 20 eine Faustregel <u>auf</u>: Wer 10 000 Stunden trainiert, <u>wird</u> mit sehr hoher Wahrscheinlichkeit Spitzenleistungen <u>erzielen können</u>. Wer diese Hürde nicht überwindet, <u>wird</u> nur Mittelmaß <u>erreichen</u>. 25

Quelle: Erbgut: Die Macht der Gene, in: GEOkompakt Sport, Nr. 46, 03/2016, S. 57.

6 a Bestimmen Sie in den Sätzen Zeit und Form des Verbs (Aktiv oder Passiv, s. S. 253).
  b Formulieren Sie Aktivsätze ins Passiv um und umgekehrt. Behalten Sie die Zeitformen bei.

a Die Theaterkulisse war von uns mit viel Aufwand binnen weniger Tage errichtet worden.
b Um Pesto selbst zu machen, gibt man zunächst eine Handvoll Basilikum in einen Mörser.
c Jedes Fußballspiel wird von den Analyseexperten detailliert untersucht werden.
d Schließlich fegte Sabine die abgeschnittenen Haare am Boden weg.
e Die teuersten Kakaobohnen der Welt sind von Bauern in Ecuador geerntet worden.

21.5 Die Satzglieder

Ein Satz besteht aus zwei oder mehr Satzgliedern, die durch die Zuordnung in Felder oder eine Umstellprobe voneinander abgegrenzt werden können.

Sätze mithilfe des Feldermodells beschreiben:

Vorfeld	Linke(s) Verbfeld (Satzklammer)	Mittelfeld	Rechte(s) Verbfeld (Satzklammer)	Nachfeld
Tomas	sucht	eine kleine Wohnung.		
Tomas	hat	eine kleine Wohnung	gefunden.	
Ich	werde	ihn	besuchen,	sobald ich Zeit habe.
Hier steht kein oder höchstens ein Satzglied (0 oder 1)	Hier steht ein Verb oder ein Fragewort. (0 oder 1)	Hier stehen beliebig viele Satzglieder (0, 1, 2, 3 …)	Hier stehen weitere Verbbestandteile (0 oder 1, 2, 3 …)	Hier stehen meist Vergleiche, Ergänzungen, Neben- oder Relativsätze (0, 1, 2, 3 …)

Umstellprobe:

(Auf dem Markt) kauft heute der Koch (frisches Gemüse).

(Heute) kauft (der Koch) auf dem Markt frisches Gemüse.

Der Satzkern
Zu einem vollständigen Satzgehören das Subjekt (Satzgegenstand) und das Prädikat (die Satzaussage) Zusammen bilden sie den **Satzkern**.
Nach dem Subjekt (dem Satzgegenstand) fragt man: Wer tut /„erleidet" etwas?
Die Frage nach dem Prädikat (der Satzaussage) kann lauten: Was tut /„erleidet" das Subjekt?

> *1* Bestimmen Sie Subjekt und Prädikat in den Sätzen oben.

Die Satzerweiterungen
Um sinnvolle und abwechslungsreiche Aussagen zu machen kann jeder Satz erweitert werden. Die Erweiterung kann durch **Objekte** (Satzergänzungen) und durch **adverbiale Bestimmungen** (Umstandsbestimmungen) vorgenommen werden.

Das Objekt (die Satzergänzung)
- **Genitivobjekt (Satzergänzung im 2. Fall):** Der Redner gedenkt der Toten. (Wessen gedenkt er?)
- **Dativobjekt (Satzergänzung im 3. Fall):** Die Frau hilft dem Rentner. (Wem hilft die Frau?)
- **Akkusativobjekt (Satzergänzung im 4. Fall):** Peter besucht das Spiel. (Wen/Was besucht Peter?)

> **2** Bestimmen Sie in den folgenden Sätzen die Objekte:
> **a** Petra kauft ein Buch.
> **b** Sie schenkt es ihrem Bruder.
> **c** Dem Skiläufer fehlt die Übung.

In einem Satz können auch **mehrere Objekte** verwendet werden. Handelt es sich dabei um Objekte, die sich im Fall unterscheiden, steht zwischen ihnen kein Komma.

Der Richter beschuldigte	**den Angeklagten** (Objekt im 4. Fall: Wen oder was beschuldigte der Richter?)	**der Unterschlagung**. (Objekt im 2. Fall: Wessen beschuldigte ihn der Richter?)
Der Verkäufer zeigt	**dem Kunden** (Objekt im 3. Fall: Wem zeigt er das Bild?)	**das Bild**. (Objekt im 4. Fall: Wen oder was zeigt er dem Kunden?)

Mehrere Objekte mit demselben Fall werden als Aufzählung durch Komma getrennt, z. B.

Die Einkäuferin bestellte   **Rosinen, Datteln, Mandeln und Haselnüsse.**
(Objekte im 4. Fall: Wen oder was bestellte die Einkäuferin?)

Die adverbiale Bestimmung

Durch **Umstandsbestimmungen (adverbiale Bestimmungen)** wird die Satzaussage (das Prädikat) näher erklärt. **Umstandsbestimmungen** werden eingeteilt in:

- **Umstandsbestimmungen der Zeit (temporale adverbiale Bestimmung)**
  Der Hund bellt **morgens**. **Am Abend** bellt der Hund. (Wann bellt er?)
  Er bellt **seit einer Stunde**. (Wie lange bellt er?)

- **Umstandsbestimmungen des Ortes (lokale adverbiale Bestimmung)**
  Der Hund bellt **im Garten**. Er bellt **dort**. (Wo bellt er?)

- **Umstandsbestimmungen der Art und Weise (modale adverbiale Bestimmung)**
  Der Hund bellt **laut**. Er bellt **mit Ausdauer**. (Wie bellt er?)

- **Umstandsbestimmungen des Grundes und Zweckes (kausale adverbiale Bestimmung)**
  Der Hund bellt **zur Abschreckung**. **Deshalb** bellt er. (Wozu, warum bellt er?)

> **3** Bestimmen Sie in den folgenden Sätzen die **adverbialen Bestimmungen**:
> **a** Morgens fährt der Omnibus schnell durch die Straße.
> **b** An der Haltestelle bremst er scharf.
> **c** Der Fahrer hält dort nur kurz.
> **d** Er hat Verspätung und fährt daher schnell wieder los.

Attribute – Beifügungen

Durch **Attribute** kann ein Satz noch anschaulicher und ausdrucksvoller werden; mit ihnen können die Besonderheiten eines Sachverhalts sprachlich genauer ausgedrückt werden.

Attribute stehen vor allem bei Substantiven (Hauptwörtern) und bestimmen das Wort näher, auf das sie sich beziehen.

1 Er will das **große** Auto. (Adjektiv/Eigenschaftswort)
2 Vorher verkauft er **sein** Motorrad. (Pronomen/Fürwort)
3 Dafür findet er **drei** Interessenten. (Numerale/Zahlwort)
4 Daher bietet er die Maschine **des Freundes** an. (Subst. im Genitiv/Hauptwort im 2. Fall)
5 Klaus holt sich online Informationen **über Autos** ein. (Präposition/Verhältniswort mit Subst.)
6 Der Entschluss **zu kaufen** steht fest. (Infinitiv/Nennform des Zeitwortes mit „zu")
7 Er prüft ein **gebrauchtes** Auto. (Partizip/Mittelwort)
8 Das Auto vor ihm ist ein Jahr alt. (Präposition/Verhältniswort mit Pronomen/Fürwort)

> **4** Bestimmen Sie in den folgenden Sätzen die Attribute:
> *a* Das junge Mädchen kauft im größten Geschäft der Stadt ein spannendes Buch.
> *b* Sie schenkt es ihrem jüngeren Bruder.
> *c* Dem ältesten Skiläufer der Gruppe fehlt die notwendige Übung.
> *d* In der Skischule am Ort bucht er einen modernen Skikurs.
> *e* Der teure Kurs nützt ihm wenig.
> *f* Als er schnell den steilen Hang hinunterfährt, verliert er seine neue Skibrille.

Mehrere Attribute derselben Art bilden **eine Aufzählung** und werden durch Komma getrennt oder durch Konjunktionen (Bindewörter) verbunden, z. B. „Er will ein **neues, schnelles und sicheres** sparsames Elektroauto kaufen."
Mehrere Attribute unterschiedlicher Art bilden **keine Aufzählung** und werden nicht durch Komma voneinander getrennt, z. B. „Das **älteste** Haus der Stadt am Neckar ist baufällig." Manchmal werden zu viele Attribute einem Substantiv zugeordnet. Solche Häufungen von Attributen sind stilistisch unschön, weil sie übertrieben wirken.
Hier kann die **Weglassprobe** helfen, d. h. die Überlegung, welche Attribute überflüssig sind und besser weggelassen werden sollten.

> **5** Machen Sie bei folgenden Attributen die Weglassprobe.
> *a* ein empfehlenswertes, spannendes und unterhaltsames Buch
> *b* ein beeindruckender, faszinierender, aufregender Film
> *c* eine sympathische, hilfsbereite, bescheidene und freundliche Kollegin
> *d* ein schreckliches, furchtbares, entsetzliches Unglück

Apposition/Beisatz

Eine weitere Form einer Beifügung, die aus einem Substantiv (Hauptwort) besteht, ist **die Apposition, der Beisatz**. Der Beisatz besitzt zwei wichtige Merkmale:
1 Der Beisatz steht im gleichen Fall wie das Substantiv oder Pronomen, zu dem er gehört.
2 Der nachgestellte Beisatz unterbricht den glatten Ablauf des Satzes und wird deshalb durch Kommas vom übrigen Satz getrennt.

Axel, **mein bester Freund**, besucht mich heute. (Beisatz im 1. Fall – Nominativ)
Ich werde von Axel, **meinem besten Freund**, heute besucht. (Beisatz im 3. Fall – Dativ)
Morgen besuche ich Axel, **meinen besten Freund**. (Beisatz im 4. Fall – Akkusativ)

21.6 Die Satzarten

Man unterscheidet vier Satzarten:

Satzarten	Beispiele
1 Aussagesatz Er gibt einen Sachverhalt berichtend wieder. Am Ende des Aussagesatzes steht ein **Punkt**.	Thomas hat einen Ausbildungsberuf gefunden. Er fährt jeden Tag mit dem Zug.
2 Fragesatz Er beginnt mit einem Fragewort (z. B. **was, wer**) oder mit einer gebeugten Verbform (z. B. **habt, wollt**) und will einen Sachverhalt klären oder fragt nach einer Person oder einer Sache. Am Ende steht ein **Fragezeichen**.	Was werdet ihr als Nächstes tun? Habt ihr euch das überlegt?
3 Wunschsatz Er drückt die Erwartung aus, dass die angesprochene Person eine bestimmte Handlung ausführen wird. Den Wunschsatz gibt es auch in der Form des **Befehls- oder Aufforderungssatzes**. Bei diesen beiden Satzarten steht das Verb im Imperativ (Befehlsform). Am Satzschluss steht immer ein **Ausrufezeichen**!	Wäre die Fahrprüfung doch schon vorbei! Besuchen Sie uns doch! Komm her!
4 Ausrufesatz Er drückt die innere Anteilnahme an einem Sachverhalt aus. Auch hier steht am Satzschluss ein **Ausrufezeichen**.	Das tut mir aber leid! Schön hast du das gemacht!

Zur Beachtung: Die Satzarten sind nicht immer eindeutig voneinander abzugrenzen:

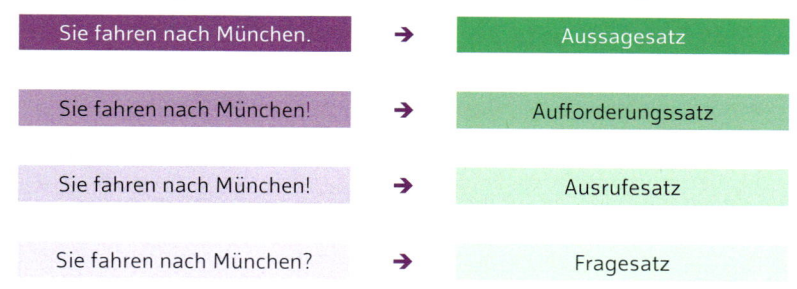

Sie fahren nach München.	→	Aussagesatz
Sie fahren nach München!	→	Aufforderungssatz
Sie fahren nach München!	→	Ausrufesatz
Sie fahren nach München?	→	Fragesatz

---

1 Sprechen Sie diese vier Sätze so aus, dass durch den verschiedenartigen Klang unterschiedliche Bedeutungen entstehen **(Klangprobe)**.

2 Machen Sie auch mit den folgenden Sätzen aus einem Lotterieprospekt die Klangprobe und bestimmen Sie die Satzart und das jeweilige Satzschlusszeichen.[1]
 a Jetzt reiß' ich mir die ganz große Geldquelle auf ● *b* Ach, Sie auch ● *c* Bitte hier ●
 d 105 Millionen Euro warten: Das große Geld kommt ● *e* Sie werden doch nicht abseitsstehen wollen ●
 f Sie doch nicht ● *g* Wenn Sie uns den Teilnahmeschein zusenden, erhalten Sie Originallose ●
 h Warum zögern Sie noch ● *i* Nutzen Sie diese einmalige Chance ●

---

1 Bei geliehenen Büchern dürfen die Lösungen nicht ins Buch eingetragen werden.

21.7 Satzverknüpfungen

Es gibt im Deutschen zwei Möglichkeiten, Sätze miteinander zu verknüpfen:

1 Stehen mindestens zwei **Hauptsätze** hintereinander, so liegt eine **Parataxe (Satzreihung)** vor.

Beispiele: Das Unternehmen ging bankrott und Mitarbeiter wurden entlassen.
   oder
   Das Unternehmen ging bankrott. Mitarbeiter wurden entlassen.

2 Sind mindestens ein **Haupt-** und ein **Nebensatz** durch Konjunktionen (s. S. 249) miteinander verbunden, so spricht man von einer **Hypotaxe (Satzgefüge)**.

Beispiel: Sie bemerkten das seltsame Motorgeräusch erst, nachdem sie losgefahren waren.
                                                          Konjunktion

---

1 Bestimmen Sie, welche Art von Satzverknüpfung jeweils vorliegt.
   a Je näher der Prüfungstag rückte, desto mehr Zeit verbrachte Ines mit Lernen.
   b Die Zahl der unbesetzten Ausbildungsplätze ist gestiegen und der Trend dauert an.
   c Von weltweit geschätzt zehn Millionen Tierarten sterben jedes Jahr Zehntausende aus. Darunter befinden sich vor allem Amphibien-, Insekten- und Vogelarten.
   d Viele Visionen vom Wohnen der Zukunft gehen davon aus, dass die Wohnräume minimal mit Möbeln ausgestattet sein werden.
   e Weil Vollmond war, konnte Kilian nicht schlafen, deshalb wälzte er sich unruhig im Bett.
   f Die Bagger rückten an. Unerträglicher Lärm erfüllte die Straße.

2 Bilden Sie Hypotaxen: Verbinden Sie die Sätze mit Konjunktionen.

   Beispiel: Musik ist ihr wichtig. Sie hört rund um die Uhr Radio.
   → Musik ist ihr wichtig, daher hört sie rund um die Uhr Radio.

   a Kinder brauchen klare Regeln für einen sinnvollen Umgang mit dem Internet. Sie müssen erst lernen, im Web Gesehenes, Gehörtes und Gelesenes zu verarbeiten.
   b Es begann heftig, zu regnen. Das Fell des Hundes wurde nass.
   c Die Vorstandswahl verlief reibungslos. Alle Vereinsmitglieder waren zufrieden.
   d Oberklasse-Autos sind teuer. Die Nachfrage nach Luxuswagen bleibt ungebremst.
   e Viele Deutsche verbringen ihren Sommerurlaub in Italien. Spanien steht als Reiseland an erster Stelle.
   f In Kleingruppen trainierten sie wiederholt verschiedene Arbeitsabläufe. Übung macht den Meister.

3 a Formulieren Sie die Hypotaxen zu Parataxen um.
   A Jan, der seine Brille vergessen hatte, schielte auf Sabines Einkaufsliste und war sauer, dass er das Gekrakel seiner Freundin nicht lesen konnte, weil der Filzstift, den sie beim Schreiben benutzt hatte, fast leer gewesen war.
   B Stuttgart hat mit Mumbai eine Partnerstadt in Indien, darüber hinaus pflegt die baden-württembergische Hauptstadt Städtefreundschaften mit Ogaki, einer Stadt, die in Japan liegt, mit Nanjing in China und mit der Stadt Shavei Zion, die eine israelische Metropole ist.
   C Die Quizshow war spannend, weil die drei Kandidaten beinahe eine hohe Geldsumme gewonnen hätten, wenn sie nicht an banalen Quizfragen gescheitert wären.
   b Wie wirkt ein Text auf Sie, der ausschließlich aus Parataxen besteht?

22 Rechtschreibung

22.1 Groß- und Kleinschreibung (Grundlagen)

Substantive (Hauptwörter) werden großgeschrieben: *der Wald, die Farbe, das Klima, ein Dach, eine Frage, über Nacht, Rad (fahren), Angst (haben)*
An ihren **Endungen** erkennt man viele Wörter bereits als Substantive: *Frei**heit**, Heiter**keit**, Herr**schaft**, Verhäng**nis**, Hoffn**ung**, Reich**tum***

Fünf **Ausnahmen** bestätigen die Regel:
Zusammen- und Kleinschreibung, weil ohne substantivischen Sinn: *leidtun, eislaufen, kopfstehen, wundernehmen, standhalten.*
Dagegen mit substantivischem Sinn: *jemandem ein Leid zufügen, Ski laufen, auf dem Kopf stehen, Wunder wirken, einen schweren Stand haben*

Bei vielen Wörtern hat man die **Wahl zwischen Groß- und Kleinschreibung**: *zugrunde* oder *zu Grunde (gehen); infrage* oder *in Frage (stellen); achtgeben* oder *Acht geben; haltmachen* oder *Halt machen; recht/unrecht (geben, haben, bekommen, behalten)* oder *Recht/Unrecht (geben, haben, bekommen, behalten).*
Beachte: „recht" im Sinne von „richtig": *Das ist mir recht.*

---

1 Übertragen Sie die Sätze in der richtigen Schreibweise auf ein gesondertes Blatt. Die Anfangsbuchstaben wurden versetzt, damit sich kein falsches Wortbild einprägt.
  a Er wurde von der ● ehrheit (mM) der ● ereinsmitglieder (vV) zum ● orsitzenden (vV) gewählt.
  b Jana muss darauf ● chten (aA), dass sie noch die ● cht (aA) ● uro (eE) zurückzahlt, die sie ihrer ● reundin (fF) Sybille schuldet.
  c Es tut mir ● eid (lL), aber Kritik ist angebracht: Die ● annschaft (mM) muss in Zukunft mehr ● eistung (lL) zeigen. Derzeit ist sie nicht sehr ● eistungswillig (lL).
  d Im ● ürstentum (fF) Liechtenstein ist ● eutsch (dD) die Amtssprache. Dies stellt niemand ● nfrage (iI).
  e Jörg hat das ● agnis (wW) unternommen, ● llein (aA) im ● ald (wW) zu übernachten. ● kilaufen (sS) ist nicht nach Tamaras ● eschmack (gG), sie möchte ● islaufen (eE).
  f Alle Teilnehmer meinten, dass nur Frau Knapp für diese Aufgabe in ● rage (fF) komme.
  g Auch wenn er jetzt ● opfsteht (kK), ich mache jetzt ● alt (hH), um ● cht (aA) zu geben.
  h Er hatte ● echt (rR), dass die Arbeit mit drei ● tunden (sS) ● echt (rR) lang dauerte.

Jede Wortart kann zum Substantiv werden, wenn ...
 a ein **Artikel** dabeisteht: ***das** Gute, **im (in dem)** Guten*
 b ein **Artikel** mitgedacht werden kann: *lautes **(das)** Rufen, langes **(das)** Warten*
 c eine **Präposition** vorangestellt ist: ***bei** Rot anhalten, **durch** Kochen*
 d ein **Pronomen** vorangestellt ist: ***sein** Lächeln, **unser** Geschäft*
 e **Mengenangaben** davorstehen: ***alles** Gute, **viel** Schlechtes, **etwas** Sauberes, **genug** Süßes, **wenig** Ergiebiges, **nichts** Neues*

Sprachliche Grundlagen

2 Entscheiden Sie, ob die jeweiligen Wörter groß- oder kleingeschrieben werden.[1]
  a Im ●ertrauen (vV) gesagt, deine ●hancen (cC) stehen gut, den ●usbildungsplatz (aA) zu bekommen.
  b Nicht ●ünschenswert (wW) ist ständiges ●uspätkommen (zZ) von Schülerinnen und Schülern.
  c Nachdem sie ●ange (lL) gewartet hatten, verloren sie die ●eduld (gG).
  d Eure ●elbst (sS) gestaltete ●omepage (hH) kann mich zur ●änze (gG) überzeugen, ich finde alles ●ut (gG) an ihr.
  e Die ●iederholte (wW) ●orderung (fF), mehr Windräder zu bauen, ist politisch nichts ●eues (nN).
  f Man muss genug ●ssen (eE) und ●rinken (tT) einpacken, wenn man viel ●andern (wW) will.

Präpositionen werden kleingeschrieben:
kraft ihres Amtes im Sinne von: *durch ihr Amt*; *dank seiner Hilfe* im Sinne von: *durch seine Hilfe*; *mangels eindeutiger Beweise* im Sinne von: *wegen fehlender Beweise*; *angesichts der Not* im Sinne von: *gegenüber der Not*; *zeit seines Lebens* im Sinne von: *während seines Lebens*

Folgende Präpositionen werden **klein- und zusammengeschrieben; sie können auch getrennt und großgeschrieben werden:**
Mithilfe/mit Hilfe eines Wörterbuchs, vonseiten/von Seiten des Parlaments, aufseiten/auf Seiten der Regierung, aufgrund/auf Grund der Wirtschaftslage, anstelle/an Stelle meines Bruders, zugunsten/zu Gunsten der Behinderten, zulasten/zu Lasten der Verbraucher, imstande/im Stande sein, eine Maschine instand/in Stand setzen

3 Schreiben Sie die Sätze ab und setzen Sie den richtigen Anfangsbuchstaben ein.
  a Die Heizung muss auf ●rund (gG) eines Mangels ●nstand (iI) gesetzt werden.
  b Wir sind jetzt ●mstande (iI), das Problem mit ●ilfe (hH) des Computers zu lösen.
  c Wegen deiner ●eistung (lL) kommst du für diese Aufgabe ●nfrage (iI).
  d Von ●eiten (sS) des Betriebs wurde Kurzarbeit ●nstelle (aA) von Entlassungen vorgeschlagen.
  e Wenn der Vertrag nicht ●ustande (zZ) kommt, geht die Firma ●ugrunde (zZ), und zwar zu ●asten (lL) der Gläubiger.

Adverbien (Umstandswörter) werden kleingeschrieben.
Sie hatte anfangs großes Interesse im Sinne von: *Sie hatte zuerst großes Interesse.*
Wir waren seinerzeit gute Freunde im Sinne von: *Wir waren damals gute Freunde.*
Es arbeitet heutzutage niemand mehr stundenlang umsonst.

4 Groß- oder Kleinschreibung? Begründen Sie Ihre Entscheidung.
  a Während sie ●nfangs (aA) noch Langeweile hatte, war sie ●päter (sS) mehrere ●inuten (mM) lang bei der Sache. So verstrich ●tunde (sS) um ●tunde (sS).
  b Da Joey jeden Tag ●tundenlang (sS) im Internet surft, läuft er ●eicht (lL) Gefahr, seine ●ozialen (sS) Kontakte zu vernachlässigen.
  c Wer ●agsüber (tT) viel auf den Beinen ist und Aufgaben erledigt, wird ●achts (nN) in der ●egel (rR) tief und fest schlafen können.
  d Er ist ein Kind ●einer (sS) Zeit und das merkte man ihm am ●nfang (aA) an.
  e Ständige ●eiterbildung (wW) im Beruf ist ●eutzutage (hH) das ●(aA) und ●(oO).

---

[1] Bei geliehenen Büchern dürfen die Lösungen nicht ins Buch eingetragen werden.

22.2 Groß- und Kleinschreibung (Vertiefung)

Verben (Zeitwörter) können zu Substantiven werden
a durch einen dazugehörigen **Artikel**: *das* Betreten, *ein* Lachen, *ein* Dröhnen
b durch einen **mit einer Präposition verschmolzenen Artikel**: *beim (bei dem)* Tanzen, *ins (in das)* Schleudern
c durch bloße **Präposition**: *vor* lauter Lachen, *durch* Massieren
d durch **Pronomen**: *dein* Schnarchen, *unser* Singen
e durch einen **mitzudenkenden Artikel**: *Das Kind lernte (das) Gehen. Wir hörten (ein) lautes Schreien.*

---

1 Schreiben Sie die folgenden Sätze ab und ergänzen Sie die fehlenden Buchstaben.
   a In der Schwimmhalle herrschte ein ständiges ● ommen (kK) und ● ehen (gG).
   b Wenn Teilnehmer beim ● chwimmen (sS) ● ehlen (fF), müssen sie ihr ● ehlen (fF) sofort ● ntschuldigen (eE). Das ● ürfen (dD) sie nicht ● ergessen (vV).
   c Alles ● ahnen (mM) war vergeblich, auch sein ständiges ● rohen (dD) mit ● trafen (sS) konnte nichts ● ndern (äÄ). Es war zum ● einen (wW).
   d Sie reagierten darauf nur mit ● achen (lL) und gingen ● chlafen (sS).
   e Es wäre falsch, jetzt etwas mit ● chreien (sS) ● rreichen (eE) zu ● ollen (wW).
   f Nur durch richtiges ● rgumentieren (aA) kann man sie davon ● berzeugen (üÜ), dass jeder ● chwimmen (sS) können sollte, denn ● chwimmen (sS) ist gesund.

Adjektive (Eigenschaftswörter) können zu Substantiven werden, z. B.
a **durch** einen dazugehörigen oder mitgedachten **Artikel**: *das* Gute, *der* Letzte
b **durch Präpositionen (Verhältniswörter)**: *mit* Rot anstreichen, *im* Großen und Ganzen, *ins* Blaue
c durch **Pronomen (Fürwörter)**, vor allem die **Mengenangaben „alles, viel, etwas, wenig, nichts"**: *diese* Kleine, *unser* Jüngster, *alles* Gute, *etwas* Wichtiges
d als einmalige, oft fachsprachliche Bezeichnung: *das Rote Meer, die Deutsche Bahn, die Olympischen Spiele, der Heilige Abend, die Schwäbische Alb*
   • bei geografischen Bezeichnungen, zu erkennen an der **Endung „-er"**: *der Kölner Dom, das Ulmer Münster, das Wiener Schnitzel*
   • bei **der Endung „-isch"** Kleinschreibung: *die britische Krone, die schwäbische Mundart*

Adjektive können in folgenden festen Verbindungen wahlweise groß- oder kleingeschrieben werden: *von neuem/Neuem, von weitem/Weitem, seit kurzem/Kurzem, seit längerem/Längerem, ohne weiteres/Weiteres*. Für den alltäglichen Sprachgebrauch empfiehlt sich die Großschreibung.

---

2 Übertragen Sie die Beispielsätze in der richtigen Schreibweise auf ein Extrablatt.
   a Unser ● ltester (äÄ) ist bereits mit einer ● olländischen (hH) Reisegesellschaft am ● chwarzen (sS) Meer. Er ist bis auf ● eiteres (wW) verreist.
   b Das Kennzeichen des ● oten (rR) Kreuzes ist ein ● otes (rR) Kreuz im ● eißen (wW) Feld, in der ● anzen (gG) Welt bei ● roß (gG) und ● lein (kK) bekannt.
   c Der ● lügere (kK) gibt nach, auch wenn die Verkehrsampel auf ● rün (gG) steht.
   d Das ● lmer (uU) Münster ist etwas ● inmaliges (eE).
   e So etwas ● ummes (dD), bis zum nächsten ● rsten (eE) reicht mein Geld nicht.
   f Der Vertreter des ● echnischen (tT) Hilfswerks hat uns über die ● rste (eE) Hilfe manches ● ützliche (nN) gesagt, das gefiel uns allen ● ut (gG).
   g Ich habe leider nichts ● utes (gG) erfahren. Das ist nicht ● rfreulich (eE).
   h Auf der ● rankfurter (fF) Automobilausstellung gab es wenig ● eues (nN).

Zeitangaben werden großgeschrieben
- wenn **„gestern, heute, morgen"** davorstehen: **gestern** Abend, **heute** Nacht, **morgen** Nachmittag
- wenn ein **Begleitwort** davorsteht: **eines** Abends, **gegen** Morgen, **über** Nacht, **gute** Nacht, **zu** Mittag essen, **der** Morgen

Zeitangaben werden kleingeschrieben
- wenn sie **kein Begleitwort** haben und **auf „-s" enden**: morgen**s**, nacht**s**, dienstag**s** essen, (bis) abend**s** arbeiten
- **Beachte:** bis morgen, morgen früh (auch: morgen Früh), die Technik von morgen

3 Üben Sie die Schreibung der folgenden Zeitangaben.¹
am ● bend, guten ● bend, heute ● acht, gegen ● ittag, über ● acht, des ● orgens, zu ● bend essen, eines ● orgens, jeder ● bend, in der ● acht, gestern ● ormittag, bei ● acht, jeden ● bend, morgen ● achmittag, jede ● acht. Ich bin ● orgens nicht zu Hause. Hast du ● bends Zeit? Es hat ● achts geschneit.

4 Formulieren Sie mithilfe der folgenden Zeitangaben ganze Sätze.
Dienstagabend, jeden Dienstag, dienstagabends, am Dienstagabend, immer dienstags, dienstags abends

Unbestimmte Zahlwörter werden kleingeschrieben, selbst wenn ein Artikel davorsteht. Sie gelten nicht als Substantive, sondern nur als eine Mengenangabe.
- Merken Sie sich die vier Wortstämme **„viel, wenig, ein, ander"** (in allen Formen und Steigerungen) und die Wörter **„ein bisschen, die beiden, ein paar"** (Unterscheiden Sie: ein Paar Schuhe)
- **Hinweis:** Wenn Sie mit einem dieser Wörter etwas Substantivisches ausdrücken wollen (z. B. eine Personengruppe), können Sie dieses Wort auch großschreiben: Die Einen sagen dies, die Anderen das. Die Meisten stimmten meiner Meinung zu. Ich plane etwas ganz Anderes (= völlig Neues). Beide Varianten sind möglich.

5 Übung zur Wiederholung¹
  a Die ● inen (eE) tappten den ganzen Tag über im ● unkeln (dD).
  b Im ● roßen (gG) und ● anzen (gG) sind wir mit der Arbeit auf dem ● aufenden (lL). Wir haben deshalb ● reitags (fF) ● achmittags (nN) frei.
  c Die ● roßen (gG) freuten sich ebenso wie die ● leinen (kK) über die Show.
  d Wir können die ● brigen (üÜ) bis auf ● eiteres (wW) in einem Zelt unterbringen.
  e Das war eine ● reude (fF) für ● ung (jJ) und ● lt (aA), als die ● eiden (bB) ihre Lieder sangen und der ganze Saal im ● unkeln (dD) lag.
  f Die ● enigsten (wW) wollten ihm glauben, dass er in seiner Schulzeit immer der ● rste (eE) der Klasse gewesen war. Darüber ließ er uns im ● nklaren (uU).
  g Herzlichen Dank im ● oraus (vV), dass Sie mich über das ● esentliche (wW) auf dem ● aufenden (lL) halten wollen. Sie ist die ● inzige (eE), die hilft.
  h In der nächsten Instanz werden die ● nderen (aA) den ● ürzeren (kK) ziehen.
  i Die Lehrerin bedauerte es ein ● isschen (bB), dass die ● eisten (mM) ihren Text nicht mehr ins ● eine (rR) schreiben konnten.

---

1 Bei geliehenen Büchern dürfen die Lösungen nicht ins Buch eingetragen werden.

22.3 Worttrennung auf einen Blick

Am Zeilenende

Ein Wort kann **am Ende jeder Silbe getrennt** werden, die sich beim langsamen Sprechen erkennen lässt.
Beispiele: An – gel – ru – te, trin – ken, ab – rei – ßen, Lie – fe – rung, Städ – te, Emp – fang, Eu – ro – pä – i – sche Uni – on, Ei – er
Ein einzelner Vokal darf am Wortanfang oder -ende (auch in zusammengesetzten Wörtern) nicht getrennt werden:
Beispiele: *Acker, Bio-müll, Fei-er-abend, ge-gen-über, Kleie*

Trennung von „st"
s – t (ähnlich wie bei s – p: Wes – pe)
Beispiele: Wes – te, Fens – ter, Tas – te, Ins – tinkt

Trennung von „ck"
ck auf die nächste Zeile
Beispiele: Zu – cker – bä – cker, He – cke, Pa – ckung

Besonderheiten
Bei manchen Wörtern ist die Trennung nach den Sprechsilben oder nach der Zusammensetzung des Wortes erlaubt.
Beispiele: da – rum/dar – um, wa – rum/war – um, ei – nander/ein – ander
Diese doppelte Möglichkeit gilt auch für einige Fremdwörter:
inte – ressant/inter – essant, Indus – trie/Indust – rie, Qua – drat/Quad – rat, Ma – gnet/Mag – net, Pub – likum/Pu – blikum

---

Übungen zur Worttrennung

1 In der folgenden Übung machen Sie es bitte den Chinesen nach: Schreiben Sie von oben nach unten, jeweils nur eine Silbe in jede Zeile; wenn Sie unten auf der Seite ankommen, fahren Sie oben wieder fort. Beachten Sie dabei die Regeln zur Worttrennung.
Gestern Abend sahen wir ein interessantes Stück im Theater. Außer uns saßen noch viele junge Leute im Parkett. Alle waren begeistert. Zunächst trauten wir unseren Augen nicht: Fünf Fenster bildeten den Hintergrund der Bühne. Jedes war individuell gestaltet. Die Ausstattung des Bühnenraumes war einfach. Sie bestand nur aus einem Tisch und sechs Stühlen. Auch beim Theater üben Handwerker attraktive Tätigkeiten aus. Sie müssen stets neue Ideen verwirklichen.

2 Trennen Sie die folgenden Wörter korrekt.
Dienstagabend, jeden Dienstag, dienstagabends, am Dienstagabend, immer dienstags, dienstags abends, hungrig, Haifischflosse, Gründungshilfe, Initialzündung, mies, Rhabarberkuchen, hinterlistig, Windradpark.

22.4 Vokale (Selbstlaute)

Arbeitsweise

1 Erklären Sie zuerst anhand der Beispielwörter, die einer Übung vorangestellt sind, die Rechtschreibschwierigkeit.

2 Lesen Sie dann die zugehörige ▶ Rechtschreibstrategie, die bei der Übung der Aufgabe hilft.

3 Zeichnen Sie zu jeder Übung eine Tabelle mit zwei bzw. drei Spalten und tragen Sie darin die Lösungswörter ein, nach Schreibweisen geordnet.

4 Eine verkürzte Übungsmöglichkeit: Schreiben Sie aus jeder Aufgabe die Wörter heraus, die Ihrer Meinung nach am ehesten falsch geschrieben werden können. Begründen Sie Ihre Antwort.

5 Die Übungen können auch als mündlicher Test oder als Partnerdiktat durchgeführt werden.

a – ah – aa   Mal/Mahl – malen/mahlen – Nachname/Nachnahme

Übung[1]
Merkm●l, N●men, S●t, F●ndung, D●rlehen, Sch●r, nach●men, gew●ren, P●r, Denkm●l, Bem●lung, Str●l, schm●l, Gew●rsam, Personenw●ge, Kraftw●gen, Sch●le, Sch●l, M●ßn●me, Pflugsch●r, w●gerecht, Org●n, Auss●t, Pottw●l, bej●en, Holzsp●n

▶ Eselsbrücke: Me**h**l ma**h**len – mit h! Der Wagen steht auf der W**aa**ge. Er steht dort w**aa**gerecht.

ä – äh   nämlich – Pärchen – allmählich

Übung[1]
H●rchen, S●le, gef●rlich, F●rte, Verm●lung, m●en, s●en, S●mann, Aff●re, Geb●rde, Gem●lde, Gew●r, N●te, g●ren, qu●len, ungef●r, abw●gen, Font●ne, B●ndel

▶ Bei einigen dieser Wörter können sie die richtige Schreibweise von einem verwandten Wort ableiten, z. B. nämlich = Namen, säen = Sämann.

> Zum Einprägen: **Bei Fremdwörtern** wird das gesprochene ä **mit ai**, in manchen Fällen auch **mit a** geschrieben.
> Airbus, Trainer, Drainage (auch Dränage), Baisse, fair, Mayonnaise, Saison,
> Camping, Catcher, Gag, Happy End (auch Happyend), Match, Sandwich, Software.

▶ Eine sehr sichere Rechtschreibstrategie ist die Ableitung der Schreibweise vom Wortstamm. Nennen Sie bei jedem der folgenden Wörter den Wortstamm, z. B. Gämse = Gams. Merken Sie sich diese Strategie.

Bändel, belämmert, Gämse, Stängel, behände, aufwändig (auch: aufwendig), Schänke (auch: Schenke), schnäuzen, verbläuen, Gräuel, gräulich (= grauenhaft oder Farbe)

e – eh – ee   lehren/leeren – Rede/Reede

Übung[1]
beg●ren, B●te, G●ste, S●leute, F●de, L●m, T●r, R●derei, Lorb●r, w●rlos, Probl●m, verh●rend, verm●ren, St●greifrede, L●rung, Bel●rung, M●rrettich, schw●len, G●rung, S●ne, unvers●rt, s●lisch, s●lig, absch●ren, Besch●rung, Id●

> Zum Einprägen: **Fremdwörter** mit ee: Allee, Gelee, Matinee, Moschee, Püree, Renommee, Tournee, Paneel, Frottee, Klischee, Komitee, Orchidee, Haschee.

1 Bei geliehenen Büchern dürfen die Lösungen nicht ins Buch eingetragen werden.

i – ie – ieh Lid/Lied – Mine/Miene – Stil/Stiel – Fiber/Fieber
Übung[1]
(ih nur in Pronomen [Fürwörtern] wie ihn, ihr usw.)
präz●se, ausg●big, erg●big, erg●bt, Bleistiftm●ne, Augenl●d, Pr●mzahl, F●bel, Pr●se, Br●se, ster●l, Sat●re, M●nensuchgerät, Tar●f, Baust●l, Besenst●l, Prof●l, z●mlich, Benz●n, M●nenspiel, Kl●ma, Kr●se, nachg●big, qu●ken, Pr●mel, Rad●schen, Vent●l, Zw●back, Masch●ne, illustr●ren, Zw●tracht, Mot●v, ziv●l, V●transport, Apfels●ne, Viol●ne, Inval●de, er schr●, Stab●lität, Volksl●d, Kal●ber, s●den, B●bel, Dev●se, R●siko, T●gel, S●gel, schm●rgeln, qu●tschen, er st●lt, er verz●t keine M●ne, er bef●lt, er fl●t, es gesch●t, er empf●lt

▶ Achten Sie bei dieser Übung auf die Fremdwörter, denn diese werden mit i geschrieben, deutsche Wörter dagegen mit ie, z. B. die Mine (im Bleistift) – die Miene (im Gesicht).

▶ Bei der Schreibung der Verben in der letzten Zeile der Übung hilft es Ihnen, wenn Sie die Grundform (Infinitiv) des Wortes bilden und diese in ihren getrennten Silben leise sprechen.
Beispiele: Er zieht – wir zie-hen (mit h!), er zielt – wir zie-len (ohne h!) – es geschieht – geschehen (mit h!)

Zum Einprägen: **Fremdwörter**, mit i gesprochen, aber **mit ea oder ee** geschrieben:
Beat, Leasing, Sexappeal, Teakholz, Team, Beefsteak, Barkeeper, Jeep, Teenager.

wider/wieder
Übung[1]
das Für und W●der, der W●derstand, W●dergabe, W●derhaken, W●derholung, erw●dern, W●dergeburt, W●derspruch, w●derstrebend, w●derfahren, zuw●derhandeln, W●deraufbau, W●dergutmachung, w●dersprechen, W●dersacher, w●dersetzen, W●derrede, W●derkehr, w●dererkennen, w●derrechtlich, unw●derruflich, w●derlich, W●derentdeckung, w●derlegen, die Freiheit w●dergeben, W●dervereinigung, W●derspruch, w●derwillig, W●derbelebungsversuche, auf W●derhören!, W●derverkäufer, W●derhall, w●derspiegeln

▶ Wörter mit **„wider"** (mit i!) haben den Wortsinn **„gegen** etwas gerichtet sein". Beispiele: widersprechen = etwas gegen eine Behauptung sagen, Widerstand = sich gegen jemand wehren
(Dies gilt auch für die zwei letzten Wörter der Übung, denn die Schallwellen bzw. die Lichtwellen fallen „gegen" die Fläche – entsprechend der Regel „Einfallswinkel ist gleich Ausfallswinkel".)

„Wieder" (mit ie!) hat in einem Wort die Bedeutung, dass sich etwas wiederholt, dass etwas **noch einmal** geschieht.

o – oh hole Nüsse/hohle Nüsse – Mohr/Moor
▶ Wörter mit **oo** bereiten keine Probleme, denn es gibt davon im Deutschen nur eine Handvoll: Boot – Moor – Moos – Zoo – doof

Übung[1]
Alkoh●l, die B●len, Chr●m, ausb●ten, er fr●r, geb●ren, wir h●len, die h●len Nüsse, schm●ren, Sch●nung, Leders●le, Thr●n, er verl●r, Schabl●ne, Symb●l, b●ren, ●m, monot●n, synchr●n, Str●m, S●g, S●le (= salzhaltiges Wasser), Gew●nheit

Zum Einprägen: **Fremdwörter**, die man zwar mit o spricht, aber ganz anders schreibt:
Niveau, Plateau, Sauce (auch: Soße), Bowle, Hausse.

1 Bei geliehenen Büchern dürfen die Lösungen nicht ins Buch eingetragen werden.

ö – öh persönlich/versöhnlich
Übung[1]
B●, argw●nisch, h●ren, aush●len, die M●ren, schw●ren, dr●nen, h●nisch, geh●ren, Geh●r, Schmier●l, str●men, f●nen, st●nen, zerst●ren, St●rung, bet●ren, emp●rend, por●s, Fris●r, l●ten, pers●nlich, vers●nlich, mysteri●s, Nadel●r, ●len

▶ Bei diesem Rechtschreibproblem kann die Vorstellung helfen, wie ein verwandtes Wort geschrieben wird, z. B. schwören – Schwur (ohne h!), höhnisch – Hohn (mit h!) usw.

> Zum Einprägen: **Fremdwörter**, mit ö gesprochen, aber **mit eu** geschrieben.
> Dabei handelt es sich vorwiegend um Berufsbezeichnungen, die aus dem Französischen stammen, wie das Wort „Ingenieur". Andere Wörter sind z. B. Amateur, Deserteur.

Übung
Stellen Sie eine Liste der Berufe zu folgenden Tätigkeiten zusammen. (Beispiel: exportieren – Exporteur). Nennen Sie auch die weibliche Form.

dekorieren – frisieren[2] – gravieren – hypnotisieren – importieren – instruieren – jonglieren – kommandieren – konstruieren – kontrollieren – massieren – montieren – inspizieren – arrangieren – soufflieren – spedieren (= verfrachten) – installieren

u – uh Urzeit/Uhrzeit
Übung[1]
●rheber, ●rwerk, ●rproduktion, ●rahn, ●rgestein, im ●rzeigersinn, Ausf●r, Gl●t, Kons●m, R●ne, R●m, R●m, Invent●r, Sch●macher, Schw●r, absp●len, Sp●r, Polit●r, ●rwald, Prok●ra, Zens●r, ●rzustand

ü – üh Tribüne/Bühne
Übung[1]
verbl●t, Bl●te, br●ten, er hat sich verbr●t, H●ne, Kost●m, Men●, zusammenschn●ren, sch●ren, Geb●ren, Trib●ne, Willk●r, M●le, er verspr●t, das Feuer gl●t, sp●len, Lekt●re, Ouvert●re, Brosch●re, K●rlauf, K●lwasser, K●ken

▶ Überlegen Sie, wie bei den unterstrichenen Verben die Grundform (Infinitiv) geschrieben wird, z. B. das Feuer glüht – glühen. (Beim leisen Vorsprechen der Grundform hören Sie das h.)
Keine Rechtschreibprobleme gibt es bei den Fremdwörtern dieser Übung, denn sie werden nur mit ü geschrieben, nie mit üh. (Deutsche Wörter gibt es mit ü und üh.)

> Zum Einprägen: **Fremdwörter**, mit u gesprochen, **aber mit ou oder oo** geschrieben:
> Coupon (auch: Kupon), Bouillon, Boulevard, Bouquet (auch: Bukett), Boutique, Nougat (auch Nugat), Roulade, Route, Routine, Souvenir, Souveränität, Tourist, Toupet, Tournee, Boom, Chatroom, Pool, Zoom.

ai – ei Weise/Waise
Übung
Erklären Sie die unterschiedliche Bedeutung der Wörter:

Saite/Seite – Laib/Leib – Hain/Hein – Laich/Leiche – Laie/Leihe

---

1 Bei geliehenen Büchern dürfen die Lösungen nicht ins Buch eingetragen werden.
2 Auch: Frisör

22.5 Konsonanten (Mitlaute)

Rechtschreibprobleme treten bei Konsonanten (Mitlauten) deshalb auf, weil sie oft gleich oder ähnlich klingen. Die folgenden Übungen enthalten eine Auswahl solcher Rechtschreibfälle. Mit den angeführten ▶ Rechtschreibstrategien können Sie Ihre eigene Rechtschreibsicherheit verstärken.

d – t

die Stä**dt**e		▶ **dt:** abgeleitet von Sta**dt**
	die Stä**tt**e	▶ **tt:** abgeleitet von Sta**tt** (= Stelle) z. B. Ruhestatt, Ruhestätte

Übung[1]
Hauptstä●e, Brandstä●e, Gaststä●e, die Stä●er, an Kindes sta●, eidessta●lich, Hafenstä●e, Lagerstä●e, Sta●halter, stä●isch, sta●lich, Werksta●, sta●finden

endgültig		▶ **end-:** immer betont gesprochene Vorsilbe, = Ende
	entschieden	▶ **ent-:** unbetonte Vorsilbe

Übung[1]
en●erben, en●los, en●lasten, En●scheidung, en●schuldigen, unen●lich, En●gelt, unen●geltlich, unen●schieden, En●spurt, En●eignung, En●stück, en●decken, En●runde, unen●behrlich, En●station, En●bindung, en●ziffern, die En●ziffern

die bedeute**nd**ste Stadt	▶ Die Stadt ist bedeuten**d**. – mit **d**!
die entlege**ns**te Stadt	▶ Die Stadt ist entlegen. – ohne **d**!

(Machen Sie im Zweifelsfall vorher die Probe.)

Übung[1]
die anstrengen●ste Arbeit, der bescheiden●ste Mitarbeiter, der dringen●ste Auftrag, das reizen●ste Städtchen, der hervorragen●ste Politiker, der erfahren●ste Trainer, die auffallen●ste Erscheinung, der überzeugen●ste Vorschlag, die gelungen●ste Ausführung, in den leuchten●sten Farben

todmüde		▶ **d** in Zusammensetzungen mit Adjektiven (Eigenschaftswörtern)
	sich **tot**lachen	▶ **t** in Zusammensetzungen mit Verben (Zeitwörtern)

Wörter wie „Todfeind", „Todesfall", „Todesurteil" usw. sind mit dem Substantiv (Hauptwort) „Tod" zusammengesetzt und werden mit **d** geschrieben.
Dagegen steht **t**, wenn von den Toten abgeleitet wird: Totenbett, Totenstille.

Übung
Bilden Sie mit folgenden Wörtern Zusammensetzungen mit **tod/Tod** oder **tot/Tot**:
krank – schlagen – Strafe – ernst – Ursache – Opfer – treten – schießen – sicher – unglücklich – fahren – (sich ...)arbeiten – Anzeige – (sich ...)stellen – Kopf

Merke: to**d**blass/to**t**enblass – Scheinto**d**/scheinto**t** – to**d**bringend – tö**d**lich – To**t**punkt

[1] Bei geliehenen Büchern dürfen die Lösungen nicht ins Buch eingetragen werden.

Sprachliche Grundlagen

Das Versan**d**haus	▶ abgeleitet vom Substantiv der Versand
hat die Ware versan**dt**	▶ versenden → versen**det** → versan**dt**

Nur bei drei Verben (Zeitwörtern) und deren Ableitungen kommt diese Schwierigkeit vor:

senden   laden   wenden

Übung¹
Der Gesan●e, das Gewan●, er lä● uns ein, sie wan●e sich um, sie ist sehr gewan●, Versan● auf eigene Gefahr, mit großer Gewan●heit, verwan●, die Verwan●en, er entlä● den Lkw, eine besondere Bewan●nis, der Einwan●, du entlä●st den Lkw

t – th

A**th**let, Theke u. a.		▶ **th** nur in Fremdwörtern
	Ka**t**alysator	▶ nur wenige Fremdwörter mit **t**

Übung¹
Apo●eke, Biblio●ek, Ka●apult, Syn●ese, Disko●ek, syn●etisch, Leichta●letik, Rhy●mus, Hypo●ek, rhy●misch, Me●ode, Ka●egorie, ●eoretisch, Ma●ematik, ●ema, ●eorie, ●ron, ●ermosflasche, Sympa●ie, ●ermometer, Ka●astrophe, ●eater, ●unfisch, Pan●er

g – gg

Wa**g**en		
	Wa**gg**on	▶ Es gibt nur ganz wenige Wörter mit **gg**.

A**gg**ression – A**gg**regat – Ba**gg**er – E**gg**e – Fla**gg**e – Do**gg**e – Ro**gg**en – Schmu**gg**ler

Übung¹
befla●en, einschmu●eln, Blute●el, a●ressiv, ausba●ern, A●regatzustand, Wa●enachse, Fischro●en, Ro●enbrot, das Feld wird gee●t, Le●ierung

k – kk – ck

Fabri**k**		▶ In Fremdwörtern nur k, nie ck. Ausnahmen: Picknick, Hockey, Jockey, Stuckateur
	A**kk**ord	▶ kk nur in ganz wenigen Fremdwörtern, wie z. B. Akkusativ, Akklamation, sich akklimatisieren, Sakko, Akkumulator, Makkaroni
abha**k**en		▶ In deutschen Wörtern **k**, z. B. er ha**k**t ab, es spu**k**t
	abha**ck**en	▶ aber auch **ck**: er hackt ab, es spuckt

Übung¹
Di●tat, Ba●terien, Ba●stube, A●ademie, Salmia●, Spu●geschichte, Pa●et, Pä●chen, Blo●ade, A●ordlohn, Lü●e, Lu●e, A●ustik, A●ordeon, Schi●sal, Ele●trizität, Ma●ler, Na●theit, He●enschere, Fra●tion, A●tie, A●u, Lo●vogel, Lo●omotive, a●tiv, Produ●t, Fa●tor, A●robat, Ta●ti●, Taba●fabri●, Bri●ett, Inse●t, a●zeptieren, erschre●en, sie erschra●en, a●tuell

---

1 Bei geliehenen Büchern dürfen die Lösungen nicht ins Buch eingetragen werden.

l – ll

Palast		l oder ll klingen in der Aussprache oft gleich.
	Ballast	▶ Schwierige Wörter mit ll muss man sich besonders einprägen.

Schwierige Wörter mit ll:
paral**ll**el, A**ll**ee, inte**ll**igent, inte**ll**ektuell, Ba**ll**ett, Ba**ll**ade, Insta**ll**ation, Ko**ll**ektion, Ko**ll**ision

Übung[1]
Para●e●ogramm, ebenfa●s, fa●zen, du fä●st zurück, Wa●fahrt, Wa●ze, Do●metscher, Geschwu●st, Inte●igenz, Para●e●klasse, Ba●spiel, Sate●it, Ta●g, Ta●kum, Porze●an, insta●ieren, Ta●isman, sich etwas aufha●sen, i●ustrieren, Tunne●, To●eranz, Fa●z, Wa●zer, Ko●ektiv, Ko●oss, vie●eicht, a●armieren, A●emannen

s – ss – ß

reisen		abreisen – Reisstroh – Weisheit
	reißen – Riss	abreißen – Reißwolle – Weißglut – Wissbegier

▶ Bei ß – ss erreichen Sie durch leises Vorsprechen eines Wortes hundertprozentige Rechtschreibsicherheit, denn die Schreibweise ist dann ganz deutlich zu hören wie in dem Beispiel Pass – Straße (kurz – lang gesprochen).

Nach lang gesprochenem Vokal und nach Doppellaut wird ß geschrieben.	Nach kurz gesprochenem Vokal folgt ss, gleichgültig, wo der s-Laut im Wort steht.
• reißen – Gruß – Grüße – Floß • Maße – Maßkontrolle – mäßig • ich gieße – Gießkanne – Gießstab	• Riss – Fluss – Flüsschen – es floss • Masse – Passkontrolle – massig • ich goss – Stahlguss – Gussstahl (sss)

Drei zusammentreffende gleiche Buchstaben bleiben ausnahmslos erhalten.
Beispiele: Missstand, Betttuch, Schlussstrich, Seeelefant, Sauerstoffflasche

Zur besseren Lesbarkeit kann ein Bindestrich gesetzt werden: Miss-Stand
See-Elefant, Schwimm-Meister, Stall-Laterne, Schiff-Fahrt, Tee-Ei

Übung[1]
Bestimmen Sie die richtige Schreibweise.
au●erordentlich, Au●enpolitik, au●gedehnt, Bi●tum, bi●her, ein bi●chen, Bi●, Gefä●, bewei●en, Wegwei●er, Burgverlie●, sie verlie●, hei●, Hei●erkeit, Ma●arbeit, A●, Kompa●, Ma●stab, Pa●bild, ra●en, ra●ieren, mi●lingen, Mi●verständnil, Kürbi●, Grie●brei, Rei●korn, Mei●e, Mei●el, Gei●el (Gefangener), Gei●el (Peitsche), Lo●, Rei●verschlu●, Abrei●e, Abrei●kalender, Erlö●, Klö●e, rie●engro●, nasewei●, Globu●, Ro●t, Fri●t, er fri●t, Kongre●, Korro●ion, Frä●maschine, Hinderni●, durchnä●t, anprei●en, prei●wert, Wei●bier, Wei●heitszahn, Imbi●, Bei●zange, ungenie●bar, Sträu●chen, Glä●chen, Rö●chen, Tä●chen, Gä●chen, Kü●chen, Radie●chen

---

[1] Bei geliehenen Büchern dürfen die Lösungen nicht ins Buch eingetragen werden.

Sprachliche Grundlagen

das – dass

das		**Das** ist nicht **das** Buch, **das** ich bestellt habe.
		Demonstrativpronomen Artikel Relativpronomen
		(hinw. Fürwort) (bezügl. Fürwort)
	da**ss**	Ich glaube, **dass** hier ein Irrtum vorliegt.
		Konjunktion
		(Bindewort)

▶ **das** (mit s) wird geschrieben, wenn man dafür „dies(-es)" oder „welches" einsetzen kann. Passt keines der beiden Wörter, steht **dass** (mit ss).

Beispiel: Er behauptet, **dass das** nicht **das** Buch ist, **das** er bestellt hat.
                             dies   dieses   welches

1 a Begründen Sie in den folgenden Sätzen, welche Wortart jeweils vorliegt: Demonstrativ- bzw. Relativpronomen, Artikel oder Konjunktion?
b Setzen Sie den richtigen s-Laut ein.[1]
  A Da ● (s/ss) von mir zu verlangen, da ● (s/ss) ist schon ein starkes Stück.
  B Da ● (s/ss) ist mit Sicherheit nicht das letzte Mal, da ● (s/ss) da ● (s/ss) auf diese Weise geschieht.
  C Der Hausmeister forderte, da ● (s/ss) jede Klasse beim täglichen Müllsammeln auf dem Schulhof mitmachen sollte.
  D Marwan war zuversichtlich, da ● (s/ss) Richtige getan zu haben.
  E Da ● (s/ss) da ● (s/ss) wechselhafte Aprilwetter, da ● (s/ss) wir dieses Jahr erlebten, bei uns Kreislaufprobleme verursachte, war absehbar.
  F Da ● (s/ss) zu verstehen, ist wichtig, bevor man sich daran macht, da ● (s/ss) alles neu zu überdenken.

2 Diktieren Sie sich in Partnerarbeit im Wechsel die Sätze. Achten Sie dabei auf die richtige Schreibweise der s-Laute.[1]
  a Sie versteht da ● (s/ss), weil du da ● (s/ss) sagst.
  b Ich glaube, da ● (s/ss) du da ● (s/ss) schnell begreifen wirst.
  c Da ● (s/ss) Fadoua da ● (s/ss) Referat nicht termingerecht hielt, da ● (s/ss) ärgerte ihren Fachlehrer.
  d Wir merkten bald, da ● (s/ss) da ● (s/ss) nicht da ● (s/ss) Hostel war, da ● (s/ss) sie uns empfohlen hatten.
  e Hättest du da ● (s/ss) gedacht, da ● (s/ss) er da ● (s/ss) schafft?
  f Da ● (s/ss) er dir da ● (s/ss) Geld zurückgegeben hat, da ● (s/ss) er dir schon so lange schuldet, da ● (s/ss) überrascht mich.
  g Ist da ● (s/ss) da ● (s/ss) Kleid, da ● (s/ss) sie dir geschenkt hat?
  h Wir erwarten, da ● (s/ss) er sich entschuldigt und da ● (s/ss) er den Schaden ersetzt.
  i Da ● (s/ss) da ● (s/ss) Fenster zu niedrig ist, da ● (s/ss) ist ein baulicher Mangel, da ● (s/ss) ist eindeutig.
  j Urlaub im Süden zu machen, da ● (s/ss) ist für viele ganz selbstverständlich.
  k Da ● (s/ss) neueste Modell soll da ● (s/ss) beste sein, da ● (s/ss) je gebaut wurde.
  l Da ● (s/ss) jährlich so viele Tonnen an Lebensmitteln vernichtet werden, da ● (s/ss) ist wirklich eine Schande.

---

[1] Bei geliehenen Büchern dürfen die Lösungen nicht ins Buch eingetragen werden.

22.6 Getrennt- und Zusammenschreibung

Es hängt vor allem von der Gesamtbedeutung des Wortes ab, wie etwas geschrieben wird. Gibt es eine Hauptbetonung, wird zusammengeschrieben, bei Doppelbetonung getrennt.
In vielen Fällen ist sowohl Zusammen- als auch Getrenntschreibung möglich.

zusammen ziehen oder zusammenziehen?

- **Getrennt geschrieben wird in folgenden Fällen:**
  - wenn **ein Verb vor einem weiteren Verb** steht, z. B. spazieren gehen, lesen üben
  - **Verbindungen mit -bleiben und -lassen** können auch zusammengeschrieben werden, wenn sich aus der Fügung eine neue Bedeutung ergibt: *(auf dem Stuhl) sitzen bleiben/(in der Schule) sitzenbleiben, (die Jacke) hängen lassen/(jmdn.) hängenlassen.* Dasselbe gilt für *kennen lernen/kennenlernen* (= über jmdn. mehr erfahren).
  - wenn **ein Partizip vor dem Verb** steht, z. B. getrennt leben, getrennt schreiben
  - wenn **der erste Bestandteil ein Adjektiv** ist in der ursprünglichen Bedeutung, z. B. einen Aufsatz gut schreiben, eine Rede frei halten, ein Kind fest halten

- **Zusammengeschrieben wird in folgenden Fällen:**
  - wenn die **Verbindung von Adjektiv und Verb** eine ganz **neue Bedeutung** ergibt, z. B. einen Betrag gutschreiben, einen Gast freihalten, eine Behauptung richtigstellen
  - wenn das Wort mit **irgend** beginnt, z. B. irgendein, irgendwo, irgendetwas
  - wenn der erste Bestandteil in dieser Form als selbstständiges Wort nicht vorkommt, z. B. **fehl**schlagen, **feil**bieten, **weis**machen, **heim**kommen, **preis**geben
  - wenn der erste Bestandteil mit **-einander** oder **-wärts** gebildet ist und der Hauptakzent auf dem Adverb liegt, z. B. *aufeinanderliegen, aneinanderkleben, vorwärtsfahren.* Liegt der Hauptakzent auf dem Verb, wird getrennt geschrieben, z. B. aufeinander achten, aneinander denken, vorwärts einparken.

- **Wahlweise Getrennt- oder Zusammenschreibung in den folgenden Fällen:**
  - Ein einfaches Adjektiv (z. B. klein) steht vor einem Verb (z. B. schneiden) und beschreibt das Ergebnis einer Tätigkeit (z. B. klein schneiden/kleinschneiden). Weitere Beispiele: blau färben/blaufärben, glatt streichen/glattstreichen, leer trinken/leertrinken, kalt stellen/kaltstellen
  (Hierbei beachten: Bei anderer Betonung nur Getrenntschreibung, z. B. Gemüse kleiner schneiden, ein Glas ganz leer trinken usw.)
  - Ein einfaches Adjektiv gibt die Stärke oder den Umfang des nachfolgenden Wortes an, z. B. ein schwer verständlicher/schwerverständlicher Text, eine leicht verletzte/leichtverletzte Frau, eine dünn besiedelte/dünnbesiedelte Region, ein dicht bewölkter/dichtbewölkter Himmel.
  (Aber nur getrennt, wenn eine weitere Bestimmung hinzukommt und dadurch anders betont wird, z. B. ein sehr schwer verständlicher Text, eine ganz dünn besiedelte Region.)

Übung: Zusammen oder getrennt?
a Ich werde meine Rede frei/halten. – Ich werde den Platz für dich frei/halten.
b Die beiden Schüler muss man auseinander/setzen. – Mit ihm werde ich mich noch auseinander/setzen. Wenn er immer blau/macht, wird er sitzen/bleiben.
c Bei diesem Projekt sollten alle zusammen/arbeiten. – In diesem Zimmer werden wir zusammen/arbeiten. Wir werden darin dicht/gedrängt sitzen und miteinander/lernen.
d Diesen Irrtum werde ich richtig/stellen. – Die werden mich noch kennen/lernen.
e Der Lehrer darf die Lösung nicht vorher/sagen. – Ich kann doch das Wetter nicht vorher/sagen.
f Irgend/jemand wird den Termin bekannt/geben, wann wir heim/fahren können.
g Sie will im Beruf nicht stehen/bleiben, sondern vorwärts/kommen.
h Ihr könnt jetzt das Holz zusammen/tragen und es dann aufeinander/setzen.
i Er ist ein viel/versprechender Vertreter. – Er ist ein viel/versprechender Auszubildender.

22.7 Straßennamen

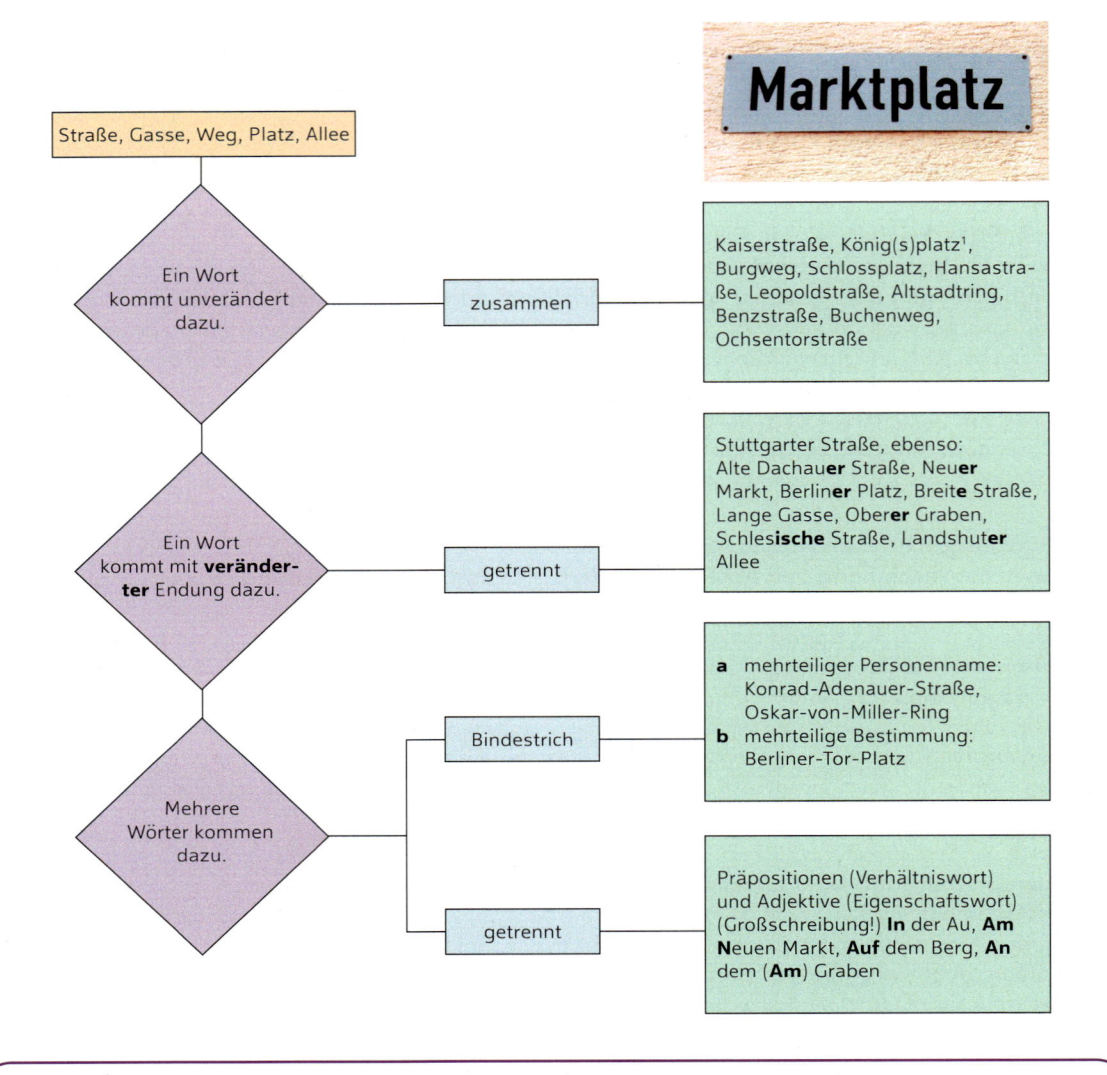

Straße, Gasse, Weg, Platz, Allee

- Ein Wort kommt unverändert dazu. → **zusammen**
  Kaiserstraße, König(s)platz[1], Burgweg, Schlossplatz, Hansastraße, Leopoldstraße, Altstadtring, Benzstraße, Buchenweg, Ochsentorstraße

- Ein Wort kommt mit **veränderter** Endung dazu. → **getrennt**
  Stuttgarter Straße, ebenso: Alte Dachau**er** Straße, Neu**er** Markt, Berlin**er** Platz, Breit**e** Straße, Lange Gasse, Ober**er** Graben, Schles**ische** Straße, Landshut**er** Allee

- Mehrere Wörter kommen dazu.
  - **Bindestrich**
    a mehrteiliger Personenname: Konrad-Adenauer-Straße, Oskar-von-Miller-Ring
    b mehrteilige Bestimmung: Berliner-Tor-Platz
  - **getrennt**
    Präpositionen (Verhältniswort) und Adjektive (Eigenschaftswort) (Großschreibung!) **In** der Au, **Am Neuen** Markt, **Auf** dem Berg, **An** dem (**Am**) Graben

Marktplatz

---

1. Die Regeln über die Schreibweise von Straßennamen sind hier übersichtlich dargestellt. Formulieren Sie diese Regeln mit Ihren eigenen Worten. Erläutern Sie sie an einem Beispiel (z. B. Marktgasse – Neuer Markt – Am Neuen Markt).

2. Bilden Sie zu jeder Regel drei Straßennamen.

3. „Ulmerstraße" wäre so eigentlich falsch geschrieben – oder in einem bestimmten Fall doch nicht?

4. Schreiben Sie die Straßennamen in der richtigen Weise:
   THEODORHEUSSALLEE – INDENGÄRTEN – MURRSTRASSE – FÄRBERSTRASSE – RÖMERSTRASSE – FICHTENWEG – KONSTANZERSTRASSE – SÜDWESTRING – RICHARDWAGNERPLATZ – LEINENWEBERGASSE – MANNHEIMERALLEE – AUFDEMWALL – FÜRTHERSTRASSE – IMALTENWEINBERG – PAPPELALLEE – AMSTADTGARTEN – OBERWALDSTRASSE – PETERUNDPAULPLATZ – BAHNHOFSTRASSE – LANDGRABENSTRASSE – AMTURMBERGWEG

---

1 Ein eingefügtes „s" spielt bei der Schreibung keine Rolle.

… Zeichensetzung

23
Zeichensetzung

Das Komma ist ein Gliederungszeichen, es dient dazu, einen Satz übersichtlicher zu gestalten und der Leserin/dem Leser das Verständnis zu erleichtern. Die Schreiberin bzw. der Schreiber kann durch die Kommasetzung besondere Aussageabsichten oder Einstellungen deutlich machen. Daher lassen die Kommaregeln den Schreiberinnen und Schreibern eines Textes in einigen Fällen die freie Entscheidung, ob sie ein Komma setzen wollen oder nicht.[1]

23.1 Komma bei Aufzählungen

Das Komma steht bei Aufzählungen zwischen gleichrangigen Wörtern und Wortgruppen. Ein Komma steht auch dann, wenn eine Aufzählung mithilfe folgender Konjunktionen erfolgt: nicht nur, sondern auch, einerseits/andererseits, teils/teils, je/desto, bald/bald (z. B. bald hier, bald dort).

Aufzählung von gleichrangigen Wörtern	Tim sägte, hobelte, hämmerte den ganzen Tag. Julia kauft ein neues, schönes, sparsames Auto. Sie erlebten einen kurzen, schönen Urlaub. **Ausnahme:** Vor einem feststehenden Begriff (Einheit) steht kein Komma: Sie schabt gute schwäbische Spätzle. Der linke vordere Kotflügel wurde beschädigt. **Probe:** Kann ein **und** oder **sehr** zwischen den Wörtern stehen, dann liegt eine Aufzählung vor und es wird **ein Komma gesetzt**.
Aufzählung von gleichrangigen Wortgruppen	Der Nachbar hatte versprochen den Briefkasten zu leeren, die Blumen zu gießen, den Garten zu mähen. Sie freute sich über das neue Tablet, die vielen Geschenke, den großen Blumenstrauß. Wolfgang hatte mehrere Filzstifte, zwei Geodreiecke, ein Lineal, einen Radiergummi in seiner Schultasche.

1 Im Lehrbuch werden solche Stellen mit „(,)" gekennzeichnet.

Sprachliche Grundlagen

Das Komma entfällt, wenn die gleichrangigen Wörter oder Wortgruppen durch und, oder, beziehungsweise, sowie, wie, entweder ... oder, sowohl ... als auch, sowohl ... wie auch oder weder ... noch verbunden sind.

Aufzählung von gleichrangigen Wörtern	Lea kauft ein neues, schönes **und** sparsames Auto. Er sägte, hobelte **oder** hämmerte den ganzen Tag. Sie erlebten einen kurzen **und** schönen Urlaub.
Aufzählung von gleichrangigen Wortgruppen	Der Nachbar hatte versprochen, den Briefkasten zu leeren, die Blumen zu gießen **und** den Garten zu mähen. Sie freute sich über das neue Tablet, die vielen Geschenke **und** den großen Blumenstrauß. Sie waren **sowohl** völlig erschöpft **als auch** vom Regen durchnässt. Sie fährt **entweder** mit dem Auto **oder** mit dem Zug.

Übungen[1]

Stellen Sie fest, um welche Form der Aufzählung es sich jeweils handelt. Übertragen Sie die Sätze auf ein Extrablatt und setzen Sie die erforderlichen Kommas:
a Das Obst war frisch einwandfrei und geschmackvoll.
b Das Gebäck war weder frisch noch schmackhaft.
c Er konnte entweder den Schal oder die Krawatte tragen.
d Frisches bayerisches Bier wurde angeboten.
e Die allgemeine wirtschaftliche Lage wird positiv eingeschätzt.
f Die Schüler freuen sich auf die nächsten Sommerferien.
g Er trug einen schwarzen auffällig gemusterten Pullover.
h Ihre neue blaue Bluse gefiel ihm sehr gut.
i Der junge dynamische Lehrer führte lehrreiche physikalische Versuche vor.
j Marco Sophia und Damir treffen sich bei Lukas in seiner Wohnung.
k Sein neues Handy hat eine Digitalkamera und ein Navigationssystem.
l Er pflegte weder seinen E-Roller noch seine Inliner.
m Bei diesem Regen kann man weder Rad fahren noch bummeln gehen.
n Gabel Messer Schere Licht sind für kleine Kinder nicht.

Vor entgegenstellenden Konjunktionen (Bindewörtern) wie aber, doch, jedoch, sondern steht ein Komma.

Entgegenstellende Konjunktionen (Bindewörter)	Sie will kein normales Fahrrad, sondern ein Mountainbike. Die Farbe ist schön, jedoch sehr empfindlich. Der Juni war sonnig, aber zu kühl.

Übungen[1]

Übertragen Sie die Sätze auf ein Extrablatt. Prüfen Sie, wo ein Komma gesetzt werden muss. Begründen Sie Ihre Entscheidung.
a Tom ist arm aber zufrieden.
b Er fliegt nicht nur bei gutem sondern auch bei schlechtem Wetter.
c Das Fernsehprogramm war gut aber er ging doch lieber zu seinem Freund.
d Sie übersah ihn nicht nur sondern flirtete auch noch mit anderen.
e Sie erlebten einen kurzen jedoch schönen Urlaub.
f Der Blumenstrauß war eine Pracht aber viel zu teuer.
g Das Getränk war gut gekühlt jedoch zu süß.

1 Bei geliehenen Büchern dürfen die Lösungen nicht ins Buch eingetragen werden.

23.2 Komma zwischen Hauptsätzen

Hauptsätze, die inhaltlich zusammengehören, können zu gleichrangigen Teilsätzen eines Ganzsatzes werden. Sie werden dann durch ein Komma (oder einen Strichpunkt) getrennt. Kein Komma wird gesetzt, wenn die Teilsätze durch und oder oder verbunden werden. (Will man die Gliederung des Ganzsatzes deutlich machen, kann aber auch ein Komma gesetzt werden.)

Gleichrangige Teilsätze	Das Postauto kam, es hielt vor dem Haus, der Fahrer stieg aus. Die Musik wird leiser, der Vorhang hebt sich(,) und das Spiel beginnt. Ich fotografierte die Schiffe(,) und meine Freundin lag in der Sonne.

Übungen[1]

Übertragen Sie die Sätze auf ein Extrablatt. Entscheiden Sie, ob ein Komma gesetzt werden muss. Begründen Sie Ihre Entscheidung.

a Er dachte angestrengt nach seine Geheimzahl fiel ihm nicht ein.
b Die Meisterin erklärte die Maschine die Auszubildenden hörten aufmerksam zu.
c Der Film gefiel ihm doch das Buch hatte ihn mehr gefesselt.
d Der Tee schmeckte sehr gut und das Gebäck war frisch.
e Er dachte lange nach und ihr Name fiel ihm doch noch ein.
f Dem Mädchen gefiel die Arbeit am Computer und sie fand eine gut bezahlte Stelle aber sie erhielt nur einen befristeten Arbeitsvertrag.
g Der Vater liest die Mutter löst Rätsel und die Tochter surft im Internet.
h Ich habe sie oft besucht oder wir trafen uns im Restaurant und häufig saßen wir bis spät in die Nacht zusammen.

23.3 Komma zwischen Haupt- und Nebensätzen

Das Komma trennt Haupt- und Nebensätze.

Nachgestellter Nebensatz	Viele Menschen vermuten, *dass die Technik die Natur negativ beeinflusst.* Die Beeinflussung ist nicht einfach zu beweisen, *da viele Vorgänge nicht direkt betrachtet werden können.*
Eingeschobener Nebensatz	Wissenschaftler, *die Schäden vorbeugen wollen,* untersuchen die Zusammenhänge. Dazu sind, *weil vieles in der Natur nicht beobachtbar ist,* komplizierte Laborversuche nötig.
Vorgestellter Nebensatz	*Da die Ergebnisse häufig nicht eindeutig sind,* bleiben sie oft unberücksichtigt. *Dass dies bedenklich ist,* wissen wir alle.

---

[1] *Bei geliehenen Büchern dürfen die Lösungen nicht ins Buch eingetragen werden.*

23.6 Komma bei Infinitiv- und Partizipialgruppen

Infinitiv- und Partizipialgruppen	1 **Die Infinitivgruppe wird eingeleitet von *um zu – ohne zu – statt zu – anstatt zu – als zu.*** **Beispiele:** Sie öffnete das Fenster, um zu lüften. Er rannte über die Straße, ohne auf den Verkehr zu achten. Statt zu lernen, ging er ins Kino. 2 **Die Infinitivgruppe bezieht sich auf ein Substantiv.** **Beispiele:** Er fasste den Plan, heimlich abzureisen. Sein Ziel, die Prüfung zu bestehen, ist gefährdet. *(Welchen Plan? – Welches Ziel?)* 3 **Die Infinitiv- oder Partizipialgruppe hängt von einem Verweiswort ab.** **Beispiele:** Er hat <u>es</u> nie bereut, ins Ausland gegangen zu sein. Die Prüfung zu bestehen, <u>das</u> war sein größter Wunsch. Laut singend, <u>so</u> kamen sie aus dem Stadion.

Sonst ist die Kommasetzung bei Infinitiv- und Partizipialgruppen freigestellt.
Beispiele: Sie nahm sich vor(,) ihre Eltern zu besuchen. Ein Buch in der Hand haltend(,) stand er an der Tür. Sie weigerte sich(,) zu bezahlen. Sie weigerte sich(,) die Rechnung zu bezahlen. Laut singend(,) kamen sie aus dem Stadion.

23.7 Zeichen der wörtlichen Rede (direkte Rede)

Wörtlich Wiedergegebenes (direkte Rede) wird durch Anführungszeichen eingeschlossen.

Die direkte Rede wird am Anfang und am Schluss durch Anführungszeichen bzw. Ausführungszeichen gekennzeichnet. Die Anführungszeichen sind nur dann zu setzen, wenn die Sprecherin oder der Sprecher wechselt.

Der Begleitsatz, der erkennen lässt, wer spricht, gehört nicht zur direkten Rede. Er wird durch Doppelpunkt oder Komma von der direkten Rede abgegrenzt.

Vorgestellter Begleitsatz	**Tom sagte:** „Es tut mir leid, dass ich das Bild vergessen habe."
Nachgestellter Begleitsatz	„Es tut mir leid, dass ich das Bild vergessen habe", **sagte Tom zu seinem Freund**.
Eingeschobener Begleitsatz	„Es tut mir leid", **sagte Tom zu seinem Freund**, „dass ich das Bild vergessen habe."

Besteht die wörtliche Rede aus einer Frage oder einem Ausruf, so wird das entsprechende Satzzeichen am Ende der wörtlichen Rede gesetzt. Folgt ein Begleitsatz, so setzt man nach dem anschließenden Anführungszeichen **immer** ein Komma, also auch dann, wenn die wörtliche Rede mit einem Ausrufe- oder Fragezeichen endet.
Beispiele:
„Kommst du mit?", fragte Martina ihre Schwester.
„Ich bleibe hier!", rief sie zurück.

Übungen[1]

Übertragen Sie die Sätze auf ein Extrablatt und setzen Sie die Satzzeichen. Begründen Sie Ihre Entscheidung.
a Wenn wir jetzt aufhören zu arbeiten meinte Michelle bleibt uns noch Zeit fürs Kino.
b Ich sehe nicht ein dass ich beginnen soll entgegnet Selim verärgert.
c Stolz erklärte der Ausbilder Sie haben die Prüfung mit Bravour bestanden!

[1] *Bei geliehenen Büchern dürfen die Lösungen nicht ins Buch übertragen werden.*

Literarische Texte

Das Pferd und der Esel

Äsop

Ein Mann hatte ein Pferd und einen Esel und ging einst mit ihnen auf Reisen. Da sagte unterwegs der Esel zu dem Pferd: „Nimm mir einen Teil meiner Last ab, wenn du willst, dass ich am Leben bleibe!" Aber das Pferd wollte nicht und nun fiel der Esel erschöpft zu Boden und verendete.

Äsop: Das Pferd und der Esel, 1959, S. 74.

Jetzt packte der Herr alles dem Pferd auf und dazu noch die Haut des Esels, worauf es jammernd ausrief: „Ich Elendster der Elenden, wie geht es mir! Eine kleine Last wollte ich nicht auf mich nehmen und jetzt muss ich alles und die Haut noch dazu tragen!"

Äsop (Aisopos) (6. Jh. v. Chr.)
Lebte wahrscheinlich als Sklave auf der griechischen Insel Samos. Seine Lebensgeschichte ist in einem Roman mit vielen Fabeln dargestellt. Diese erschienen als eigenständige Fabelsammlung. Äsop beeinflusste die gesamte Fabeldichtung.

Die **Fabel** ist eine kurze Erzählung, manchmal in Versform. Sie endet mit einem moralischen Satz oder enthält eine (oft unausgesprochene) „Lehre". In ihr reden und handeln meist Tiere wie Menschen – dies wird als **Bildebene** bezeichnet. Man muss sie erst auf eine **Bedeutungsebene** übertragen, um zu erschließen, was gemeint ist.
Schon im Altertum benutzten Dichter die Fabel, um Kritik an Mächtigen zu äußern und ihre Meinung hinter den Tiergestalten zu verbergen.

---

1. An welchen Merkmalen ist sofort zu erkennen, dass es sich um eine Fabel handelt?
2. Beschreiben Sie den Aufbau der Fabel mit Stichworten. Geben Sie ihren Inhalt wieder.
3. Aus welchen Gründen könnte das Pferd die Bitte des Esels abgeschlagen haben? Wie beurteilen Sie dieses Verhalten?
4. Übertragen Sie die Bildebene auf die Bedeutungsebene und setzen Sie an die Stelle der Tiere Menschen.
5. Welche Lehre will diese Fabel vermitteln? Wie bewerten Sie selbst diese Lehre?

KREATIV schreiben

- Erzählen Sie ein Beispiel aus dem menschlichen Leben, das zu diesem Handlungsverlauf passt, z. B. aus der Arbeitswelt.

Eine Maschine[1]

Thomas Bernhard

Thomas Bernhard (1931–1989)
In Heerlen (Niederlande) geboren, war einer der bekanntesten österreichischen Schriftsteller nach 1945. Verfasser von Prosa (u. a. „Das Kalkwerk", 1970) und Dramen (u. a. „Heldenplatz", 1988).

1 Eine Maschine, die wie eine Guillotine ist, schneidet von einer sich langsam fortbewegenden Gummimasse große Stücke ab und läßt sie auf ein Fließband fallen, das sich 5 einen Stock tiefer fortbewegt und an welchem Hilfsarbeiterinnen sitzen, die die abgeschnittenen Stücke zu kontrollieren und schließlich in große Kartons zu verpacken haben. Die Maschine ist erst neun Wochen 10 in Betrieb, und den Tag, an welchem sie der Fabrikleitung übergeben wurde, wird niemand, der bei dieser Feierlichkeit anwesend war, vergessen. Sie war auf einem eigens für sie konstruierten Eisenbahnwaggon in die 15 Fabrik geschafft worden, und die Festredner betonten, daß diese Maschine eine der größten Errungenschaften der Technik darstelle. Sie wurde bei ihrem Eintreffen in der Fabrik von einer Musikkapelle begrüßt, und die Arbeiter und die Ingenieure empfingen sie mit 20 abgenommenen Hüten. Ihre Montage dauerte vierzehn Tage, und die Besitzer konnten sich von ihrer Arbeitsleistung und Zuverlässigkeit überzeugen. Sie muß nur regelmäßig, und zwar alle vierzehn Tage, mit besonderen 25 Ölen geschmiert werden. Zu diesem Zweck muß eine Arbeiterin eine Stahlwendeltreppe erklettern und das Öl durch ein Ventil langsam einfließen lassen. Der Arbeiterin wird alles bis ins kleinste erklärt. Trotzdem 30 rutscht das Mädchen so unglücklich aus, daß es geköpft wird. Sein Kopf platzt wie die Gummistücke hinunter. Die Arbeiterinnen, die am Fließband sitzen, sind so entsetzt, daß keine von ihnen schreien kann. Sie behan- 35 deln den Mädchenkopf gewohnheitsmäßig wie die Gummistücke. Die letzte nimmt den Kopf und verpackt ihn in einen Karton.

Quelle: Bernhard, Eine Maschine, 1969, S. 23.

KREATIV schreiben

- Erzählen Sie die Geschichte ab Zeile 30 mit einem lustigen Ausgang neu. Versuchen Sie, den Schreibstil von Bernhard nachzuahmen.

1 Geben Sie den Inhalt der Erzählung in eigenen Worten wieder.

2 Wie verhalten sich die Arbeiterinnen vor und nach dem Unfall?

3 Untersuchen Sie die Sprache des Textes (s. S. 155, Frage 11). Übertragen Sie dazu die Tabelle auf ein Blatt und ergänzen Sie Beispiele und Zeilenangaben.

Sprache in Thomas Bernhards „Eine Maschine"		
Wortwahl	Satzbau	Satzart
Häufung von Verben (Z. 1–5: „schneidet", „lässt ... fallen", „fortbewegt")		

4 Beschreiben Sie, in welchem Zusammenhang Sprache und Inhalt des Textes stehen.

5 Welche Kritik übt der Autor mit diesem Text?

6 Nehmen Sie Stellung: Maschinen – Fluch oder Segen?

---

1 Der Text folgt aus urheberrechtlichen Gründen der alten Rechtschreibung.

Anekdote zur Senkung der Arbeitsmoral

Heinrich Böll

In einem Hafen an der westlichen Küste Europas liegt ein ärmlich gekleideter Mann in seinem Fischerboot und döst. Ein schick angezogener Tourist legt eben einen neuen Farbfilm in seinen Fotoapparat, um das idyllische Bild zu fotografieren: blauer Himmel, grüne See mit friedlichen, schneeweißen Wellenkämmen, schwarzes Boot, rote Fischermütze. Klick. Noch einmal: Klick, und da aller guten Dinge drei sind und sicher sicher ist, ein drittes Mal: klick. Das spröde, fast feindselige Geräusch weckt den dösenden Fischer, der sich schläfrig aufrichtet, schläfrig nach seiner Zigarettenschachtel angelt, aber bevor er das Gesuchte gefunden, hat ihm der eifrige Tourist schon eine Schachtel vor die Nase gehalten, ihm die Zigarette nicht gerade in den Mund gesteckt, aber in die Hand gelegt, und ein viertes Klick, das des Feuerzeuges, schließt die eilfertige Höflichkeit ab. Durch jenes kaum messbare, nie nachweisbare Zuviel an flinker Höflichkeit ist eine gereizte Verlegenheit entstanden, die der Tourist – der Landessprache mächtig – durch ein Gespräch zu überbrücken versucht.

„Sie werden heute einen guten Fang machen."

Kopfschütteln des Fischers.

„Aber man hat mir gesagt, dass das Wetter günstig ist."

Kopfnicken des Fischers.

„Sie werden also nicht ausfahren?"

Kopfschütteln des Fischers, steigende Nervosität des Touristen. Gewiss liegt ihm das Wohl des ärmlich gekleideten Menschen am Herzen, nagt an ihm die Trauer über die verpasste Gelegenheit. „Oh, Sie fühlen sich nicht wohl?"

Endlich geht der Fischer von der Zeichensprache zum wahrhaft gesprochenen Wort über. „Ich fühle mich großartig", sagt er. „Ich habe mich nie besser gefühlt." Er steht auf, reckt sich, als wollte er demonstrieren, wie athletisch er gebaut ist. „Ich fühle mich fantastisch."

Der Gesichtsausdruck des Touristen wird immer unglücklicher, er kann die Frage nicht mehr unterdrücken, die ihm sozusagen das Herz zu sprengen droht: „Aber warum fahren Sie dann nicht aus?"

Die Antwort kommt prompt und knapp. „Weil ich heute Morgen schon ausgefahren bin."

„War der Fang gut?"

„Er war so gut, dass ich nicht noch einmal auszufahren brauche, ich habe vier Hummer in meinen Körben gehabt, fast zwei Dutzend Makrelen[1] gefangen."

Der Fischer, endlich erwacht, taut jetzt auf und klopft dem Touristen beruhigend auf die Schultern. Dessen besorgter Gesichtsausdruck erscheint ihm als ein Ausdruck zwar unangebrachter, doch rührender Kümmernis.[2]

„Ich habe sogar für morgen und übermorgen genug", sagte er, um des Fremden Seele zu erleichtern. „Rauchen Sie eine von meinen?"

„Ja, danke."

Zigaretten werden in Münder gesteckt, ein fünftes Klick, der Fremde setzt sich kopfschüttelnd auf den Bootsrand, legt die Kamera aus der Hand, denn er braucht jetzt beide Hände, um seiner Rede Nachdruck zu verleihen.

„Ich will mich ja nicht in Ihre persönlichen Angelegenheiten mischen", sagt er, „aber stellen Sie sich mal vor, Sie führen heute ein zweites, ein drittes, vielleicht ein viertes Mal aus und Sie würden drei, vier, fünf, vielleicht gar zehn Dutzend Makrelen fangen – stellen Sie sich das mal vor."

Der Fischer nickt.

„Sie würden", fährt der Tourist fort, „nicht nur heute, sondern morgen, übermorgen, ja, an jedem günstigen Tag zwei-, dreimal, vielleicht viermal ausfahren – wissen Sie, was geschehen würde?"

Heinrich Böll (1917–1985)
In Köln geboren. Von 1939 bis 1945 war er Soldat. Seit 1951 freier Schriftsteller in Köln, prägte er mit seinen Erzählungen, Hörspielen und Romanen die deutsche Literatur der Nachkriegszeit. Böll erhielt 1972 den Nobelpreis für Literatur.

Die **Anekdote** bezeichnet eine kurze Erzählung, die wie der Witz eine merkwürdige Begebenheit zum Inhalt hat. Oft endet sie mit einem überraschenden Schluss. Das Wort kommt aus dem Griechischen: „nicht veröffentlichte Geschichten". Sie dient zur Charakterisierung von Persönlichkeiten und soll sowohl unterhalten als auch belehren, z. B. soll sie das Bild einer (historischen) Person im Sinne der Verfasserin/des Verfassers beeinflussen.

---

1 **Makrele:** torpedoförmiger Hochseefisch
2 **Kümmernis:** Besorgtheit

3 Kutter: kleines Fischereifahrzeug

4 Marinade: würzige Flüssigkeit zum Einlegen von Fisch oder Fleisch

5 Lachsrechte: Erlaubnis innerhalb der Fangquote

Der Fischer schüttelt den Kopf.

„Sie würden sich in spätestens einem Jahr einen Motor kaufen können, in zwei Jahren ein zweites Boot, in drei oder vier Jahren könnten Sie vielleicht einen kleinen Kutter³ haben, mit zwei Booten oder dem Kutter würden Sie natürlich viel mehr fangen – eines Tages würden Sie zwei Kutter haben, Sie würden ...", die Begeisterung verschlägt ihm für ein paar Augenblicke die Stimme, „Sie würden ein kleines Kühlhaus bauen, vielleicht eine Räucherei, später eine Marinadenfabrik⁴, mit einem eigenen Hubschrauber rundfliegen, die Fischschwärme ausmachen und Ihren Kuttern per Funk Anweisung geben. Sie könnten die Lachsrechte⁵ erwerben, ein Fischrestaurant eröffnen, den Hummer ohne Zwischenhändler direkt nach Paris exportieren – und dann ...", wieder verschlägt die Begeisterung dem Fremden die Sprache. Kopfschüttelnd, im tiefsten Herzen betrübt, seiner Urlaubsfreude schon fast verlustig, blickt er auf die friedlich hereinrollende Flut, in der die ungefangenen Fische munter springen.

„Und dann", sagt er, aber wieder verschlägt ihm die Erregung die Sprache. Der Fischer klopft ihm auf den Rücken, wie einem Kind, das sich verschluckt hat. „Was dann?", fragt er leise. „Dann", sagte der Fremde mit stiller Begeisterung, „dann könnten Sie beruhigt hier im Hafen sitzen, in der Sonne dösen – und auf das herrliche Meer blicken."

„Aber das tu ich ja schon jetzt", sagt der Fischer, „ich sitze beruhigt am Hafen und döse, nur Ihr Klicken hat mich dabei gestört."

Tatsächlich zog der solcherlei belehrte Tourist nachdenklich von dannen, denn früher hatte er auch einmal geglaubt, er arbeite, um eines Tages einmal nicht mehr arbeiten zu müssen, und es blieb keine Spur von Mitleid mit dem ärmlich gekleideten Fischer in ihm zurück, nur ein wenig Neid.

Quelle: Böll: Anekdote zur Senkung der Arbeitsmoral, 1972, S. 362 ff.

KREATIV schreiben

- Schreiben Sie einen Brief, in dem der Tourist einem Verwandten seine Ferieneindrücke schildert (s. S. 210).
- Erzählen Sie die Begebenheit aus der Sicht des Fischers (Perspektivwechsel, s. S. 209).

---

1 Wo findet das Gespräch zwischen den beiden Männern statt? Suchen Sie die Angaben heraus, mit denen der Ort näher beschrieben wird.

2 Suchen Sie die Informationen über die Kleidung, die Tätigkeiten und das Verhalten der beiden Männer heraus. Beurteilen Sie, ob das Verhalten der beiden Männer ihrer augenblicklichen Situation nicht widerspricht.

3 Der Tourist entwickelt dem Fischer dreizehn Stationen des wirtschaftlichen Aufstiegs. Stellen Sie diese Stationen optisch dar (Visualisierung).

4 Was tut der Fischer am Anfang der Erzählung? Was soll der Fischer tun, wenn er den wirtschaftlichen Aufstieg erreicht hat? Welche Unterschiede gibt es dabei?

5 Fischer und Tourist vertreten unterschiedliche Auffassungen über den Zweck der Arbeit. Beschreiben Sie die beiden Auffassungen. Welche Vorteile und Nachteile bringt jede Auffassung mit sich?

6 Was möchte Böll mit dieser Anekdote bei den Leserinnen und Lesern erreichen? Beachten Sie den Schluss des Textes und seinen Titel.

Der Verkäufer und der Elch

Franz Hohler

1 Kennt Ihr das Sprichwort: „Dem Elch eine Gasmaske verkaufen"? Das sagt man im Norden von jemandem, der sehr tüchtig ist, und ich möchte jetzt erzählen, wie es zu die-
5 sem Sprichwort gekommen ist.

Es gab einmal einen Verkäufer, der war dafür berühmt, dass er allen alles verkaufen konnte.

Er hatte schon einem Zahnarzt eine Zahn-
10 bürste verkauft, einem Bäcker ein Brot und einem Blinden einen Fernsehapparat.

„Ein wirklich guter Verkäufer bist du aber erst", sagten seine Freunde zu ihm, „wenn du einem Elch eine Gasmaske verkaufst."
15 Da ging der Verkäufer so weit nach Norden, bis er in einen Wald kam, in dem nur Elche wohnten.

„Guten Tag", sagte er zum ersten Elch, den er traf. „Sie brauchen bestimmt eine Gas-
20 maske.

„Wozu?" fragte der Elch. „Die Luft ist gut hier."

„Alle haben heutzutage eine Gasmaske", sagte der Verkäufer.
25 „Es tut mir leid", sagte der Elch, „aber ich brauche keine."

„Warten Sie nur", sagte der Verkäufer, „Sie brauchen schon noch eine."

Und wenig später begann er mitten in dem Wald, in dem nur Elche wohnten, eine Fa- 30 brik zu bauen.
„Bist du wahnsinnig?", fragten seine Freunde.
„Nein" sagte er, „ich will nur dem Elch eine Gasmaske verkaufen." Als die Fabrik fertig 35 war, stiegen so viel giftige Abgase aus dem Schornstein, dass der Elch bald zum Verkäufer kam und zu ihm sagte: „Jetzt brauche ich eine Gasmaske."
„Das habe ich gedacht", sagte der Verkäufer 40 und verkaufte ihm sofort eine.
„Qualitätsware!" sagte er lustig.
„Die anderen Elche", sagte der Elch, „brauchen jetzt auch Gasmasken. Hast du noch mehr?" (Elche kennen die Höflichkeitsform 45 mit „Sie" nicht.)
„Da habt ihr Glück", sagte der Verkäufer, „ich habe noch Tausende."
„Übrigens", sagte der Elch, „was machst du in deiner Fabrik?" 50
„Gasmasken", sagte der Verkäufer.

Quelle: Hohler: Der Verkäufer und der Elch, 1997, S. 84 f.

Franz Hohler (*1943)
Lebt in Zürich. Er reist zu Lesungen, Liederabenden und kabarettistischen Aufführungen durch die Welt, spielt im Rundfunk und Fernsehen und hat Geschichten, Theaterstücke und Tonträger veröffentlicht. Er gilt als einer der bedeutendsten zeitgenössischen Erzähler der Schweiz und wurde mit vielen Preisen ausgezeichnet.

---

1 Verfassen Sie eine Inhaltsangabe.

2 Wie beurteilen Sie das Verhalten des Verkäufers?

3 Was erwarten Sie von einem guten Verkäufer?

4 Bilden Sie Gruppen zu vier bis sechs Schülerinnen und Schülern. Stellen Sie „Ratschläge für einen erfolgreichen Verkäufer" zusammen und diskutieren Sie diese in der Klasse.

KREATIV schreiben

Der Verkäufer trifft seine Freunde und sie sprechen von seinem gelungenen Coup.

Schreiben Sie auf, was er seinen Freunden erzählt.

Spaghetti für zwei

Federica de Cesco

Federica de Cesco (*1938)
In Italien geboren, lebte als Kind in mehreren Ländern, seit 1962 in der Schweiz. Sie schreibt meist in französischer Sprache, die Völkerverständigung ist ihr ein großes Anliegen.

Rechtschreibung:
Spaghetti, auch: Spagetti

1 Heinz war bald vierzehn und fühlte sich sehr cool. In der Klasse und auf dem Fußballplatz hatte er das Sagen. Aber richtig schön würde das Leben erst werden, wenn er im nächsten
5 Jahr seinen Töff bekam und den Mädchen zeigen konnte, was für ein Kerl er war. Er mochte Monika, die Blonde mit den langen Haaren aus der Parallelklasse, und ärgerte sich über seine entzündeten Pickel, die er
10 mit schmutzigen Nägeln ausdrückte. Im Unterricht machte er gerne auf Verweigerung. Die Lehrer sollten bloß nicht auf den Gedanken kommen, dass er sich anstrengte.
Mittags konnte er nicht nach Hause, weil der
15 eine Bus zu früh, der andere zu spät abfuhr. So aß er im Selbstbedienungsrestaurant, gleich gegenüber der Schule. Aber an manchen Tagen sparte er lieber das Geld und verschlang einen Hamburger an der Stehbar. Samstags
20 leistete er sich dann eine neue Kassette, was die Mutter natürlich nicht wissen durfte. Doch manchmal – so wie heute – hing ihm der Big Mac zum Hals heraus. Er hatte Lust auf ein richtiges Essen. Einen Kaugummi im
25 Mund, stapfte er mit seinen Cowboy-Stiefeln die Treppe zum Restaurant hinauf. Die Reißverschlüsse seiner Lederjacke klimperten bei jedem Schritt. Im Restaurant trafen sich Arbeiter aus der nahen Möbelfabrik, Schüler
30 und Hausfrauen mit Einkaufstaschen und kleinen Kindern, die Unmengen Cola tranken, Pommes frites verzehrten und fettige Fingerabdrücke auf den Tischen hinterließen. Viel Geld wollte Heinz nicht ausgeben; er
35 sparte es lieber für die nächste Kassette. „Italienische Gemüsesuppe" stand im Menü. Warum nicht? Immer noch seinen Kaugummi mahlend, nahm Heinz ein Tablett und stellte sich an. Ein schwitzendes Fräulein
40 schöpfte die Suppe aus einem dampfenden Topf. Heinz nickte zufrieden. Der Teller war ganz ordentlich voll. Eine Schnitte Brot dazu, und er würde bestimmt satt.
Er setzte sich an einen freien Tisch, nahm
45 den Kaugummi aus dem Mund und klebte ihn unter den Stuhl. Da merkte er, dass er den Löffel vergessen hatte. Heinz stand auf und holte sich einen. Als er zu seinem Tisch zurückstapfte, traute er seinen Augen nicht:
50 Ein Schwarzer saß an seinem Platz und aß seelenruhig seine Gemüsesuppe!
Heinz stand mit seinem Löffel fassungslos da, bis ihn die Wut packte. Zum Teufel mit diesen Asylbewerbern! Der kam irgendwo
55 aus Uagadugu, wollte sich in der Schweiz breitmachen, und jetzt fiel ihm nichts Besseres ein, als ausgerechnet seine Gemüsesuppe zu verzehren! Schon möglich, dass so was den afrikanischen Sitten entsprach,
60 aber hierzulande war das eine bodenlose Unverschämtheit! Heinz öffnete den Mund, um dem Menschen lautstark seine Meinung zu sagen, als ihm auffiel, dass die Leute ihn komisch ansahen. Heinz wurde rot. Er woll-
65 te nicht als Rassist gelten. Aber was nun? Plötzlich fasste er einen Entschluss. Er räusperte sich vernehmlich, zog einen Stuhl zurück und setzte sich dem Schwarzen gegenüber. Dieser hob den Kopf, blickte ihn
70 kurz an und schlürfte ungestört die Suppe weiter. Heinz presste die Zähne zusammen, dass seine Kinnbacken schmerzten. Dann packte er energisch den Löffel, beugte sich über den Tisch und tauchte ihn in die Sup-
75 pe. Der Schwarze hob abermals den Kopf. Sekundenlang starrten sie sich an. Heinz bemühte sich, die Augen nicht zu senken. Er führte mit leicht zitternder Hand den Löffel zum Mund und tauchte ihn zum zweiten
80 Mal in die Suppe. Seinen vollen Löffel in der Hand, fuhr der Schwarze fort, ihn stumm zu betrachten. Dann senkte er die Augen auf seinen Teller und aß weiter. Eine Weile verging. Beide teilten sich die Suppe, ohne dass
85 ein Wort fiel. Heinz versuchte nachzudenken. „Vielleicht hat der Mensch kein Geld, muss schon tagelang hungern. Dann sah er die Suppe da stehen und bediente sich einfach. Schon möglich, wer weiß? Vielleicht
90 würde ich mit leerem Magen ähnlich reagieren? Und Deutsch kann er anscheinend auch nicht, sonst würde er da nicht sitzen wie ein Klotz. Ist doch peinlich. Ich an seiner Stelle würde mich schämen. Ob Schwar-
95 ze wohl rot werden können?"
Das leichte Klirren des Löffels, den der Afrikaner in den leeren Teller legte, ließ Heinz die Augen heben. Der Schwarze hatte sich

zurückgelehnt und sah ihn an. Heinz konnte seinen Blick nicht deuten. In seiner Verwirrung lehnte er sich ebenfalls zurück. Schweißtropfen perlten auf seiner Oberlippe, sein Pulli juckte, und die Lederjacke war verdammt heiß! Er versuchte, den Schwarzen abzuschätzen. „Junger Kerl. Etwas älter als ich. Vielleicht sechzehn oder sogar schon achtzehn. Normal angezogen: Jeans, Pulli, Windjacke. Sieht eigentlich nicht wie ein Obdachloser aus. Immerhin, der hat meine halbe Suppe aufgegessen und sagt nicht einmal danke! Verdammt, ich habe noch Hunger!"
Der Schwarze stand auf. Heinz blieb der Mund offen. „Haut der tatsächlich ab? Jetzt ist aber das Maß voll! So eine Frechheit! Der soll mir wenigstens die halbe Gemüsesuppe bezahlen!" Er wollte aufspringen und Krach schlagen. Da sah er, wie sich der Schwarze mit einem Tablett in der Hand wieder anstellte. Heinz fiel unsanft auf seinen Stuhl zurück und saß da wie ein Ölgötze. „Also doch: Der Mensch hat Geld! Aber bildet der sich vielleicht ein, dass ich ihm den zweiten Gang bezahle?"
Heinz griff hastig nach seiner Schulmappe. „Bloß weg von hier, bevor er mich zur Kasse bittet! Aber nein, sicherlich nicht. Oder doch?"
Heinz ließ die Mappe los und kratzte nervös an einem Pickel. Irgendwie wollte er wissen, wie es weiterging.
Der Schwarze hatte einen Tagesteller bestellt. Jetzt stand er vor der Kasse und – wahrhaftig – er bezahlte! Heinz schniefte. „Verrückt!", dachte er. „Total gesponnen!"
Da kam der Schwarze zurück. Er trug das Tablett, auf dem ein großer Teller Spaghetti stand, mit Tomatensauce, vier Fleischbällchen und zwei Gabeln. Immer noch stumm, setzte er sich Heinz gegenüber, schob den Teller in die Mitte des Tisches, nahm eine Gabel und begann zu essen, wobei er Heinz ausdruckslos in die Augen schaute. Heinz' Wimpern flatterten. Heiliger Strohsack! Dieser Typ forderte ihn tatsächlich auf, die Spaghetti mit ihm zu teilen. Heinz brach der Schweiß aus. Was nun? Sollte er essen? Nicht essen? Seine Gedanken überstürzten sich. Wenn der Mensch doch wenigstens reden würde! „Na gut. Er aß die Hälfte meiner Suppe, jetzt esse ich die Hälfte seiner Spaghetti, dann sind wir quitt!" Wütend und beschämt griff Heinz nach der Gabel, rollte die Spaghetti auf und steckte sie in den Mund. Schweigen. Beide verschlangen die Spaghetti. „Eigentlich nett von ihm, dass er mir eine Gabel brachte", dachte Heinz. „Da komme ich noch zu einem guten Spaghetti-Essen, das ich mir heute nicht geleistet hätte. Aber was soll ich jetzt sagen? Danke? Saublöde! Einen Vorwurf machen kann ich ihm auch nicht mehr. Vielleicht hat er gar nicht gemerkt, dass er meine Suppe aß. Oder vielleicht ist es üblich in Afrika, sich das Essen zu teilen? Schmecken gut, die Spaghetti. Das Fleisch auch. Wenn ich nur nicht so schwitzen würde!" Die Portion war sehr reichlich. Bald hatte Heinz keinen Hunger mehr. Dem Schwarzen ging es ebenso. Er legte die Gabel aufs Tablett und putzte sich mit der Papierserviette den Mund ab. Heinz räusperte sich und scharrte mit den Füßen. Der Schwarze lehnte sich zurück, schob die Daumen in die Jeanstaschen und sah ihn an. Undurchdringlich. Heinz kratzte sich unter dem Rollkragen, bis ihm die Haut schmerzte. „Heiliger Bimbam! Wenn ich nur wüsste, was er denkt!" Verwirrt, schwitzend und erbost ließ er seine Blicke umherwandern. Plötzlich spürte er ein Kribbeln im Nacken. Ein Schauer jagte ihm über die Wirbelsäule von den Ohren bis ans Gesäß. Auf dem Nebentisch, an den sich bisher niemand gesetzt hatte, stand – einsam auf dem Tablett – ein Teller Gemüsesuppe.
Heinz erlebte den peinlichsten Augenblick seines Lebens. Am liebsten hätte er sich in ein Mauseloch verkrochen. Es vergingen zehn volle Sekunden, bis er es endlich wagte, dem Schwarzen ins Gesicht zu sehen. Der saß da, völlig entspannt und cooler, als Heinz es je sein würde, und wippte leicht mit dem Stuhl hin und her.
„Äh …", stammelte Heinz, feuerrot im Gesicht. „Entschuldigen Sie bitte. Ich …"
Er sah die Pupillen des Schwarzen aufblitzen, sah den Schalk in seinen Augen schimmern. Auf einmal warf er den Kopf zurück, brach in dröhnendes Gelächter aus. Zuerst brachte Heinz nur ein verschämtes Glucksen zustande, bis endlich der Bann gebrochen war und er aus vollem Halse in das Gelächter des Afrikaners einstimmte. Eine Weile saßen sie da, von Lachen geschüttelt. Dann stand der Schwarze auf, schlug Heinz auf die Schulter.

KREATIV schreiben

- Formulieren Sie, was sich der Schwarze im Verlauf des Geschehens gedacht haben könnte. (Schreiben Sie seinen inneren Monolog auf.)
- Erzählen Sie die Geschichte ab Zeile 65 mit einem anderen (lustigen oder auch ernsten) Ausgang.
- Schreiben Sie aus der Sicht des Schwarzen einen Brief an seinen Bruder (oder seine Schwester), in dem er sein Erlebnis schildert. Schreiben Sie in Ich-Form (s. dazu S. 210).

205 „Ich heiße Marcel", sagte er in bestem Deutsch. „Ich esse jeden Tag hier. Sehe ich dich morgen wieder? Um die gleiche Zeit?"

Heinz' Augen tränten, sein Zwerchfell glühte und er schnappte nach Luft. „In Ordnung!", keuchte er. „Aber dann spendiere ich die Spaghetti!" 210

Quelle: Cesco: Spaghetti für zwei, 1986, S. 79–84.

---

1 Wie beurteilen Sie den Ausgang dieser Geschichte?

2 Wie hätte Heinz sich anders verhalten/äußern können?

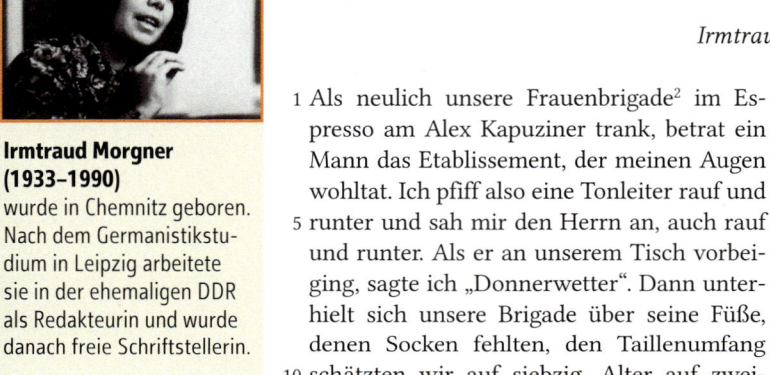

Kaffee verkehrt[1]
Eine zu wahre Geschichte

Irmtraud Morgner

Irmtraud Morgner (1933–1990) wurde in Chemnitz geboren. Nach dem Germanistikstudium in Leipzig arbeitete sie in der ehemaligen DDR als Redakteurin und wurde danach freie Schriftstellerin.

KREATIV schreiben

- Welche Wirkung hätte ein Wechsel der Männerrolle und der Frauenrolle in diesem Text? Erzählen Sie die Geschichte in dieser Weise um.

[1] Titel vom Autor verändert; Kaffee verkehrt: Kaffee, der mit mehr Milch als Kaffee serviert wird.
[2] Kleine Arbeitsgruppe in einem Betrieb in der ehemaligen DDR

1 Als neulich unsere Frauenbrigade[2] im Espresso am Alex Kapuziner trank, betrat ein Mann das Etablissement, der meinen Augen wohltat. Ich pfiff also eine Tonleiter rauf und
5 runter und sah mir den Herrn an, auch rauf und runter. Als er an unserem Tisch vorbeiging, sagte ich „Donnerwetter". Dann unterhielt sich unsere Brigade über seine Füße, denen Socken fehlten, den Taillenumfang
10 schätzten wir auf siebzig, Alter auf zweiunddreißig. Das Exquisithemd zeichnete die Schulterblätter ab, was auf Hagerkeit schließen ließ. Schmale Schädelform mit rausragenden Ohren, stumpfes Haar, das irgendein
15 hinterweltlerischer Friseur im Nacken rasiert hatte, wodurch die Perücke nicht bis zum Hemdkragen reichte, was meine Spezialität ist. Wegen schlechter Haltung der schönen Schultern riet ich zu Rudersport. Da der Herr
20 in der Ecke des Lokals Platz genommen hatte, mussten wir sehr laut sprechen. Ich ließ ihm und mir einen doppelten Wodka servieren und prostete ihm zu, als er der Bedienung ein Versehen anlasten wollte. Später ging ich
25 zu seinem Tisch, entschuldigte mich, sagte, dass wir uns von irgendwoher kennen müssten und besetzte den nächsten Stuhl. Ich nötigte dem Herrn die Getränkekarte auf und fragte nach seinen Wünschen. Da er keine hatte, drückte ich meine Knie gegen seine, 30 bestellte drei Lagen Sliwowitz und drohte mit Vergeltung für den Beleidigungsfall, der einträte, wenn er nicht tränke. Obgleich der Herr weder dankbar noch kurzweilig war, sondern wortlos, bezahlte ich alles und be- 35 gleitete ihn aus dem Lokal. In der Tür ließ ich meine Hand wie zufällig über eine Hinterbacke gleiten, um zu prüfen, ob die Gewebestruktur in Ordnung war. Da ich keine Mängel feststellen konnte, fragte ich den 40 Herrn, ob er heute Abend etwas vorhätte, und lud ihn ein ins Kino „International". Eine innere Anstrengung, die zunehmend sein hübsches Gesicht zeichnete, verzerrte es jetzt grimassenhaft, konnte die Verblüffung aber 45 doch endlich lösen und die Zunge, also dass der Herr sprach: „Hören Sie mal, Sie haben ja unerhörte Umgangsformen." – „Gewöhnliche", entgegnete ich, „Sie sind nur nichts Gutes gewöhnt, weil Sie keine Dame sind." 50

Quelle: Morgner: Kaffee verkehrt, 1977, S. 111.

---

1 Warum erzielt Ihrer Meinung nach dieser Text bei Leserinnen eine andere Wirkung als bei Lesern?

2 Auf welches Problem will der Text aufmerksam machen? Welche Mittel setzt die Autorin ein, um das Problem bewusst zu machen?

3 Wie der erste Satz erkennen lässt, entstand der Text in der Zeit der ehemaligen DDR. Hat er heute an Aussagekraft verloren?

Andere Sitten

Rafik Schami

In Damaskus fühlt sich jeder Gastgeber beleidigt, wenn seine Gäste etwas zu essen mitbringen. Und kein Araber käme auf die Idee, selber zu kochen oder zu backen, wenn er bei jemandem eingeladen ist.

Die Deutschen sind anders. Wenn man sie einlädt, bringen sie stets etwas mit: Eingekochtes vielleicht oder Eingelegtes, manchmal auch selbst gebackenen Kuchen und in der Regel Nudelsalat. Warum Nudelsalat, mit Erbsen und Würstchen und Mayonnaise? Auch nach zweiundzwanzig Jahren in Deutschland finde ich ihn noch schrecklich.

In Damaskus hungert ein Gast am Tag der Einladung, weil er weiß, dass ihm eine Prüfung bevorsteht. Er kann nicht bloß einfach behaupten, dass er das Essen gut findet, er muss es beweisen, das heißt eine Unmenge davon verdrücken. Das grenzt oft an Körperverletzung, denn keine Ausrede hilft. Gegen die Argumente schüchterner, satter oder auch magenkranker Gäste halten Araber immer entwaffnende, in Reime gefasste Erpressungen bereit.

Deutsche einzuladen ist angenehm. Sie kommen pünktlich, essen wenig und fragen neugierig nach dem Rezept. Ein guter arabischer Koch kann aber gar nicht die Entstehung eines Gerichts, das er gezaubert hat, knapp und verständlich beschreiben. Er fängt bei seiner Großmutter an und endet bei lauter Gewürzen, die kein Mensch kennt, weil sie nur in seinem Dorf wachsen und ihr Name für keinen Botaniker ins Deutsche zu übersetzen ist. Die Kochzeit folgt Gewohnheiten aus dem Mittelalter, als man noch keine Armbanduhr hatte und die Stunden genüsslich vergeudete. Ein unscheinbarer Brei braucht nicht selten zwei Tage Vorbereitung, und das unbeeindruckt von aller modernen Hektik. Deutsche Gäste kommen nicht nur pünktlich, sie sind auch präzise in ihren Angaben. Wenn sie sagen, sie kommen zu fünft, dann kommen sie zu fünft. Und sollten sie wirklich einmal einen sechsten Gast mitbringen wollen, telefonieren sie vorher stundenlang mit dem Gastgeber, entschuldigen sich dafür und loben dabei die zusätzliche Person als einen Engel der guten Laune und des gediegenen Geschmacks.

So großartig Araber als Gastgeber sind, als Gäste sind sie dagegen furchtbar. Sie sagen, sie kommen zu dritt um zwölf Uhr zum Mittagessen. Um sieben Uhr abends treffen sie ein. Und vor Begeisterung über die Einladung bringen sie Nachbarn, Cousins, Tanten und Schwiegersöhne mit. Aber das bleibt ihr Geheimnis, bis sie vor der Tür stehen. Sie wollen dem Gastgeber doch eine besondere Überraschung bereiten.

Einmal zählten wir in Damaskus eine Prozession von 29 Menschen vor unserer Tür, als meine Mutter ihre Schwester eingeladen hatte, um mit ihr nach dem Essen in Ruhe zu reden.

Ein leichtfertiges arabisches Sprichwort sagt: Wer vierzig Tage mit Leuten zusammenlebt, wird einer von ihnen.

Seit über zweiundzwanzig Jahren lebe ich inzwischen mit den Deutschen zusammen, und ich erkenne Veränderungen an mir. Aber die Mitbringsel der Gäste? Wein kann ich in der Zwischenzeit annehmen, aber Nudelsalat – niemals.

Quelle: Schami: Andere Sitten, 1997, S. 133–135.

Rafik Schami (*1946)
Geboren in Damaskus, lebt seit 1971 in Deutschland. Aushilfsarbeiter auf dem Bau und in Fabriken, studierte Chemie. Seit 1982 arbeitet er als freier Schriftsteller, lebt in Marnheim/Pfalz, er schreibt regelmäßig Kolumnen in überregionalen Zeitungen.

---

1 Beschreiben Sie, wie sich Araber als Gastgeber und als Gäste verhalten.

2 Welche Eigenschaften schätzt der Autor an den Deutschen?

3 Was bringen Sie Ihren Gastgebern mit, wenn Sie eingeladen sind? Diskutieren Sie in der Klasse über die Vor- und Nachteile von Geschenken an Gastgeber.

4 Beschreiben Sie, wie Menschen aus anderen Kulturkreisen sich als Gäste oder als Gastgeber verhalten.

Die Teilung der Beute

Äsop

Äsop (Aisopos) (6. Jh. v. Chr.)
Lebte wahrscheinlich als Sklave auf der griechischen Insel Samos. Seine Lebensgeschichte ist in einem Roman mit vielen Fabeln dargestellt. Diese erschienen als eigenständige Fabelsammlung. Äsop beeinflusste die gesamte Fabeldichtung.

1 Der Löwe, der Esel und der Fuchs schlossen einen Bund und gingen zusammen auf die Jagd. Als sie Beute gemacht hatten, befahl der Löwe dem Esel, er solle diese teilen.
5 Der Esel machte darauf drei gleiche Teile und sagte dem Löwen, er möge sich seinen Teil selbst wählen. Der Löwe geriet darüber in Zorn und zerriss den Esel. Sodann verlangte er vom Fuchs, nun solle er teilen.
Da schob der Fuchs fast die ganze Beute 10 auf einen Haufen zusammen und ließ für sich selbst nur ein paar kleine Stücke übrig. Der Löwe lächelte zufrieden und fragte den Fuchs: „Nun sage, was hat dich gelehrt, so richtig zu teilen?" Der Fuchs antwortete: 15 „Das Schicksal des Esels!"

Quelle: Äsop: Die Teilung der Beute, 1959, S. 252.

---

1 Aus welchen drei Teilen besteht die Handlung der Fabel[1]?
Geben Sie den Inhalt in Ihren Worten wieder.

2 In vielen Fabeln verhalten sich Tiere so wie Menschen.
Welche menschlichen Eigenschaften und Charakterzüge lassen sich den verschiedenen Tieren zuordnen?

3 Die Fabel behandelt das Problem der gerechten Teilung. In welchem Verhältnis stehen die Tiere zueinander? Warum teilt der Fuchs dem Löwen den „Löwenanteil" zu?

4 Formulieren Sie die von dieser Fabel vermittelte Lehre in einem Satz.
Diskutieren Sie darüber, ob diese Lehre heute noch eine Bedeutung hat.

---

[1] Merkmale der Fabel siehe S. 283

Krieg und Frieden

Ingeborg Görler

1 Krieg ist etwas
  im Fernsehen
  man kann es abschalten
  Krieg ist etwas
5 in der Zeitung
  man kann Salat darin einwickeln
  Krieg ist etwas
  das die Alten erlebt haben
  man kann's nicht mehr hören
10 Krieg ist meistens weit weg

  Frieden ist nichts
  was man mal
  anschalten kann
  Frieden ist nichts
15 was sich schnell
  auswickeln lässt
  Frieden ist nichts
  was man Jüngeren oder Älteren
  überlassen sollte
20 Frieden beginnt immer ganz nah

Quelle: Görler: Krieg und Frieden, 1981, S. 16.

Ingeborg Görler (*1937)
Geboren in Dessau. Journalistin und Schriftstellerin, lebt in Berlin und São Paulo (Brasilien).

---

1 Lesen Sie das Gedicht laut und notieren Sie sich erste Eindrücke.

2 Welche Merkmale schreibt Ingeborg Görler dem Krieg zu?

3 Wie charakterisiert sie den Frieden?

4 Welche Auffälligkeiten zeigt das Gedicht in sprachlicher Hinsicht?

5 Was will Ingeborg Görler bei der Leserin/beim Leser erreichen?

6 Schreiben Sie ein Gedicht mit dem Titel „Frieden beginnt ganz nah". Beginnen Sie jede Strophe mit der Zeile „Frieden ist etwas ...". Überlegen Sie dabei, worauf Sie die Leserinnen und Leser aufmerksam machen wollen.

7 Lesen Sie Ihr Gedicht in der Klasse laut vor. Vergleichen Sie die Wirkung Ihrer Gedichte mit der des Textes von Ingeborg Görler.

8 In welchen Bereichen Ihres Lebens erleben Sie Spannungen und Unfrieden? Wie können Sie durch Ihr Verhalten zu mehr Frieden beitragen?

9 Wo gibt es heute Kriege und Konflikte auf der Welt? Recherchieren Sie online. Was könnte man tun, damit in diesen Regionen Frieden einkehrt?

Drei Stunden bis Sonnenaufgang

Miriam Malik

Miriam Malik (*1984)
Geboren in Essen, lebt seit 2008 bei Nürnberg. Sie studierte Islamwissenschaften und verfügt über fundierte Kenntnisse des Nahen Ostens. Auf ihrem Blog www.miriam-malik.de veröffentlicht sie Kurzgeschichten aus verschiedenen Genres. Die Geschichte „Drei Stunden bis Sonnenaufgang" stammt aus der Anthologie „Grenzenlos" (Herausgeberin: Alexandra Scherer), die sich mit den Themen Flucht, Vertreibung und Heimatlosigkeit beschäftigt.

Wumms.
Ahmed schreckt hoch, knipst die Nachttischlampe an. Sein Herz rast. Was war das? Eine Bombe? Eine Granate? Nein. Nur die Tür ist zugeschlagen. Mit zitternden Händen aktiviert er sein Smartphone. Es ist drei Uhr fünf morgens. Er hat geschlafen. Das ist immerhin schon etwas. Allerdings nicht länger als dreißig Minuten. Ahmed ist müde. Todmüde. Er atmet tief durch, legt sich dann wieder hin, zieht die Decke hoch bis zum Kinn. Das Licht lässt er brennen. Er wagt nicht, es wieder auszuschalten. Er braucht Zeit, um sich zu beruhigen. An Schlaf ist erst einmal nicht zu denken.
Wie oft hat er beklagt, dass sie die Türen nicht leise zumachen können.
„Das ist eine Brandschutztür", sagt der Wachmann. „Die schließt automatisch. Das ist Vorschrift."
„Es ist eine alte Tür", meint die Frau vom Hilfskreis und zuckt hilflos mit den Achseln. "Leider kann ich nichts für Sie tun. Die Toiletten sind nun einmal auf der anderen Seite der Brandschutztür. So ist es eben hier in der Kaserne."
„Natürlich können wir die Tür leise schließen, Ahmed. Wir werden in Zukunft darauf achten", sagen die anderen, die mit ihm auf dem Gang wohnen. Doch natürlich tun sie es nicht. Und keiner möchte mit ihm das Zimmer tauschen.
Wumms.
Ahmed greift wieder nach seinem Handy. Drei Uhr neun. Der Toilettengänger ist auf dem Weg zu seinem Schlafzimmer. Ahmed hört seine Schritte durch den Gang hallen, lauscht darauf, wie sich irgendwo eine Tür öffnet und kurz darauf wieder schließt. Ahmed atmet tief durch, löscht das Licht. Doch Schlaf will sich nicht einstellen. Irgendwann gibt er auf, schaltet das Licht wieder an, aktiviert sein Smartphone, öffnet Facebook, […] Er verzehrt sich nach einem Stück Normalität.
Seine Schwester hat Bilder von einem fröhlichen Kindergeburtstag gepostet. Sie ist jetzt in Saudi-Arabien. Sein Bruder hat ein Video seines Sohnes beim Radfahren eingestellt. Er wohnt jetzt in Schweden. Davor, dazwischen, danach haben Freunde, Cousins und Tanten Nachrichten geteilt – über Fassbomben-Angriffe, Selbstmordanschläge, Folteropfer, Zerstörungen des IS.
Ahmed legt sein Handy weg. Die Bilder aus den Nachrichten bleiben. Sie vermischen sich mit seiner Erinnerung an den leblosen Körper seiner Verlobten Maryam, die von einer Mörsergranate tödlich getroffen wurde. Nach ihrem Tod wollte er nichts anderes als eine Waffe in die Hand nehmen. Um Maryams Tod zu rächen, um diesen gewaltigen Zorn, der in ihm tobte, zu befrieden. Doch für wen hätte er kämpfen sollen? Oder gegen wen? Das Regime, der IS, al-Qaida, die anderen Rebellengruppen – standen sie nicht letztendlich alle für Terror, für Verzweiflung, für Tod? Ahmed wollte nicht für das Blut Unschuldiger verantwortlich sein und entschied sich deswegen für die Flucht.
Wumms.
Ahmed schreckt erneut hoch, seine Hände fangen wieder an zu zittern. Denk nicht an Maryam, ermahnt er sich. Es funktioniert. Doch dafür strömen neue Bilder auf ihn ein. Bilder von der Fahrt durch ein zerstörtes Syrien. Bilder vom völlig überladenen Flüchtlingsboot, das nahe Kos kenterte und drei Menschen das Leben kostete. Und in das er sich als Letzter gewaltsam hineingedrängt hatte. Bilder von der langen Flucht über den Balkan, von Streitereien mit Schleppern, mit anderen Flüchtlingen, mit der Polizei in der Türkei, in Serbien, in Ungarn. Auch in Deutschland hat er keinen Frieden gefunden. In der Erstaufnahmeeinrichtung hat er sich aus nichtigen Gründen mit ein paar Afghanen geprügelt. Er weiß nicht einmal mehr, wieso. Er wollte nicht töten und nicht kämpfen und hat es doch getan.
Wumms.
Dann haben sie ihn in diese Kaserne gesteckt, mitten im Nirgendwo, in der er mit Hunderten Fremden zusammenlebt. Er fragt nicht, woher sie kommen, denn er weiß es anhand ihrer Namen, ihrer Redeweise, ihres Wohnortes. Wie die meisten von ihnen hat er den Tod gesehen, wie die meisten von

ihnen selbst getötet. Doch das ist eine Gemeinsamkeit, die sie nicht verbindet, sondern trennt. Sie dürfen nicht wissen, was er getan hat, er darf nicht wissen, was sie getan haben. Sie müssen zusammenleben.
Wumms.
Manche hier versuchen, ihm zu helfen. Bei den Papieren und beim Deutsch lernen zum Beispiel. Andere kommandieren ihn herum. Bei der Registrierung, bei der Essensausgabe, beim Arztbesuch. Das Asylverfahren läuft endlos. Er ist allein mit seinen Gedanken, zur Untätigkeit verdammt, darf nicht arbeiten. Doch selbst wenn – was soll er tun?

In Syrien hat er Intarsienarbeiten verkauft. „Du bist nicht qualifiziert", sagen sie hier. „Das wird schwer." Jetzt haben sie wieder Grenzkontrollen eingeführt. Ihr seid zu viele, du bist nicht mehr willkommen, lautet die Botschaft. Deutschland öffnet Türen, um sie wieder zuzuschlagen.
Wumms.
Ahmed sieht wieder Maryams Gesicht vor sich. Er atmet tief durch. Vier Uhr, sagt das Smartphone. Zwei Stunden noch bis Sonnenaufgang. Acht Stunden bis zum Mittagessen. Sechzehn Stunden bis Sonnenuntergang.

Quelle: Malik: Drei Stunden bis Sonnenaufgang, 2015, S. 20–23.

1 Fassen Sie in wenigen Sätzen schriftlich zusammen: Um was geht es in der Geschichte? Vergleichen Sie Ihre Zusammenfassung mit der Ihrer Nachbarin/Ihres Nachbarn. Wer hat den Inhalt am besten erfasst?

2 Beantworten Sie in einer Kleingruppe einige Fragen zum Inhalt des Textes:
  a Warum kämpft Ahmed nicht für seine Heimat? Warum hat er seine Heimat verlassen?
  b Welche Bedeutung hat das Handy für Ahmed?
  c Was sind Ahmeds Wünsche? Welche Wünsche hat er vermutlich darüber hinaus?

3 Wählen Sie eine der beiden folgenden schriftlichen Aufgaben aus:
  a „Ahmed ist müde." – Entwerfen Sie einen kurzen Text, in dem Sie für einen Arzt die Ursachen von Ahmeds Müdigkeit beschreiben.
  b Schreiben Sie eine E-Mail (s. S. 210), in der Sie aus der Perspektive Ahmeds seiner Familie einen Tag in Deutschland beschreiben.

4 Untersuchen Sie die Gestaltung des Textes durch die Autorin:
  a Aus welcher Perspektive (s. S. 186) ist die Geschichte geschrieben?
  b Nennen Sie drei sprachliche Mittel, die Ihnen besonders aufgefallen sind (z. B. Satzbau, Wortwahl). Was will die Autorin damit bewirken?
  c Nennen Sie drei Merkmale einer Kurzgeschichte (s. S. 186), die Sie in dieser Geschichte finden.

Quartier für minderjährige Flüchtlinge

Frösche im Meer

Tanja Maljartschuk

Tanja Maljartschuk (*1983)
Wurde in der Ukraine geboren. Sie ist Schriftstellerin und Journalistin und lebt seit 2011 in Österreich. Seit 2014 schreibt sie in deutscher Sprache. 2018 erhielt sie den Ingeborg-Bachmann-Preis für die Geschichte „Frösche im Meer".

1 Hätte Petro Kinder, würden sie ihn vielleicht fragen, wie er zu seinem Beruf gekommen ist. Kinder fragen so etwas gerne. Sie idealisieren die Arbeit, solange sie selbst nicht
5 arbeiten gehen müssen. Ich möchte Polizist werden, sagen sie verträumt, oder Ballerina, oder Ärztin, oder Astronaut. Niemand sagt: Ich möchte Müllmann werden. Keine Volksschullehrerin beendet ihren Unterricht mit
10 dem Zuspruch: Lernt fleißig, Kinder, damit ihr gute Weihnachtsbaumverkäufer werdet. Petro ist sowohl Weihnachtsbaumverkäufer als auch Müllmann gewesen. Beide Jobs fand er nicht gut. Bäume verkaufen ist das
15 Letzte, besonders, wenn sie aus den Karpaten geschmuggelt werden. Müllmann zu sein, wäre in Ordnung gewesen, es riecht weniger, als man denkt, jedoch verlangten sie bereits nach dem ersten Arbeitstag Pe-
20 tros Pass. Als er das Wort hörte, lief er so schnell wie möglich davon. Seit siebzehn Jahren hat er keinen Pass. Ihm wurde gesagt, ohne Papiere komme man besser mit der Polizei aus, man habe nämlich die
25 Möglichkeit, sich als Flüchtling auszugeben. Sonst stecken sie dich ins Gefängnis, wenn sie dich erwischen, Petro, wurde ihm gesagt. Gefängnisse in diesem Land sind voll mit uns, Petro, voll mit uns, wurde ihm gesagt.
30 Er hatte seinen Pass in kleine Stücke zerrissen und an einem schönen sonnigen Sonntagnachmittag in die Donau geworfen. Dabei dachte Petro mit einem Lächeln, dass ein Teil von ihm mit den Donauwellen nach Hause
35 zurückkehren werde. Bevor er die erste Seite des Passes aus Sicherheitsgründen verschluckte, spuckte Petro noch ins Wasser, als wollte er das Zauberritual mit seinem Speichel besiegeln. Dann blieben ihm nur noch
40 der Vorname und die Erinnerung. Einen Vornamen brauchte er für die vielen Tage, die er nicht mehr zählte, und die Erinnerung für die vielen Nächte, in denen er wach blieb.
Petro löste sich unter den Fremden auf, und
45 niemand suchte nach ihm, noch nicht mal die Polizei, niemand wollte wissen, was mit ihm passierte. Die alte Straßenbahn mit den drei Stufen zum Einstieg wurde durch die moderne ausgetauscht, zweimal gab es ver-
50 heerende Überschwemmungen. Jahre vergehen schnell, wenn man das eigene Leben nicht schätzt. Petro hatte dieses und jenes gemacht, bis sich irgendwann die Gelegenheit ergab, im Froschpark, der zu einem kleinen
55 gleichnamigen Schloss am nördlichen Rand der Stadt gehörte, zu kehren. Der Besitzer des Schlosses fragte nie nach seinen Papieren und bezahlte wöchentlich in bar; manchmal mehr, manchmal weniger, abhängig davon, wie sei-
60 ne Laune war. Manchmal sagte er: Du bist ein guter Parkkehrer, Petro, worüber Petro sich sehr freute. Er war schmal und spindeldürr, der Besen stand ihm hervorragend.
Im Sommer gab es mehr Parkbesucher und
65 somit auch mehr Arbeit, im Winter schwebten nur noch Krähen über den breiten Alleen. Dann saß er auf einer Parkbank und atmete den Kohlenrauch ein, der sich im Park verbreitete, weil in manchen Schloss-
70 räumen immer noch mit Kohle geheizt wurde. Petro hielt den Geruch schwer aus. Genauso hatte das winzige Dorf, aus dem er stammte, im Winter gerochen. Manchmal auch Walnüsse, manchmal Pferdemist.
75 „Herrlich", seufzte die alte Dame, die fast jeden Tag trotz Kälte im Park spazieren ging. Petro schlug sich mit der Faust auf die Brust und antwortete: „Ein Drache steckt tief in mir drinnen." „Ein Drache?", die alte Dame
80 zog verwundert die fast unsichtbaren Augenbrauen hoch. „Er bewegt sich lange Zeit nicht", sagte Petro, „er lässt mich glauben, er sei endlich tot. Doch irgendwann geschieht etwas, eine Kleinigkeit, ein Geruch wie heu-
85 te steigt in die Nase, und schon hebt der Drache seine zwölf Köpfe und wütet in der Seele und verwüstet alles." [...]
„Haben Sie hier, im Froschpark, jemals Frösche gesehen?" Es war März und eiskalt.
90 „Nein, nie, Frau Grill", gestand Petro bedauernd, was Frau Grill aber nicht traurig machte.
„Wissen Sie, warum?" Ihre Stimme klang verschwörerisch. Petro ließ den Sack auf
95 den frisch gekehrten Boden fallen.
„Warum denn, Frau Grill?"
„Weil sie alle bei mir im Haus wohnen! Niedliche Tiere!"

[...]
Danach kam sie nie wieder.
Frau Grill kam auch dann nicht, als die ersten Leberblümchen und Krokusse im Park aus der Erde sprossen, diese Auferstehung der Natur hatte sie früher nie ausgelassen. Besorgt ging Petro nach der Arbeit zu dem Haus, in dem Frau Grill wohnte. [...] „Zu wem möchten Sie?", fragte die Frau.
„Grill", stotterte Petro und bereute fast, hergekommen zu sein. „Frau Grill. Wir sind ... sie ist ... ich bin ..."
„Sind Sie von der Heimhilfe?", die Nachbarin trat einen Schritt zurück und ließ ihn ins Haus. „Sagen Sie Ihrem Chef bitte, dass es so nicht weitergehen kann. Frau Grill ist völlig verrückt und eine Gefahr für das ganze Haus!"
Petro lief schnell die Treppen hinauf und stellte neidisch fest, dass die Türkin viel besser Deutsch sprach als er.
Im dritten Stock blieb er stehen. Frau Grill wartete bereits auf der Schwelle und lächelte ihm freundlich zu. Abgemagert, gebeugt, in einer fleckigen weißen Bluse und einer viel zu weiten Haushose sah sie wie ein verstörter Geist aus. Die dünnen Lippen hatte sie in flammendem Rot geschminkt.
„Komm herein", sagte sie fröhlich.
[...] Petro zog die Schuhe aus.
„Sie haben das Blühen der Leberblümchen im Froschpark verpasst", sagte er.
„Mir war nicht danach", antwortete Frau Grill. „Ich habe dich hergeholt, weil ich dir etwas sagen möchte, sonst würde ich dich nicht stören, wir haben uns ja ewig nicht gesehen, Hans."
Sie ging langsam den langen Flur entlang und lud Petro ein, ihr zu folgen. Dabei warnte sie: „Achtung, Frösche nicht zerquetschen! Sie sind scheu, aber manchmal gelangen sie unter die Füße."
Petro murmelte, er werde vorsichtig sein.
Frau Grill ging ins Schlafzimmer voraus und setzte sich auf das Bett.
„Nimm Platz", sagte sie. „Du siehst, ich habe deine Hälfte nicht berührt."
Die andere Hälfte des Doppelbetts mitsamt Decke und zwei Kissen war sorgfältig mit einem lilafarbenen Spitzenüberwurf verhüllt. Der Hügel ähnelte einem Grab.
Die rot bemalten Lippen leuchteten in der Dämmerung. Das Tageslicht schwand mit jedem Augenblick mehr und wischte das Alter weg, dämpfte Frau Grills Demenz, ihre viel zu weite graue Haushose, ihre weiße Bluse mit den Tomatenflecken. Nunmehr war sie eine Frau außerhalb der Zeit, die Petros Hand liebkoste und ihm kaum hörbar ins Ohr flüsterte: „Vielleicht können wir wieder neu anfangen, Hans?" [...]
Frau Grill rieb sich mit den Ärmeln ihrer Bluse über die Lippen. Die Flecken stammten also nicht von Tomaten. „Weißt du was?", sagte sie. „Ich gehe nicht mehr in den Park, dort ist mir zu wenig Natur. Zu Hause habe ich ein Biotop." Sie machte eine ausladende Handbewegung. „Besonders gefallen mir die Moose und Flechten. Sieh, wie schön sie die Fotos, den Spiegel und die Wände bewachsen. Libellen surren, Frösche quaken, so beruhigend."
Frau Grill klatschte in die Hände. Petro stand schnell auf und schaute sich in der Wohnung um. Die alte Dame folgte ihm überall hin. Der Kühlschrank war leer, bis auf mehrere Packungen Butter und ein paar aufgerissene, bereits verschimmelte Joghurts. Im Gefrierfach lag noch mehr Butter.
„Was essen Sie, Frau Grill?"
Sie zuckte mit den spitzen Schultern.
„Haben Sie Verwandte?"
Da rief Frau Grill verärgert: „Erinnerst du dich etwa nicht an meine Nichte? Aus dem lieben Mädchen ist eine dicke böse Hexe geworden, ich sag's dir."
Im Flur hing ein Zettel mit einer Telefonnummer und dem Hinweis: „Im Notfall anrufen! Susi". Petro untersuchte alle Schubladen und fand eine zerschlissene grüne Geldtasche mit fünfzig Euro. Er nahm das Geld, überlegte kurz und steckte einen Zehneuroschein zurück. Frau Grill beobachtete seine Aktivitäten, sagte aber nichts. Als er wenig später das Treppenhaus hinunterlief, stand sie an der Türschwelle und lächelte.
[...] „Hans?", Frau Grill lächelte einladend, die dünnen Lippen rot geschminkt. „Pass auf die Frösche auf."
Petro ging in die Küche und füllte den Kühlschrank mit Milch, Käse und Wurst. Brot und einen Liter Apfelsaft ließ er auf dem Tisch stehen. Dann kochte er eine Suppe mit viel Rote Beete und Kohl. Diese Suppe hatte ihm seine Mutter immer gekocht, er mochte sie nicht. Frau Grill aß fleißig und plapperte dazu:

„Weißt du, was ich gerne wissen würde?" „Nein, was, Frau Grill?" [...]
„Mich würde interessieren", fuhr Frau Grill nachdenklich fort, „ob Frösche auch im Meer leben können." Petro überlegte kurz und antwortete, das Meer sei für die Frösche wohl zu groß. „Stimmt", sagte Frau Grill und vergaß gleich wieder alles. In der Woche darauf fragte sie Petro dasselbe, und dann noch einmal, als sie am Ostersonntag gemeinsam Ostereier suchten. Obwohl Petro keine versteckt hatte – diese Tradition war ihm fremd, in seinem Dorf hatte man stattdessen viel Wurst gegessen und im Reigen um die Kirche getanzt –, obwohl Petro also keine Ostereier versteckt hatte, fand Frau Grill im Wohnzimmer dennoch eines. Wer weiß, wie viele Jahre es unter dem Sofa verbracht hatte. Frau Grill ging barfuß in der Wohnung umher, er hörte, wie die Nägel ihrer gekrümmten Zehen auf dem Boden kratzten. Petro stellte ihre Füße in eine Plastikschüssel mit heißem Wasser, gab ein paar Tropfen Duschgel dazu und wartete, bis die Nägel weicher wurden. So hatte es auch seine Mutter gemacht. Sie behauptete, ihre Fußnägel wüchsen außergewöhnlich schnell.

[...] Er wusch ihre Blusen, dennoch verschwanden die roten Flecken nicht. Eine Bluse mit besonders vielen Flecken steckte er in seinen Rucksack, seine Handflächen brannten von ihrer Zartheit. „Morgen kaufe ich eine neue Bluse, Frau Grill", versprach Petro. In diesem Moment piepte das Handy. „Ich stehe vor deinem Haus, Petro", schrieb Kolja„ „und es ist alles in Ordnung, außer dass eine der Seitenwände eingestürzt ist. Jetzt ist da ein großes Loch, alles gestohlen, bis auf die Ikonen. Das Haus wirst du nicht mehr verkaufen können."

Petro setzte sich auf die Garderobenbank neben dem Regenschirmständer, sein Rucksack fiel auf den Boden. Der innere Drache riss die zwölf Mäuler auf und spie mit voller Kraft, eine höllische Flamme schoss aus seinem Rachen. Das Handy piepte wieder. Kolja schrieb: „Die Nachbarin Natalka, übrigens eine sehr nette Frau, hat sich um das Begräbnis deiner Mutter gekümmert, sie ist sehr wütend auf dich." Petro weinte leise, ohne Tränen, er wollte Frau Grill nicht ängstigen. Doch sie kam näher und drückte Petros Kopf an ihren Oberkörper. Ihre rissige Hand streichelte ihm über den Kopf, Libellen surrten, Frösche quakten.

Plötzlich hörten sie einen Schlüssel im Schloss.

Die Wohnungstür öffnete sich abrupt. „Das ist ja widerlich!"

Zwei Frauen traten ein – die Türkin und eine Unbekannte mit zwei Kampfhunden an der Leine. Die beiden Frauen sprangen Petro an und schlugen auf seinen Rücken. Die Hunde bellten. Petro wehrte sich nicht. Er sah, dass den Frauen ein Polizist gefolgt war. „Wer sind Sie?", fragte der Polizist streng und versuchte, die Frauen zu beruhigen.

„Ein Perverser ist das!", schrie die jüngere. „Er hat die Tante ... O Gott, das ist nicht zu verkraften. Die Tante ist siebenundachtzig!" Sie schüttete Petros Rucksack aus und entdeckte die fleckige Bluse. „Sehen Sie nur, was er in der Tasche versteckt hat! Ein Perverser!"

Petro schloss die Augen, er wusste, was als Nächstes kam. Der Polizist würde sich nach seinem Pass erkundigen, und Petro würde antworten, er habe ihn gegessen. Er sei nur ein Schatten am falschen Platz, ein Windstoß, der im Froschpark Verpackungen von Schokoriegeln umherwirbeln lasse. Der, der niemand ist, muss endlich heim, Herr Polizist. Frau Grill eilte zum geöffneten Fenster.

„Das Meer rückt heran", flüsterte sie erschrocken, „es ist bald da, ich sollte alle Fenster schließen, sonst sterben meine Frösche. Frösche leben nicht im Meer."

„Haben Sie Ihren Ausweis da?", fragte der Polizist.

„Frau Grill", sagte Petro, „bitte, lassen Sie die Fenster offen."

Quelle: Maljartschuk: Frösche im Meer, 2019.

KREATIV *schreiben*

- Nehmen Sie die Perspektive einer Beobachterin/eines Beobachters ein und schreiben Sie einen kurzen Bericht (s. S. 71) über die Ereignisse.

1 Was könnte das Bild von Fröschen im Meer ausdrücken?

2 Beurteilen Sie die Aussagekraft und Wirkung der Erzählung.

Wenn die Haifische Menschen wären[1]

Bertolt Brecht

„Wenn die Haifische Menschen wären", fragte Herrn K. die kleine Tochter seiner Wirtin, „wären sie dann netter zu den kleinen Fischen?" „Sicher", sagte er. „Wenn die Haifische Menschen wären, würden sie im Meer für die kleinen Fische gewaltige Kästen bauen lassen, mit allerhand Nahrung drin, sowohl Pflanzen als auch Tierzeug. Sie würden sorgen, daß die Kästen immer frisches Wasser hätten, und sie würden überhaupt allerhand sanitäre Maßnahmen treffen. Wenn zum Beispiel ein Fischlein sich die Flosse verletzen würde, dann würde ihm sogleich ein Verband gemacht, damit es den Haifischen nicht wegstürbe vor der Zeit. Damit die Fischlein nicht trübsinnig würden, gäbe es ab und zu große Wasserfeste; denn lustige Fischlein schmecken besser als trübsinnige. Es gäbe natürlich auch Schulen in den großen Kästen. In diesen Schulen würden die Fischlein lernen, wie man in den Rachen der Haifische schwimmt. Sie würden zum Beispiel Geographie brauchen, damit sie die großen Haifische, die faul irgendwo liegen, finden könnten. Die Hauptsache wäre natürlich die moralische Ausbildung der Fischlein. Sie würden unterrichtet werden, daß es das Größte und Schönste sei, wenn ein Fischlein sich freudig aufopfert und daß sie alle an die Haifische glauben müßten, vor allem, wenn sie sagten, sie würden für eine schöne Zukunft sorgen. Man würde den Fischlein beibringen, daß diese Zukunft nur gesichert sei, wenn sie Gehorsam lernten. Vor allen niedrigen, materialistischen, egoistischen und marxistischen Neigungen müßten sich die Fischlein hüten und es sofort den Haifischen melden, wenn eines von ihnen solche Neigungen verriete. Wenn die Haifische Menschen wären, würden sie natürlich auch untereinander Kriege führen, um fremde Fischkästen und fremde Fischlein zu erobern. Die Kriege würden sie von ihren eigenen Fischlein führen lassen. Sie würden die Fischlein lehren, daß zwischen ihnen und den Fischlein der anderen Haifische ein riesiger Unterschied bestehe. Die Fischlein, würden sie verkünden, sind bekanntlich stumm, aber sie schweigen in ganz verschiedenen Sprachen und können einander daher unmöglich verstehen. Jedem Fischlein, das im Krieg ein paar andere Fischlein, feindliche, in anderer Sprache schweigende Fischlein tötete, würden sie einen kleinen Orden aus Seetang anheften und den Titel Held verleihen. Wenn die Haifische Menschen wären, gäbe es bei ihnen natürlich auch eine Kunst. Es gäbe schöne Bilder, auf denen die Zähne der Haifische in prächtigen Farben, ihre Rachen als reine

Bertolt Brecht (1898–1956)
Geboren in Augsburg, wurde durch den Ersten Weltkrieg zum Kriegsgegner. Brecht floh 1933 vor den Nationalsozialisten und lebte ab 1946 in Ostberlin. Er schrieb Gedichte, Erzählungen und entwickelte das epische Theater (s. S. 191).

Die **Parabel** ist eine meist kurze Erzählung, die als Beispiel für eine Erkenntnis dient. Wie bei der Fabel wird sie nicht direkt genannt, sondern die Begebenheit auf der **Bildebene** muss übertragen werden auf eine **Bedeutungsebene**. Die Leserin/Der Leser soll im Vergleich mit den eigenen Ideen und Lebenserfahrungen Schlussfolgerungen ziehen. Die Erkenntnis ist weniger festgelegt als bei der Fabel und gibt persönlichen Deutungen Raum.

---

1 Der Text folgt aus urheberrechtlichen Gründen der alten Rechtschreibung.

Lustgärten, in denen es sich prächtig tummeln läßt, dargestellt wären. Die Theater auf dem Meeresgrund würden zeigen, wie heldenmütige Fischlein begeistert in die Haifischrachen schwimmen und die Musik wäre so schön, daß die Fischlein unter ihren Klängen, die Kapelle voran, träumerisch, und in allerangenehmste Gedanken eingelullt, in die Haifischrachen strömten. Auch eine Religion gäbe es da, wenn die Haifische Menschen wären. Sie würden lehren, daß die Fischlein erst im Bauch der Haifische richtig zu leben begännen. Übrigens würde es auch aufhören, wenn die Haifische Menschen wären, daß alle Fischlein, wie es jetzt ist, gleich sind. Einige von ihnen würden Ämter bekommen und über die anderen gesetzt werden. Die ein wenig größeren dürften sogar die kleineren auffressen.

Das wäre für die Haifische nur angenehm, da sie dann selber öfter größere Brocken zu fressen bekämen. Und die größeren, Posten habenden Fischlein würden für die Ordnung unter den Fischlein sorgen, Lehrer, Offiziere, Ingenieure im Kastenbau usw. werden. Kurz, es gäbe überhaupt erst eine Kultur im Meer, wenn die Haifische Menschen wären."

Quelle: Brecht: Wenn die Haifische Menschen wären, 1967, S. 394.

---

1 Teilen Sie den Text in Sinnabschnitte ein und finden Sie für jeden Sinnabschnitt eine Überschrift. (Der Text lässt sich in neun Sinnabschnitte einteilen.)

2 Welche Wirkung erreicht der Autor bei der Leserin/beim Leser dadurch, dass er den Text nicht in Abschnitte einteilt?

3 Erklären Sie die Bedeutung der Wörter „Haifische", „Fischlein" und „Kästen". Begründen Sie Ihre Aussagen mit einigen Beispielen aus dem Text.

4 Deuten Sie die verwendeten Bilder und stellen Sie eine Beziehung zwischen Bild und Wirklichkeit her. Warum ist die Übertragung von der Bildebene auf die Bedeutungsebene bei diesem Text relativ einfach?

5 Mit welchen Argumenten kann man die Aussagen des Textes unterstützen bzw. ihnen widersprechen?

6 In der von Herrn K. erzählten Welt werden Handlungsmuster vorgestellt. Vergleichen Sie diese mit Ihren eigenen Erfahrungen.

7 Erklären Sie, was im Text unter „Kultur" verstanden wird. Können Sie aufgrund der Definition dem Schlusssatz des Textes zustimmen?

8 Namen haben in Erzählungen oft eine hinweisende Aufgabe. Bertolt Brecht, der Schwabe war, gab dem Erzähler den Namen „Keuner". Deuten Sie diesen Namen.

Nora hat Hunger

Sibylle Berg

1 Ich wiege mich jeden Morgen. Morgens ist es immer ein bisschen weniger. Seit einem halben Jahr esse ich nur noch Gurken, Äpfel und Salat. Alles ohne Zusätze, versteht sich.
5 Zuerst war mir übel.
Ich hatte Bauchkrämpfe. Aber jetzt geht alles einfach. Wenn ich Essen rieche, habe ich keinen Hunger mehr. Mir wird direkt schlecht, wenn ich Essen rieche. Gestern waren es 40
10 Kilo. Ich bin 1,75 groß. Vielleicht wachse ich noch. Dünner werde ich auf jeden Fall. Ich habe es mir geschworen. Seit ich nicht mehr esse, brauche ich niemanden mehr. Meine Eltern sind fremde Personen geworden. Es
15 ist mir egal, ob sie mich beachten oder nicht. Ich bin sehr stark. Meine Mutter hat geweint, neulich. Ich habe zugesehen, wie das Wasser ihr Make-up verschmiert hat. Ich bin rausgegangen. Es sah hässlich aus. Ich habe auch
20 gesehen, wie dick sie ist. Sie sollte etwas dagegen tun. Ich verstecke mich in der Schule nicht mehr. Als ich noch dick war, bin ich in der Pause immer aufs Klo gegangen, damit sie mich nicht ignorieren können. Jetzt ste-
25 he ich offen da und denke mal, dass sie mich beneiden. Ich sehe noch immer nicht ganz schön aus. Ich bin noch zu dick. Die Arme sind gut, da ist kaum noch Fleisch dran. Ich finde Fleisch hässlich. Und die Rippen sieht
30 man auch schon gut. Aber die Beine sind zu dick. Als ich noch richtig dick war, hatte ich irgendwie keine Persönlichkeit. Jetzt ist das anders. Ich bin innen so wie außen. Ganz fest. Mit einem Ziel ist keiner alleine, weil
35 ja dann neben dem Menschen immer noch das Ziel ist. Ich kann mich noch erinnern, wie es war, dick zu sein. Mal ging es mir gut und im nächsten Moment musste ich heulen und wusste nicht, warum. Ich meine, das kam mir alles so sinnlos vor. Dass ich bald 40 mit der Schule fertig bin und dann irgendeinen Beruf lernen muss. Und dann würde ich heiraten und würde in einer kleinen Wohnung wohnen und so. Das ist doch zum Kotzen. Mit so einer kleinen Wohnung, meine 45 ich. Das kann doch nicht Leben sein. Aber eben, wie das Leben sein soll, das weiß ich nicht. Ich denke mir, dass ich das weiß, wenn ich schön bin. Ich werde so schön wie Kate Moss¹ oder so jemand. Vielleicht werde ich 50 Model. Meine Mutter war mit mir bei einem Psychologen. Ein dicker, alter Mann. Mutter ließ uns allein, und er versuchte mich zu verarschen. Mich verarscht keiner so leicht. Ich hab so einiges gelesen, ich meine, ich 55 kenne ihre blöden Tricks. Und der Typ war mal speziell blöd. „Bedrückt dich was?", hat er gefragt. Und so ein Scheiß halt, und ich habe ihn die ganze Zeit nur angesehen. Der Mann war echt fett und unter seinem Hemd 60 waren so Schwitzränder. Ich habe nicht über seine Fragen nachgedacht. Ich meine, was soll ich einem fremden dicken Mann irgendwas erzählen. Einem Mann, der sich selbst nicht unter Kontrolle hat. Der frisst. Ich bin 65 weggegangen und habe den Psychologen sofort vergessen. Ich habe ein Ziel. Ich habe vor nichts mehr Angst. Ich denke nicht mehr nach.
Das ist das Beste. 70

Quelle: Berg: Nora hat Hunger, 2001, S. 9 f.

---

1 Welcher Problemkreis wird in diesem Text angesprochen?

2 Welches Ziel hat Nora? Was tut sie, um dieses Ziel zu erreichen?

3 Beschreiben Sie die Beziehungen zwischen Nora und den Erwachsenen.

Sibylle Berg (*1962)
Geboren in Weimar, jobbte in verschiedenen Berufen, bis sie nach eigener Aussage das Gefühl hatte, alt genug zu sein, um Schriftstellerin zu werden. Heute lebt sie verheiratet in Zürich und schreibt Romane und Erzählungen, die in der Gegenwart spielen.

KREATIV schreiben

- Stellen Sie sich vor, Nora wäre in Ihrer Klasse. Schreiben Sie einen Brief an Nora, in dem Sie ihr erklären, was Sie denken und fühlen, wenn Sie Nora sehen (s. S. 210).
- Schreiben Sie auf, welche Gedanken Nora am Ende einer Woche ihrem Tagebuch anvertrauen könnte (s. S. 211).

1 **Kate Moss:** britisches Supermodel (*1974), das das „Dürrsein" zur Mode machte

Zweier ohne
(Textauszug)

Dirk Kurbjuweit

Dirk Kurbjuweit (*1962)
Geboren in Wiesbaden, war 1990 bis 1999 Redakteur der „Zeit", seit 1999 ist er Reporter beim „Spiegel". Er ist verheiratet, Vater von zwei Kindern und lebt in Berlin. 1998 und 2002 erhielt er den Egon-Erwin-Kisch-Preis für die beste Reportage.

KREATIV schreiben
- „Wir verloren das erste Rennen, wir verloren das zweite." (Z. 25 f.) Erzählen Sie ab dieser Stelle aus der Perspektive Ludwigs weiter (s. S. 209).

[1] **Novelle:** mittellange Erzählung, die auf einen zentralen Konflikt hin ausgerichtet ist

In der Novelle[1] „Zweier ohne" wird die Geschichte von Johann, dem Ich-Erzähler, und Ludwig erzählt, deren Freundschaft über sieben Jahre lang wächst. Sie sind begeisterte Ruderer und Hoffnungsträger in ihrem kleinen Ruderverein. Doch dann treffen sie auf Zwillinge aus Potsdam und verlieren zwei Rennen nacheinander. Da entwickelt Ludwig einen Plan.

Ich sah ihn erst am Montag wieder, als wir zusammen trainierten. Wir fuhren Zweier ohne. Ich muss dazu vielleicht ein paar Dinge erklären. Der Zweier ohne ist ein
5 besonderes Boot. Es gibt keinen Steuermann, deshalb Zweier ohne. Jeder hat einen Riemen, Ludwig zieht Backbord, ich ziehe Steuerbord. Weil jeder auf einer Seite zieht, müssen wir gleich stark sein, damit sich das
10 Boot nicht im Kreis dreht. Zwar gibt es eine kleine Steueranlage, die der Schlagmann mit den Füßen bedient, aber je mehr er steuert, je mehr er Ungleichheiten austarieren muss, desto unruhiger läuft das Boot. Wir hatten
15 gute Voraussetzungen für den Zweier ohne, wir waren gleich groß, gleich schwer, gleich kräftig, technisch gleich begabt, und wir waren Freunde, wir dachten gleich. In unserer ersten Saison im Zweier ohne gewannen wir
20 jedes Rennen in der Leichtgewichtsklasse.
In unserer zweiten Saison bekamen wir neue Gegner, Zwillingsbrüder aus Potsdam. Zwillinge, besonders eineiige, sind für den Zweier ohne naturgemäß besonders geeignet.
25 Wir verloren das erste Rennen, wir verloren das zweite. Am Abend danach, als wir bei Ludwig zu Abend gegessen hatten, sagte er, komm, wir gehen auf die Brücke. Wir hatten das lange nicht mehr gemacht, die Zeit der
30 Spiele war längst vorbei. Ich folgte ihm hinauf, und wir gingen bis zur Mitte. Das Tal war dunkel, wir sahen die Lichter der Gehöfte und des Städtchens. Es herrschte wenig Verkehr. Ludwig zog sich den Zaun hinauf,
35 bis er mit seinem Unterleib gegen die Kante des Zaunes drückte. So hielt er sich, es sah aus, als könne er beim nächsten Windzug eines Lasters nach vorne kippen. Wenn ich jetzt springen würde, sagte er, würdest du
40 dann auch springen? Ich war genauso verzweifelt wie er, wir waren es nicht gewöhnt zu verlieren, aber das war kein Grund, sich umzubringen. Komm runter! sagte ich. Das ist gefährlich. Sag schon, sagte er, würdest du
45 auch springen? Er drückte seine Arme ganz durch und presste nun die Oberschenkel gegen den Zaun. Ich hörte einen Laster in der Ferne. Lass das!, schrie ich. Er kam herunter, er packte mich an den Schultern. Du wärst
50 nicht gesprungen, sagte er. Ein paar verlorene Rennen sind auch kein Grund, sich umzubringen. Aber diese verdammten Burschen sind Zwillinge, verstehst du, und wenn wir sie schlagen wollen, müssen wir auch Zwil-
55 linge sein. Wir können nicht zurück in ein gemeinsames Ei kriechen, aber wir können auf unsere Art gleich werden, mehr als bisher. Wir müssen immer das Gleiche tun, wir müssen immer das Gleiche wollen, wir müs-
60 sen immer das Gleiche denken. Er schrie. Und wenn einer von uns einen Grund hat, von dieser Brücke zu springen, dann muss das auch ein Grund für den anderen sein, von dieser Brücke zu springen, verstehst du?
65 Willst du das? Ich wollte. Ich war sehr glücklich an diesem Abend. Wir waren Freunde und jetzt würden wir Zwillinge werden.
Ich hoffe jedem ist klar, was es heißt, ein solches Angebot zu bekommen. Wir waren
70 sechzehn, als er das sagte, wir fanden uns hässlich, wir fanden uns unerträglich, und wir hofften so, dass es Menschen gibt, die das anders sehen. Nie hat man größere Zweifel und nie größere Hoffnungen, in derart
75 raschem Wechsel. Es ist kaum zu ertragen. Und dann kommt jemand und sagt: Ich will genauso sein wie du. Wie fantastisch das ist. Wie sicher einen das macht. Denn weil wir uns so unsicher waren, stellte jeder an-
80 dere eine Bedrohung dar. Jede neue Jacke, die ein anderer trug, warf die Frage auf, ob damit nicht alle Jacken, die man selbst hatte, erledigt waren, ob man nicht sofort auch diese Jacke haben müsse. Wir lauschten jedem Wort
85 nach, jeder Betonung, um herauszufinden, ob das nun das neue Wort, die neue Betonung

werden könnte. Wir mussten schnell sein, wir waren sehr nervös. Einen Zwilling zu haben konnte einen von vielem befreien. Ein Zwilling, so verstand ich Ludwig, ist einer, der einen nie erschüttert, weil das, was er tut und sagt und trägt, immer auch das Eigene ist.
Ich war von da an nur noch zum Schlafen zu Hause und auch das nicht immer. Fast jede wache Minute verbrachten wir miteinander, sahen fern, spielten dieselben Computerspiele, lasen Bücher gemeinsam, aßen gleich viel von denselben Gerichten, erzählten uns jeden Gedanken, damit er auch zum Gedanken des anderen werden konnte. Wir verloren noch zwei Rennen, der Rest der Saison ging an uns. Das war in dem Jahr, bevor wir mit Josefine schliefen.

Unser Bootshaus war klein und eng. Es gab nicht einmal Umkleideräume. Wir zogen uns in der Werkstatt um, wo es nach Schweiß und Dollenfett roch. Hier war auch unser Kraftraum, wir hatten nur eine Bierzeltbank und eine Hantel, deren Gewichte rosteten. An der Decke hing ein Holzbrett, das wir bei Strecksprüngen berühren mussten. In der Bootshalle lagen ein Dutzend Boote, meist alte Kähne in Klinkerbauweise, zwei, drei Rennskiffs aus Kunststoff und unser Zweier ohne, das einzige neue Boot. Der Verein hatte es für uns gekauft, weil wir die Hoffnung des Vereins waren. Auf einem Hänger lag ein kleines Motorboot für den Trainer, aber wir fuhren meist ohne Trainer raus und arbeiteten nach eigenem Plan ...

Quelle: Kurbjuweit: Zweier ohne, 2003, S. 46–50.

Als Johann später mit Ludwigs Schwester Vera schläft, versucht er das geheim zu halten. Ludwig scheint nichts zu merken, wird aber immer seltsamer. Statt zu fasten, um die notwendigen 62,5 Kilo für den Wettkampf zu halten, beginnt er maßlos zu fressen. Immer häufiger klettert er hinauf zur Autobahnbrücke. Von dort stürzen sich manchmal nachts die Selbstmörder und landen im Garten seiner Eltern. Schließlich wird Johann klar, dass Ludwig ihr Zwillingsgelübde bis über alle Grenzen hinaus austesten will.

KREATIV schreiben

- Schreiben Sie einen Tagebucheintrag (s. S. 211), in dem einer der beiden Jungen auf die Schwierigkeiten der Freundschaft zurückblickt.

---

1. Wie unterscheiden sich die beiden Jungen in der Geschichte? Wer ist nach Ihrer Einschätzung der Willensstärkere von beiden?

2. Was verbindet die beiden Freunde?

3. Die beiden Jungen sind sehr vertraut miteinander. Suchen Sie die Textstellen heraus, an denen dies deutlich wird.

4. In Z. 44 f. sich der Leserin/dem Leser eine spannende Frage: Wie wird sich die Freundschaft zwischen den beiden Jungen entwickeln?

5. „Ich will genauso sein wie du", sagt Ludwig zu Johann (Z. 76 f.). Gibt es einen Menschen, dem Sie selbst ähnlich werden wollen, der für Sie ein Vorbild sein könnte?

6. Gestalten Sie eine **Collage** mit den Fotos von Personen, die für Sie als Vorbilder gelten. Schreiben Sie unter jedes Bild den Namen der Person und eine kurze Begründung, warum sie ein Vorbild ist. – Als Projektarbeit können Sie auch zusammen mit Ihren Mitschülerinnen und Mitschülern eine **Wandzeitung** gestalten, auf der die Vorbilder der ganzen Klasse eingefügt werden.

Butter

Erin Jade Lange

423 Pfund bringt er auf die Waage. Seinen Spitznamen bekam er, nachdem er von mehreren Jugendlichen gezwungen worden war, eine ganze Stange Butter zu essen. Das war einer der schlimmsten Tage in Butters Leben (Aussprache wie im Englischen: „batter"). Eigentlich hat er gute Voraussetzungen, ein normales und behütetes Leben im Südwesten der USA zu führen: Er besucht die Highschool, fährt einen eigenen BMW, muss sich um Geld keine Sorgen machen und um seine Eltern auch nicht wirklich. Bis auf die aus dem »Dicken-Camp« hat er keine Freunde. In der Mensa sitzt er allein in der hintersten Ecke, da ist Platz, da sitzt er geschützt, kann essen. Aber sein Saxophon liebt er, beherrscht es hervorragend, aber in der Band spielen, auf die Bühne – lieber nicht. Und dann ist da noch Anna, eine Mitschülerin, mit ihr chattet er täglich, als „J.P.". Sie ist verliebt und wünscht sich ein Foto, möchte ihn treffen. Er hat versprochen: an Silvester ist es so weit. Je näher der Tag rückt, desto hoffnungsloser wird er. Da hat er eine Idee:

Erin Jade Lange
Tagsüber arbeitet Erin Jade Lange als Journalistin in Phoenix, Arizona. Nachts schreibt sie Erzählungen und Romane. „Butter" (2012; dt. 2014) ist ihr erster Roman. Es folgte „Halbe Helden" (2015) und „The Chaos of Now" (2018; dt. Okt. 2020).

Auszug aus dem Roman

1 Eine Internetseite aufzubauen, ist ganz einfach. Überleg dir eine Webadresse, die noch nicht belegt ist, such dir im Internet ein vorgefertigtes Seitenformat, kopier den
5 ganzen Computersprachen-Hokuspokus in deine Seite und dann fang an zu basteln. Ich brauchte weniger als eine Viertelstunde, und als ich anfing, auf „ButtersLastMeal.com" loszuschreiben, war ich fest
10 entschlossen, so fest, als ob es kein Zurück mehr gäbe.

Die ersten Worte gingen mir leicht von der Hand. Ich musste nur an das Foto denken, das jemand in der Mensa von mir geschos-
15 sen hatte, an all die Blicke, die mittags immer auf mich gerichtet waren, an Schüler, die ich nicht einmal kannte und die trotzdem irgendwelche Scheiße im Netz verbreiteten, die überhaupt nicht stimmten.
20 Ich konnte die Leute in der Schule nicht kontrollieren. Ich konnte auch meine Eltern nicht kontrollieren oder mein Gewicht, mein Leben ... aber ich konnte die Online-Gespräche beherrschen. Ich konnte dafür
25 sorgen, dass das, was im Cyberspace gesagt wurde, nur Dinge waren, zu denen ich sie einlud. Und wenn es mir gelang, das unter Kontrolle zu bringen, dann war das das Einzige, was zählte.
30 Die ersten Worte flossen mir aus den Fingern.

Ihr glaubt, ich esse viel? Das ist noch gar nichts. Geht mal -

Ich schaute in meinen Kalender, und mein
35 Blick fiel auf Silvester. Das war auf den Tag genau in vier Wochen und aus vielen Gründen perfekt. Erstens, na hör mal – der letzte Tag im Jahr! Da steckt Poesie drin. Außerdem war es der Tag, bevor die blöde Fluggesellschaft für Dicken-Plätze den doppel- 40 ten Preis verlangte; es machte mir wirklich nichts aus, das zu verpassen. Silvester ließ mir noch genügend Zeit, mich irgendwo zu verabschieden, und war doch nah genug, um nicht einen Rückzieher zu machen. Und 45 das Allerbeste: Es war die Nacht, in der ich Anna treffen sollte.

So würde ich nie erfahren müssen, was als Nächstes käme – dass Anna verletzt wäre, weil ich sie versetzte, dass Anna mit mir 50 Schluss machte, dass Anna sich entfernte. Ich schrieb wie besessen.

- am 31. Dezember online, wenn ich die Live-Übertragung meiner Henkersmahlzeit ins Netz stelle. Leute, die zum Tode verur- 55 teilt sind, kriegen doch alle so eine Henkersmahlzeit. Wieso ich nicht? Ich halte es kein Jahr mehr aus in diesem Fettleib, aber ich weiß, wie ich dieses Jahr mit einem Knalleffekt beenden kann. [...] 60
Wenn ihr's also über euch bringt – herzlich willkommen. Schaut nur zu ... wie ich mich zu Tode fresse.
Butter

Ich versuchte einen Link zu meiner Seite zu 65 posten, doch der Blog (der Scottsdale High, d. Verf.) erlaubte keine anonymen Links. Ich wusste, dass ich nicht als „SaxMan" kommentieren konnte, denn dann wäre meine Tarnung für Anna aufgeflogen, also schuf 70

ich einen neuen Namen – „Butter" – und postete meine morbide Einladung.
75 Danach ging ich wieder in „ButtersLastMeal.com" und fügte diesen kurzen Nachsatz an:
[…] Das Menü wird noch bekannt gegeben, aber ich kann euch jetzt schon sagen – es endet mit einer ganzen Stange Butter.

Quelle: Lange: Butter, 2014, S. 80 ff.

Butters Internetseite wird ein voller Erfolg. Die Mitschüler bewundern ihn für seinen mutigen Entschluss. Nur wenige melden Bedenken an.

---

1 Aus welcher Perspektive (s. S. 186) erzählt der Roman? Was bewirkt die Autorin durch diese Erzählperspektive?

2 Versetzen Sie sich in die Lebenssituation von „Butter". Fassen Sie seine Gefühle in eigenen Worten zusammen.

KREATIV schreiben

- Schreiben Sie eine Fortsetzung des Textes (s. S. 208): Beginnen Sie mit: „31. Dezember. Es ist so weit …". Erzeugen Sie mithilfe sprachlicher Mittel (s. S. 155) Spannung.

Vierundvierzig

Ferdinand von Schirach

1 Ein Abendessen nach einer Theaterpremiere in London, ich sitze neben einer jungen Opernsängerin. Vor ein paar Wochen hatte sie ihren ersten großen Auftritt in der Royal Ope-
5 ra in Covent Garden, Englands bedeutendster Opernbühne. Sie sang die *Donna Anna* in Mozarts „Don Giovanni", eine anspruchsvolle Partie. Publikum und Kritik feierten sie.
Fünfzehn Jahre Ausbildung, sagte sie, eine
10 einzige Schinderei, Auftritte in der Provinz und auf kleinen Festivals, dann endlich, nach hundert winzigen Schritten, Covent Garden, der Beginn ihrer Weltkarriere.

Sie kommt aus einer der Vorstädte Londons, ihr Vater ist Busfahrer, ihre Mutter 15 arbeitet als Aushilfe in einem Kiosk. Es sei nur Zufall gewesen, dass der Chorleiter ihrer öffentlichen Schule sie entdeckt habe, sagt sie.
Zwei Wochen vor ihrem Auftritt habe sie 20 ihren Vater angerufen und ihn gebeten, zu kommen. Er fragte, wann das Konzert sei. Sie sagte: „Am Freitag:" Er antwortete: „Samstag wäre besser, da ist es einfacher mit den Parkplätzen." 25

Quelle: Schirach: Kaffee und Zigaretten, 2019, S. 173 f.

---

1 Geben Sie den Inhalt der Geschichte in eigenen Worten wieder.

2 Beschreiben Sie, welche Wirkung der Autor möglicherweise bei den Leserinnen und Lesern erzielen möchte.

3 Welche sprachlichen Mittel (s. S. 155) tragen zu der Wirkung bei?

4 Schlagen Sie die Merkmale einer Kurzgeschichte auf S. 186 nach und begründen Sie, inwiefern der vorliegende Text diese erfüllt.

Ferdinand von Schirach (*1964)

In München geboren, ist Rechtsanwalt und Schriftsteller. Seine veröffentlichten Erzählungen, u. a. „Verbrechen" (2009), stehen regelmäßig auf der SPIEGEL-Bestsellerliste. Darüber hinaus hat er Romane und Theaterstücke geschrieben.

KREATIV schreiben

- Versetzen Sie sich in die junge Opernsängerin (Sie können sie beispielsweise „Ann" nennen) und schreiben Sie aus ihrer Perspektive einen Brief an ihren Vater.

Was es ist

Erich Fried

1 Es ist Unsinn
 sagt die Vernunft
 Es ist was es ist
 sagt die Liebe

5 Es ist Unglück
 sagt die Berechnung
 Es ist nichts als Schmerz
 sagt die Angst
 Es ist aussichtslos
10 sagt die Einsicht
 Es ist was es ist
 sagt die Liebe

 Es ist lächerlich
 sagt der Stolz
15 Es ist leichtsinnig
 sagt die Vorsicht
 Es ist unmöglich
 sagt die Erfahrung
 Es ist was es ist
20 sagt die Liebe

Quelle: Fried: Was es ist, 1999, S. 73.

Erich Fried (1921–1988)
Wurde in Wien geboren, floh 1938 vor den Nationalsozialisten nach London. Er war Mitarbeiter beim britischen Rundfunk, schrieb politische Gedichte und wurde deshalb angefeindet, hatte erst spät literarischen Erfolg.

---

1 Lesen Sie dieses Gedicht mehrmals aufmerksam durch.

2 Schreiben Sie die Aussagen des Verfassers der Reihe nach heraus. Bilden Sie einfache Sätze. Lassen Sie unter jedem Satz zwei Zeilen frei.
 Die Vernunft sagt, die Liebe ist Unsinn.
 Die Liebe sagt, es ist, was es ist.

3 Schreiben Sie jetzt in die Leerzeile unter jeden Satz in einer anderen Schriftfarbe, was Sie dazu meinen, z. B.
 Meine Vernunft sagt, Liebe ist wichtig.

4 Verwandeln Sie Ihre Aussagen in ein Gedicht, in dem Sie die Form des Gedichts von Erich Fried nachempfinden.

5 Schreiben Sie Ihr Gedicht in schöner Schrift auf ein besonderes Papier. Geben Sie ihm eine Überschrift.

6 Lesen Sie Ihr Gedicht einem Menschen vor, den Sie lieben oder zu dem Sie großes Vertrauen haben. Sprechen Sie mit dieser Person über Ihre Gefühle und Empfindungen, die Sie beim Verfassen des Gedichtes hatten.

Textquellenverzeichnis

ak/flr/ots/dpa: Lungenärzte bezweifeln Gesundheitsgefahr durch Stickstoffdioxid, in: FOCUS Online, 23.01.2019, abgerufen unter: www.focus.de/gesundheit/forderung-nach-ueberpruefung-der-grenzwertelungenaerzte-bezweifeln-gesundheitsgefahr-durch-stickstoffdioxid_id_10220755.html [13.11.2019]

Álvarez, Sonja: Achtung: Alles erfunden, Tagesspiegel 18.11.2013, abgerufen unter: www.tagesspiegel.de/gesellschaft/medien/braucht-scripted-reality-ein-warnschild-achtung-alles-erfunden/9088656.html [08.11.2019].

Arbeitsschutzgesetz (Gesetz über die Durchführung von Maßnahmen des Arbeitsschutzes zur Verbesserung der Sicherheit und des Gesundheitsschutzes der Beschäftigten bei der Arbeit) vom 07.08.1996, abgerufen unter: www.gesetze-im-internet.de/arbschg/ [19.02.2020]

Äsop: Das Pferd und der Esel, in: Fabeln von Äsop und äsopische Fabeln des Phädrus, übertragen von Wilhelm Binder, München, Goldmann Verlag, 1959, S. 74.

Äsop: Die Teilung der Beute, in: Fabeln von Äsop und äsopische Fabeln des Phädrus, übertragen von Wilhelm Binder, München, Goldmann Verlag, 1959, S. 252.

Ballantine, Richard; Grant, Richard: BIKE Reparaturhandbuch, übersetzt von Jörg Engelsing, Bielefeld, Delius Klasing Verlag, 1994.

Bayerisches Landesjugendamt (Hrsg.): Jugendmedienschutz, abgerufen unter: www.blja.bayern.de/schutz/jugendschutz/medienschutz/index.php [10.12.2019].

Beeh, Kai-Michael: Positionspapier von Lungenärzten. Zwei Seiten Behauptungen, kein einziger Beleg, in: DER SPIEGEL (online), 25.01.2019, abgerufen unter: www.spiegel.de/gesundheit/diagnose/feinstaub-positionspapier-lungenarzt-widerspricht-seinen-kollegen-a-1249884.html [13.11.2019]

Berg, Sybille: Nora hat Hunger, in: Ein paar Leute suchen das Glück und lachen sich tot, Leipzig, Reclam Verlag, 2001, S. 9 f.

Bernhard, Thomas: Eine Maschine, in: Ereignisse, Berlin, Literarisches Colloquium, 1969, S. 23.

Bichsel, Peter: San Salvador, in: Bichsel, Peter: Eigentlich möchte Frau Blum den Milchmann kennenlernen, 21 Geschichten, Olten und Freiburg, Walter Verlag, 1964.

Big Fish Presentations: Steve Jobs' Presentation Recipe, 05.10.2012, abgerufen unter: https://bigfishpresentations.com/2012/10/05/steve-jobs-presentation-recipe/ [11.12.2019].

Bodderas, Elke: „Der Diesel ist jedenfalls unschuldig", in: Welt, 27.11.2018, abgerufen unter: www.welt.de/politik/deutschland/plus184457650/Lungenfacharzt-Der-Diesel-ist-jedenfalls-unschuldig.html [13.11.2019]

Böll, Heinrich: Anekdote zur Senkung der Arbeitsmoral, in: Heinrich Böll, Erzählungen 1950–1970, Köln, Verlag Kiepenheuer & Witsch, 1972, S. 362 ff.

Brecht, Bertolt: Wenn die Haifische Menschen wären, in: Kalendergeschichten, Gesammelte Werke, Band 12, Frankfurt am Main, Suhrkamp Verlag, 1967, S. 394.

Brown, Dan: Sakrileg. Thriller, übersetzt von Piet van Poll, Bergisch Gladbach, Lübbe Verlagsgruppe, 2004.

Browne, Dik: Hägar der Schreckliche. Wer sündigt, schläft nicht, München, Goldmann Verlag, 2007.

Buzan, Tony: Speed Reading. Schneller lesen, mehr verstehen, besser behalten. [BBC. Aus dem Engl. übers. von Gudrun Weithaler. Übers. aktualisiert von Christiana Haack], 10. Auflage, Frankfurt am Main, mgv-Verlag, 2005, S. 38.

Cesco, Federica de: Spaghetti für zwei, in: Federica de Cesco: Freundschaft hat viele Gesichter. Erzählungen für Kinder ab 10 Jahren, Luzern und Stuttgart, Rex Verlag, 1986, S. 79–84.

Cordas, Alexander: „Das Alte radikal zerstören!" (Interview mit Peter Fox), 14.08.2008, abgerufen unter: www.laut.de/Peter-Fox/Interviews/Das-Alte-radikal-zerstoeren!-14-08-2008-524 [18.11.2019].

Dr. Datenschutz: Vorstellungsgespräch per Skype ist datenschutzrechtlich unzulässig, 27.04.2017, abgerufen unter: www.datenschutzbeauftragter-info.de/vorstellungsgespraech-per-skype-ist-datenschutzrechtlich-unzulaessig/ [08.11.2019]

Duden: Die deutsche Rechtschreibung, 27. Aufl., Berlin, Bibliographisches Institut GmbH, 2017.

Fox, Peter: Die Affen steigen auf den Thron (The Healer). Text (OT): Jackson, Otis Jr./Mc Laren, Malcom/Vangarde, Daniel/Wright, Erica. Copyright: Bleu Blanc Rouge Editions/Divine Pimp Publishing/Madlib Invazion Music/Peermusic (UK) Ltd / Universal Music-MGB Songs. Roba Music Verlag GmbH, Hamburg/Musik Edition Discoton GmbH, Berlin/BMG Rights Management GmbH, Berlin/Peermusic (Germany) GmbH, Hamburg.

Fried, Erich: Was es ist, in: Erich Fried, Vorübungen für Wunder, Gedichte vom Zorn und von der Liebe, Berlin, 1999, Wagenbach, S. 73.

Görler, Ingeborg: Krieg und Frieden, in: Frieden: Mehr als ein Wort. Gedichte und Geschichten, hrsg. von Hildegard Wohlgemuth, Reinbek bei Hamburg, Rowohlt Taschenbuch Verlag, 1981, S. 16.

Heine, Heinrich: Nachtgedanken, in: Bode, Dietrich (Hrsg.): Deutsche Gedichte. Eine Anthologie, Stuttgart, Reclam, 1994, S. 185.

Hertreiter, Laura: Echt nicht wahr, in: Süddeutsche Zeitung 11.02.2014, abgerufen unter: www.sueddeutsche.de/medien/2.220/scripted-reality-echt-nicht-wahr-1.1884858 [08.11.2019].

Heym, Georg: Die Stadt, in: Dichtungen und Schriften. Band 1: Lyrik, hrsg. von Ludwig Schneider, Hamburg, Ellermann, 1964, S. 452.

Hohler, Franz: Der Verkäufer und der Elch, in: Franz Hohler, Der Granitblock im Kino und andere Geschichten, Darmstadt und Neuwied, Luchterhand, 1997, S. 84 f.

Hübner, Lutz: Creeps. Ein Jugendtheaterstück, 1. Aufl., Stuttart/Leipzig, Ernst Klett Schulbuchverlage, 2019, S. 25–28.

Jerosch, Rainer: Lächeln im Regen, in: Wie wir es sehen. Texte und Bilder junger Autoren, hrsg. von Hans-Georg Noack, Baden-Baden, Signal-Verlag, 1964, S. 143–144.

JIM-Studie 2018: Jugend, Information, Medien. Basisuntersuchung zum Medienumgang 12- bis 19-Jähriger. Hrsg. vom Medienpädagogischen Forschungsverbund Südwest (LFK, LMK), Stuttgart, 2019.

Jugend debattiert (Hrsg.): Der Schirmherr, abgerufen unter: www.jugend-debattiert.de/idee/schirmherr-foerderer-und-partner [13.11.2019].

Jugend debattiert (Hrsg.): Im Mittelpunkt: die Debatte, abgerufen unter: www.jugend-debattiert.de/idee/im-mittelpunkt-die-debatte [13.11.2019].

Jugend debattiert (Hrsg.): Jugend debattiert – weil Kontroversen lohnen, abgerufen unter: www.jugend-debattiert.de/idee/ [13.11.2019].

Kordon, Klaus: Ein Stück Glück, in: Kordon, Klaus: Herr Lackmann geht ins Kino. Geschichten, Weinheim/Basel, Beltz & Gelberg, 2008, S. 17 f.

Krauter, Ralf/Künzl, Nino: Lungenfachärzte gegen Feinstaubgrenzwerte. Gesundheitsexperte: „Das sind alles Laien", in: Deutschlandfunk, 24.01.2019, abgerufen unter: www.deutschlandfunk.de/lungenfachaerzte-gegen-feinstaubgrenzwerte.676.de.html?dram:article_id=439257 [13.11.2019]

Kroetz, Josephine: Elisabeth starb am Web 2.0, in: Yaez, Die Jugendzeitung, Stuttgart, Yaez-Verlag, September 2008, S. 16.

Kunert, Günter: Über einige Davongekommene, in: Wegschilder und Mauerinschriften. Gedichte. Berlin (Ost): Aufbau Verlag 1950. Wiederabgedruckt in: Erinnerung an einen Planeten. Gedichte aus fünfzehn Jahren. München: Hanser 1963.

Kurbjuweit, Dirk: Zweier ohne, Köln, Verlag Kiepenheuer & Witsch, 2003, S. 46–50.

Landeshauptstadt Wiesbaden (Hrsg.): Stadtbibliothek in der Mauritius-Mediathek, abgerufen unter: www.wiesbaden.de/kultur/bibliotheken/stadtbibliotheken/stadtbibliothek-mauritius-mediathek.php [11.11.2019].

Lange, Erin Jade: Butter, übersetzt aus dem Engl. von Uwe-Michael Gutzschhahn, Reinbek bei Hamburg, Rowohlt Taschenbuch Verlag, 2014.

Malik, Miriam: Drei Stunden bis Sonnenaufgang, in: Alexandra Scherer (Hrsg.): Grenzenlos, Geschichten und Gedichte, Norderstedt, BoD, 2015, S. 20–23.

Maljartschuk, Tanja: Frösche im Meer, abgerufen unter: https://files.orf.at/vietnam2/files/bachmannpreis/201822/maljartschuk_frsche_600487.pdf [21.11.2019].

Mathias Stein zum Tempolimit beim Kandidaten-Check zur Bundestagswahl 2017, abgerufen unter: www.abgeordnetenwatch.de/blog/tempolimit [12.11.2019].

Medienkompetenz-Portal NRW (Hrsg.): Problematiken von Castingshows und Scripted Reality, 21.06.2016, abgerufen unter: www.medienkompetenzportal-nrw.de/grundlagen/themen-dossiers/tv-formate/problematiken.html [06.12.2019].

Ministerium für Kultus, Jugend und Sport Baden-Württemberg (Hrsg.): Ausbildungs- und Prüfungsordnung für die Fachschulen für Wirtschaft – Fachrichtung Betriebswirtschaft und Unternehmensmanagement – mit integrierter Fachhochschulreife, 15.06.2010, S. 6, abgerufen unter: www.ksn-stuttgart.de/wp-content/uploads/2017/02/Betriebswirt-VO-mit-FHR-1.pdf [06.12.2019].

Molcho, Samy: Körpersprache, München, Goldmann Verlag, 1996.

Morgner, Irmtraud: Kaffee verkehrt, in: Irmtraud Morgner: Leben und Abenteuer der Trobadora Beatriz nach Zeugnissen ihrer Spielfrau Laura, Darmstadt, Sammlung Luchterhand, 1977, S. 111.

[o. V.]: Erbgut: Die Macht der Gene. Auf welche Weise uns das biologische Erbe prägt, in: GEOkompakt Sport, Nr. 46, 03/2016, S. 57.

Niedecken, Wolfgang: Aff un zo. Copyright Wolfgang Niedecken.

Pfisterer, Helmut: Komm gang mer weg, 2. Aufl., Stuttgart, Esslinger Press im W.B. Literaturvertrieb, 1983.

Rathje, Stefanie: Holzhammer und Mimose – Interkulturelles Konfliktverhalten in der deutsch-thailändischen Zusammenarbeit, in: Interculture Online – Journal of Inter-national Communication, (2) 2003, Ausg. 3, abgerufen unter: www.stefanie-rathje.de/fileadmin/Down

loads/stefanie_rathje_holzhammer_und_mimose.pdf [08.11.2019].

Roth, Eugen: Der eingebildet Kranke, in: Roth, Eugen: Heiter und nachdenklich. Verse, Gedichte, Anekdoten, München/Wien, Hanser, 1979, S. 67.

RTL (Hrsg.): Kritik an Diesel-Grenzen. Über 100 Lungenärzte halten den Wert für strittig, 23.01.2019, abgerufen unter: www.rtl.de/cms/ueber-100-lungenaerzte-halten-den-wert-fuer-strittig-4283008.html [13.11.2019].

Russezki, Jan/Schultz, Maike: AfD verbreitet manipuliertes MAZ-Foto von Potsdamer Klimademo, in: Märkische Allgemeine, 22.03.2019, abgerufen unter: www.maz-online.de/Brandenburg/AfD-verbreitet-manipuliertes-MAZ-Foto-von-Fridays-for-Future-Demo-in-Potsdam [11.11.2019]

Satinsky, Thomas: Zwickmühle, in: Sonntag Aktuell, Nr. 35, 28.08.1988.

Schami, Rafik: Andere Sitten, in: Gesammelte Olivenkerne – aus dem Tagebuch der Fremde, München, Carl Hanser Verlag, 1997, S. 133–135.

Schami, Rafik/Köninger, Markus: Eine Hand voller Sterne. Graphic Novel, Weinheim, Beltz Verlag, 2018.

Schirach, Ferdinand von: Kaffee und Zigaretten, München, Luchterhand, 2019.

Schmich, Theo: Die Kündigung, in: Texte aus der Arbeitswelt seit 1961, hrsg. von Theodor Karst, Stuttgart, Reclam Verlag, 1974, S. 147 ff.

Schmich, Theo: Geier, in: Texte aus der Arbeitswelt seit 1961, hrsg. von Theodor Karst, Stuttgart, Reclam Verlag, 1974, S. 81.

Schmid, Raimund: Mediensucht. Jedes Jahr erkranken 20.000 Kinder, in: ÄrzteZeitung 08.03.2017, abgerufen unter: www.aerztezeitung.de/Politik/Jedes-Jahre-erkranken-20000-Kinder-305725.html [12.11.2019].

Schwester S: Ja klar, 1995, Textdichter: Moses Peter Pelham/Thomas Khanh Rudolf Hofmann. Komponist: Moses Peter Pelham/Martin Haas (DE 1). Originalverlag: Hanseatic Musikverlag GmbH.

Sieradzka, Monika: Polnische Trollfabrik: Fakenews im Stundentakt, 14.03.2019, abgerufen unter: www.mdr.de/nachrichten/osteuropa/politik/fakenews-polen-russland-100.html [11.11.2019].

Stiftung Warentest (Hrsg.): Handy am Steuer. Das sind die Regeln, Strafen und Urteile, 28.01.2020, abgerufen unter: www.test.de/Handy-am-Steuer-Das-sind-die-Regeln-Strafen-und-Urteile-5238589-0/ [09.02.2020].

Beautx, Julia/Ems, Jonas/Stresing, Laura: „Als YouTube-Star hast du kein Privatleben mehr", 06.09.2018, abgerufen unter: www.t-online.de/digital/internet/id_84345900/julia-beautx-und-jonas-ems-im-interview-als-youtube-star-hast-du-kein-privatleben-mehr-.html [11.11.2019].

Unabhängiger Beauftragter für Fragen des sexuellen Kindesmissbrauchs (Hrsg.): Bekämpfung von Cybergrooming, sexuellen Übergriffen und Interaktionsrisiken für Kinder und Jugendliche im digitalen Raum. Forderungen und Vorschläge des Unabhängigen Beauftragten für Fragen des sexuellen Kindesmissbrauchs (UBSKM) für die 19. Legislaturperiode, 2017, S. 1, abgerufen unter: https://beauftragter-missbrauch.de/fileadmin/Content/pdf/Pressemitteilungen/2018/Juni/05/Neue_Docs_190124/Forderungen_UBSKM_Beka%CC%88mpfung_Cybergrooming.pdf [12.11.2019].

Urhebergesetz (Gesetz über Urheberrecht und verwandte Schutzrechte) vom 09.09.1965, zuletzt geändert am 28.11.2018, abgerufen unter: https://dejure.org/gesetze/UrhG [19.02.2020].

Wagener, Jessica: Warum deine Beziehung wahrscheinlich schlechter ist, wenn du viel am Handy hängst, in: ze.tt, 13.03.2019, abgerufen unter: https://ze.tt/wer-staendig-am-smartphone-haengt-ist-unglueclicher-in-beziehungen/ [06.12.2019].

Wahl-Immel, Yuriko: Cybermobbing ist an allen Schulen ein Problem, in: Die Welt, 16.05.2013, abgerufen unter: www.welt.de/regionales/koeln/article116264160/Cybermobbingist-an-allen-Schulen-ein-Problem.html [30.06.2016].

Wißmann, Constantin: Du stehst auf blonde Frauen, oder? – Aufklärung auf die brutale Tour: Ein französisches Magazin googelt sich Porträts seiner Leser zusammen und veröffentlicht sie, in: fluter. Magazin der Bundeszentrale für politische Bildung, Nr. 31 – Medien, 10.07.2009, abgerufen unter: www.fluter.de/du-stehst-auf-blonde-frauen-oder [12.11.2019].

Sachwortverzeichnis

A
Adjektiv 247
Adverb 249
Adverbiale Bestimmung 259
Akkusativ 251
Aktiv 253
Aktiv zuhören 15
Anekdote 285
Anglizismus 94
Anredepronomen 101
Appell 21
Apposition 260
Arbeitsbericht 67
Arbeitszeugnis 170–174
Argumentation 105–112
Artikel 248
Artikuliert sprechen 215
Attribut 260
Ausbildungszeugnis 173
Ausdruck und Stil 88

B
Bedienungsanleitung 83
Behörde 101
Behördenbrief 97, 102
Beileidsbrief 95
Bericht 66–71
Beschreibung 66
 • Bild 175
 • Gegenstand 77
 • Schaubild 47
 • Vorgang 81
Bewerbung 167
 • E-Mail 165
 • mündlich 161
 • online 166
 • schriftlich 162, 163
Bewerbungsmappe 162
Bewerbungsportfolio 166
Beziehungsebene 20
Bibliothek 38
Bilder als Erzählimpuls 175
Bingewatching 61, 62
Brainstorming 226
Brainwriting 226
Brief
 • Arten 96
 • Behörde 101
 • schreiben 210

C
Charakterisierung 205, 206
Chatforum 55
Comic 180
Computerspielsucht 62
Cybergrooming 57
Cybermobbing 57

D
Datensicherheit 58
Dativ 251
Debatte 113, 116, 117
Deklination 251
Diagramm 43–48
Dialekt 23
Dialog 211
Dichtung
 • Formen 184
DIN 5008 98
Diskussion 105, 113–115
Diskussionsformen 113
Diskussionsregeln 114
Diskussionsstrategien 115
Dokumentarisches Theater 191
Dokumentation 66, 86, 87, 236
Download 53
Drama 192
Dramatik 184, 191
Dramenauszug 193
Du-Aussage 32

E
E-Mail 103, 165, 210
Einladung 95
Einpunktfrage 119
Eisbergmodell 20
Enzyklopädie 35
Epik 184, 185
Episches Theater 191
Erörterung
 • dialektische 129
 • lineare 121
Erzählung 208
Euphemismus 156

F
Fabel 283, 292
Fachkompetenz 7
Fachsprache 23–25
Fake News 41
Faktencheck 42
Feedback 246
Feldermodell 258
Femininum 250
Fiktion 51, 52
Flyer 241
Foliengestaltung 243
Fotostory 178, 179
Frageformen 14
Fremdwort 93, 94
Futur 256

G
Gebrauchsanleitung 83
Gedicht 187, 188, 293, 306
Gegenstandsbeschreibung 77–80
Genitiv 251
Genus 250
Geschäftsbrief 53, 96–104
Gesetzestext 54, 58, 65
Gesprächsformen 12
Gesprächsnotiz 75
Gesprächsregeln 224
Gesprächssituationen 8
Gestik 27
Getrennt- und Zusammenschreibung 275
Glückwunsch schreiben 95
Grammatik 247
Graphic Novel 181
Großschreibung 263
Gruppenarbeit 223
Gruppensprache 23

H
Handout 241
Hauptsatz 262, 279
Höflichkeit 16

I
Ich-Aussage 32
Imperativ 254

Indikativ 254
Indirekte Rede 76, 255
Indizierung 65
Infinitiv 252
Informationsquelle 34
Ingaltsangabe
- literarischer Text 195–198
- mündlich 136
- pragmatischer Text 149–151
- schriftlich 137–140
Initiativbewerbung 160
Interjektion 249
Interkulturelle Konflikte 31
Internet 56, 61
Interpretation 199, 201
- Beispiel 200–204

J
Jugendmedienschutz 64, 65
Jugendmedienschutzgesetz 65
Jugendsprache 23

K
Karikatur 176, 177
Kasusbildung 251
Kleinschreibung 263
Komma 277–282
Kommasetzung 277–282
Kommentar 134
- Beispiel 135
Kommunikationsanalyse 19
Kommunikationsmodell 19, 20, 22
Komödie 191
Konflikt 29–32
Konjugation 252
Konjunktion 249, 277, 278
Konjunktiv 255
Konsonant 271
Kreativ schreiben 207
Kritik üben 111
Kundengespräch 17
Kurzgeschichte 185, 186, 200
Körpersprache 28, 242
Kündigung 97
- Vertrag 99

L
Lebenslauf 164
Lern- und Arbeitstechniken 213
Lernerfolg 212

Lerntagebuch 214
Lesen 215
Leserbrief 97
Lesetechniken 216
Lyrik 184, 187–189

M
Mahnung 96
Mängelrüge 97, 100
Manipulation 156, 157
Markieren 217
Maskulinum 250
Mediensucht 61
Mehrpunktfrage 119
Meinungsfreiheit 41, 42
Methode 57
Mimik 27
Mindmap 144, 220
Moderation 105, 118, 120
Moderationsmethoden 119
Mundart 24

N
Nachricht 132
Nebensatz 262
Netiquette 16
Neutrum 250
Nominativ 251
Nonverbale Kommunikation 27
Novelle 302
Numerale 248

O
Objekt 258
Onlinebewerbung 166

P
Parabel 299
Partikel 249
Partizip 252
Passiv 253
Perfekt 256
Persönlichkeitsrechte 58
Piraterie 54
Placemat-Methode 227
Plakat 244
Plenumsdiskussion 113
Plural 250
Plusquamperfekt 256
Podiumsdiskussion 113
Portfolio 166
Pragmatischer Text 131

Projektarbeit 232–237
Projektdokumentation 236
Pronomen 248
Protokoll 72–76
Präposition 249
Präsens 256
Präsentation 238–240
- Bewertung 245
- Projekt 236
Präteritum 256

Q
Quellenangabe 49

R
Rap 190
Referat 238
Reimform 189
Reparaturanleitung 84
Rollenspiel 169
Roman 304

S
Sachebene 20
Sachtext 131
Satzanfang 92
Satzart 261
Satzglied 258
Satzverknüpfung 262
Schaubild 47, 48
Schreibkonferenz 229
Schreibplan
- Bericht 71
- Bewerbung 167
- Charakterisierung 206
- Diagramme erläutern 48
- Dokumentation 87
- Gegenstandsbeschreibung 80
- Geschäftsbrief 104
- Inhaltsangabe literarischer Texte 198
- Inhaltsangabe pragmatischer Texte 140
- Karikaturenanalyse 177
- Mindmapping 221
- Protokoll 76
- Stellungnahme 130
- Textanalyse 153
- Textinterpretation 204
- Vorgangsbeschreibung 85
Scripted-Reality 51
Silbentrennung 36, 267

Singular 250
Sketchnote 219
Songtext 188
Sprachebenen 23, 24
Sprachkompetenz 7
Stellenangebot 159
Stellenanzeige 158, 159
Stellengesuch 160
Stellungnahme 64, 123, 127, 130, 150, 151
- Beispiel 126, 128
- differenzierende 129
- mündlich 108–110
- schriftlich 121, 130
Straßenname 276
Strukturbild 134, 142, 143
Substantiv 247, 250
Substantivierung 263
Suchmaschine 35

T
Tagebuch 211
Teamarbeit 222
Teamfähigkeit 225
Telefonieren 17, 18, 161

Tempus 256
Textanalyse 146–148, 153
Textinterpretation 204
Textlupe 228
Thesaurus 91
Tragödie 191

U
Umgangssprache 23
Umstandsbestimmung 258, 259
Unfallbericht 68, 69
Unwort des Jahres 156
Urheberrecht 54

V
Verb 247, 252–254
Verbesserungen vorschlagen 111
Verständlichkeit 230
Vier-Seiten-Modell 21
Visualisierung 141–145, 239
Vokal 268
Vorgangsbeschreibung 81–85

Vorlesen 215
Vorstellung 9, 10
Vorstellung eines Betriebs 11
Vorstellungsgespräch 168, 169

W
W-Fragen 69
Werbung 154, 155
Wikipedia 35
Wortart 247
Wortfeld 89, 90
Worttrennung 267
Wörterbuch 36
Wörtliche Rede 76, 282

Y
YouTube 39

Z
Zeichensetzung 277–282
Zeiten 256
Zitieren 49
Zuhören 15, 22

Bildquellenverzeichnis

akg-images GmbH, Berlin: 284.1 (Brigitte Hellgoth).
alamy images, Abingdon/Oxfordshire: 63.1 (Jochen Tack), 112.4 (Zoonar GmbH), 178.1 (MARKA/Mereghetti, Giovanni), 217.2 (Zoonar GmbH).
Bibliographisches Institut GmbH (Duden), Berlin: 37.1.
bpk-Bildagentur, Berlin: 285.1 (bpk/Georg Ebert), 299.1 (bpk/Gerda Goedhart), 306.1 (bpk/Jochen Moll).
Bulls Pressedienst GmbH, Frankfurt am Main: 123.1, 180.1.
DAS DA THEATER, Aachen: 195.1 (Wilfried Schumacher).
fotolia.com, New York: 9.1 (Winzer, Barbara), 20.1 (Bob Davies), 25.3 (WoGi), 25.4 (Herby (Herbert) Me), 25.5 (manu), 25.6 (David Büttner), 25.7 (aggressor), 26.1 (toolklickit), 26.2 (StudioLaMagica), 26.3 (industrieblick), 28.5 (Robert Kneschke), 53.1, 77.1 (toolklickit), 78.1 (Denis Potschien), 90.1, 92.2 (ondatra), 109.1 (Dietl, Jeanette), 112.3 (Gabi Günther), 112.5 (Prodakszyn), 127.1 (lassedesignen), 192.1 (Uloose), 209.1 (Klaus Eppele), 213.1 (Maksym Yemelyanow), 219.4 (moonrun), 219.5 (PictureP.), 221.1 (Mellimage), 221.2 (Matthias Enter), 235.1 (Trueffelpix), 276.1 (bit.it), 285.2 (nool), 288.2 (angelo.gi), 292.1 (click.it).
FSK GmbH, Wiesbaden: 65.1.
Galas, Elisabeth, Bad Breisig: 83.1.
Getty Images, München: 58.1 (AFP), 154.1 (len4foto).
Görler, Ingeborg, Berlin: 293.1.
Hanra/Klaus Hanfstingl Verlag, Geretsried-Gelting: 95.2, 95.3.
Hüter, Michael, Bochum: 177.1.
Imago, Berlin: 92.3 (blickwinkel).
Interfoto, München: 92.2 (Sammlung Rauch).
iStockphoto.com, Calgary: 28.3 (KatarzynaBialasiewicz), 77.3 (hanibaram), 210.1 (AndreyPopov), 217.3 (rmirro), 226.1 (scyther5), 242.1 (Steve Debenport).
Jerosch, Agnes, Bonn: 200.1.
Kohli, Anil, Berlin: 175.1.
Küstenmacher, Werner Tiki - www.motivationsposter.de, Gröbenzell: 13.4.
Liebermann, Erik, Steingaden: 171.1, 212.1, 244.1.
Literarische Agentur Hoffman GmbH, München: 304.1.
Märkische Verlags- und Druck-Gesellschaft mbH, Potsdam: 41.1 (Russezki, Jan), 41.2 (Russezki, Jan).
Mauritius-Mediathek, Wiesbaden: 38.1.
Medienpädagogischer Forschungsverbund Südwest (mpfs), Stuttgart: 50.1 (JIM-Studie 2018).
Microsoft Deutschland GmbH, München: 91.1, 91.2, 243.2.
nelcartoons.de, Erfurt: 176.1.
peitschphoto.com - Peitsch, Peter, Hamburg: 302.1.
Picture-Alliance GmbH, Frankfurt/M.: 7.2 (dpa-infografik), 33.2 (Moucha, Wolfgang), 33.3 (Jochen Lübke), 39.1 (Geisler-Fotopress), 44.1 (dpa-infografik), 45.1 (dpa-infografik), 47.1 (dpa-infografik), 52.1 (Kaiser, Henning), 114.2 (Eventpress Stauffenberg), 121.2 (Augenklick/rs), 133.1 (dpa-infografik), 158.1 (dpa-infografik), 185.1 (Keystone/Bally, Gaetan), 189.1 (ZB/Settnik, Bernd), 191.1 (Fürst, Christian), 193.1 (dpa/Galuschka, Horst), 218.1 (Horst_Galuschka), 287.1 (Uwe Zucchi), 288.1 (Zucchi), 290.1 (ZB/Morgenstern, Barbara), 291.1 (Augenklick/Fotoagentur Kunz/Kunz, Bernhard), 293.2 (Banaras_Khan), 295.1 (NEUBAUER, HERBERT), 301.1 (dpa/Kalaene, Jens).
Rauschenbach, Erich, Berlin: 94.1.
Rock Hard Verlags- und Handels- GmbH, Dortmund: 33.7.
Schmich, Theo, Essen: 196.1.
Shutterstock.com, New York: 33.8 (Nenov Brothers Images), 80.1 (stockphoto-graf), 93.1 (Rawpixel), 168.1 (fizkes), 178.2 (Cajkovic, Radoslav), 178.4 (Wavebreakmedia), 225.1 (fizkes), 239.2 (Delbert, Christian).
SMART Technologies (Germany) GmbH, Köln: 239.9 (http://www.smarttech.com/de), 239.10 (http://www.smarttech.com/de).
Stiftung Warentest, Berlin: 33.6.

stock.adobe.com, Dublin: Titel (Iakobchuk, Viacheslav), 7.1 (chombosan), 7.3 (contrastwerkstatt), 8.1 (Dietl, Jeanette), 10.1 (detailblick-foto), 13.1 (Picture-Factory), 13.2 (ehrenberg-bilder), 13.3 (contrastwerkstatt), 18.1 (Karin & Uwe Annas), 18.2 (Savostikov, Nikita), 19.1 (sitthiphong), 19.2 (sodawhiskey), 25.1 (ehrenberg-bilder), 27.1 (lassedesignen), 27.2 (lassedesignen), 27.3 (lassedesignen), 27.4 (lassedesignen), 28.1 (Seybert, Gerhard), 28.2 (Kneschke, Robert), 28.4 (Picture-Factory), 28.6 (contrastwerkstatt), 33.1 (Stüber, Thomas), 33.4 (Marco2811), 33.9 (anyaberkut), 55.1 (Racle Fotodesign), 59.1 (artiemedvedev), 60.1 (Michilin, Sara), 62.1 (Studio KIVI), 68.1 (Luftbildfotograf), 75.1 (Bojan), 77.2 (mipan), 77.4 (kaninstudio), 79.1 (interklicks), 81.1 (Kzenon), 81.2 (goodluz), 81.3 (ehrenberg-bilder), 84.1 (stef), 95.2 (bilderzwerg), 105.1 (Kneschke, Robert), 109.2 (grafikplusfoto), 112.1 (bluedesign), 112.2 (contrastwerkstatt), 121.1 (Prostock-studio), 143.1 (Sinuswelle), 162.1 (Kneschke, Robert), 166.1 (Ernst, Daniel), 178.3 (Fälchle, Jürgen), 179.1 (contrastwerkstatt), 179.2 (contrastwerkstatt), 179.3 (contrastwerkstatt), 180.2 (jirawatp), 188.1 (Neuhauß, Marion), 200.2 (pixarno), 215.1 (Tartila), 215.2 (Tartila), 215.3 (Tartila), 215.4 (Tartila), 216.1 (Schauer, Marcel), 216.2 (vege), 217.1 (Picture-Factory), 219.1 (treenabeena), 219.2 (klesign), 219.3 (bilderzwerg), 219.6 (reeel), 219.7 (Limbach, Alexander), 219.8 (Evamaria), 223.1 (Kneschke, Robert), 223.2 (Povozniuk, Maksym), 230.1 (Light Impression), 239.5 (ProstoSvet), 239.7 (magraphics), 239.8 (Daxenbichler, Patrick), 241.1 (contrastwerkstatt), 243.1 (Atkins, Peter), 246.1 (contrastwerkstatt), 275.1 (drubig-photo).
Stuttgarter Zeitung/Stuttgarter Nachrichten, Stuttgart: 33.5.
Verlag Kiepenheuer & Witsch GmbH & Co. KG, Köln: 296.1.
Verlagsgruppe Beltz, Weinheim: 181.1, 181.2, 182.1, 182.2, 183.1.
Verlagsgruppe Random House GmbH, München: 305.1.
VG BILD-KUNST, Bonn: 283.1 (Hegenbarth, Josef).
VNR Verlag für die Deutsche Wirtschaft AG, Bonn: 86.1.
Vodafone Stiftung Deutschland gGmbH, Düsseldorf: 34.1.
Wetterauer, Oliver, Stuttgart: 22.1, 23.1, 24.1, 25.2, 67.1, 88.1, 114.1, 118.1, 118.2, 119.1, 119.2, 122.1, 132.1, 141.1, 239.1, 239.3, 239.4, 239.6, 277.1, 299.2.
Widder, Oliver, Hamburg: 55.2.
Zimmermann, Stefan, Göttingen: 84.2, 84.3, 84.4, 84.5.
© Statistisches Bundesamt (Destatis), Wiesbaden: 46.1.

Wir arbeiten sehr sorgfältig daran, für alle verwendeten Abbildungen die Rechteinhaberinnen und Rechteinhaber zu ermitteln. Sollte uns dies im Einzelfall nicht vollständig gelungen sein, werden berechtigte Ansprüche selbstverständlich im Rahmen der üblichen Vereinbarungen abgegolten.